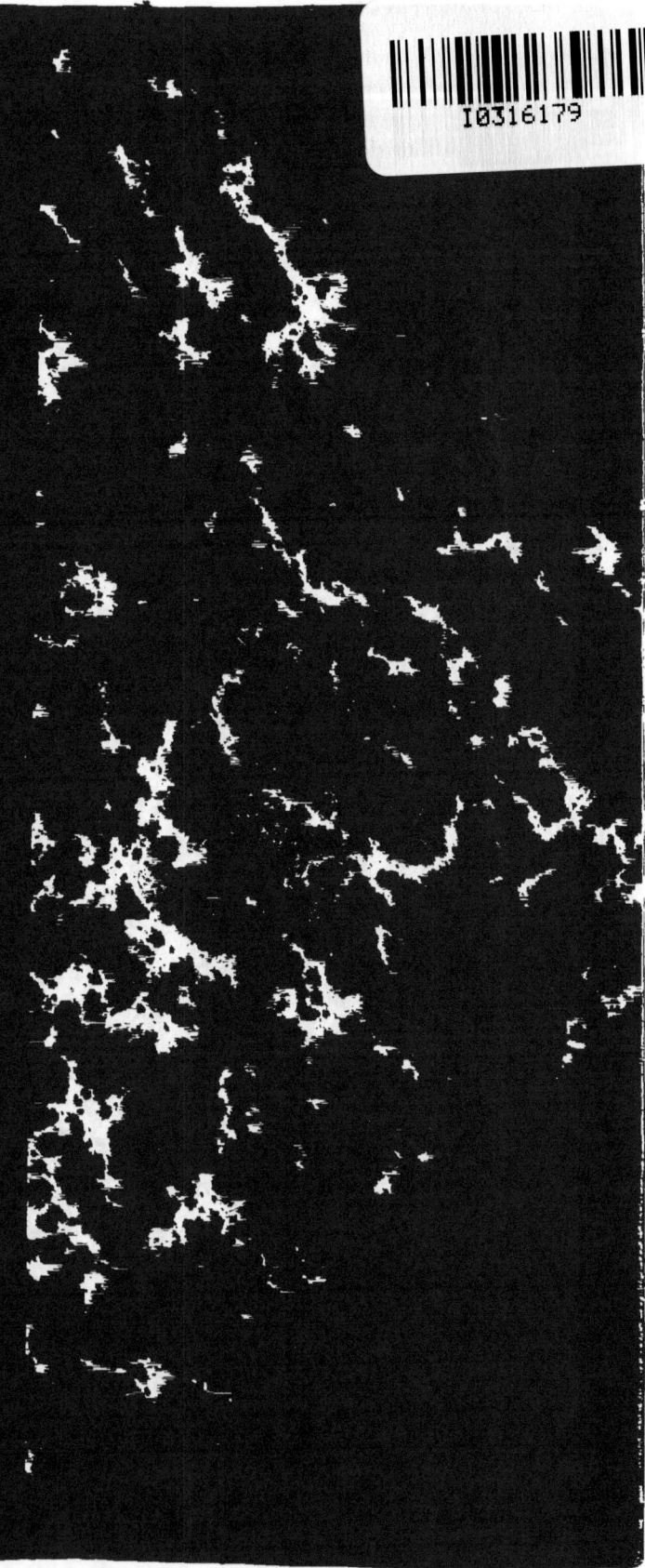

HISTOIRE
DES PREMIERS
ÉLECTEURS DE PARIS
EN 1789,
EXTRAITE DE LEUR PROCÈS-VERBAL,

RÉDIGÉ PAR DUVEYRIER,

AVOCAT, ÉLECTEUR, ET SECRÉTAIRE DE L'ASSEMBLÉE DES ÉLECTEURS,
Aujourd'hui premier président honoraire de la Cour royale de Montpellier;

ET PRÉCÉDÉE

D'UNE INTRODUCTION HISTORIQUE,

d'après les évènements, arrêtés, discours, pamphlets, caricatures, etc.,

ET D'UN

ESSAI SUR LE CORPS ÉLECTORAL

SELON LA CHARTE;

PAR CH. DUVEYRIER FILS, AVOCAT.

Dédiée aux Électeurs de France.

> Si l'on peut aujourd'hui aimer d'un égal
> amour la Monarchie et la Liberté, on le
> pouvait en 89 ;... on se serait épargné,
> peut-être, une révolution, en faisant alors
> ce qu'on a fait quarante ans trop tard.
>
> *Journal des Débats*, 19 février 1828.

Paris.
AIMÉ ANDRÉ, LIBRAIRE, QUAI DES AUGUSTINS, N° 59.
BRUXELLES.
A LA LIBRAIRIE PARISIENNE, RUE DU MARCHÉ-AUX-HERBES.

1828

HISTOIRE

DES PREMIERS

ÉLECTEURS DE PARIS.

PARIS. — IMPRIMERIE DE E. POCHARD,
rue du Pot-de-Fer, n. 14.

HISTOIRE
DES PREMIERS
ÉLECTEURS DE PARIS
EN 1789,
EXTRAITE DE LEUR PROCÈS-VERBAL,

RÉDIGÉ PAR DUVEYRIER,
AVOCAT, ÉLECTEUR, ET SECRÉTAIRE DE L'ASSEMBLÉE DES ÉLECTEURS,
Aujourd'hui premier président honoraire de la Cour royale de Montpellier;

ET PRÉCÉDÉE
D'UNE INTRODUCTION HISTORIQUE,
d'après les évènements, arrêtés, discours, pamphlets, caricatures, etc.,

ET D'UN
ESSAI SUR LE CORPS ÉLECTORAL
SELON LA CHARTE,

PAR CH. DUVEYRIER, FILS, AVOCAT.

Dédiée aux Électeurs de France.

> Si l'on peut aujourd'hui aimer d'un
> égal amour la Monarchie et la Liberté, on
> le pouvait en 89 ;... On se serait épargné,
> peut-être, une révolution, en faisant alors
> ce qu'on a fait quarante ans trop tard.
> (*Journal des Débats*, 19 *février* 1828.)

PARIS.
AIMÉ ANDRÉ, LIBRAIRE, QUAI DES AUGUSTINS, N° 59;
BRUXELLES.
A LA LIBRAIRIE PARISIENNE, RUE DU MARCHÉ-AUX-HERBES.

1828

AUX ÉLECTEURS.

Si l'on avait fait un drame de tous les évènements du mois de juillet 1789, si l'on avait mis en action le pillage des Invalides, le siège et la prise de la Bastille, les meurtres de Flesselles, Foulon et Berthier, le voyage du Roi à Paris et l'entrée triomphale de Necker; le public, bien qu'instruit déja de tous les faits de notre révolution, trouverait sans doute quelque intérêt à se transporter dans l'époque même, à voir marcher et parler tous les hommes depuis le Roi, les députés de l'Assemblée nationale et les Électeurs, jusqu'à ces forcenés qui montaient la garde au comité permanent en chemise et jambes nues.

Ce drame n'était pas à faire; les Électeurs, constitués à l'Hôtel-de-Ville, nous ont laissé un procès-verbal où tous les évènements sont représentés avec leurs moindres détails. La rédaction a le double avantage du naturel et de l'authenticité, comme on a pu le remarquer déja dans les fragments publiés en notes par les éditeurs du discours de Dussaulx sur la prise de la Bastille; nous n'y avons apporté aucuns changements et notre travail s'est borné à retrancher une foule de choses insignifiantes qui nuisaient à la rapidité et à l'intérêt du récit. En resserrant seulement en un volume tout ce que contiennent d'intéressant les trois volumes publiés en 1790, nous conservons à l'action cette chaleur et cette vie que le travail académique de Dussaulx ne pouvait comporter. Ce n'est plus qu'une réunion de scènes tumultueuses où l'on voit la plus violente émeute du monde poindre, grandir, éclater enfin dans toute sa force, puis s'affaisser, s'éteindre, et tout rentrer dans l'ordre et le calme.

Un tel ouvrage, indispensable à toutes les collections de mémoires sur la révolution, devait s'adresser spécialement aux Électeurs par cette raison seule que les éléments de l'histoire d'un corps appartiennent de droit à tous ses membres. A cet égard nulle époque ne peut être pour eux d'une plus haute importance que celle de l'origine même de leur institution; publier les utiles et périlleux travaux de leurs devanciers, c'est élever un monument à la gloire de tout le corps Électoral.

Dans les premiers jours de juillet 1789, au milieu de la décomposition de toutes les parties de la vieille administration, les Électeurs réunis à l'Hôtel-de-Ville présentent au peuple une puissance qu'il connaît et à laquelle il veut obéir: aussitôt ils sont investis de toutes les fonctions, de tous les pouvoirs, que les agents de l'autorité abandonnent. Armements, soins des subsistances justice, police, tout vient se concentrer là. Des avocats, des notaires, des curés, et quelques citoyens, qui jusque là avaient vécu dans le repos et dans l'obscurité, se trouvent tout-à-coup forcés d'administrer et de gouverner une population de six cent mille âmes, et dans quel moment? quand des troupes nombreuses et la plupart étrangères entourent la capitale et la menacent à la fois de guerre et de famine.

Depuis les rapports sur une milice parisienne et les émeutes de l'Hôtel des Invalides d'où près de quarante mille hommes reviennent armés, jusqu'au réglement définitif du comité permanent, le procès-verbal contient tout ce qui concourut à la formation de cette garde bourgeoise que La Fayette nomma *nationale*.

Cependant on est étonné de voir avec quelle prodigieuse rapidité s'organise un système de commandement et d'obéissance qui pourvoit aux besoins les plus pressants. L'Hôtel-de-Ville est un centre d'où s'échappent tous les ordres et où viennent éclater tous les mouvements populaires. Courriers, voyageurs, marchands, bestiaux, tout ce qui entre dans Paris, ou veut en sortir, tout est suspect, et tout vient s'entasser confusément au milieu de la foule qui inonde la place de Grève. On entend le canon de la Bastille et les cris du peuple qui demande des armes; trois députations sont successivement envoyées au commandant par les Électeurs, et leurs rapports, notamment celui de MM. Delavigne,

Chignard, l'abbé Fauchet, et Boutidoux, rendent pour ainsi dire témoins des moindres particularités de ce siège mémorable. Enfin c'est à l'Hôtel-de-Ville qu'ont lieu toutes les scènes qui suivent la prise de cette antique forteresse ; c'est là que se précipitent les vainqueurs entraînant les invalides et les Petits-Suisses prisonniers, et c'est encore là que s'engage cette lutte funeste du peuple contre le pouvoir des Électeurs que lui-même a établi et dont il se méfie déja.

Le comité permanent ne peut plus délibérer qu'au milieu des injures, des menaces et des dangers de toute nature; on voit le peuple arracher des bras des Électeurs et massacrer, presque sous leurs yeux, Flesselles, Foulon et Berthier.

Nous n'examinerons pas s'il était excité par des influences quelconques, s'il avait des chefs, des meneurs, et, dans ce cas, quels partis avaient intérêt à déshonorer les premiers jours de la révolution. Il nous suffit de faire remarquer un fait incontestable, c'est qu'il n'existait chez ce peuple égaré d'autre passion, d'autre intérêt, que la vengeance.

Le comité permanent, que distinguait un zèle généreux pour l'ordre et la justice, et les émeutes de la place de Grève, image fidèle du désordre et de la fureur, avaient cependant un point qui leur était commun, le désintéressement. On voit à la fois, dans le procès-verbal, les Électeurs sacrifier gratuitement leur temps et risquer leur vie à rétablir la tranquillité, et les assassins de Berthier déposer scrupuleusement, sur le bureau du comité, les louis et les bijoux qu'on a trouvés sur lui, et en demander des reçus.

Enfin le comité permanent parvient, au milieu des plus grands dangers, à rétablir les relations du commerce, de l'industrie, les travaux de toute espèce; on repave les rues, on rouvre la bourse et les spectacles. L'arrivée de la députation des cent membres de l'assemblée nationale, l'installation de Bailly comme maire, de La Fayette comme commandant général de la garde nationale, et le voyage du roi à Paris, sont les derniers évènements contenus dans le procès-verbal, qui finit à l'entrée triomphale de Necker, au moment où le comité permanent remet ses pouvoirs à l'assemblée municipale nommée par les districts.

Le procès-verbal ainsi réduit forme l'histoire la plus authentique et la plus intéressante des premiers Électeurs de Paris. Il était impossible de ne pas en rattacher la publication à l'existence, désormais éternelle en France, de l'institution électorale. C'est l'époque de son origine, comme nous l'avons dit : on peut ajouter que c'est aussi celle de sa plus belle gloire; car plus les services des premiers Électeurs furent étrangers au but de leur institution, plus on doit leur savoir gré du zèle et de l'intrépidité qu'ils déployèrent *.

* Aussitôt que les évènements du mois de juillet furent connus, tout le royaume voulut participer de cœur et de pensée aux travaux

AUX ÉLECTEURS.

Pour rendre cette publication complète, nous y joignons les cahiers du tiers-état, et la liste de tous les Électeurs rassemblés, le 14 juillet 1789, à l'Hôtel-de-Ville. Cette liste, on peut le dire, est un titre de famille pour les Électeurs de Paris, et nombre d'entre eux y reconnaîtront un frère, un père, ou un aïeul. Les cahiers du tiers-état offrent l'opinion de la classe moyenne de cette époque sur une foule de points généraux, tels que les municipalités, le commerce, l'agriculture, la loterie, les maisons de jeu, et sur des intérêts de localité particuliers à la capitale. Une introduction historique précède l'histoire des premiers Électeurs de Paris, et nous y joignons en outre un

des Électeurs de Paris, et ils reçurent, en peu de temps, des lettres de félicitation de presque toutes les villes du royaume. Voici les noms de celles dont les adresses ne furent pas égarées dans la confusion qui régnait à l'Hôtel-de-Ville : Abbeville, Châteauroux, Vernouillet, Saumur, St-Malo et St-Servan, Vezelise, St-Pierre le Moutier, Meudon, Linas, Beaucaire, St-Dié, Tarascon, Senteny, Essonne, Châlons-sur-Saône, le Havre, Vienne, Pont-Audemer, Cusset, Montbrison, La Rochelle, Annonay, Châtillon-sur-Seine, Mirecourt, Joinville, Andresy, Fontenay-le-Comte, Quimper, La Charité, Lodève, Louhans, Bar-sur-Aube, Chartres, Anduse, Bayeux, Béziers, Nancy, Bourg-en-Bresse, Villiers-sur-Marne, Saucoins, Bordeaux, Charmes-sur-Mozelle, Lyon, Angers, Grenoble, Narbonne, Agde, Bar-le-Duc, St-Claude, Uzel, Pont-à-Mousson, Pézenas, Guéraude, Montargis-le-Franc, Niort, Belvez, Ancenis, Fréjus, Forcalquier, Arles, Lorient, Draguignan, Trévoux, Brioude, St-Geniès, Agen, Cheylard, St-Remy, Charolois, Villeneuve, Riom, Montignac, Bayonne, Bayeux, Sénéchaussée-d'Aunis, Tournon, Gardanne, Toulouse, d'Hennevon, Porrières. La France entière approuva la conduite ferme et désintéressée des Électeurs de Paris, et cette approbation vaut bien une dédicace.

essai sur le corps électoral selon la Charte, où l'on cherche à rétablir les vrais principes de la constitution, que les nouvelles lois, même celles sur le budjet, ont complètement dénaturés.

Cette publication doit être approuvée de tous les hommes sages. Les Électeurs y verront que la fidélité et le dévouement à la personne du monarque s'unissaient, chez leurs devanciers aussi bien que chez eux, au plus ardent patriotisme; et le peuple français, paisible, et d'autant plus heureux de ses institutions qu'il vient d'éprouver pour la première fois tout ce qu'elles valent, jugera sévèrement, de sang-froid, des excès commis dans un temps d'exaspération où la vengeance fut portée au dernier degré de chaleur et de furie. Enfin cette publication tend à consolider l'alliance et la fusion de deux partis naguère encore opposés.

Les plus fidèles sujets de la monarchie, après quatorze ans d'expérience, bien convaincus désormais que la force du trône est dans le développement des institutions de la Charte, se sont franchement réunis à ses premiers défenseurs; il est utile de détruire quelques erreurs à l'aide desquelles on croit pouvoir les ébranler dans leur glorieuse et ferme résolution, et détourner de les imiter le reste du parti nommé royaliste.

Puisqu'on prétend les effrayer sur l'avenir en invoquant le passé, et que l'on trouve une concordance si frappante entre l'état actuel des esprits et celui qui précéda la révolution, il faut bien montrer en quoi consiste cette concordance.

On retrouve aux deux époques un même amour pour les lois, un même besoin de monarchie constitutionnelle qui se fait voir dans tous les évènements, dans tous les discours, dans toutes les brochures, et même dans les plus frivoles productions où la malice et la passion gardent rarement quelque convenance. Cette vérité sera naturellement développée dans l'introduction historique.

Aux deux époques, la nation crut voir ses plus chères espérances attaquées : en 1789, par le renvoi d'un ministre qu'elle avait adopté; en 1827, par la présence opiniâtre d'un ministre qu'elle n'adoptait pas.

Mais là cesse toute ressemblance, et l'on doit juger par la différence des moyens que la nation employa aux deux époques pour se tirer de peine, tout l'intervalle qui existe entre un peuple qui ne possède pas de constitution, et ce même peuple quand il en possède une.

Les partisans du pouvoir absolu, qui craignent de bonne foi le retour de la révolution, ne prouvent qu'une chose : c'est qu'ils l'ont mal connue ou qu'ils l'ont oubliée. En vérité, à les voir se désespérer de l'influence calme et solennelle qui obtint, en 1827, le renvoi de M. de Villèle, ne semble-t-il pas qu'ils regrettent cette formidable émeute du mois de juillet 1789, qui *obtint* le retour de M. de Necker ? Pour leur faire chérir ce que nous donne la Charte, il faut sans doute leur rappeler ce qu'elle fait éviter; qu'ils lisent donc et qu'ils s'amendent par terreur, si ce n'est par raison.

Eh! pourquoi toutes les opinions, tous les intérêts, tous les partis ne seraient-ils pas liés éternellement ? De quel droit les défenseurs du peuple et du trône prolongeraient-ils de funestes dissentiments ? peuvent-ils recevoir mission de se désunir ? Non, certes : il existe entre le peuple et le trône un engagement vraiment durable, et beaucoup plus réciproque que l'on ne pense : car la France accepta la charte non seulement par l'usage qu'elle fit de ses libertés, mais par un consentement antérieur et formel; c'est ce que nous espérons prouver ici jusqu'à l'évidence.

Le mot *révolution* embrasse à la fois trop de choses éclatantes ou terribles; trop de personnes quand on le prononce sont disposées à confondre toutes les années. Il faut l'écarter pour s'entendre; parlons de réforme.

Il fut un temps pendant lequel le peuple demanda une réforme; il fut aussi un temps plus rapproché où le trône en opéra une. Les principes de cette dernière sont faciles à trouver ; car le monarque n'a parlé qu'une fois : nous trouvons sa volonté toute entière dans la Charte.

Le peuple au contraire a parlé long-temps et de diverses manières. Dès qu'il eut à combattre au dedans les résistances d'intérêts privés, au dehors les menaces d'invasions étrangères, il se jeta en avant par crainte de retomber dans l'ancien état de choses; et l'on ne peut pas dire qu'il ait eu dès lors des principes certains, car tout fut sous l'influence de périls graves, mais passagers; les évènements et les constitutions se succédèrent avec une égale rapidité.

Il faut donc remonter plus haut et chercher une époque où le peuple français dans ses besoins de liberté n'ait été sous l'influence d'aucune circonstance étrangère, où il n'ait eu d'autre intérêt que d'abolir les abus et les entraves dont il souffrait depuis des siècles, où il n'ait enfin désiré que ce qui devait lui convenir dans tous les temps.

Ceci nous reporte au commencement de 1789, et nous ramène à notre sujet, puisque nous nous retrouvons encore au milieu des premiers Électeurs de France; élus par le peuple, ils ont nommé des députés aux États-Généraux et rédigé des cahiers dans un moment où l'on désirait ardemment une constitution. Ces cahiers contiennent donc la volonté réelle du peuple, et c'est là ce qu'il faut comparer à la Charte.

Il résulte du dépouillement général de tous les cahiers faits à l'Assemblée nationale qu'ils sont unanimes sur les grands principes. Nous choisissons ceux du Tiers-État de Paris parce qu'ils ont été rédigés les derniers, qu'ils sont pour ainsi dire la conclusion de tous les autres, et que le lecteur, les retrouvant en entier à la fin du volume, peut vérifier par lui-même l'exactitude du tableau comparatif.

La conformité que l'on va remarquer frappera d'autant plus, qu'elle existe non seulement dans l'esprit, mais souvent dans la lettre. Il est des phrases des cahiers que les rédacteurs de la Charte n'ont fait que transposer et que du reste ils ont conservées mot pour mot.

On peut donc conclure déja que la France acceptait à l'avance la constitution octroyée en 1814, en la demandant en 1789; et, voyant un si parfait accord dans les principes, on peut dire que le parti royaliste et le parti populaire ne peuvent désormais se séparer sans que l'un ou l'autre ne devienne, l'un ennemi du trône, l'autre ennemi du peuple.

CAHIERS DE PARIS DE 1789 *.	CHARTE.
LÉGITIMITÉ.	
La succession au trône est héréditaire dans la race régnante de mâle en mâle, par ordre de primogéniture, à l'exclusion des femmes et de leurs descendants, tant mâles que femelles.	
LISTE CIVILE.	
Il sera établi deux caisses: l'une nationale (affectée au paiement de la dette); et l'autre caisse également nationale (affectée aux dépenses des ministères) et aux dépenses personnelles du Roi, que Sa Majesté sera suppliée de régler, et auxquelles les états-généraux doi-	La liste civile est fixée pour toute la durée du règne par la première législature assemblée, depuis l'avènement du Roi.

* *Nous indiquons en lettres italiques les dispositions des cahiers et de la charte qui n'étaient que transitoires.*

CAHIERS DE PARIS DE 1789.	CHARTE.
vent, suivant le vœu des peuples, ajouter tout ce que l'amour du Roi pour ses sujets aurait pu en retrancher.	

DIVISION DES POUVOIRS.

Dans la monarchie française, la puissance législative appartient à la nation, conjointement avec le Roi. Au Roi seul appartient la puissance exécutive.	Au Roi seul appartient la puissance exécutive. La puissance législative s'exerce conjointement par le Roi, la chambre des pairs et la chambre des députés des départements.

INVIOLABILITÉ DU ROI.

La personne du Monarque est sacrée et inviolable.	La personne du Roi est inviolable et sacrée.

RESPONSABILITÉ DES MINISTRES.

Les ministres ordonnateurs, administrateurs en chef de tous les départements (ministères) seront responsables envers la nation assemblée en états-généraux de toute malversation, abus de pouvoir et mauvais emploi de fonds.	Les ministres sont responsables. La chambre des députés a le droit d'accuser les ministres et de les traduire devant la chambre des pairs, qui, seule, a le droit de les juger. Ils ne peuvent être accusés que pour faits de trahison et de concussion.

DIVISION DU TERRITOIRE.

Tout le royaume sera divisé en assemblées provinciales, formées de membres de la province, librement élus dans toutes les classes, et d'après la proportion qui sera réglée.	La chambre des députés sera composée des députés élus par les collèges électoraux, dont l'organisation sera déterminée par des lois. Chaque département aura le même nombre de députés qu'il a eu jusqu'à présent.

VOTE DES IMPOTS.

Nul impôt ne peut être établi que par la nation. *Tous les impôts qui se perçoivent actuellement seront déclarés nuls et illégaux, et cependant par le même acte ils seront provisoirement rétablis pour ne durer que jusqu'au jour*	Aucun impôt ne peut être établi ni perçu, s'il n'a été consenti par les deux chambres et sanctionné par le Roi.

CAHIERS DE PARIS DE 1789.	CHARTE.
qui aura été fixé par les états-généraux pour leur cessation, et pour la perception des subsides qu'ils auront librement établis.	

RÉPARTITION COMMUNE DES IMPOTS.

Toute imposition distinctive quelconque, *soit réelle ou personnelle*, *telle que taille, franc fief, capitation, milice, corvée, logement de gens de guerre, et autres*, sera supprimée et remplacée suivant le besoin en impôts généraux, supportés également par les citoyens de toutes les classes.	Les Français contribuent indistinctement, dans la proportion de leur fortune, aux charges de l'État.

ÉGALITÉ DES DROITS.

Dans toute société politique, tous les hommes sont égaux en droits.	Les Français sont égaux devant la loi, quels que soient d'ailleurs leurs titres et leur rang.

PROPRIÉTÉS.

Toute propriété est inviolable.	Toutes les propriétés sont inviolables, *sans aucune exception de celles qu'on appelle nationales*, la loi ne mettant aucune différence entre elles.

ADMISSION AUX EMPLOIS.

Tout citoyen a le droit d'être admis à tous les emplois, professions et dignités.	Les Français sont tous également admissibles aux emplois civils et militaires.

LIBERTÉ PERSONNELLE.

Aucun citoyen ne pourra être arrêté, ni son domicile violé, en vertu de lettres de cachet, ou de tout autre ordre émané du pouvoir exécutif. Aucun citoyen domicilié ne pourra être arrêté, ni même obligé de comparaître devant aucun magistrat, sans un décret émané du juge compétent.	Leur liberté est également garantie, personne ne pouvant être poursuivi ni arrêté que dans les cas prévus par la loi et dans la forme qu'elle prescrit.

AUX ÉLECTEURS.

| CAHIERS DE PARIS DE 1789. | CHARTE. |

LIBERTÉ DES CULTES.

La religion chrétienne ordonne la tolérance civile.

Tout citoyen doit jouir de la liberté particulière de sa conscience. L'ordre public ne souffre qu'une religion dominante.

La religion catholique est la religion dominante en France *.

Chacun professe sa religion avec une égale liberté, et obtient pour son culte la même protection.

Cependant la religion catholique est la religion de l'État.

LIBERTÉ DE LA PRESSE.

La liberté de la presse doit être accordée, sous la condition que les auteurs signeront leurs manuscrits, que l'imprimeur en répondra, et que l'un ou l'autre sera responsable des suites de la publication.

Les Français ont le droit de publier et de faire imprimer leurs opinions, en se conformant aux lois qui doivent réprimer les abus de cette liberté.

DISTRIBUTION DE LA JUSTICE.

Et cependant sans attendre la fin d'un travail qui sera nécessairement très long **, les états-généraux s'occuperont, dès à présent, de la suppression des commissions du conseil, de celle des commissaires départis, des chambres ardentes, et successivement de tous les tribunaux d'exception, dont les fonctions reviendront aux tribunaux ordinaires.

Nul ne pourra être distrait de ses juges naturels. Il ne pourra en conséquence être créé de commissions et tribunaux extraordinaires.

INDÉPENDANCE ET INAMOVIBILITÉ DES JUGES.

Tout changement dans l'ordre et l'organisation des tribunaux ne peut appartenir qu'à la puissance législative.

Le pouvoir judiciaire doit être exercé en France au nom du Roi par des tribunaux composés de membres absolument indépendants de tous actes du pouvoir exécutif.

Les cours et tribunaux ordinaires actuellement existants sont maintenus. Il n'y sera rien changé qu'en vertu d'une loi.

Toute justice émane du Roi. Elle s'administre en son nom par des juges qu'il nomme et qu'il institue.

Les juges nommés par le Roi sont inamovibles.

---

* On reconnut bientôt qu'une religion dominante était incompatible avec la liberté des cultes.

** Les Électeurs demandaient un code général et uniforme pour toute la France.

CAHIERS DE PARIS DE 1789.
CHARTE.

PUBLICITÉ DES PROCÈS CRIMINELS.

La publicité des procédures criminelles, établie autrefois en France, et en usage dans tous les temps, chez presque toutes les nations éclairées, sera rétablie, et l'on fera désormais l'instruction portes ouvertes et l'audience tenant.

Les débats seront publics en matière criminelle, à moins que cette publicité ne soit dangereuse pour l'ordre et les mœurs; et dans ce cas, le tribunal le déclarera par un jugement.

JURY.

En matière criminelle, le jugement du fait sera toujours séparé du droit.

L'institution des jurés pour le jugement du fait, paraissant la plus favorable à la sûreté personnelle et à la liberté publique, les états-généraux chercheront par quels moyens on pourrait adapter cette institution à notre législation.

L'institution des jurés est conservée.

CONFISCATION.

La confiscation n'aura plus lieu. Les biens des condamnés passeront aux héritiers, les frais et les dommages et intérêts préalablement pris sur iceux.

La peine de la confiscation des biens est abolie, et ne pourra pas être rétablie.

LÉGION D'HONNEUR.

Il sera établi par les états-généraux une récompense honorable et civique, purement personnelle, et non héréditaire, laquelle, sur leur présentation, sera déférée sans distinction par le Roi, aux citoyens de toutes les classes qui l'auront méritée par l'éminence de leurs vertus patriotiques, et par l'importance de leurs services.

La Légion-d'Honneur est maintenue. Le Roi déterminera les règlements intérieurs et la décoration.

Telles sont les libertés qui furent demandées et obtenues.

Cette identité de doctrines et de désirs, qui

réunit les défenseurs du trône et du peuple, prouve une vérité remarquable dont la nation et les Électeurs surtout doivent être fiers :

Ce n'est pas après avoir souffert les maux de la licence que les Français ont senti le besoin d'une sage liberté. La terreur pouvait bien conduire au despotisme; mais ces principes conservateurs de tous les droits, ces principes d'une égalité réelle qui nous régissent à jamais, naquirent du jour où l'on fit pour la première fois en France l'essai d'une institution Électorale. Ils offrent en cela un caractère bien précieux, puisqu'ils ont également convenu aux deux époques les plus éloignées, puisqu'on les demandait au moment où les partis allaient se diviser et au moment où ils se sont réunis.

Elle est durable, elle est éternelle cette volonté nationale qui fut la même dans la chaleur palpitante qui précéda le combat, et dans le besoin de repos qui suit la victoire!

DU CORPS ÉLECTORAL

SELON LA CHARTE.

TABLE.

Chap. I. Notion préliminaire.
Chap. II. Les Électeurs avant la Charte.
Chap. III. Les Électeurs selon la Charte.
Chap. IV. Les Électeurs sont représentants de la nation.
Chap. V. Les Électeurs forment corps dans l'état.
Chap. VI. Exécution. Listes et cartes électorales.
Chap. VII. Lois. Septennalité et double vote.
Chap. VIII. Constitution. Age politique, Présidence des collèges. Cens électoral.
Chap. IX. Le cens électoral doit être proportionnel.
Chap. X. Même sujet.
Chap. XI. Du mandat.
Chap. XII. Chambre des députés.
Chap. XIII. Conclusion.

DU CORPS ÉLECTORAL

SELON LA CHARTE.

CHAPITRE PREMIER.

Notion préliminaire.

La Charte n'avait pas déterminé le mode à suivre pour opérer dans ses dispositions les changements que l'expérience pouvait rendre indispensables; mais plusieurs lois ont à cet égard établi déjà des antécédents, et ces antécédents forment désormais une règle qui sera suivie jusqu'à ce que la règle contraire soit légitimement établie : or, comme il est impossible de l'établir parceque mettre seulement en doute le droit de la puissance législative à cette nouvelle attribution, ce serait élever une question de compétence vraiment insoluble, on est obligé d'admettre le droit aussi bien que le fait et de reconnaître dès à présent dans la réunion des trois pouvoirs une puissance à la fois constituante et législative.

Il en résulte que désormais les recherches de quiconque écrit sur l'une de nos institutions doivent s'étendre non seulement aux lois existantes, mais encore aux dispositions mêmes de la Charte.

Ce nouveau genre d'examen est tout à la gloire de la Charte en ce qui concerne l'institution électorale. Il conduit à mieux apprécier les grands principes qui lui servent de bases, et fait voir combien ils sont supérieurs aux différents systèmes essayés tour-à-tour en France depuis 1789, et même au mode de représentation depuis si long-temps en vigueur en Angleterre.

Mais à côté de ces principes fondamentaux dont les bienfaits seront éternels, on ne doit pas s'étonner de trouver des dispositions *réglementaires*, si l'on se reporte aux besoins particuliers de l'époque où la Charte fut consentie. Dans un moment où des intérêts, des passions, des haines long-temps séparées se retrouvèrent tout-à-coup en présence, une constitution qui n'était pas discutée, qui émanait spontanément de la puissance royale, ne dut contenir que des dispositions brèves et impératives; tous développements, toutes réserves pour l'avenir auraient semblé de l'hésitation et n'auraient inspiré que de la méfiance.

Il était important de rechercher parmi ce petit nombre d'articles réglementaires ceux qui ne furent que transitoires et qui, survivant aux circonstances qui les ont motivés, sont désormais inutiles ou vicieux. Au reste, nous devions d'autant moins hésiter à faire voir ce que la Charte contient aujourd'hui de contraire aux bases qu'elle-même a posées, qu'en proposant quelques changements, nous nous occupons seulement de leur raison, de leur justice, laissant à ceux qui ont pouvoir de les faire le soin de décider de leur opportunité.

CHAPITRE II.

Les Électeurs avant la Charte.

Pour mieux faire apprécier le mode Électoral actuel, il n'est peut-être pas inutile de rappeler en peu de mots tous les systèmes qui l'ont précédé.

La constitution de 1791 conserva les deux degrés d'élection que l'on avait observés lors de la nomination des députés aux États-généraux, mais elle imposa de nouvelles conditions : pour faire partie des assemblées primaires qui nommaient les Électeurs, il fallut à toutes les qualités d'un citoyen actif joindre une imposition directe de trois journées de travail; et, pour être éligible aux fonctions d'Électeur il fallut posséder un bien dont le revenu fût d'une valeur de deux cents journées de travail et de cent cinquante dans les villes d'une population moindre de 6,000 âmes.

Tous les citoyens actifs, quels que fussent leur état, profession ou contribution, pouvaient être élus députés.

La constitution de 1793 changea tous les rapports et toutes les attributions des deux espèces d'Assemblées instituées en 1791. Les Assemblées primaires, composées de tous les citoyens payant ou non contribution, eurent pour fonctions de délibérer sur les lois et de nommer immédiatement les députés. Les Assemblées Électorales, élues par les Assemblées primaires, n'eurent plus d'autres fonctions que d'élire les administrateurs et les juges. Sous ce régime, le Corps-Législatif ne faisait que proposer la loi, et si, quarante jours après, le dixième des assemblées primaires de chaque département ne réclamait pas, le projet était accepté et déclaré loi. En cas de réclamation, toutes les Assemblées primaires étaient convoquées.

La constitution de 1795 rétablit les principes de représentation de 1791; les Électeurs ne purent être choisis par les Assemblées primaires que parmi les propriétaires de biens produisant un revenu de deux cents ou cent cinquante journées de travail, et l'élection des députés leur fut restituée. Ils nommèrent donc les membres du conseil des Anciens et du conseil des Cinq-Cents, alors constitués, et de plus les juges de cassation et de tribunaux, les administrateurs de département, les hauts jurés, etc.

Survint le 18 brumaire, et la constitution de l'an VIII. Sous ce régime, les citoyens de chaque canton choisissaient un dixième d'entre eux qui formait une première liste dite communale. Les membres composant les listes communales choisissaient un dixième d'entre eux qui formait une seconde liste dite départementale, enfin les membres de cette liste désignaient un dixième d'entre eux qui formait une troisième liste dont les membres seuls étaient éligibles aux fonctions publiques nationales. Le sénat conservateur, composé par la constitution même, choisissait dans ces dernières listes les membres du Corps-Législatif, les tribuns, les consuls, les juges de cassation et les commissaires à la comptabilité.

Le sénatus-consulte organique de l'an 10 (1802) apporta de graves modifications à la constitution de l'an 8. Il établit deux sortes de colléges électoraux, colléges d'arrondissement et colléges de département; tous deux étaient élus par les Assemblées de canton composées de tous les citoyens, et leurs fonctions étaient à vie. Chaque collége électoral d'arrondissement nommait deux citoyens pour faire partie de la liste sur laquelle devaient être choisis les membres du Tribunat. Chaque collége de département nommait deux membres pour former la liste sur laquelle devaient être choisis les membres du sénat et deux autres membres pour former une autre liste sur laquelle devaient être choisis les députés au corps législatif.

Ces deux sortes de colléges avaient des attributions tout-à-fait différentes; et les membres de l'un ne pouvant voter dans l'autre, il n'en résultait pas le vice du double vote.

Le sénatus organique de l'an 12 (1804) n'apporta d'autres changements à la composition des colléges électoraux que de faire entrer dans ceux d'arrondissement les membres de la légion d'honneur et dans ceux de département les grands officiers, les commandants et les officiers. Ce sénatus-consulte organisait l'empire, et au milieu de cette profusion de grandes dignités on est étonné de trouver à côté du grand juge et du grand amiral, un grand Électeur dont les fonctions consistaient à servir d'intermédiaire entre la représentation nationale, y compris les colléges électoraux, et l'Empereur.

La Charte constitutionnelle en 1814 établit un nouveau mode de représentation. Deux chambres furent établies dont une seule élective. Il n'y eut plus d'assemblées primaires ou de canton, et tous les citoyens âgés de trente ans et payant trois cents francs de contributions directes furent Électeurs de droit. Les députés durent être âgés de quarante ans et payer mille francs de contributions.

La Charte disparut bientôt devant les évènements de 1815, et Napoléon donna un acte additionnel à ce qu'il appelait les constitutions de l'empire. L'acte additionnel maintint le mode d'élections des deux sortes de colléges électoraux du sénatus-consulte de l'an 10, et détermina quelques dispositions réglementaires. En outre, il donna à l'industrie et à la propriété commerciale et manufacturière une représentation spéciale; des listes de commerçants durent être dressées par les chambres de commerce, et les colléges électoraux furent obligés d'y choisir un nombre déterminé de députés.

Enfin la Charte reparut, et la représentation nationale, indécise durant vingt-quatre années où elle avait changé neuf fois de nature, fut définitivement établie sur des bases que l'expérience doit aujourd'hui nous faire juger solides.

Si l'on considère maintenant les divers modes d'élection qui ont précédé celui de la Charte, sous le seul rapport du résultat qu'ils devaient amener, et du but que voulaient atteindre ceux qui les établirent, on est obligé de convenir que presque tous étaient fondés sur des principes faux.

La constitution de 1791, reproduite à cet égard par celle de 1795, voulait placer la puissance dans la classe moyenne; mais elle manqua de conséquence en établissant deux degrés de représentation, et en ne donnant qualité d'Électeur qu'aux citoyens de la classe moyenne choisis par ceux des classes inférieures. Il existe toujours des hommes qui, par enthousiasme, par ambition ou par vertu, se rabaissent au dessous des opinions et des intérêts de leur classe. En 1789, on avait vu des gentilshommes partager les sentiments de la bourgeoisie; en 1791, la bourgeoisie comptait déja au milieu d'elle des républicains ultra-populaires. La multitude, ayant droit d'élire, put choisir les exceptions, et une fois reine chez les Électeurs, elle le devint nécessairement dans les assemblées législatives, puisque les députés pouvaient être élus même dans son sein.

En général, la représentation nationale, quelqu'étendue qu'on lui donne, quel que soit le nombre de ses degrés, doit conserver à la fin le caractère qui lui est imprimé à son point de départ. Aux deux époques où le système électoral de 1791 fut employé, les Assemblées primaires ont communiqué tour à tour leur caractère furieux ou indolent aux diverses assemblées dont elles ne firent cependant que nommer les Électeurs. C'est ainsi que, dès 1791, on marcha vers la république, et, dès 1795, vers le consulat et l'empire.

Les deux seuls modes d'élection dont les principes étaient en harmonie avec l'état des choses qu'ils prétendaient établir, furent ceux de 1793 et de l'an 12; mais l'un constituait la terreur, l'autre le despotisme. Leur conséquence de principes était si rigoureuse qu'aucun des deux ne pouvait servir à un régime autre que celui pour lequel il avait été créé. Aussi durent-ils disparaître dès que le peuple éprouva l'horreur du sang ou la lassitude du pouvoir absolu.

Le mode électoral anglais ne ressemble guère à ce qui précède. Les qualités que l'on exige pour garantir le droit d'élire diffèrent de beaucoup de manières; il y a des Électeurs de comté, d'université, de villes et de bourgs. Ici trente mille citoyens nomment deux députés; là, deux députés sont nommés par trois ou quatre individus, quelquefois par un seul; à Bath, où l'on compte 40,000 ames, le droit d'élire appartient à une corporation d'une trentaine de personnes, dont la moitié est composée de mendiants. En un mot, on peut dire que la classe moyenne confondue dans la population nombreuse des villes n'est pas représentée, et que le pouvoir électoral est seulement le partage de l'aristocratie, qui ne possède que de grandes propriétés, et du bas peuple, qui ne possède rien. Les élections anglaises ne sont plus que l'exercice tranquille d'un droit héréditaire ou qu'une bataille très vive entre des partis qui rivalisent d'astuce, de violence et de corruption. Tout ce qu'on peut dire à leur avantage c'est que le gouvernement garde une stricte neutralité.

CHAPITRE III.

Des Électeurs selon la Charte.

La Charte créa un système d'élection nouveau. Elle ne divisa pas la faculté d'élire entre les plus hautes et les plus basses classes à l'exemple de l'Angleterre; elle établit en principe ce qu'avait tenté vainement la constitution de 1791, ce qu'avaient établi par le fait les districts de 1789[*], elle plaça le pouvoir électif tout entier dans la classe moyenne.

---

[*] L'esprit et la conduite de ces premiers Électeurs, dont nous publions l'histoire, n'étonne plus, quand on considère le caractère et le rang social de chacun d'eux : Tous, en effet, appartenaient à l'université, aux cours de justice, au commerce, à l'industrie, à toutes les professions libérales; c'étaient des professeurs, des académiciens, des conseillers, des procureurs, des avocats, médecins, architectes, ban-

Tous les citoyens qui contribuaient aux charges publiques pour une somme de trois cents francs d'impôts personnels, fonciers ou de patentes, furent de droit Électeurs. Les dernières classes du peuple étant exclues et les grands propriétaires ne formant qu'un très petit nombre de voix, nous ne prétendons pas examiner dans ce moment s'il eût été profitable de revêtir tous les citoyens composant la classe moyenne de la qualité d'Électeur; il nous suffit que la masse des Électeurs appartienne à cette classe, pour justifier ce que nous venons de dire, qu'elle fut réellement choisie par la Charte, de préférence aux deux autres, comme seule interprète et dépositaire de la volonté nationale.

Il était juste que cela fût ainsi : les illustrations de noblesse et de fortune voient le peuple de trop haut; le peuple, à son tour, voit toutes ces positions élevées de trop bas. Nos souvenirs historiques, et surtout ceux de la fin du dernier siècle, prouvent que toutes les fois que les grands chez qui était la force des noms, des dignités et de la richesse, et le menu peuple qui a pour lui le nombre, se sont approchés, ce contact a donné lieu ou à des op-

---

quiers, marchands, manufacturiers, agens-de-change, etc. (*Voyez la liste à la fin du volume.*) Les Électeurs du Tiers-État de 1789 appartenaient tous enfin à cette classe moyenne de la nation, qui réunit toutes les connaissances solides, et chez qui la fortune n'est autre chose que l'aisance, presque toujours le fruit d'une supériorité quelconque.

pressions intolérables, ou à des représailles non moins hideuses.

Les progrès de la civilisation, des mœurs et des institutions nouvelles, ont considérablement adouci sans doute les préjugés amers que nourrissaient l'une contre l'autre ces deux classes opposées. Il serait inexact d'établir une entière analogie entre ce qu'elles furent autrefois et ce qu'elles sont aujourd'hui; cependant, si le temps apporte chaque jour quelque amélioration dans leurs rapports, il est facile de prévoir qu'il ne détruira jamais le principe qui les divise.

Une hostilité mutuelle composée d'envie et de mépris tient à la nature même des positions sociales; elle existera tant qu'il y aura des riches et des pauvres, des forts et des faibles. Ces deux classes ne pouvant se toucher sans danger pour l'une et pour l'autre, il importait à toutes deux que le pouvoir électif restât dans l'intervalle et qu'il fût tel qu'il pût résister à leurs envahissements réciproques. Désormais, c'est par la classe moyenne que l'une doit passer pour joindre l'autre; le pouvoir dans ses mains ne peut donc faire ombrage. C'est, au contraire, une nation neutre dont la force et l'indépendance font la sûreté des puissances qu'elle sépare.

Avant la révolution on aurait pu dire en faveur de la classe moyenne, qu'elle seule offrait des garanties suffisantes pour tous les intérêts; en effet, placée à égale distance des deux extrémités du corps social, elle n'est pas assez au dessous de ce qui est élevé pour le voir avec envie, ni assez au dessus de ce qui est bas pour le voir avec mépris; elle seule n'a de sentiment hostile pour personne.

De nos jours on peut dire davantage.

La noblesse et la fortune sont devenues mobiles, ou plutôt il n'est pas d'homme né si bas, qui, par le seul privilège du mérite, ne puisse arriver à l'une et à l'autre; c'est à moitié chemin qu'il rencontre le pouvoir; est-il possible qu'il ne soit pas bienveillant pour le passé, juste pour l'avenir? peut-il ne pas vouloir également le bien-être de ce qui fait son orgueil et de ce qui fait son espoir?

CHAPITRE IV.

Les Électeurs sont représentants de la Nation.

Le pouvoir électoral réside donc réellement où il doit être; établissons maintenant quelles sont la nature et l'étendue de ce pouvoir.

Il semble d'abord que l'on donne improprement aux députés seuls la qualité de représentants de la Nation. Au premier coup-d'œil on s'étonne que les Électeurs ne soient comptés pour rien dans cette représentation nationale; car en remontant à la source des droits de la Chambre, la Charte à la main, on trouve après les députés les Électeurs, après les Électeurs personne. Ne pourrait-on pas dire déja que quelque puissance réside en eux, puisqu'elle vient d'eux toute entière?

En y réfléchissant mieux, on va plus loin. La représentation n'est autre chose que l'exercice par plusieurs, des facultés de tous. Elle est essentiellement dans l'intérêt du trône et du peuple, car la puissance dans la multitude fut tour-à-tour fatale à tous deux. Également susceptible de fureur et d'engourdissement, d'esclavage et de tyrannie, si le peuple agit par lui-même, s'il monte en scène, c'est pour jouer le rôle de victime ou de bourreau; Au dénouement, il faut qu'il meure ou qu'il tue.

Par la représentation, il se condamne au repos; il s'interdit toute réaction, quelque froissement qu'il éprouve; il consent enfin à changer en une opposition calme ce qui serait chez lui révolte et confusion.

Mais, pour que ce pacte soit un appui solide, et que la confiance publique s'y repose, il faut que la représentation soit complète et de nature à remplacer réellement tout ce qu'elle représente; il faut qu'elle ressente incessamment toutes les impressions générales d'inquiétude et de malaise; il lui faut des yeux et des oreilles qui ne se ferment pas, une intelligence active qui juge sans cesse, et mesure, au moment même, la réparation à l'injure, le remède au mal; il ne la faut pas, en un mot, temporaire, mais permanente, éternelle comme les besoins du peuple. Or, si l'on restreint aux sessions de la chambre la représentation nationale, il en résultera qu'une ordonnance pourra la suspendre; mais elle ne peut être suspendue, il ne peut y avoir dans son existence ni vide, ni repos, sans que les droits des représentants retournent aux représentés; et alors, que la suspension se prolonge à la faveur d'impôts votés à l'avance, qu'une commotion quelconque se fasse sentir, et selon que la masse sera molle ou puissante, ce sera signe certain de décadence ou de révolution.

Hâtons-nous de détruire une erreur qui ne provient que d'un abus de mots.

Grâce au ciel, la représentation nationale est à l'abri des caprices d'un ministre. Les hommes qui la composent ne tiennent que d'eux seuls leur sacré caractère, et aucune puissance ne peut les en dépouiller. Dispersés sur le territoire, ils n'en sont que plus à même de ressentir toutes les joies, toutes les terreurs, toutes les souffrances publiques, et quand vient le jour qui les rassemble, rien ne peut porter atteinte à leur droit de choisir ce qui est conforme aux besoins de tous.

Qu'on se rassure, jamais le pouvoir du peuple ne sortira de cette étroite enceinte, parce que là seulement il est durable, et si l'avenir nous préparait quelque grave sujet de mécontentement, c'est encore là que son action doit se concentrer; et dès lors elle est sans danger.

Disons-le donc : les Électeurs en qui résident

toutes les facultés de la nation, qui doivent sentir et penser pour elle, qui seuls peuvent choisir et juger ses députés, seuls leur laisser ou leur reprendre le pouvoir de l'engager, de la lier, ceux-là sont ses véritables représentants.

Qu'il s'agisse d'impôts à consentir ou à refuser, de lois à faire, de ministres à poursuivre, des Électeurs vient la volonté, les Députés y ajoutent la parole.

CHAPITRE V.

Les Électeurs forment un corps dans l'État.

Nous avons dit que la représentation des électeurs est permanente; en effet, on ne peut choisir sans juger, et pour juger il faut connaître. Chaque jour offre matière à méditation et fait entrer quelques documents de plus dans le pour et le contre qu'il faudra balancer au moment de l'élection.

La qualité d'Électeur n'est donc pas telle qu'un citoyen puisse s'en revêtir en entrant dans le collége et s'en dépouiller en sortant. C'est un caractère indélébile qu'il porte partout avec lui. En lisant les papiers publics, c'est comme Électeur qu'il doit suivre les débats des chambres et les nouvelles politiques. Les plaintes des campagnes et des villes, le bon sens du peuple et les raisonnements des lettrés, tout ce qu'il voit, tout ce qu'il entend, il doit le sentir et le méditer comme Électeur, et il le doit sans cesse, en tout état de choses, même pendant les sessions des chambres; car il ne faut pas qu'il puisse être pris au dépourvu, et il doit être prêt, au cas de démission ou de mort du député qu'il a choisi, comme au cas de dissolution de la chambre entière.

Ajoutons que le délai de huit jours dans lequel les colléges doivent avoir terminé leurs opérations (loi du 5 février 1817), est trop court, pour que des réunions préparatoires ne soient pas indispensables. Il est encore indispensable que tous les colléges aient des comités qui correspondent entre eux. La loi devait garder le silence sur une multitude de choses qui sont purement réglementaires et sur lesquelles les Électeurs seuls ont le droit de statuer. Il est éminemment utile que les colléges en s'éclairant mutuellement adoptent des principes uniformes.

Au nombre de ces principes on paraît généralement sentir l'utilité de celui-ci, que tout candidat s'engage à courir les chances d'une réélection s'il accepte une place du gouvernement pendant l'exercice de ses fonctions de député.

Une règle non moins importante et qui mériterait aussi de devenir commune, serait que chaque collége ne fît son choix que parmi les candidats qui se présentent à lui; c'est la seule manière d'éviter ces nominations multipliées d'une même personne qui honorent à la fois les Électeurs et l'élu, mais qui causent dans la chambre un vide souvent funeste et toujours long à remplir.

Qu'importe d'ailleurs que les colléges ne puissent s'assembler sans une convocation du gouvernement, si le gouvernement, tôt ou tard, ne peut se dispenser de les convoquer? qu'importe qu'ils n'aient que dix jours pour nommer leurs députés, s'ils n'ont pas cessé de s'éclairer, et si leurs choix sont déja faits? qu'importe enfin qu'ils ne puissent prendre des délibérations écrites, s'ils y suppléent par des conventions verbales et unanimes? peut-on dire, même aujourd'hui, qu'ils ne forment pas un corps, et le premier corps du royaume, ces quatre-vingt mille citoyens exerçant les mêmes fonctions, possesseurs des mêmes droits, soumis aux mêmes devoirs, esclaves des mêmes principes, et pouvant s'imposer, par l'usage, des réglements communs ?

Ceci n'est pas seulement une dispute de mots: on en comprend déja toutes les conséquences. Les Électeurs s'attacheront davantage à leurs fonctions quand ils en connaîtront l'étendue; et ils verront un devoir sacré dans l'exercice de leur droit s'ils comprennent qu'ils ne peuvent le laisser de côté sans inviter des mains moins dignes à le saisir.

Il est éminemment utile qu'ils propagent l'esprit de corps qui commence à s'établir chez eux et qui fait qu'ils ne jugent déja plus légèrement ceux qui négligent de paraître aux colléges. Cette indifférence, aujourd'hui plus rare, doit disparaître entièrement; on l'a vue devenir un sujet de reproches amers entre personnes liées d'un commerce intime. Il faut plus, il faut qu'elle passe dans nos mœurs pour une lâcheté impardonnable, il faut qu'elle déshonore l'homme qui s'en rendrait coupable.

CHAPITRE VI.

Exécution. Listes et cartes Électorales.

C'est par un attachement patriotique à leur noble institution que les Électeurs se feront respecter au dehors; il existe dans la constitution des colléges des abus et des vices incompatibles avec leur libre existence. C'est une chose monstrueuse que des hommes non revêtus de la dignité électorale, se soient montrés dans les colléges, et que de vrais Électeurs n'aient pu y pénétrer. De la part de ces hommes, et de leurs complices, il y a attentat non seulement à la nation, mais au trône; ils ont ébranlé le principe le plus conservateur de la monarchie, que nul n'a droit de représenter, qui ne possède pas. Ils ont mis en action la doctrine des orateurs de 1793. Oui, c'est un exemple funeste qui donne à la multitude le droit d'en desirer le principe; c'est une provocation à la souveraineté de ceux qui n'ont rien.

Si l'on conserve à nos Colléges électoraux leurs dispositions réglementaires actuelles, on sent que les articles du Code pénal sont insuffisants pour en prévenir les abus; et puisque des fraudes répétées dans l'exercice légitime des fonctions électorales mettent les plus hauts intérêts de l'état en péril, il faut qu'une loi spéciale applique à ce nouveau genre de crime une peine proportionnée à son énormité.

Si l'on craint de faire une loi pénale sur des fonctionnaires administratifs, alors il faut changer les réglements existants et restreindre la coopération du gouvernement au service habituel de ses délégués.

Le principe à suivre dans une nouvelle loi sur la composition des colléges sera que l'administration peut bien, à la rigueur, rester chargée de tout ce qui est travail préparatoire, de tout ce qui conduit à l'exécution simple de la loi; mais que les préfets ou le Conseil d'état, dès qu'il s'agit de prendre une décision quelconque, n'ont aucun pouvoir constitutionnel pour prononcer, et que les tribunaux seuls sont compétents.

En suivant ce principe, les listes électorales, qui devraient être une des attributions des municipalités, produiront une véritable utilité, même confiées aux préfectures, si l'on observe, d'ailleurs, dans l'intervalle des rectifications, un délai suffisant pour que chacun puisse actionner le préfet, soit contre l'omission d'un citoyen payant le cens et ayant l'âge requis, soit contre l'inscription d'un faux électeur, et cela, non pas devant le Conseil d'état, mais devant ses juges naturels.

Vient l'expiration du délai après lequel doit être prononcée la clôture de la liste; et à moins qu'elle ne résulte d'une disposition formelle de la loi, aux tribunaux seuls appartient le droit de la prononcer.

Enfin, est-il indispensable à l'ordre et à la police des colléges que chaque Électeur n'y puisse entrer qu'au moyen d'une carte qui constate son identité? La délivrance de cette carte emporte jugement que la personne qui la reçoit porte réellement le nom qu'elle se donne; elle ne peut donc appartenir aux préfets que si elle a lieu long-temps avant la réunion des colléges, de manière que l'administration puisse être actionnée utilement devant les tribunaux ordinaires, dans le cas où elle se refuserait illégalement à cette distribution.

Ce que nous proposons dans ce chapitre ne peut détruire qu'une partie du mal, la plus grave, à la vérité, la fraude : reste la confusion, le désordre, l'incertitude de tous les droits électoraux qu'entraîne le renouvellement des listes à chaque budget; mais le principe de cet abus se lie étroitement à ce que nous avons à dire sur le cens électoral, et il en sera parlé en examinant quelques points de la Constitution.

CHAPITRE VII.

Lois. Septennalité et double vote.

Il reste peu de chose à dire sur la septennalité et le double vote ; tout le monde les juge de la même manière, et l'on est bien d'accord que le mieux est de déchirer ce voile épais dont les doubles plis enveloppent les plus belles garanties de nos libertés.

On a vu comment le sénatus-consulte de 1802, qui avait établi deux espèces de colléges électoraux, l'un d'arrondissement, l'autre de département, avait évité le vice du double vote. Il est remarquable que cette faute, qui n'avait pas été commise à cette époque, nous ait été réservée pour un temps où l'on avait le droit de compter plutôt sur des améliorations.

Non seulement le double vote rompt l'égalité que la Charte avait établie entre les membres de la classe moyenne, appelés à exercer les fonctions d'Électeurs, mais il repose sur un principe tellement faux, qu'on ne pourrait le suivre dans tous ses résultats sans arriver à un degré d'iniquité presque incroyable, comme on va le voir.

L'art. 40 de la Charte, complété par la loi du 5 février 1817, ne considérait l'impôt électoral que comme la garantie du droit réellement attaché à la personne. La loi de 1820 a attaché la qualité d'Électeur à l'impôt même, en sorte que le droit de la personne a été doublé en raison de la quotité de ses contributions.

Mais, pour qu'il soit juste et conséquent de donner deux voix à tel citoyen, dans tel département, parce qu'il paie le double du cens électoral, il faudrait en donner trois à celui qui paie le triple, quatre à celui qui paie le quadruple, cinquante enfin à celui qui paie cinquante fois cet impôt, et l'on compterait bientôt en France plus de bourgs pourris qu'en Angleterre.

La septennalité n'est pas plus raisonnable, bien qu'on se soit trompé d'abord sur la nature du péril dont elle nous menace.

Lorsque l'art. 37 de la Charte disparut, lorsqu'une Chambre, élue pour sept ans, dut, à l'expiration de la septième année, se renouveler en totalité, le sentiment le plus général fut celui de la crainte.

Ainsi, disait-on, le cours annuel donné aux besoins, aux souffrances du peuple, à tous les sentiments dont se compose l'opinion publique, est suspendu ; une forte digue comprime tout pendant sept années, et, après un si long temps, c'est tout-à-coup que la digue se brise, que le passage est livré, au risque de tout engloutir !

On ne s'attendait guère à ce qui devait arriver, et, il faut en convenir, les hommes qui conspirent à la fois contre la prospérité du trône et de la nation, qui semblent n'aimer que le désordre, ont quelque raison d'être mécontents et d'accuser le dernier ministère de maladresse, puisque le débordement n'a renversé que lui.

Mais si la septennalité n'offre pas le danger que l'on crut généralement prévoir, elle doit en faire craindre un autre d'une nature toute différente; tel est le contraste que présentent souvent des nations voisines, que ce mode de renouvellement est vicieux en France par la même raison qui le rend sans inconvénient en Angleterre.

En Angleterre le pouvoir d'élire est partagé entre deux classes tellement divisées d'intérêts, que leur animosité mutuelle les tient constamment en éveil.

En France le pouvoir d'élire est le partage d'une seule classe qui, dans peu d'années, n'aura pas même la plus petite opposition à combattre*.

En Angleterre, les difficultés, l'incertitude du succès, ne permettront jamais aux deux classes rivales la négligence ou l'abandon de leurs droits, quel que soit l'intervalle de temps qui sépare les élections.

En France, il est grandement à craindre que la certitude et la facilité du triomphe ne refroidissent beaucoup d'Électeurs. On prend peu d'intérêt au pouvoir que l'on exerce sans opposition, et dont on fera, selon toutes les probabilités

---

* Voir les forces progressives de la France, par le baron Charles Dupin.

de la vie, si peu de fois usage ; l'indolence conduit bientôt à l'abandon de ce pouvoir, quelque précieux qu'il soit; et l'abandonner, c'est le perdre à jamais.

Sans doute cette progression se fera lentement. D'abord les Électeurs se reposeront sur une chambre excellente; puis, insensiblement, il en viendra de moins bonnes qui conduiront enfin à une chambre tout-à-fait mauvaise. Ils se réveilleront alors, et seulement pour se voir dépouiller de leur force, de leur vie politique; car il résulte de la réunion des puissances constituante et législative qu'une chambre mauvaise peut si bien détruire tous les ressorts, tous les éléments, toute la substance de la représentation nationale, que ce ne soit plus qu'une ombre vaine. La septennalité ne nous menace donc pas d'accès furieux; c'est la léthargie qui sera le mal du pays. Ce mal, à vrai dire, est encore éloigné; est-ce une raison pour ne pas anéantir le principe qui le renferme, et pour laisser aller les choses à l'aventure?

Il est une considération dont on ne tient pas assez de compte : on oublie trop souvent combien de grands empires ont trouvé déjà leur tombeau dans cet excès de civilisation auquel nous sommes parvenus. Qu'avons-nous de plus qu'eux pour éviter leur sort ? des prêtres catholiques qui n'ont pas sauvé Rome et qui dévorent l'Espagne sous nos yeux; l'imprimerie et le salpêtre, qui excellent à corrompre et à détruire les hommes aussi bien qu'à les éclairer et les défendre! Convenons-en, ce n'est pas là ce qui donne une vie nouvelle aux nations. L'intérêt de chacun à la chose publique, voilà ce qui les élève et ce qui seul peut les soutenir.

Or, les peuples ressemblent en masse à de simples hommes : ils changent, avec l'âge, d'humeur et de capacité ; jeunes, ils se plaisent au bruit des armes, aux fatigues des batailles. Leur intérêt à la chose publique ne produit qu'un service grossier que l'on obtient à peu de frais; car un excès de force ne les entraîne que trop aux travaux de la guerre.

Vieux, ils deviennent froids et penseurs, leurs facultés morales sont alors plus difficiles à utiliser que ne l'était leur force aveugle et matérielle. Un peuple qui marche à son déclin a la méfiance de la vieillesse, comme il en a l'intelligence; il est prompt à se décourager s'il ne voit pas l'effet immédiat de son intervention; et quand cette intervention est indirecte, il veut la voir se renouveler d'autant plus souvent que l'effet en doit être plus éloigné.

Dites, au milieu de nos habitudes sociales, de nos besoins délicats, de cette foule d'intérêts privés dont chaque citoyen est entouré comme d'une famille, est-ce trop que l'intérêt public prenne place une fois tous les ans pour qu'il y puisse être connu et honoré? ne le traitera-t-on pas d'étranger si tous les sept ans seulement il doit y paraître ?

Ah ! sans doute la Charte, en forçant les Électeurs à des travaux annuels, fondait la durée du trône comme celle du peuple. Donner aux nations vieillies des institutions d'un usage habituel, les forcer de confondre dans leurs pensées de chaque jour l'intérêt privé et l'intérêt de tous, tel doit être le premier soin des dynasties qui ne veulent pas s'éteindre et disparaître avec elles.

CHAPITRE VIII.

Constitution. Age politique, présidence des colléges, cens électoral.

Si le temps fait entrevoir déja quelques imperfections dans la Charte, elles ne sont pas, comme on vient de le montrer, dans les principes fondamentaux, que le double vote et la septennalité ont malheureusement dénaturés; elles ne peuvent être que dans les dispositions purement réglementaires.

C'est ainsi que l'art. 38 borne le nombre des éligibles aux citoyens âgés au moins de quarante ans. Cette disposition avait pour résultat de composer le grand nombre des Députés d'hommes de cinquante à soixante ans. Elle était utile parce qu'elle ne confiait l'exécution de la Charte qu'à ceux qui l'avaient comprise et desirée en 1789; mais après quatorze ans d'expérience, aujourd'hui que les jeunes gens de la restauration sont hommes, que tous connaissent et apprécient la constitution, que tous veulent la défendre, cette disposition devrait être changée, puisqu'elle n'était que transitoire, et profitable seulement à une époque qui n'est plus.

Il en est de même de l'art. 41 : il est prouvé que la nomination des présidents de collége est une prérogative qui ne profite qu'aux ministres; elle est donc indigne de la majesté du trône. Le pouvoir royal à l'égard de la Chambre des députés, n'a que le droit de choisir entre cinq candidats qu'elle lui présente, et pourtant on conçoit qu'il ait quelque intérêt à la nomination de celui qui doit communiquer à tout moment avec les ministres. Mais les Électeurs, qui ne sont en relation avec personne, dont les travaux officiels sont si simples, si bornés, devraient avoir pour président provisoire le premier officier municipal, sauf au collége à se nommer lui-même un président définitif.

Nous voici arrivés à la disposition qui produit aujourd'hui les conséquences les plus funestes, celle qui règle le cens électoral à 300 fr. d'impositions directes.

Cette disposition est de deux natures, elle est à la fois fondamentale et réglementaire; elle impose l'obligation d'un cens électoral, puis elle fixe le cens à 300 fr. ; cette fixité seule est vicieuse.

Pour faire comprendre combien nous sommes loin de vouloir toucher aux principes constitutifs de la Charte, nous ne craindrons pas d'être minutieux en réfutant une opinion nouvelle, qui compte heureusement encore peu de partisans.

Le mal immédiat des lois fondées sur de faux principes est de remettre en question les principes vrais et généralement reconnus; ainsi le double vote est un extrême tellement choquant que certains esprits ne s'arrêtent plus aux bases que la Charte a posées et se précipitent dans un extrême contraire. On s'étonne, après un tel surcroît d'avantage donné à la fortune seule, que l'intelligence seule n'obtienne pas aussi l'usage d'un droit qu'elle serait habile certainement à remplir. On demande pourquoi les hommes que la loi de 1827 reconnaît aptes à remplir les fonctions de jurés, ne seraient pas de plein droit revêtus de celles d'Électeurs, et l'on dit : vous reconnaissez dans les lumières d'un docteur, d'un avocat sans fortune, une garantie suffisante pour qu'il dispose de la liberté, de l'honneur, de la vie de ses concitoyens, et vous craignez de lui donner la faculté d'élire un député !

Ce raisonnement n'est que spécieux.

Les lumières indiquent la capacité; l'intérêt seul compose la garantie. Tout citoyen est également justiciable des dispositions du Code pénal et de l'institution du jury. Cette égalité forme une garantie, et tout citoyen dès lors a droit d'exercer les fonctions de juré s'il offre d'ailleurs des lumières suffisantes.

Il n'en est pas de même du budget. Depuis la plus faible jusqu'à la plus forte imposition, la distance est si grande et remplie d'intérêts divers si nombreux que dans l'impossibilité matérielle de donner à chaque contribuable des droits électoraux équivalents à leur degré d'intérêt, il a fallu nécessairement prendre un terme moyen. La Charte en suivant ce principe et en réglant elle-même une quotité, ne donna pas voix d'Électeur à ceux qui payaient moins et n'en donna qu'une à ceux qui payaient plus. De cette manière le cens électoral établit un juste équilibre entre les différents intérêts des contribuables. A défaut d'une égalité réelle on peut dire qu'il exista une égalité relative proportionnelle, et le terme moyen forma dès lors la véritable garantie pécuniaire du droit d'élection.

Or toutes les garanties morales se trouvent aussi chez les Électeurs. Ils sont reconnus capables par la disposition qui les admet aux fonctions de jurés ; en outre leur intérêt aux lois personnelles est égal à celui des non-Électeurs, car les uns comme les autres doivent jouir des mêmes bienfaits, si des bienfaits sont obtenus, et réciproquement doivent souffrir les mêmes entraves, si des entraves sont consenties.

Il est donc juste de dire que les Électeurs de la Charte fournissent seuls toutes les garanties nécessaires pour les lois sur les choses, pour les lois sur les personnes, et conséquemment pour les lois mixtes.

Ainsi l'attachement désormais populaire aux principes fondamentaux de la Charte, n'est pas aveugle, et résiste à tous les artifices du raisonnement.

Examinons maintenant la fixation du cens électoral sous son rapport réglementaire.

Sans doute le réglement de la Charte ne pouvait qu'être bon dans son principe : nous ne rechercherons donc pas par quel calcul on s'est assuré, en 1814, que trois cents francs fussent réellement le terme moyen des impositions directes; ce travail de chiffres serait impossible et inutile; il ne s'agissait pas, en 1814, de soumettre à un niveau rigoureux les droits des plus hautes et des plus basses impositions, mais d'établir entre elles un équilibre constant. Pour cela il suffisait de calculer la quantité de contribuables attachés à chaque cote d'imposition, et d'en choisir une qui donnât largement une imposante majorité aux propriétaires et aux fortunes mitoyennes; mais, employant une fois ce cens comme terme moyen, il fallait le reconnaître entièrement pour tel et en calculer à chaque budget les conséquences exactes; car le point de départ n'étant qu'à peu près juste, les avantages étaient plus faciles à perdre, si l'on ne conservait pas dans l'avenir la proportion la plus minutieuse.

Le cens électoral devait être proportionnel : et comme en 1814 les impositions directes pouvaient être évaluées à 353,554,531 fr., puisqu'elles s'élevaient pour les neuf derniers mois aux trois quarts de cette somme, la Charte ayant admis le cens de 300 fr. comme terme moyen, ce cens ne pouvait plus être admis comme tel dès l'année suivante où le total des impositions directes ne s'élevait qu'à 320,000,000 fr. Il fallait dire, en 1815 :

353,554,531 : 300 : : 320,000,000 : 271 . 53.

Et le cens électoral devait être de 271 fr. 53 cent. En continuant pour chaque année ce calcul proportionnel, on obtient les résultats que présente la dernière colonne du tableau suivant :

ANNÉES.	RECETTES.	IMPOTS directs.	IMPOTS indirects.	CENS Électoral proportionnel.
1814*	637,432,562 f.	265,165,898 f.	372,266,664 f.	300 f. c.
1815	883,943,000	320,000,000	563,943,000	271 53
1816	861,798,081	332,609,580	529,188,501	282 23
1817	1,098,362,693	356,602,569	741,760,124	302 53
1818	1,098,362,693	361,097,975	737,264,518	306 40
1819	891,435,000	342,000,000	549,435,000	290 20
1820	744,198,190	341,900,000	402,298,190	290 11
1821	889,021,745	327,000,000	562,021,745	277 47
1822	918,899,947	312,617,000	606,282,947	265 36
1823	914,498,985	312,604,868	601,894,117	265 05
1824	901,943,536	310,234,190	591,709,346	263 24
1825	899,510,385	311,160,383	588,350,002	264 03
1826	924,095,704	312,545,703	611,550,001	265 20
1827	916,608,734	288,658,734	627,950,000	244 93
1828	924,410,361	289,456,361	634,954,000	245 61

* Pour les 9 derniers mois.

Les évènements de 1815 eurent pour résultat un impôt de guerre énorme, et l'on conçoit que le cens électoral ait été maintenu à 300 fr. jusqu'en 1819; en effet, si le corps électoral était diminué en 1815 et 1816, l'augmentation excessive de l'impôt direct en 1817 et 1818 devait dans ces deux années non seulement le compléter, mais l'augmenter même d'un nombre considérable de membres nouveaux qui n'avaient aucun droit à cette qualité en 1814 : jusqu'en 1819 il y avait une sorte de compensation.

Les budgets de 1819 et 1820 présentent à défaut de la même excuse un caractère évident de bonne foi. La diminution de cent vingt-sept millions porte presque en totalité sur les contributions indirectes, et de 1819 à 1820 le corps électoral ne diminue pas. En 1821 on charge le budget d'une somme plus forte que celle dont on l'avait délivré l'année précédente; on la fait porter toute entière sur les impositions indirectes, en trouvant moyen même de diminuer les directes de quatorze millions. C'était une raison en 1822 pour rétablir la balance entre les deux espèces d'impôts. Mais dès 1822 commence une guerre à mort contre le corps des Électeurs, guerre inique aussi bien que perfide et cachée; car c'est au moment où la garantie des Électeurs était augmentée, où leurs droits s'étaient accrus, qu'ils ont été le plus impitoyablement décimés.

En effet les contributions indirectes pèsent sur

la consommation, et la consommation est généralement en raison de l'industrie et de la propriété mobilière ou foncière, en sorte que chacun contribue indirectement aux charges de l'état dans la proportion de ses contributions directes : on peut vérifier en parcourant le tableau qui précède, que chaque année où les contributions directes ont été diminuées, les indirectes ont augmenté d'une somme tellement forte que les totaux de recette depuis 1822 jusqu'en 1828, ne présentent qu'une série d'augmentations progressives. La part de chaque Électeur dans les charges publiques s'est donc accrue, et avec elle son intérêt et sa garantie.

C'est surtout en 1827 que ce système déplorable ne connaît plus de mesure. La diminution dans les recettes est de sept millions six cent mille fr., et l'impôt direct est dégrevé de vingt-quatre millions, c'est-à-dire, que si le cens électoral eût été proportionnel, il aurait tout-à-coup été moindre de 20 fr. 27 c. Et veut-on savoir quel résultat l'on obtient en ne tenant pas compte d'une aussi modique différence ? on peut vérifier qu'en 1824 le cens proportionnel devait être 263 fr. 24 c.; aussi, fixé à 300 fr. il ne produisit, dit-on, que 120,000 Électeurs. En 1827 le cens devait être 244 fr. 93 c.; fixé à 300 fr., il ne produisit que 85,000 Électeurs.

Ainsi, pour n'avoir pas tenu compte d'une différence de 18 fr. 31 c., le corps électoral a été privé de trente-cinq mille membres dont les droits et les garanties, comme nous l'avons prouvé, s'étaient accrus, loin de diminuer.

Il serait impossible de calculer combien de citoyens cette mortalité politique a frappés depuis 1814. Si l'on considère qu'en exigeant 300 fr. aujourd'hui que le cens porportionnel devrait être 245 fr. 61 c., c'est produire le même effet que si l'on avait exigé en 1814, 370 fr. 49 c. au lieu de 300 fr. Car,

289,456,361 : 300 : : 353,554,531 : 370 . 49.

Si l'on considère que plus les cotes d'imposition sont élevées, plus diminue le nombre des imposés, de même qu'il augmente en descendant vers les plus basses impositions; que par conséquent la grande quantité des Électeurs de 1814 payaient ou tout juste 300 fr., ou peu de chose de plus, on ne doute pas alors que le corps électoral n'ait diminué déja de moitié.

CHAPITRE IX.

Même sujet. Le Cens électoral doit être proportionnel.

Nous avons montré par des chiffres l'iniquité matérielle d'un cens électoral fixe; il nous reste à prouver qu'il est funeste à tous les intérêts; c'est un instrument d'oppression qui doit tour-à-tour blesser les gouvernés et les gouvernants.

Considérons d'abord le mal le plus prochain. Le nombre des Électeurs n'a pu diminuer sans que la représentation n'ait changé de place et ne soit sortie de cette classe moyenne qui seule établit un juste équilibre entre toutes les positions sociales. Supposons de nouveaux dégrèvemens dans les impositions directes; le corps électoral va diminuer de nouveau et la représentation s'élever encore vers les plus hautes classes.

Or, pour ne plus être à portée du peuple, ce droit d'élire ne perd rien de sa force. S'il était puissant pour le défendre, il le sera de même pour l'opprimer. Qu'on ne s'abuse pas; le privilége électoral forme seulement dans la classe moyenne une représentation vraiment nationale. Bornez le nombre des privilégiés, ce n'est plus qu'une aristocratie et une aristocratie de fortune dont les ministres, grâces aux finances, seront bientôt maîtres suzerains.

Telle est la première conséquence fatale au peuple, où l'on peut arriver en peu d'années, tout en exécutant cependant la lettre de la Charte.

Arrêtons-nous ici et demandons si tel fut l'esprit qui présida à sa rédaction? Demandons si la Charte voulait donner aux agents du pouvoir qu'elle déclare responsables le moyen d'éviter toute responsabilité? Si la Charte voulait un peuple fort quand le trône était faible, et, le trône une fois solide, un peuple frappé d'impuissance?

Si la Charte enfin entendait fixer un cens électoral tellement invariable, tellement immobile, qu'à l'aide de ce point d'appui tout ministre, sans être Archimède, pût bouleverser, si ce n'est le monde, du moins la France entière?

Maintenant portons nos regards vers un avenir éloigné. Le numéraire diminue insensiblement de valeur. Trois cents francs valent aujourd'hui la moitié à peu-près de ce qu'ils valaient il y a soixante ans; ils peuvent encore éprouver la même diminution en moins d'un siècle.

N'oublions pas que le 5 mai 1789, la France payait toutes les dépenses de l'état y compris le déficit de cinquante-six millions et l'intérêt de trois milliards, avec cinq cent trente-un millions, et qu'en l'année 1828 la France paiera neuf cent vingt-quatre millions, *non compris le déficit*. Les contributions indirectes, qui forment déjà les deux tiers de cette dernière somme, ne pourront supporter seules les nouveaux grèvements qui deviendront progressivement indispensables, et, si l'on est forcé de les faire peser en partie sur les impôts directs, le cens électoral, restant le même, produira à la longue un effet contraire à celui qu'il a produit jusqu'ici: il augmentera les Électeurs au lieu de les diminuer. Cette progression dont personne n'est maître, qui ne dépend que du temps, fera d'abord rentrer dans le corps électoral les trente-cinq mille mécontents qui en ont été chassés depuis quatre ans, puis elle rendra la qualité d'Électeur à tous ceux qui l'ont perdue depuis 1814 à 1824; enfin elle l'étendra à un nombre si considérable, que la représentation sortira de nouveau de la classe moyenne, et ce sera cette fois au profit des classes inférieures.

Or, si le consentement des trois pouvoirs est nécessaire pour établir des dispositions nouvelles, le refus d'un seul suffit pour maintenir celles qui existent. La fixité du cens électoral, qui doit être fatale au trône aussi bien qu'au peuple, appartiendra successivement à chacun des deux, en ce sens que tour-à-tour celui qu'elle fera triompher sera maître à lui seul de la conserver. Espérons donc que les trois pouvoirs se réuniront pour briser cette arme terrible; car si l'un refusait aujourd'hui ce sacrifice, il aurait plus tard peu de droit pour le demander, peu de chances pour l'obtenir.

CHAPITRE X.

Même sujet. Le Cens électoral doit être proportionnel.

Revenons à l'état de choses actuel. On a vu qu'un cens électoral fixe aide merveilleusement les mauvais ministres à faire le mal; il fait plus, il rend le bien impossible aux bons ministres.

Que des hommes animés d'un vrai patriotisme

siégent au conseil, ne maudiront-ils pas toute leur science d'économie? Ne rougiront-ils pas de proposer un soulagement, même réel, à la pauvreté du peuple, puisqu'il doit entraîner de si funestes conséquences? Étrange fatalité! sous les plus déplorables régimes, sous Louis XIV et sous Napoléon, si le dégrèvement des charges publiques n'apparut jamais à la nation que dans un avenir lointain, du moins ce bien, ce premier des biens qu'elle ne fit que rêver était-il sans mélange de regret ou de crainte; si la France l'eût obtenu, il se serait élancé vers le trône et le ciel un concert unanime de joies et de bénédictions.

Et c'est sous l'empire le plus désirable, sous la souveraineté de la loi, qu'un tel bienfait nous arriverait corrompu? Les mains les plus pures devraient nous ravir en droits politiques ce qu'elles nous offriraient en dégrèvement des subsides? On verrait toute une nation morne s'abîmer dans cette alternative inévitable : esclave, si j'use de ma richesse; si je demeure libre, misérable!

Ici les plus hautes considérations morales s'unissent à la justice et à la raison; on sent qu'il ne s'agit pas seulement de rétablir l'effet primitif, le sens réel d'une disposition réglementaire de la Charte, mais de conserver à la Charte ce qui forme son âme, ce qui forme sa première condition de vie et de durée : l'amour et le respect des peuples. On doit d'autant moins hésiter à rectifier la lettre qui tue, que c'est le cas de dire que l'esprit vivifie.

Admettez pour base la proportion qui existait lors de la promulgation de la Charte entre le cens de 300 fr. et le total des impôts directs. Conservez au cens électoral cette même proportion dans toutes les diminutions ou augmentations, le nombre des Électeurs ne changera que d'une manière imperceptible selon que les propriétés tendront à s'accroître ou à se diviser, et vous aurez éternellement la représentation nationale dans la classe moyenne.

Une fois le principe érigé en loi, son application pour l'avenir est bien simple; car elle se borne à une règle d'arithmétique qui formera le dernier article de chaque budget.

Pour en donner un exemple, en admettant que ce grand acte de justice ait eu lieu en 1827, on aurait terminé le budget de 1828 de cette manière.

ARTICLE DERNIER.

Attendu que les impôts directs de cette année formant la somme totale de 288,658,734 fr. le cens électoral proportionnel est 244 fr. 93 c., les impôts directs de 1828 formant la somme de 289,456,361 fr.

288,658,734 : 244.93 :: 289,456,361 : 245.61.

Le cens électoral demeure fixé pour 1828 à la somme de 245 fr. 61 c.

On peut trouver la proportion minutieuse ; mais elle est utile pour la prompte intelligence des droits de chacun ; en fait de calculs, des chiffres valent mieux que des mots. Elle est digne de nos législateurs ; car moins ils enveloppent leurs dispositions, plus ils montrent de cette noble conscience qui cherche à les rendre parfaites. La loi, belle comme la vérité, doit se montrer nue.

L'établissement du cens porportionnel donnera lieu d'abord à un travail législatif considérable et qui consistera à établir la balance porportionnelle des trois espèces d'impôts directs, et leur égale répartition dans toutes les parties du royaume.

Ce grand travail ne devra être renouvelé qu'à de longs intervalles, car il faudra, pour que la base devienne fausse, que de nouvelles branches industrielles et commerciales s'élèvent ou que les anciennes dépérissent, que des portions du territoire augmentent ou diminuent de produit. Sera-ce un travail inutile ? Il n'en est pas de plus profitable, de plus urgent ; et la seule répartition de l'impôt foncier est si peu juste, que des plaintes générales appellent depuis long-temps dans cette partie des finances une régénération complète.

C'est ici le moment de faire remarquer le rapport intime qui existe entre les listes et le cens électoral : le cens électoral et la cote de chaque contribuable variant à la fois dans la même proportion de l'augmentation ou de la diminution de l'impôt direct, il en résultera qu'aucune diminution ne pourra diminuer le nombre des Électeurs, aucune augmentation l'augmenter; il n'y aura d'autres changements à faire dans les listes, que ceux qui proviendront des mutations de propriétés.

On ne saurait trop répéter que la mobilité, l'incertitude qui se renouvelle à chaque élection dans les droits des Électeurs, a pour principe la fixité du cens électoral qui reste stationnaire au milieu des mouvements du budget qui change chaque année.

Dans la réalité, le pouvoir d'élire dépend d'un travail purement administratif; c'est la répartition des contributions directes sur tous les contribuables qui leur donne ou leur ôte leurs droits politiques. La bonne foi peut rassurer contre la fraude, mais non contre les erreurs que produisent la négligence ou les fausses routines. Il faut, pour que la confiance soit générale, que chacun puisse être juge de ce qui le concerne; il faut donc que le cens électoral soit proportionnel, et qu'une base distributive, formant loi, soit imposée à tous les agents de finances. Alors seulement les droits de chacun seront exposés au grand jour, et nul n'y pourra porter atteinte qu'il ne soit sur-le-champ poursuivi de la clameur publique. Sans ces deux principes il ne peut y avoir ni justice, ni sûreté pour les Électeurs; les délits en matière d'impôts auront lieu sans preuves, sans témoins, et tous les soins, toutes les bonnes intentions du conseil d'état, ne produiront jamais qu'une police mal faite au milieu des ténèbres.

Enfin, une dernière conséquence de la mobilité proportionnelle du cens électoral sera d'amener entre les impositions directes et celles indirectes la balance la plus conforme à la prospérité publique. Les ministres ne pouvant diminuer le corps électoral en diminuant l'impôt direct, n'auront plus d'intérêt à maintenir une échelle fausse entre les deux impôts ; et toutes les fois que l'iniquité ne profite pas, il y a de grandes probabilités de justice.

Ce que nous avons dit sur les Électeurs dans ce chapitre s'applique naturellement aux députés.

CHAPITRE XI.

Du Mandat.

Tout ce qui tend à éclairer les Électeurs est une garantie de plus pour la nation qu'ils représentent : aussi doit-on désirer que l'usage des réunions préparatoires qui a lieu déjà dans beaucoup de villes, s'étende peu à peu à tous les colléges, et que partout les candidats tiennent à honneur de se faire connaître et de s'engager à l'avance. Dès lors s'interdisant eux-mêmes tout changement, ils forcent les mauvais ministres à se mettre d'accord avec les Électeurs, et là toute corruption devient matériellement impossible. Mais ces sortes d'engagements personnels, tels que celui de se soumettre à une réélection en cas d'acceptation de places, ne peuvent s'étendre au-delà des intérêts de la vie privée; toutes les fois qu'il s'agit de l'exercice politique des fonctions législatives, les colléges sont forcés de se renfermer dans un cercle étroit, comme nous allons le montrer en examinant le caractère et l'étendue du mandat que les députés reçoivent.

C'est ici qu'il faut bien se garder de confondre ce qui existait en 89 et ce qui existe aujourd'hui.

En 89, il s'agissait de faire une constitution, et chaque assemblée d'Électeurs devait remettre aux députés qu'elle élisait des cahiers écrits.

Il en résulta de grands abus; ces cahiers que les députés ne devaient recevoir que comme éclaircissement furent acceptés par certains d'entre eux comme des espèces d'ultimatum; et dès les premiers jours de l'assemblée nationale, plusieurs députés refusant de prendre part aux délibérations, d'autres menaçant de se retirer et de protester, on agita la grande question des mandats impératifs.

Plusieurs discours prononcés à cette occasion montrent cependant quels progrès on avait déja faits à cette époque dans l'étude du droit politique.

M. de Talleyrand, entre autres, posa dans un

discours plein de raison les vrais principes qui doivent encore régir la matière sauf les changements dont l'usage et le temps ont fait reconnaître la nécessité.

Il prouva admirablement qu'on ne pouvait imposer aux députés une opinion toute faite d'avance, et encore moins l'obligation de protester, et de se retirer, dans le cas où l'opinion contraire serait admise.

Dans la personne des députés passe en effet la puissance toute entière de leurs commettants; s'ils ne peuvent s'éclairer par la discussion et le choc des idées, autant vaudrait qu'il n'y eût pas de chambre, et qu'au lieu de ses députés, chaque assemblée électorale envoyât ses opinions.

En second lieu, un député ne représente qu'une portion d'un tout, et ne peut se soustraire à la loi commune, ni prétendre en arrêter l'action;

Tout ceci concerne les mandats impératifs que M. de Talleyrand combattait comme incompatibles avec le but de la députation. A cet égard, rien n'est changé, et son opinion doit toujours faire loi.

Mais il ajoutait qu'il fallait faire une grande différence entre cette espèce de mandats et ceux *limitatifs*, et il disait :

« Les pouvoirs peuvent être limités par les
« bailliages, par rapport à l'époque où ils peuvent
« être exercés. Un bailliage a pu très bien dire à
« son député : Je ne vous donne pouvoir de pro-

« noncer sur l'impôt qu'après que tel ou tel objet
« aura été définitivement traité. Si le grand nom-
« bre des bailliages a tenu le même langage, alors
« dans le cas où un député proposerait de traiter
« de l'impôt avant ce objet, le grand nombre des
« députés dira *non*, par défaut de pouvoir dire
« *oui* dans ce moment. »

Ne pourrait-on pas dire que, de nos jours, ce principe aurait reçu son application, si l'ancien ministère avait résisté aux élections et qu'il se fût présenté à la chambre en disant : Traitons de l'impôt? Tous les députés auraient certainement dit *non*, faute de pouvoir dire *oui* dans le moment, parce qu'ils s'étaient engagés à ce qu'on traitât d'abord de l'accusation des ministres.

Toutefois, sous l'empire de la Charte, cette obligation ne pourrait jamais être facultative. C'est-à-dire qu'une fois dans le sein de la chambre, le député devient juge de son opportunité. L'expérience nous apprend que cette plénitude de pouvoirs, seule conforme aux vrais principes de la représentation, est dans l'intérêt même des commettants, dans l'intérêt national. Un exemple va le prouver.

Supposons qu'un ministère fatal pèse sur le pays, que des élections ont lieu, et qu'un certain nombre de députés contractent l'obligation de ne voter l'impôt qu'après l'accusation des ministres.

La chambre s'ouvre ; mais au lieu du ministère

coupable, elle en trouve un nouvellement formé qui lui annonce le maintien de nos franchises, la présentation des lois encore à faire et l'exécution de celles qui existent. Si la chambre n'est pas entièrement maîtresse de régler sa conduite sur ce nouvel état de choses, elle va commencer par voter sur l'accusation de l'ancien ministère; et quel que soit le résultat de la délibération, il est également funeste.

En effet, il ne s'agit plus de discuter, mais de voter par *oui* et par *non*. Si les députés engagés forment le grand nombre, l'accusation a lieu; et pour une mesure dont le sort est incertain, que l'on doit juger sans doute profitable en cas de succès, mais nuisible si elle échoue, on glace, on paralyse la bonne volonté et les moyens de crédit du ministère existant, on perd l'occasion, la plus propice peut-être, de compléter et de consolider nos institutions.

Si le petit nombre seulement est engagé, le grand nombre votera contre l'accusation pour éviter le danger que nous venons d'indiquer; mais il tombera dans un danger non moins grand, car la chambre aura décidé dès lors, par une délibération, qu'il n'y a pas lieu à accuser les anciens ministres, et se sera dessaisie d'un droit qui fait toute sa force contre les nouveaux.

Enfin, si cette obligation n'était pas simplement facultative, elle serait non seulement fatale à l'intérêt du pays, mais elle serait contraire au vrai principe de la représentation; car toutes les facultés de nos Électeurs n'auraient pas passé dans la personne de leurs députés; il leur en manquerait une, celle de se dédire d'une détermination reconnue dangereuse, et le mandat deviendrait réellement impératif, ce qui est inadmissible sous tous les régimes.

De quelle nature est donc le mandat?

Il est essentiellement moral. Ne pouvant imposer ses propres idées, le collège doit pouvoir adopter celles du candidat qu'il choisit, et borner ses pouvoirs à cet éloge : soyez toujours semblable à vous-même.

Un mandat aussi vaste nécessite de la part des Électeurs une vigilance continuelle; et sous ce rapport il ne suffit pas que la censure des journaux imposée par trois ministres, cesse de plein droit un mois après l'ouverture des chambres, ou du jour même de la dissolution de celle des députés. (Loi du 17 mars 1822.) Il n'est pas un jour, pas un moment où cette censure puisse être établie sans que ce soit attaquer la liberté de jugement des Électeurs, et, par suite, influencer et dénaturer leurs votes. Il ne devrait être question de censure, que dans les dispositions pénales de nos lois criminelles, au chapitre de l'accusation des ministres.

Le mandat étant moral, n'est que plus rigoureux pour celui qui l'accepte; l'exécution d'une volonté spéciale est facile, mais un député doit juger et décider par lui-même, et, selon ce qu'il décidera, il y va pour lui d'une honte ou d'un honneur éternel. Cette alternative, qui ne peut être un jeu pour personne, est terrible, il faut en convenir, pour l'homme que son âge, ses habitudes, ses plus chers intérêts de fortune et de famille, attachent en esclave à l'opinion de ses égaux. L'avenir d'un député est tout entier dans la considération ou le blâme du monde; désir de l'une, effroi de l'autre, voilà sa vie. Le mandat moral entraîne donc avec lui la plus belle récompense ou le plus affreux châtiment, et le mandataire est d'autant plus lié par ses commettants qu'ils sont juges dans leur propre cause, et que, trahis ou noblement défendus, eux seuls dispensent la peine ou le salaire.

CHAPITRE XII.

Chambre des Députés.

Après avoir montré comment tout le pouvoir du peuple réside uniquement dans le corps de ses Électeurs nous avons fait voir comment il passe des Électeurs dans la personne de leurs députés par l'élection et le mandat.

C'est sous cette dernière forme que la Charte l'admet à partager avec le roi et la Chambre des pairs la puissance législative. Remarquez que toutes les facultés des Électeurs passant dans la personne de leurs députés, ils demeurent les maîtres de décider eux-mêmes *s'ils ne traiteront de l'impôt qu'après que tel ou tel objet aura été définitivement traité.*

De plus la Charte affecte à la Chambre des députés le privilége de voter la première sur le budget, et elle lui réserve exclusivement celui d'accuser les ministres.

Cette Chambre, enfin, juge en dernier ressort les difficultés élevées sur les opérations des colléges en vertu du § 3 de l'art. 11 de la loi du 5 février 1817 ainsi conçu : Le bureau juge provisoirement toutes les difficultés qui s'élèvent sur les opérations des colléges, sauf *la décision définitive de la Chambre des députés.*

Tels sont les droits particuliers à l'assemblée de nos députés : mais il n'appartient qu'à elle seule de déterminer l'usage qu'elle en doit faire ; nous nous bornerons à constater une conséquence toute naturelle de la composition de notre gouvernement constitutionnel.

Trois pouvoirs forment par leur réunion la puissance législative, et cette puissance ne peut sortir de ces trois pouvoirs ; en sorte que si tel d'entre eux pouvait être diminué, ce serait infailliblement au profit de l'un des deux autres. Pour que chaque pouvoir ait en lui un principe efficace de conservation, il faut donc nécessairement, ou que tous suffisent personnellement à leur propre défense, ou que deux d'entre eux puissent se prêter un appui réciproque contre les invasions du troisième.

C'est en conformité de ce principe, que le vote des impôts et le droit d'accuser les ministres soumettent au contrôle de la Chambre des députés, conjointement avec celle des pairs, tous les actes du gouvernement, et l'on ne peut pas dire que ce soit empiéter sur le pouvoir exécutif; autrement il faudrait supposer que le pouvoir exécutif n'a pour juge de son exécution que lui-même, ce qui serait vraiment alors un empiétement le plus monstrueux qu'on pût voir : en effet, les trois pouvoirs font la loi, le pouvoir exécutif l'exécute; s'il peut ne pas l'exécuter ou exécuter le contraire de ce qu'elle prescrit, le pouvoir exécutif envahit tout, il ne faut plus dire qu'il y a trois pouvoirs; si l'un des trois est sans bornes, il n'y en a qu'un.

La Chambre des députés doit donc non seulement concourir à la formation des lois, mais veiller constamment à leur exécution.

CHAPITRE XIII.

Conclusion.

Il résulte de tout ce qui précède, que les Électeurs sont représentants de la nation ; car ils n'ont pu transmettre aux députés le droit de la représenter sans en faire eux-mêmes usage.

En second lieu, que cette représentation électorale n'est pas temporaire, comme celle des députés, qu'elle ne souffre aucune interruption.

Et, qu'on ne nous accuse pas de soulever des rivalités puériles entre les Électeurs et les députés. Le temps n'est plus où l'on puisse mettre en jeu l'orgueil des plus graves assemblées par de vaines questions de prééminence. La Charte une fois octroyée, chacun dut y chercher ses droits et s'en contenter; car toutes les parts étaient assez belles. Les députés savent qu'ils ne forment qu'une portion du corps électoral, l'élite à la vérité, mais élue pour un temps; libre, complètement libre dans l'exercice de ses nouvelles fonctions, mais soumise ensuite au jugement moral que tout le corps porte dans ses réélections. Il n'y a pas de rivalité possible entre un mandant et son mandataire, entre des commettants et leurs fondés de pouvoirs. Les Électeurs, dit-on, n'exercent leur puissance qu'à des intervalles éloignés; leur justice est lente, oui, mais elle est certaine; et ils peuvent être patients, car ils sont éternels.

Quelques esprits, sensibles seulement aux travaux apparents des chambres, seront peut-être effrayés de voir que le corps électoral demeure en définitive le véritable possesseur du pouvoir populaire reconnu par la Charte. Et cependant que peuvent-ils craindre ?

Le pouvoir populaire dans la personne des Électeurs est plus à portée de ceux qui ne le sont pas et les invite à le devenir. Tout homme comprend l'utilité de son concours personnel et ne peut se décourager faute de capacité, car les fonctions n'ont pas changé de nature; il ne s'agit toujours que d'élire; seulement il est prouvé qu'élire c'est tout.

Ainsi un nouveau genre d'émulation doit activer et multiplier tous les principes de la fortune publique; l'agriculture, l'industrie, le commerce, les arts, les sciences, tout ce qui enrichit, tout ce qui rend Électeur, tout y gagnera.

N'oublions pas quand on parle de puissance populaire, qu'il s'agit de celle consacrée par la Charte, soumise aux conditions, aux formes que la Charte impose.

Et de quelle nature est donc cette puissance pour la juger si redoutable chez les Électeurs? elle est toute morale, elle vient toute de la pensée. Et par qui peut-elle être exercée? par un second degré de représentation offrant une garantie plus grande encore d'âge, de fortune et de lumières! ne voyez-vous pas que la volonté nationale ne peut qu'arriver pure après tant d'épreuves et que la lenteur de sa marche vous répond de sa maturité?

FIN DU CORPS ÉLECTORAL SELON LA CHARTE.

INTRODUCTION HISTORIQUE.

La révolution depuis long-temps était dans tous les esprits : les priviléges honorifiques, pécuniaires et personnels des deux premiers ordres, une foule d'abus qui portaient autant d'entraves à l'agriculture, à l'industrie et au commerce, devaient d'autant plus peser sur ce qu'on appelait à cette époque le Tiers-État, que le développement des lumières dû aux écrivains des XVIIe et XVIIIe siècles lui faisait sentir davantage sa gêne et son humiliation, et que l'exemple des révolutions d'Angleterre et d'Amérique lui montrait qu'il était un remède à son mal.

Il est impossible cependant de nier que ce besoin de changements radicaux ne se manifestât d'abord avec tout le calme et la modération qui pouvaient rassurer les pouvoirs constitués, mais il est remarquable que ces divers pouvoirs n'aient vu dans le vœu unanime d'une réforme qu'un moyen de se contenir ou de s'attaquer les uns les autres; de manière que sensibles seulement à leur intérêt personnel et toujours à l'intérêt du moment, ils se jouaient, pour ainsi dire, de la crise politique la plus grave qu'un royaume puisse présenter. On les vit, par une sorte de fatalité, encourager et combattre tour-à-tour les prétentions naissantes du Tiers-État; on vit le parlement, les notables et la cour s'efforcer successivement de l'élever à une hauteur dont ensuite ils cherchèrent de même à le faire descendre.

C'est à ces diverses impulsions du dehors, c'est à ces secousses dans tous les sens d'où naît la fermentation qui soulève et brise les obstacles, que l'on doit attribuer cet état de méfiance et d'irritabilité qui conduisit plus tard le peuple vers de si déplorables excès.

Ce fut le 6 juillet 1787, deux mois après l'Assemblée des notables, que le parlement refusant d'enregistrer deux édits bursaux, déclara qu'il était incompétent, qu'à la nation seule appartenait le droit de consentir les subsides, et que le salut du royaume dépendait d'une prompte convocation des états-généraux. Dès ce jour une lutte longue et opiniâtre s'engagea entre la magistrature et les ministres.

Si cette ancienne querelle offrait assez d'intérêt pour la vouloir connaître à fond, il suffirait de lire une brochure qui parut à cette époque, intitulée *Conférence entre un ministre d'état et un conseiller au parlement.* Toutes les dilapidations de finances y sont éclaircies, depuis l'abbé Terray jusqu'en 1789. On y voit comment Calonne avait réussi à manger le fonds de plus de trois milliards, sans emprunter pourtant plus de 950 millions, et pourquoi il existait alors si peu de stabilité dans le ministère. « ..... un honnête homme dans le ministère! il lui est impossible d'y demeurer un an. Le Père éternel enverrait son esprit saint dans le conseil pour sauver la France, les courtisans lui trouveraient des défauts et le feraient congédier. Ces gens-là sont comme des enragés, dès qu'un contrôleur cesse de leur donner de l'argent pour satisfaire à leurs plaisirs et à leurs profusions; ils se donnent le mot tout d'abord pour le persifler, ensuite pour le déchirer dans l'esprit du maître; ils prennent ordinairement pour cela le jour d'une chasse. » On se rappellera plus tard, lors du renvoi du ministre Necker, ce passage qui était alors prophétique.

Cependant le parlement rend à peine son arrêt, que le Roi force l'enregistrement de ses édits bursaux dans un lit de justice. Le parlement dès le lendemain déclare l'enregistrement nul et illégal, et Brienne, alors ministre, exile tous ses membres à Troyes.

Ils sont bientôt rappelés; mais la guerre continue, et jusqu'en décembre 1788, le temps se passe en lits de justice où le Roi force l'enregistrement de ses édits, en remontrances et protestations du parlement, en arrêts du Conseil qui cassent les dites protestations, et arrêts du parlement qui les maintiennent.

Après avoir exilé le duc d'Orléans et deux conseillers, le ministère va jusqu'à tenter l'exécution de son projet de cour plénière, tribunal suprême, qu'il devait composer de commissaires royaux, et au moyen duquel il comptait se passer des parlements. Tous les conseillers, prévenus à l'avance par Depresmenil, font le serment de mourir plutôt que de consentir à cette innovation ministérielle; ils rédigent de plus un arrêt contenant les principes constitutifs de la monarchie, au nombre desquels sont le vote des impôts, la liberté personnelle, etc. Des gardes viennent enlever, dans la grand' chambre même, les conseillers Goilard et Depresmenil, qui sont conduits l'un à Pierre-Cise, l'autre aux îles Marguerite.

Du reste, l'établissement de la cour plénière n'a d'autre effet que de soulever toutes les provinces, de faire exiler huit parlements, et de donner naissance à une satire spirituelle, sous la forme d'un drame tragi-comique, publiée sous le nom de l'abbé de Vermond, mais écrite par le rédacteur même du procès-verbal, alors jeune avocat sous l'influence de tous les intérêts parlementaires.

Enfin Brienne, forcé de quitter le ministère, est remplacé par Necker: les états-généraux annoncés pour un temps éloignés sont fixés au 1er janvier 1789, et les Cours de justice rentrent en exercice, l'établissement de la cour plénière ayant été suspendu jusqu'aux états-généraux par un édit du mois d'août.

Jusqu'à présent le parlement s'est efforcé d'obtenir pour le Tiers-État la prépondérance que son nombre, sa force et son utilité réclament; l'égale répartition des impôts n'est favorable qu'au Tiers-État; c'est le Tiers-État surtout qui profite de la liberté personnelle, pourrait-elle servir aux oppresseurs contre les opprimés? Il n'est pas un principe proclamé par le parlement, pas un seul acte de sa vigoureuse opposition qui ne soit en faveur de cette classe innombrable qui forme à elle seule la presque totalité de la nation.

Cependant ce même parlement va changer tout-à-coup de principes; et quand il s'agira de fonder les droits qu'il a si généreusement proclamés, on le verra retirer l'appui qu'il prêtait au Tiers-État et s'efforcer de rendre impossible tout changement à sa situation précaire.

La question de savoir s'il y aurait ou non une réforme devait être décidée à l'avance par les deux questions suivantes qui agitaient les esprits, savoir : quel serait le nombre proportionnel des députés de chaque ordre dans les états-généraux ? et quel serait le mode de voter dans l'Assemblée, par ordre ou par tête ? Les états-généraux n'avaient pas été convoqués depuis 1614. Dans ces états le nombre des députés de chaque ordre n'avait jamais été régulier; chose indifférente alors puisque les décisions ne s'y prenaient pas par tête, mais par ordre. Ainsi quand il s'agissait de subsides, le clergé et la noblesse, qui en étaient exempts, formaient, en se réunissant, une majorité qui votait par acclamations, et le Tiers-État payait toujours et payait seul.

Mais on sentait enfin qu'il n'existait dans la réalité que deux ordres : les privilégiés et les non privilégiés. Pour établir une égale balance, il fallait donc nécessairement que le Tiers eût une représentation égale à celle de la noblesse et du clergé, et que l'on votât *non par ordre, mais par tête*. Cette innovation n'était contraire à aucune loi, à aucune institution; car on ne peut décorer de ce nom des usages établis par une lente usurpation et qui n'avaient jamais été suivis constamment. Enfin, c'était le seul mode au moyen duquel le parlement pouvait espérer de voir établir comme loi fondamentale les principes qu'il avait soutenus.

Par arrêt du 25 septembre 1788, le parlement, rendu à ses fonctions, enregistre la déclaration du Roi du 23 du même mois, qui convoque les états-généraux pour le mois de janvier prochain, énonçant la clause expresse que *la forme de 1614 y soit observée*, c'est-à-dire que les députés soient d'un nombre égal dans les trois ordres, et que l'on vote enfin dans l'Assemblée *par ordre et non par tête*; c'est-à-dire que la noblesse et le clergé feront deux et le Tiers-État un.

Cette contradiction suffirait pour faire connaître quels progrès la fermentation des esprits avait faits à cette époque. Le parlement crut sans doute pouvoir comprimer le Tiers-État qui, par sa raison et sa force, s'élevait déja dans l'opinion publique au-dessus des ordres privilégiés ; il se trompait, l'effervescence dut s'en accroître. Le ridicule ne manqua pas ; et, forte de justice et de bon sens, la gaîté française courba bientôt sous ses grelots tous les vieux noms de la magistrature. Le parlement se hâta, le 5 décembre suivant, de rétracter son arrêt.

Parmi le grand nombre de pamphlets que cette circonstance fit éclore, le catéchisme du parlement, par des aveux pleins de simplicité, fait entendre que dans toute son opposition le parlement pouvait bien n'avoir pas toujours en vue le bien public. Voici comment sa conduite jusqu'ici y est interprétée.

« D. Qu'êtes-vous de votre nature ? — R. Nous sommes les officiers du Roi, chargés de rendre justice à ses peuples.

D. Qu'aspirez-vous à devenir ? — R. Les législateurs, et par conséquent les maîtres de l'état.

D. Comment pourrez-vous en devenir les maîtres ? — R. Parce qu'ayant à la fois le pouvoir législatif et le pouvoir exécutif, il n'y aura rien qui puisse nous résister.

D. Comment vous y prendrez-vous pour en venir là ? — R. Nous aurons une conduite diverse avec le Roi, le clergé, la noblesse et le peuple.

D. Comment vous conduirez-vous d'abord avec le Roi ? — R. Nous tâcherons de lui ôter la confiance de la nation en nous opposant à toutes ses volontés, en persuadant au peuple que nous sommes ses défenseurs, et que c'est pour le bien que nous refusons d'enregistrer les impôts.

D. Le peuple ne verra-t-il pas que vous ne vous êtes refusés aux impôts que parce qu'il vous les aurait fallu payer vous-mêmes ? — R. Non, parce que nous lui ferons prendre le change, en disant qu'il n'y a que la nation qui puisse consentir les impôts, et nous demanderons les états-généraux.

D. Si, malheureusement pour vous, le Roi vous prend au mot, et que les états-généraux soient convoqués, comment vous en tirerez-vous ? — R. Nous chicanerons sur la forme et nous demanderons la forme de 1614, etc. »

N'est-il pas singulier de voir, deux mois après l'inconséquent arrêt du parlement, les notables se contredire de la même manière ? Une sorte de fatalité, comme nous l'avons annoncé, semble pousser tous les pouvoirs constitués de la vieille monarchie à appuyer et à combattre tour-à-tour les prétentions du Tiers-État.

Les notables étaient composés, en majeure partie, des princes du sang, du haut clergé, de la première noblesse du royaume et des chefs de la magistrature et des municipalités.

Dans leur Assemblée de 1787, après quelques difficultés dont le seul but était de chasser Calonne du ministère, ils avaient approuvé l'établissement d'Assemblées provinciales pour l'égale répartition des impôts. Tous les subsides devaient être remplacés par un seul impôt établi sans distinction sur tout le sol et payable en nature. L'impôt payable en nature, avait dit Calonne, offre aux contribuables le double avantage de n'être pas perçu quand il n'y a pas de récolte, et d'intéresser le gouvernement aux progrès de l'agriculture. Toutes ces réformes n'étaient pas neuves, elles étaient empruntées soit au mémoire de Necker de 1778, soit à l'écrit de Le Tellier sur l'établissement d'Assemblées provinciales, soit enfin à l'ouvrage que Linguet venait de publier sur l'impôt territorial. « C'est le seul moyen, écrivait Linguet, de remplir, sans épuiser les peuples, le gouffre insatiable des dépenses publiques, ce tonneau des Danaïdes qui absorbe également et leurs larmes et leurs espèces, sans que les unes y laissent plus de traces que les autres...... A la vérité il n'y a plus de données certaines d'après lesquelles on puisse avec évidence travailler à la solution de ce problême. La finance ne connaît ni la quantité d'hommes qu'elle tyrannise, ni l'étendue effective des terrains qu'elle dévaste, ni le produit réel des biens qu'elle dessèche, ni peut-être celui de ses propres rapines; tout est dans l'incertitude, même, dans cette alchimie cruelle, hormis les maux qu'elle fait et l'or qu'elle compose du sang de l'indigence. L'or, aspiré de toutes les provinces, produit dans les coffres du Roi, par an, plus de six cents millions, en y comprenant les frais de perception, déguisés et multipliés sous des milliers de formes; car les peuples sont des moutons à qui l'on écorche la peau pour payer ceux qui leur enlèvent la laine, etc., etc. »

La première Assemblée des notables avait été d'avis que le Tiers-État eût dans les Assemblées provinciales la double représentation, et que les votes s'y prissent *par tête, et non par ordre;* seulement elle y conservait aux privilégiés la préséance et la présidence. Cette préférence de droits purement honorifiques à des droits utiles, avait donné lieu sans doute à la caricature suivante, dessinée et coloriée avec assez de soin. Necker, auteur du projet d'égalité d'impôts, est censé derrière un rideau; son bras seul paraît au-dehors, tenant un niveau qu'il appuie sur la tête d'un écorché tout sanglant, représentant le Tiers-État. A côté, sont la noblesse, sous la figure d'un chevalier du moyen âge, armé de pied en cap, et le clergé, sous la figure d'un gros chanoine. Le chevalier et le chanoine sont de la même taille que l'écorché; mais le plumet de l'un et le bonnet de l'autre sont si élevés, que tous deux se mettent à genoux, et sacrifient leurs jambes plutôt que de rien retrancher de leur noble coiffure. Leurs visages expriment cependant la douleur d'une manière grotesque.

Mais passons à la seconde Assemblée des notables. En 1788, l'insuffisance des Assemblées provinciales est déjà reconnue, et les notables sont assemblés de nouveau pour donner leur avis sur la composition des prochains États généraux. Il semble qu'ils vont y conserver au Tiers-État la double représentation et le vote par tête, dont ils avaient été d'avis en 1787 pour les Assemblées provinciales; loin de là, ils lui refusent maintenant l'un et l'autre, et tous les bureaux décident, à l'exception d'un seul, présidé par Monsieur, *que le nombre respectif des députés de chaque ordre doit être égal*, et que les États généraux délibéreront *par ordre et non par tête*. Le sixième bureau croit même légitimer ce changement de principes, en disant que les efforts que font les villes pour obtenir cet avantage (la double représentation), et la fermentation que ces efforts occasionnent ne servent qu'à mieux en faire apercevoir le danger. Le sixième bureau était présidé par M. le prince de Conti, qui avait adressé au commencement de l'Assemblée à Monsieur, frère du Roi, une motion relative à cette fermentation, ce qui avait donné lieu à une petite satire, intitulée : *Commentaire roturier sur un noble discours*, condamnée par le Parlement, et dont l'auteur avait même été forcé de se cacher. Parmi le grand nombre de pamphlets, il y en eut sans doute de violents, tels que le suivant, dont il suffit de dire le titre pour en faire connaître l'esprit : *Prière à l'usage de tous les ordres, contenant le* Magnificat *du peuple, le* Miserere *de la noblesse, le* De profundis *du clergé, le* Nunc dimittis *du parlement, la Passion, la Mort et la Résurrection du peuple, et le petit Prône aux roturiers, en attendant le grand Sermon à tous les ordres.* Mais on faisait justice de ces productions éphémères; et si leurs formes malicieuses faisaient sourire, leurs maximes n'entraient dans le cœur de personne.

Toutefois, l'opinion publique exerça sur la seconde Assemblée des notables le même empire à peu près que sur le Parlement. Trente pairs présentèrent au Roi une déclaration par laquelle ils formaient le vœu solennel de supporter tous les impôts et charges publiques, dans la proportion de leurs fortunes. Il s'agissait déja d'autres sacrifices que de l'égale répartition des subsides. Le Roi, par arrêt du Conseil, du 25 décembre, détermina que le Tiers aurait double représentation aux États généraux; et la déclaration des trente pairs, qui n'avait pour but que d'éviter cette mesure, fut appelée par le peuple la déclaration des dupes et pairs.

Le Tiers, devant nommer la moitié des députés des États généraux, et comptant dans les deux premiers ordres d'assez chauds partisans, devait nécessairement réunir la majorité, et la réforme était désormais assurée. Les privilégiés le comprirent bien, et changèrent de suite leur plan d'opposition; ils parlèrent de justice, de liberté, mais en ajoutant que pour en jouir, il fallait bien se garder de rien changer à la *constitution*, comme si l'on pouvait reconnaître une constitution dans une monarchie absolue; que toutes les libertés, enfin, étaient dans *l'ordre de choses établi et dans les lois existantes, qu'il suffisait d'exécuter*, comme si les vices et les abus n'étaient pas dans les lois et les institutions mêmes. On représenta à ce sujet un jeune homme sous des habits de forçat, ayant les fers aux pieds, aux bras et aux mains; il était assis sur une pierre, à laquelle il était enchaîné; un petit chapeau surmonté d'un bonnet de liberté, était à côté de lui; la flamme portait ces mots : Vive la liberté! Un Polonais, debout, paraissait surpris d'une pareille devise pour un homme ainsi enchaîné. Au bas, étaient écrits les vers suivants :

    Que faites-vous? — Je chante la liberté !
   — La liberté, mon cher, vous êtes exalté !
    Dans cet état ! — Oh! mais, ne vous déplaise,
    C'est que je chante... — Eh bien ? — La liberté française !

Maintenant rappelons en peu de mots quelle conduite le peuple a tenue jusqu'à présent.

On pense bien qu'il ne restait pas étranger à la guerre que le Parlement avait entreprise sous sa bannière. « A chaque séance qu'il avait tenue, raconte M. de Bezenval, les salles du palais se remplissaient de trois à quatre mille personnes qui attendaient le résultat des arrêts, lesquels, tous plus forts et plus insolents les uns que les autres, étaient toujours applaudis de cette multitude par des battements de mains et des bravos; et quand les conseillers sortaient du palais, ils étaient accompagnés avec des acclamations et des bénédictions entremêlées des propos les plus séditieux. »

On sait quelle réception différente reçurent du peuple les deux frères du Roi, dans la journée du 10 août 1787.

Un intérêt profond suivit le Parlement dans son exil à Troyes; et lors de son retour, le peuple fit éclater sa joie de la manière la plus franche et la plus bruyante. Les résistances de la magistrature étaient naturellement le sujet de conversation de tous les salons, de toutes les réunions du peuple : c'était la première et la dernière pensée de tous les jours. Lors de l'établissement de la Cour plénière, une foule immense assiégeait toutes les salles et les avenues du palais; et quand les Parlements furent déclarés en vacances, avec défense de s'assembler, le peuple chassa le guet de ses corps-de-garde et les démolit.

Cependant, hors Paris tout n'était pas calme; le peuple, dans le Dauphiné, résistait aux régiments chargés d'arrêter les conseillers de Grenoble; les Béarnais se renfermaient dans Pau, et le duc de Grammont, qui leur était envoyé, revenait sans en avoir pu rien obtenir. La même opposition éclatait à Bordeaux, à Toulouse, dans toutes les villes à parlement, contre l'édit de la Cour plénière, que le peuple brûlait à Rennes.

Pour apprécier cette opposition à sa juste valeur, il faut convenir qu'elle avait un principe assez légitime : le peuple résistait alors pour défendre ses juges naturels; il est vrai que ces juges proclamaient des libertés par lui demandées depuis long-temps. Lorsque le Parlement de Paris, rétabli, changea de langage, les Parisiens montrèrent d'abord d'autres dispositions; mais la justice reprenant son cours, ils rentrèrent bientôt dans l'ordre légal et le respect à l'autorité royale.

Ce n'est qu'au milieu de l'allégresse générale de tout le royaume, lors du renvoi de l'archevêque de Sens, que le repos de la capitale est de nouveau troublé. Le peuple brûle l'effigie du mauvais ministre au-dessous de la statue de Henri IV; il se donne rendez-vous pour brûler celle de M. de Lamoignon, garde-des-sceaux : cette seconde exécution donne lieu à quelques désordres; on exige des passants une sorte de contribution pour les feux d'artifice; on brise les vitres de quelques maisons; le guet arrive, fait feu, et le sang coule.

Le commandant du guet s'appelait Dubois, et la populace s'ajourna encore pour le brûler en effigie. Les scènes auxquelles donna lieu cette nouvelle résolution sont ainsi racontées dans une lettre de M. Charron sur les troubles d'août et de septembre 1788, imprimée à Londres :

« La populace avait à cœur aussi de faire le procès au commandant du guet; et la canaille, intéressée à prolonger les désordres, enhardie par le succès, ordonna à un vannier de la rue Saint-Victor de faire encore un mannequin. Bientôt le mannequin est affublé grotesquement d'une espèce d'uniforme, promené en triomphe, et précédé de hérauts qui criaient à s'égosiller : *Arrêt de la cour du peuple, qui juge et condamne le nommé Dubois à être brûlé tout-à-l'heure.* On doit bien s'attendre que de pareils cris et de pareilles dispositions de la part de ces terribles exécuteurs, ont dû exciter la colère et l'indignation chez des soldats dont on vilipendait ainsi le commandant; on doit bien s'attendre encore que, l'honneur du corps exigeant des actes de valeur, ces messieurs auraient l'héroïsme de mourir plutôt que de souffrir une pareille avanie; en conséquence, des préparatifs de guerre furent bientôt faits, et les grandes ressources dans les occasions périlleuses déployées : embuscades, observations, repliement de troupes, extinction des feux dans les vedettes, rien ne fut épargné. La lune éclairait faiblement la marche des conjurés; et, dévoués à braver les foudres de la guerre, ils marchaient, en chantant, vers le lieu de l'exécution. Il avait été décidé que le mannequin serait brûlé sur le terrain de Torré, devant lequel se trouve l'hôtel du commandant, d'autres disent dans la rue Meslée; mais toujours devaient-ils le brûler dans les environs : c'était là aussi que la scène devait changer. La garde avait observé et suivi en silence le gros de la troupe, au milieu de laquelle on voyait dominer le fatal mannequin. A peine fut-elle arrivée au carré de la porte Saint-Martin, que de tous les débouchés le guet à cheval et à pied fondit sur elle, l'enveloppa totalement, et en fit un massacre épouvantable. Qu'on se figure une troupe d'hommes, d'enfants, de femmes, sans armes, sans défense et sans ordre, enveloppés par des cavaliers armés jusqu'aux dents... Le nombre des morts et des blessés a dû être considérable, puisqu'on les a emportés par voitures... Les appuis des boutiques de ce canton étaient couverts de sang, malgré le soin qu'on avait pris de les laver de très grand matin, etc., etc. »

Tels sont les principaux événements auxquels le peuple avait déjà pris part, lorsque s'ouvrit l'année 1789.

Le mois de janvier 1789 est célèbre par les troubles de Bretagne. Voici comment débute la *Relation authentique de ce qui s'est passé à Rennes les 26, 27 et jours suivants*, que contient l'Introduction au Moniteur; nous ne le transcrivons que pour faire voir jusqu'à quel point d'exaltation les têtes bretonnes étaient montées : « Les sentiments et la conduite des gens du Tiers-État de la ville de Rennes n'auraient pas besoin d'apologie, si la noblesse bretonne, qui vient de se dégrader par les plus horribles attentats, ne calomniait ceux qu'elle assassine. Le fanatisme religieux a suscité dans presque tous les États des guerres intestines et furieuses ; mais, dans le siècle de l'humanité et de la raison, alors que la philosophie doit avoir au moins adouci les mœurs qu'elle a sans doute énervées, que des *magistrats* et des *nobles*, c'est-à-dire des hommes qui ne parlent, les uns que de justice, les autres que d'honneur, aient pu déchaîner leurs valets contre la jeunesse d'une ville, pour la faire assommer à coups de bûches et de bâtons ; qu'ils aient profondément médité, sourdement pratiqué ce complot infâme ; que plusieurs aient contemplé avec délices cette abominable exécution ; que d'autres soient venus se mêler parmi les exécuteurs, pour les animer du geste et de la voix, cet attentat n'a pas d'exemple, etc. »

L'Assemblée des États de Bretagne n'avait pas voulu entendre la lecture des charges du Tiers-État, le Roi l'avait suspendue ; et le Tiers-État ayant seul obéi, le haut clergé et la noblesse avaient pris, en son absence, une déclaration hostile contre les députés des villes, où l'inégale répartition des impôts était même mise en problême. Les jeunes citoyens de Rennes crurent devoir répondre à cette déclaration, qui avait été traduite dans les trois dialectes de la Basse-Bretagne et envoyée dans les paroisses. Alors commencèrent des rixes qui durèrent plusieurs jours ; il y eut de part et d'autre des morts et des blessés. Les jeunes gens de Nantes accoururent au secours de ceux de Rennes, et leur présence, jointe aux préparatifs de départ des jeunes gens de Caen, de Poitiers et d'Angers, contribua sans doute à faire cesser les agressions des nobles et des parlementaires.

Des femmes de la noblesse avaient pris part aux troubles de Rennes, mais d'une manière peu digne de leur âge et de leur sexe ; des femmes de la bourgeoisie crurent aussi qu'elles ne pouvaient pas rester étrangères à cette querelle : on peut juger de leurs sentiments par la déclaration suivante, singulière sans doute, mais aussi touchante de candeur et de convenance que remarquable par sa fermeté.

******

« Assemblée et arrêté des mères, sœurs, épouses et amantes des jeunes citoyens d'Angers, du 6 février 1789.

« Nous, mères, sœurs, épouses et amantes des jeunes citoyens d'Angers, assemblées extraordinairement, lecture faire des arrêts de tous Messieurs de la jeunesse, etc., déclarons que, si les troubles recommençaient, et en cas de départ, tous les ordres des citoyens se réunissant pour la cause commune, nous nous joindrons à la nation, dont les intérêts sont les nôtres, nous réservant, la force n'étant pas notre partage, de prendre pour nos fonctions et notre genre d'utilité, le soin des bagages, provisions de bouche, préparatifs de départ, et tous les soins, consolations et services qui dépendent de nous ; protestons que notre intention à toutes n'est pas de nous écarter du respect et de l'obéissance que nous devons au Roi, mais que nous périrons plutôt que d'abandonner nos amants, nos époux, nos fils et nos frères, préférant la gloire de partager leurs dangers à la sécurité d'une honteuse inaction, etc. »

Il est remarquable, dans toute cette affaire de Bretagne, que le Parlement et la noblesse aient été seuls en révolte contre l'autorité royale. Un nouvel ordre du Roi vint suspendre une seconde fois les États : les nobles alors se rapprochèrent des jeunes gens, et promirent de faire des concessions pour engager la bourgeoisie à continuer les séances de l'Assemblée. N'ayant pas réussi dans cette tentative, ils persistèrent à s'assembler seuls ; et il fallut pour les séparer que les canons que fit venir le commandant de la province fussent dirigés contre la salle même de leurs délibérations.

Les lettres de convocation aux États-Généraux avaient été publiées le 24 janvier 1789. Le clergé et la noblesse devaient nommer directement leurs députés ; les assemblées du Tiers-État, composées de tous les Français âgés de 25 ans, compris dans les rôles d'impositions, devaient nommer des électeurs, lesquels nommeraient les députés. Les élections eurent lieu dans les mois de mars et avril suivants.

On ne peut se faire une idée de la prodigieuse quantité de brochures et de productions analogues que cette grande occasion fit paraître; ce qui doit encore plus étonner, c'est l'esprit sage dans lequel elles étaient généralement composées.

Les uns cherchaient à prouver qu'en abandonnant à une assemblée nationale, composée de représentants de la nation, le soin de faire les lois, ce n'était rien retrancher réellement du pouvoir royal, car le Roi n'avait jamais fait la loi. « Le souverain croit-il nécessaire de faire une loi, il charge son ministre de s'en occuper; le ministre prend les idées de ses sous-ordres; et quand il a réuni, combiné leurs idées avec les siennes, corrigé ou modifié les unes par les autres, le réglement est rédigé : c'est un fait de tous les jours sur lequel il ne peut y avoir le moindre doute; il est donc visible que le réglement n'est pas, et qu'il ne peut être l'œuvre du prince; il n'est pas même celui du ministre, etc. » *Différence de trois mois en 1788, par le marquis de Casaux*, avec cette épigraphe : *If men would be content to graft upon nature and assist her operations, what mighty effects might be expect!* SPECTATOR.

D'autres s'adressaient avec chaleur à la nation même. « Voulez-vous être citoyens? ah! réveillez-vous et devenez libres; voulez-vous n'être que chrétiens? déja vous en avez la pauvreté; mais demandez donc à vos évêques de suivre au moins cet exemple qu'ils auraient dû vous donner; demandez-leur de ne pas prêcher (si jamais ils prêchent) une religion dont leurs richesses et leurs actions ne sont qu'un démenti public; mais si vous ne voulez être rien que des esclaves opprimés, ah! restez comme vous êtes!... Gardez-vous surtout de consacrer un temps si précieux pour agir en vaines recherches d'une érudition insensée; gardez-vous de travestir en combats de chartes et de titres une question sur les droits de l'homme, qui n'a de juges et de titres que dans le cœur même. » *Exhortation pressante aux trois ordres de la province du Languedoc, par S. M.*

On établissait la nécessité d'assemblées périodiques, sur lesquelles le Roi se reposerait du détail mesquin et impossible, quoique toujours supposé, de la vérification de tous comptes ministériels : *Différence de trois mois*. On développait les effets précieux que la liberté de la presse peut seule produire. « Le droit de la nation dépend aujourd'hui de l'instruction la plus générale et la plus complète. Lorsque des secrétaires d'académies (des secrétaires d'académies!) écrivaient, il y a trois ans, qu'ils ne se permettaient jamais (c'est-à-dire qu'on ne leur permettait jamais) l'examen d'aucun ouvrage qui eût le moindre rapport à la chose publique, aux objets d'administration, c'est-à-dire à la manière dont trois ou quatre ministres s'arrangeaient pour disposer de 24 millions d'hommes et de la toute-puissance de leur Roi, ces secrétaires d'académies étaient pardonnables alors ; mais les ministres d'aujourd'hui ne sont-ils pas enfin persuadés que la chose publique est la chose de tout le monde, et que le droit d'en parler et d'en écrire est inséparable du devoir de s'y intéresser ; je dis plus, peut-on s'y intéresser sans folie, si l'on n'a pas le droit d'en écrire et d'en parler ? » *Id.*

« Ce précis (des assemblées de province), imprimé à Strasbourg, d'abord permis, puis suspendu, puis arrêté, ne peut franchir les barrières dont la police, à l'envi de la fiscalité, hérisse chaque province du royaume, où l'on semble vouloir mettre en quarantaine tous les livres pour les purifier de la vérité. Certes, ils commettent un grand attentat ceux qui, dans la situation où la France se trouve plongée, arrêtent l'expansion des lumières! Ils éteignent, ils reculent, ils font avorter, autant qu'il est en eux, le bien public, l'esprit public, la concorde publique... ils craignent l'œil du peuple, ils veulent tromper le prince ; ce sont les ennemis du prince, ce sont les ennemis du peuple, etc. » *De la liberté de la presse, imité de l'anglais de Milton, par le comte Mirabeau.*

On comparait les constitutions de la Suisse, des États-

Unis et de l'Angleterre, et l'on indiquait les principes qui devaient servir de base à celle que l'on attendait des États-Généraux. Liberté de la presse, liberté individuelle, jurés dans les jugements, États-Généraux divisés en deux Chambres, pour établir une balance entre les ordres : tels sont les principes qui furent développés dans une brochure intitulée : A LA NATION FRANÇAISE, *sur les vices de son gouvernement, sur la nécessité d'établir une constitution, et sur la composition des États-Généraux, avec cette épigraphe : Quand la patrie est en danger, c'est la trahir que de taire la vérité,* attribuée à Rabaut-Saint-Étienne.

Pour appuyer la nécessité de ces libertés étrangères, on ressuscitait tous les abus des siècles passés, et notre histoire était jugée d'une manière nouvelle. « Il n'y avait plus de patrie; l'égoïsme, l'intérêt, l'exemple, précipitaient tous les Français à la fois vers un centre commun, où l'on s'arrachait mutuellement les débris du fisc et les hochets de la faveur, tandis que les malheureux qui n'avaient pas la force de courir ou l'avantage d'être poussés, se desséchaient et mouraient d'envie.......... Il semblait que, dans la profonde léthargie où la France était plongée, la politique n'avait plus qu'à soulever des mains lassées et énervées pour les lier de chaînes éternelles. L'ame de Henri IV s'ouvrait aisément aux douces impressions de la pitié qu'elle avait quelquefois excitée, et de l'amitié, qui lui fut toujours utile : cette ame généreuse était guidée par une imagination vive et par la connaissance des hommes; quelles dispositions pour fonder sur le marche-pied du trône une constitution durable! Mais si le Roi était né pour régner sur la nation, la nation n'était pas encore faite pour lui ; elle ignorait qu'elle ne devait chercher un durable bonheur que dans elle-même, non dans le caractère variable d'un homme. Il n'exista entre le règne de Henri et celui de son successeur d'autre différence que celle qui peut être entre le despotisme qui fait le bien et celui qui fait le mal... » DISCOURS *sur les États-Généraux, par*

M. de Laboissière, conseiller, avocat-général au Parlement du Dauphiné, avec cette épigraphe : Un seul cri s'est élevé autour de moi : Nous n'y paraîtrons qu'en qualité de mandataires de la patrie.

Cependant Mirabeau ne laissait passer aucune occasion de se montrer au peuple comme un de ses plus vigoureux défenseurs. Tout le monde connaît le succès et l'influence de son écrit sur les lettres de cachet. Son *Appel à la nation provençale* ne produisit pas moins d'effet : « Peuple ! l'heure du réveil a sonné !... La liberté frappe à la porte, courez au-devant ; elle vous tend la main, sachez la saisir... Le despotisme va fuir comme l'ombre devant l'aurore, etc. » *L'innovation utile, ou la nécessité de détruire les Parlements, plan présenté au Roi*, 1789, est une violente diatribe contre les corps judiciaires vénaux, que Mirabeau propose de remplacer par des juges temporaires et électifs. Dans un écrit du même sur *la représentation illégale de la nation provençale dans ses états actuels*, 1789, on remarque le passage suivant : « Lorsqu'une nation est trop nombreuse pour se réunir dans une seule assemblée, elle en forme plusieurs, et les individus de chaque assemblée particulière donnent à un seul le droit de voter pour eux. Tout représentant est, par conséquent, un élu ; la collection des représentants est la nation, et tous ceux qui ne sont pas représentants ont dû être électeurs, par cela seul qu'ils sont représentés. » Ces principes de représentation étaient ceux que l'on avait suivis aux États-Généraux de 1614, ceux contenus dans les lettres de convocation du 24 janvier ; on n'en connaissait pas d'autres, et il ne fallut rien moins que toute la révolution pour donner l'idée de substituer à ces élections d'électeurs une garantie dans la quotité d'un cens électoral.

On a pu voir dans le tableau comparatif des cahiers de Paris et de la Charte (v. l'Adresse aux électeurs) que l'opinion publique ne voulait réellement rien enlever à l'autorité royale de ce qu'elle s'est plus tard reservé. Cette guerre de pamphlets n'existait qu'entre les privilégiés et les non privilégiés.

Tel écrivain du Tiers État prenait pour devise cette apostrophe de Figaro : « Qu'avez-vous fait pour tant de biens ? vous vous êtes donné la peine de naître et rien de plus ; *dernier mot du Tiers-État à la noblesse.* » La noblesse et le clergé ripostaient, mais il y avait peu d'accord dans leur plan de défenses; plusieurs de leurs écrivains faisaient même de grandes concessions. Le marquis de Beauvau, dans son *Avis au Tiers-État*, consentait que le maintien des hiérarchies n'emportât que les prérogatives de rang et de noblesse. Si l'on est curieux de savoir de quel style un homme de cour parlait au Tiers-État, voici son début : « Vous formez corps dans l'état, c'est pour le défendre, pour en soutenir la majesté, la splendeur. Toute puissance est intrinsèque, tout est en nous, tout est dans l'état, rien n'est hors de lui; quand ces principes vous seront inculqués, vous y trouverez des bases certaines, et les corollaires que vous en saurez tirer répondront au bien de chacun, au soutien de la propriété foncière comme de la propriété éventuelle. »

Le conseiller Despremenil était de retour de la prison du masque de fer, où sa tête s'était probablement calmée ; il demandait que l'on votât par ordre dans les prochains États-Généraux, bien que le parlement eût rétracté, dès l'année dernière, l'arrêt où il avait soutenu le même principe. Mais le vote par tête était réclamé avec une bien autre autorité par l'abbé Sieyes dans son écrit dont tout le monde connaît la fameuse thèse. « Qu'est-ce que le Tiers-État ? tout ; qu'a-t-il été jusqu'à présent dans l'ordre politique ? rien ; que demande-t-il à devenir ? quelque chose. »

Parmi les dessins coloriés qui paraissaient à cette époque, il n'y en avait aucun qui fût étranger à l'intérêt du moment. Bonnet de prêtre et plumes de noble, la moit du corps en soutane d'évêque, l'autre habillée en gentilhomme, l'épée au côté et une bêche à la main, le personnage était appelé : Monsieur des trois états. Une jolie harengère, un bras ganté, un pied en sabot, chapeau de marquise et la botte sur les épaules, portait au bas : Voilà le costume désiré.

Un commis aux aides fouille le panier d'une jeune paysanne; au-dessous : De la visite des commis de barrières et des aides délivrez-nous, Seigneur !

Un garde saisit un paysan dans un champ; au-dessous : Des capitaineries et des garde-chasses délivrez-nous, Seigneur !

Un homme de loi reçoit de l'or d'un paysan qui tient un lièvre à la main; au dessous : Des suppôts de la chicane délivrez-nous, Seigneur !

Ces trois caricatures sont répétées en petit, et il y en a de plus une sur la milice.

Là, on voit un gros paysan qui laisse ses oiseaux sortir de cage et dit : Vive la liberté. Ici, une figure grotesque, habillée en marmiton, embroche un chapon (sans doute pour son seigneur) et dit : Quand sera la poule au pot ?

Tel dessin n'exprime qu'une observation malicieuse, comme celle-ci : un jeune gentilhomme offre une bourse à une demoiselle; au-dessous : Courage, M. le chevalier, vous l'attraperez ! Une dévote, agenouillée, reçoit la bénédiction d'un prêtre; au-dessous : C'est bien, M. le curé; enfin un soldat aux gardes françaises embrasse une blanchisseuse; au-dessous : Vive le vin, vive l'amour ! Au bas de ces trois groupes : Chacun joue son jeu.

Tel autre dessin colorié offre l'image naïve et sublime de la volonté générale : quatre personnages sont réunis, au-dessus de tous est écrit en gros caractères : *Vœu du Tiers-État*. Le premier représente un homme de la noblesse; au bas : Noble citoyen, protégez-nous ! le second à côté représente un évêque; au bas : Vertueux prélat, priez pour nous ! Au-dessous du noble est un directeur des cérémonies funèbres; au bas : Ministre du trépas, épargnez-nous ! Au-dessous de l'évêque est un militaire; au bas : Soldat de la patrie, défendez-nous! le tout est terminé par ces mots, écrits en gros caractères: *Et nous vous nourrirons tous.*

Le seul évènement remarquable qui précéda l'ouverture des États-Généraux fut le pillage de la manufacture de Réveillon, au faubourg Saint-Antoine.

Des étrangers, la plupart déguenillés, abondaient à Paris, le gouvernement ne prenait à leur égard aucune mesure de sûreté. Le 7 avril, ces hommes, armés de bâtons, sous prétexte de la diminution du salaire des ouvriers, entourent la manufacture de Réveillon; la foule s'y porte; la troupe est témoin du pillage, et le lendemain seulement, un bataillon et deux canons, envoyés par M. de Besenval, parviennent à dissiper les attroupements.

La cour et le parti d'Orléans s'accusèrent réciproquement d'avoir soulevé la populace, et l'Angleterre, qui sait si bien tirer parti de tous les troubles, fut aussi soupçonnée.

Voici ce que rapporte M. de Besenval à cette occasion: « Tout Paris me regarda comme son libérateur et je ne pouvais me montrer nulle part qu'on ne m'accablât d'éloges et de remercîments; il n'en fut pas de même à Versailles, où personne ne me donna de témoignages de satisfaction, ni même ne me dit un mot sur ce qui s'était passé: ce qui ne me surprit ni ne m'affecta. Dans la nuit qui suivit l'insurrection du faubourg Saint-Antoine, M. Duchâtelet envoya des gens intelligents et déguisés, des gardes françaises, qui nous rapportèrent que s'étant coulés le long d'un fossé vers un gros de brigands qui s'était rassemblé au-delà de la barrière du Trône, ils avaient entendu un des leurs, monté sur un tertre avec le maintien d'un homme qui semblait en être le chef, exciter toute la troupe à une nouvelle entreprise et à venger la perte de leurs camarades, qu'on a estimée de 4 à 500; ils entendirent une voix partant du milieu de la foule, qui lui répondait; qu'étant considérablement affaiblis ils ne pouvaient plus rien tenter, que d'ailleurs, à la manière dont on les recevait, ils ne pouvaient avoir en perspective que des coups de fusil ou la corde. Un mouvement que la troupe fit vers les espions, effraya ces derniers, qui prirent la fuite; d'autres, qui furent envoyés sur les grands chemins les jours suivants, dirent avoir entendu les brigands se dire : *Il n'y a plus rien à faire dans Paris, les précautions sont trop bien prises. Allons-nous-en à Lyon; si nous ne trouvons pas là ce qu'il nous faut, nous le trouverons à Marseille.* Le ministère ne fit pas la moindre attention à ces rapports, etc. »

Ainsi, ce serait M. de Besenval même qui justifierait le Tiers-État, s'il pouvait être soupçonné, d'avoir en aucune manière pris part à la journée du 7 avril. Mais le peuple était alors sûr d'avoir la majorité dans les États-Généraux, par sa double représentation, par le grand nombre de curés de campagne députés du clergé, et par l'opinion, connue à l'avance, de plusieurs nobles et prélats; il ne pouvait donc se rendre coupable de désordres dont le seul effet é évidemment de compromettre son triomphe en effrayant l'autorité royale.

Enfin, le 4 mai, les États-Généraux s'ouvrent à Versailles, le Roi s'étend beaucoup sur les finances; le discours de Baseulin déplaît, celui de Necker ennuie, mais cette première séance annonce des intentions franches, et elle excite, ainsi que la cérémonie de la veille, un enthousiasme universel. Les vers suivants sont placés au-dessous d'un dessin colorié représentant le *convoi de très haut et très puissant seigneur Des Abus, mort sous le règne de Louis XVI le 4 mai 1789.*

> ¹ Des antiques abus le souverain empire,
> A la voix de Louis, tremble, chancelle, expire.
> Victimes des abus, séchez enfin vos pleurs;
> Et toi, divinité de la reconnaissance,
> Prépare ton encens, et grave dans nos cœurs
> Le nom du Prince aimé par qui renaît la France.

Cette allégresse publique devait être malheureusement de courte durée, et c'est ici le moment de rappeler ce que nous avons dit en commençant, qu'une sorte de fatalité semble pousser tous les pouvoirs de la vieille monarchie à favoriser et à combattre tour-à-tour le Tiers-État.

A peine les États-Généraux sont-ils assemblés, que la cour a déjà résolu de les dissoudre; elle profite d'abord de la querelle qui s'est élevée sur la vérification des pouvoirs que les deux ordres privilégiés refusent de faire en commun. Le clergé se propose pour médiateur; la cour intervient ensuite, mais son but est évidemment de prolonger les pourparlers et la dissidence, afin de rendre cette nouvelle Assemblée d'États-Généraux inutile comme toutes celles qui l'ont précédée.

Cependant, après cinq semaines d'attente, les députés du Tiers, que leur nombre avait fait placer dans la salle même des États, invitent pour la dernière fois la noblesse et le clergé à venir assister à la vérification *qui aura lieu tant en leur présence qu'en leur absence.* Le 17 juin, la vérification est terminée, et les députés du Tiers, auxquels se sont déjà joints dix-neuf curés, se constituent en Assemblée nationale. Il règne dans leur déclaration une mesure et une dignité admirables. «..... L'Assemblée ne perdra jamais l'espoir de réunir dans son sein tous les députés aujourd'hui absents, elle ne cessera de les appeler à remplir l'obligation qui leur est imposée de concourir à la tenue des États-Généraux. A quelques moments que les députés absents se présentent dans la session qui va s'ouvrir, elle déclare d'avance qu'elle s'empressera de les recevoir et de partager avec eux, après la vérification des pouvoirs, la suite des grands travaux qui doivent procurer la régénération de la France. » L'Assemblée déclare les impôts illégalement perçus, mais elle les maintient provisoirement; elle met les créanciers de l'État sous la sauvegarde de la loyauté française, et rend impossible toute banqueroute publique; elle nomme enfin un bureau de subsistances.

Cette mesure ferme et sage, et l'enthousiasme qu'elle

inspire dans tout le royaume font changer le plan de la cour; jusqu'ici elle n'a employé que les promesses et la séduction envers les deux ordres privilégiés, elle va maintenant essayer de l'autorité royale contre le Tiers-État. Le Roi est entraîné à Marly, d'où on éloigne Necker; une séance royale est résolue, et il est décidé que le Roi cassera tous les arrêtés pris par l'Assemblée nationale.

La salle des délibérations est fermée plusieurs jours à l'avance sous prétexte des préparatifs; un détachement des gardes françaises en défend l'entrée : les secrétaires cependant peuvent pénétrer dans l'intérieur pour prendre les papiers dont ils ont besoin; ils rapportent que toutes les banquettes sont enlevées et que des soldats gardent toutes les avenues de la salle. » Les députés se plaignent vivement de cet attentat. Les uns, pénétrés de la plus vive douleur, n'entrevoient dans l'avenir que la dissolution des États, les autres sont pénétrés d'indignation de voir ainsi la majesté de la nation profanée, avilie par un coup d'autorité qui, depuis que la monarchie repose sur des bases inébranlables, et sous les règnes les plus oppressifs, n'a jamais eu d'exemple. Rassemblés en pelotons sur l'avenue de Versailles, ils se demandent réciproquement ce qu'il faut faire dans des conjonctures aussi douloureuses. Ici l'on s'écrie à haute voix : Allons tous à Marly ! Allons-y au pied même du château tenir notre séance. Nous ferons descendre dans le cœur de nos ennemis l'effroi qu'ils ont répandu dans le nôtre; qu'ils tremblent à leur tour ! Le Roi annonce une séance royale, il la suspend jusqu'à lundi prochain, ce délai est trop long, il la tiendra tout-à-l'heure, il descendra de son château, et n'aura plus qu'à se placer au milieu de son peuple. » *Moniteur, séance du 20 juin.* Cependant on apprend que Bailly s'est transporté au jeu de paume, rue Saint-François, et qu'il y a fixé le lieu des séances; les pelotons de députés se réunissent pour s'y rendre.

Là, Bailly, président, ouvre la séance par la lecture des

lettres du grand-maître des cérémonies, puis il propose de mettre en délibération le parti qu'il faut prendre dans un moment aussi orageux. Au milieu de la discussion on propose de se lier au salut public et aux intérêts de la patrie par un serment solennel : cette proposition est approuvée par un applaudissement unanime; l'Assemblée arrête aussitôt ce qui suit :

« L'Assemblée nationale considérant qu'appelée à fixer la constitution du royaume, opérer la régénération de l'ordre public, et maintenir les vrais principes de la monarchie, rien ne peut empêcher qu'elle ne continue ses délibérations dans quelque lieu où elle soit forcée de s'établir, et qu'enfin partout où ses membres sont réunis, là est l'Assemblée nationale,

« Arrête que tous les membres de cette Assemblée prêteront à l'instant le serment solennel de ne jamais se séparer et de s'assembler partout où les circonstances l'exigeront, jusqu'à ce que la constitution du royaume soit établie et affermie sur des fondements solides, et que ledit serment étant prêté, tous les membres, et chacun en particulier, confirmeront par leur signature cette résolution inébranlable. »

Le serment prêté et signé un cri d'indignation se fait entendre quand on apprend que M. Martin d'Auch, bailliage de Castelnaudary, a signé *opposant*. M. Martin observe qu'il ne croit pas pouvoir signer des délibérations qui ne sont pas sanctionnées par le Roi. Le président Bailly déclare que l'Assemblée a déja publié les mêmes principes dans ses adresses et dans ses délibérations, et qu'il est dans le cœur et dans l'esprit de tous ses membres de reconnaître la nécessité de la sanction du Roi pour toutes les résolutions prises sur la constitution et la législation; mais l'opposant persiste dans son avis, et l'Assemblée arrête qu'on laissera sur le registre sa signature, pour prouver la liberté des opinions.

Le lendemain de ce mémorable serment, de jeunes seigneurs envoient retenir à l'avance le jeu de paume, et l'Assemblée nationale est forcée de tenir sa séance à l'église

Saint-Louis, où la majorité du clergé vient se réunir à elle. La majorité du clergé était composée en grande partie des curés de campagne. La cour, qui redoutait depuis longtemps leurs dispositions favorables au peuple, avait considéré l'annonce seule d'une séance royale comme un coup d'état qui devait empêcher leur jonction aux députés du Tiers ; il ne fit au contraire, comme on le voit, que la précipiter.

Cette première défaite devait aigrir davantage le parti qui s'était emparé de l'esprit du Roi, et la séance du 23 juin s'ouvrit sous les plus tristes auspices. Les députés du Tiers restèrent une heure exposés à la pluie, tandis que ceux des deux ordres privilégiés étaient déjà installés depuis longtemps. Le plus morne silence accueillit l'entrée du Roi, qui arriva entouré de gardes. Ses paroles furent chagrines et hostiles comme les déclarations qu'il fit lire à l'Assemblée. On vit bien que ses discours comme ses actions ne venaient plus de lui. Par ses déclarations, l'Assemblée nationale n'était reconnue que comme ordre du Tiers-État ; tous ses arrêtés étaient cassés, la division des ordres maintenue, etc. Enfin le Roi, avant de se retirer, prit pour la troisième fois la parole :

« Vous venez d'entendre, Messieurs, le résultat de mes dispositions et de mes vues, elle sont conformes au vif désir que j'ai d'opérer le bien public; et si, par une fatalité loin de ma pensée, vous m'abandonnez dans une si belle entreprise, seul je ferai le bien de mes peuples; seul je me considérerai comme leur véritable représentant; et, connaissant vos cahiers, connaissant l'accord parfait qui existe entre le vœu général de la nation et mes intentions bienfaisantes, j'aurai toute la confiance que doit inspirer une si rare harmonie, je marcherai vers le but auquel je veux atteindre avec tout le courage et la fermeté qu'il doit m'inspirer. »

Le Roi ordonna aux ordres de se séparer, et se retira ainsi que la noblesse et une partie du clergé. Les députés du Tiers restèrent. On connaît l'apostrophe foudroyante de Mirabeau au marquis de Brezé qui venait apporter à l'Assemblée l'ordre du Roi de se retirer : « Allez dire à votre maître que nous sommes ici par l'ordre du peuple et que nous n'en sortirons que par la puissance des baïonnettes. » Le marquis de Brezé se retira, et l'Assemblée, après délibération, persista dans ses précédents arrêts, et prit à la majorité de 493 voix contre 34 l'arrêté suivant :

« L'Assemblée nationale déclare que la personne de chaque député est inviolable ; que tous particuliers, toutes corporations, tribunal, cour, ou commission, qui oserait pendant ou après la présente cession, poursuivre, rechercher, arrêter, détenir ou faire détenir un député pour raison d'aucune proposition, avis, opinion, ou discours par lui fait aux États-Généraux, de même que toutes personnes qui prêteraient leur ministère à aucun desdits attentats, de quelque part qu'ils fussent ordonnés, sont infâmes et traîtres à la nation et coupables de crime capital. L'Assemblée nationale arrête que dans les cas ci-dessus elle prendra toutes les mesures nécessaires pour rechercher, poursuivre et punir ceux qui en seront les auteurs, instigateurs ou exécuteurs. » Cet arrêté fut pris en présence de plusieurs de MM. du clergé ; ceux dont les pouvoirs étaient vérifiés donnèrent leurs voix lors des opinions, et les autres demandèrent qu'il fût fait mention de leur présence. » *Moniteur.*

Le lendemain de la séance royale, la majorité du clergé vint de nouveau se réunir à l'Assemblée, puis vint la minorité de la noblesse ; et le Roi se crut enfin forcé d'inviter lui-même la majorité de la noblesse et la minorité du clergé à se réunir à l'Assemblée. La réunion de tous les ordres fut opérée le 27, et donna lieu à de grandes réjouissances.

Cependant la Cour n'abandonnait pas ses projets hostiles ; elle était résolue à employer les moyens extrêmes. Des ordres furent envoyés dans les provinces voisines ; en peu de jours, un nombre considérable de régiments, prêts à agir au

****

premier signal, entoura Paris et Versailles. On lit dans le Moniteur du 1er juillet, à l'article Versailles : « Ce rassemblement de troupes, qui se grossit chaque jour, produit une vive sensation dans Paris. Le Palais-Royal est continuellement rempli d'une foule immense d'hommes qui discutent sur les dangers de la capitale et sur les moyens de les faire cesser. La fermentation est à son comble; des courriers parcourent sans cesse l'avenue de Paris à Versailles, et augmentent par leurs récits l'effervescence populaire. »

Des hommes sages cherchaient à calmer l'irritation du peuple, et à lui faire entendre qu'il avait des représentants à qui il devait abandonner le soin de défendre ses intérêts; on tournait même en ridicule les orateurs populaires du café de Foi. Il existe une caricature de cette époque qui représente un gros paysan courant gaillardement après une de ces demoiselles, avec cette explication : M. Lucas faisant sa motion au Palais-Royal. Une autre représente, au fond, des discoureurs politiques autour d'une petite table couverte de gazettes; sur le devant, un savetier prononce en travaillant les paroles suivantes, dignes sans doute de rivaliser avec le langage burlesque de nos petits théâtres : « Eh, million d'empeignes! un peu de patience, mes chers concitoyens; une nation ne se retourne pas comme un escarpin : laissez faire nos députés; je gagerais, moi, sur mon alaine et sur mon tire-pied, que nous aurons une bonne remonture; en attendant je me prézoccupe de mon art, aulieur de courir et d'jaser, ce qui n'avance pas d'une sumelle. » Mais les moyens les plus efficaces eussent été sans effet : le peuple voyait bien que ses représentants mêmes étaient menacés, et la foule du Palais-Royal augmentait tous les jours, aussi bien que l'armée rassemblée autour de Versailles.

Ces troupes étaient la plupart étrangères, car la Cour savait bien qu'elle ne pouvait pas compter sur les régiments français, surtout depuis les événements du 30 juin, dont le Moniteur du 4 juillet rendit ainsi compte : « Le 30 juin, sur les sept heures du soir, un commissaire reçoit, au café de Foi, une lettre par laquelle on donnait avis aux citoyens que onze Gardes Françaises étaient détenus dans les prisons de l'Abbaye-Saint-Germain, pour avoir refusé de tirer leurs armes contre leurs concitoyens, et que cette nuit même ils devaient être transférés à Bicêtre, lieu destiné à de vils scélérats, et non à de braves gens comme eux. Un particulier sort du café, monte sur une chaise, et lit cette lettre à haute voix. Aussitôt plusieurs jeunes gens se détachent de la foule, en criant : *A l'Abbaye! à l'Abbaye!* Beaucoup d'autres répètent les mêmes cris, s'avancent, et tous se joignent pour se rendre vers le lieu désigné. La troupe grossit chemin faisant; des ouvriers l'augmentent, vont se munir d'instruments chez un ferrailleur, et, à la tête de 6,000 personnes, se présentent devant la prison. A sept heures et demie, la première porte était déjà enfoncée; les autres éprouvèrent bientôt le même sort. A huit heures, neuf soldats aux gardes, six soldats de la garde de Paris, et quelques officiers qui se trouvaient enfermés pour divers motifs, en étaient sortis.

« Les coups redoublés de haches, de pics, de maillets, déchargés dans l'intérieur, retentissaient au loin, malgré le bruit occasioné par un peuple immense rassemblé dans ce lieu et dans les rues adjacentes. A huit heures et demie, lorsque l'expédition fut achevée, une compagnie de dragons, suivie d'un détachement de hussards, se présente le sabre à la main; le peuple, sans s'émouvoir, va à leur rencontre, saisit les rênes des chevaux, et interpelle amicalement les soldats : ceux-ci remettent aussitôt leur sabre dans le fourreau; plusieurs ôtent même leur casque, en signe de paix. On apporte à l'instant du vin, et tous ces braves gens boivent à la santé du Roi et de la nation.

« Les prisonniers délivrés sont conduits en triomphe par des bourgeois, leurs libérateurs, au Palais-Royal. Ils soupent dans le jardin, et l'on dispose des lits-de-camp dans la salle des Variétés, où ils couchent sous la sauve-garde des citoyens, qui, pendant la nuit, veillent à leur sûreté : on les loge le lendemain à l'hôtel de Genève, où des paniers suspendus aux fenêtres par des rubans, reçoivent les offrandes que tous les citoyens s'empressent d'apporter à ces guerriers patriotes. On fit reconduire dans les prisons un soldat prévenu de crime, le peuple ayant déclaré qu'il ne voulait prendre sous sa protection que ceux qui étaient victimes de leur patriotisme.

« Le soir, il y eut illumination dans les rues de la prison, qui n'offraient plus qu'une promenade de citoyens paisibles, qui se félicitaient de la délivrance de leurs défenseurs. Les dragons et les hussards prirent part à la joie publique, et partagèrent les *bravos!* les *vive la nation!* répétés d'un concert unanime. »

Cette émeute n'eut pas de suite ; l'Assemblée nationale, à qui s'était adressée une députation de Paris, recommanda les prisonniers à la clémence du Roi : ils retournèrent en prison, et reçurent leur grâce.

Le 8 juillet, on fit, dans l'Assemblée nationale, la motion de présenter une adresse au Roi, pour le renvoi des troupes, et Mirabeau l'appuya dans un discours plein d'une éloquence entraînante. « Déja un grand nombre de troupes nous environnait ; il en est arrivé davantage, il en arrive chaque jour ; elles accourent de toutes parts : trente-cinq mille hommes sont répartis entre Paris et Versailles ; on en attend vingt mille ; des trains d'artillerie les suivent, des points sont désignés pour les batteries ; on s'assure de toutes les communications, on intercepte tous les passages ; nos chemins, nos ponts, nos promenades, sont changés en postes militaires : des évènements publics, des faits cachés, des ordres secrets, des contre-ordres précipités, les préparatifs de la guerre, en un mot, frappent tous les yeux et remplissent d'indignation tous les cœurs. »

L'adresse au Roi ne produisit aucun résultat, et les troupes continuèrent de prendre position à Saint-Denis, à Versailles, à Sèvres, au Champ-de-Mars et aux Champs-Élysées.

Certes, les évènements du 30 juin auraient dû ouvrir les yeux de la Cour, et lui montrer que ses projets hostiles ne pouvaient qu'échouer et entraîner des conséquences déplorables; mais la Cour avait été aveugle en défendant la cause populaire, elle était aveugle alors en l'attaquant à force ouverte, comme elle devait l'être plus tard dans ses résistances sourdes et impuissantes : elle était destinée, en peu d'années, à détruire ces idées de monarchie constitutionnelle qui alors étaient dans tous les cœurs, et à accuser ensuite ces mêmes idées de l'avoir perdue.

Le 11 juillet, toutes les dispositions sont prises, et la Cour croit pouvoir commencer l'exécution de son plan. Necker reçoit l'ordre du Roi de sortir secrètement du royaume, et part de suite pour Bruxelles, sans avertir même sa femme et sa fille. En outre, tout le ministère est changé, et parmi les noms des nouveaux ministres on indique le maréchal de Broglie, commandant en chef de l'armée qui cerne Paris et Versailles, et l'intendant Foulon.

Le 12, à la nouvelle du renvoi de Necker, l'Assemblée est frappée de stupeur; elle adresse au Roi une nouvelle députation de quatre-vingts membres, pour demander le renvoi des troupes et l'établissement de la garde bourgeoise : la députation revient sans avoir rien obtenu. Alors l'Assemblée fait éclater des sentiments d'union et de fermeté bien opposés à cette division que l'on espérait exciter. La responsabilité des ministres actuels et des conseillers du Roi est décrétée à l'unanimité; de regrets sont votés à Necker et aux ministres disgraciés. L'Assemblée déclare qu'elle ne cessera d'insister sur l'établissement de la garde bourgeoise et l'éloignement des troupes; elle persiste dans tous ses arrêtés, et s'établit en permanence.

Le même jour la même nouvelle du renvoi de Necker mettait tout Paris en feu. Le peuple arrache les feuilles des marroniers du palais royal pour s'en faire des cocardes, et promène dans les rues les bustes de Necker et du duc d'Orléans. Il rencontre le guet et s'en fait suivre comme d'escorte, mais il est attaqué sur la place Vendôme par un détachement de Royal-Allemand, et sur la place Louis XV par les dragons du prince de Lambesc, qui le poursuivent et le sabrent jusque dans le jardin des Tuileries. Au bruit de cette malheureuse expédition, le régiment des Gardes Françaises, que l'on avait enfermé, sort de sa caserne, trouve soixante dragons rangés en bataille et chargés de l'observer; ces dragons appartenaient au régiment du prince de Lambesc. Qui vive? crient les Gardes Françaises.—Royal-Allemand.—Êtes-vous pour le Tiers-État?—Nous sommes pour ceux qui nous donnent des ordres. Les Gardes Françaises font feu et les mettent en fuite. Après ce premier triomphe, elles se dirigent vers les Tuileries, et campent sur la place Louis XV, devant les régiments postés aux Champs Élysées; ces régiments tous étrangers s'avancent contre eux, mais refusent de tirer.

Pendant ce temps, les Électeurs rassemblés à l'Hôtel-de-Ville étaient investis par le peuple d'une autorité que son obéissance rendait sans bornes. Ce centre commun où tous les mouvements populaires vont aboutir, est ce qui sauve Paris de toutes les horreurs de l'anarchie et de la faim. Dès ce jour les Électeurs prennent une part active aux évènements, et leur conduite n'est plus qu'une longue suite de dévouement aux intérêts du peuple et du Roi, comme leur procès-verbal un tableau complet et dramatique de toutes les scènes de ces merveilleuses journées.

L'histoire des premiers Électeurs de Paris, embrasse une des époques les plus importantes de la révolution; on a donc pensé qu'une introduction ne pouvait pas être un simple récit des évènements qui ont précédé, et qu'il convenait de puiser aux sources mêmes. Pour faire apprécier à leur juste valeur les intentions et la conduite des hommes, il est nécessaire de leur conserver leur langage, et de donner une idée autant que possible de tout ce qui peut avoir eu quelque influence sur leur esprit.

Qu'il nous soit permis maintenant, de rattacher ces faits et ceux qui vont suivre à l'idée que nous avons exprimée dans l'adresse aux Électeurs; et de terminer par cette réflexion, que si la monarchie de 1815 ne peut rien reprocher aux principes de la révolution (V. l'adresse aux Électeurs et le tableau comparatif), elle ne doit pas davantage accuser les actions des hommes qui les ont soutenus.

Après la nuit du 4 août presque tous les abus étaient détruits, mais aucune institution ne s'élevait encore en leur place. Alors on représenta la France sous la figure d'une femme, les yeux fixés sur les premiers rayons d'un soleil qui tardait à paraître; au-dessous était écrit: Quand viendra-t-il? Cette image était fidèle: si l'on en croit les récits des vieillards il semble qu'une aurore plus belle annonçait alors un jour nouveau; il semble voir un peuple entier dans l'attente, s'abandonner avec confiance aux heureux présages de cette nuit mémorable. Tous les regards s'attachaient à l'horizon, tous les cœurs se réchauffaient en espoir à ce soleil qui devait répandre des flots de vie et de lumières. Que vîtes-vous apparaître, hommes de 89? des ténèbres et la mort! Vous appeliez une liberté sage, et la licence venue la première se vengea cruellement de n'avoir pas été préférée.

Sous ce règne impitoyable, ô France! tu cachais vainement tes plus nobles vertus, toutes tes gloires et tes richesses; la terre incertaine et tremblante s'ouvrait tous les jours et les dévorait en silence. Cependant parmi les hommes qui s'étaient exilés sur une rive lointaine, les uns s'émurent à ce déchirant spectacle; ils connurent bien qu'ils ne pouvaient plus appeler du nom d'ennemis ceux que les mêmes coups frappaient à côté de leurs frères; ils comprirent enfin ces vrais amants de la liberté, et les plus illustres par la naissance furent les premiers à parler leur langue généreuse; la Charte en porte témoignage.

Mais combien dans le nombre restèrent aveugles! et, de retour même sous le ciel natal, combien, aveugles encore, confondirent dans leurs vieux ressentiments de mâles vertus et de hideux forfaits, les martyrs et leurs bourreaux! Ah! sans doute il n'était donné qu'aux races futures d'être unanimes sur le passé; mais pour elles la justice est un devoir.

Vous donc, jeunes gens égaux en droits, libres dans vos travaux, comme dans vos plaisirs; vous, qui ne rencontrez nulle part les odieuses entraves, les abus avilissants du dernier siècle; vous, prêtres des campagnes, qui n'avez plus à rougir de cette indigne feuille des bénéfices; vous qui, nés sous le chaume, aspirez dans la carrière des armes aux premiers commandements; vous, nobles, que la pairie rend utiles désormais à l'état même, dans l'oisiveté de la paix; vous, jeunes écrivains, qui ne craignez ni le cachet d'un ministre, ni les verroux d'une prison d'État; vous enfin, tendres mères, certaines de léguer à vos filles ces mœurs douces, ces goûts simples et purs, que la séduction ou la violence des cours ne pourrait plus corrompre impunément; n'oubliez pas que des nobles, des prêtres, d'illustres écrivains, des soldats et des femmes combattirent, il y a quarante ans, pour gagner au pays tous ces biens, et moururent sans les connaître! Qu'un regret du moins se mêle à vos joies! et foulant cette terre devenue solide, donnez une larme aux innocentes victimes qu'elle renferme.

FIN DE L'INTRODUCTION.

HISTOIRE

DES PREMIERS

ÉLECTEURS DE PARIS,

EN 1789,

EXTRAITE DE LEUR PROCÈS-VERBAL.

L'AN mil sept cent quatre-vingt-neuf, le dimanche vingt-six avril, en l'assemblée du Tiers-État de la ville de Paris, convoquée en vertu des lettres du Roi du vingt-huit Mars dernier, et du mandat de M. le Prévôt de Paris, ou M. son lieutenant-civil, etc., etc.

(Jusqu'au mois de juillet, comme nous l'avons dit, le procès-verbal est sans intérêt historique. On remarque d'abord la manière ferme, mais honnête, dont les électeurs éloignent le lieutenant civil, et les gens du Roi [*]. Une députation offre au lieutenant civil les

---

[*] Cet exemple de remplacer les bureaux provisoires par des bureaux librement élus dans l'Assemblée, avait déjà été donné par les soixante districts de Paris. C'est la première fois que fut exercé ce droit, en usage maintenant dans presque tous nos colléges, où le président seul, nommé par le roi, ne peut être remplacé. (*Note de l'Éditeur.*)

regrets de l'assemblée, et ce magistrat met à sa disposition plusieurs officiers du Châtelet pour rester à l'Archevêché, et répondre à toutes les réquisitions qui pourraient leur être faites. De nombreuses séances sont consacrées à la constitution de l'Assemblée, à la rédaction des cahiers, et à la nomination des députés. La rédaction des cahiers, et la nomination des députés, se font séparément dans les trois chambres du clergé, de la noblesse et du Tiers-État. Les deux premiers ordres se hâtent d'établir avec le troisième les relations les plus amicales; les Chambres s'adressent réciproquement des députations qui viennent se complimenter et fraterniser; elles se communiquent leurs cahiers respectifs, et le mode qu'elles ont suivi dans leurs élections.

Enfin, le 20 mai, les députés des trois ordres prêtent serment entre les mains de M. le Prévôt de Paris, et partent pour les États-Généraux ouverts depuis le 5 du même mois. Les députés du Tiers-État sont MM. Bailly, Camus, Bignon, Bevière, Poignot, Tronchet, de Bourges, Martineau, Germain, Guillotin, Threillard, Berthereau, Demeunier, Garnier, Leclerc, Hutteau, Dosfant, Anson, Lemoine et l'abbé Sieyes. La nomination de l'abbé Sieyes est la seule qui donne lieu à une opposition assez vive: Sept Électeurs protestent; mais enfin le talent du candidat l'emporte sur sa qualité de prêtre, et il est élu. Outre ces vingt députés aux États-Généraux, l'assemblée a nommé vingt députés suppléants.

Cependant les Électeurs du Tiers s'étant engagés à continuer leurs assemblées pendant la session des États-Généraux pour correspondre avec leurs députés, plusieurs Électeurs du clergé et de la noblesse se réunissent à eux. Après avoir tenu plusieurs séances dans la salle du Musée, rue Dauphine, ils sont installés, le dimanche 28 juin, dans la grande salle de l'Hôtel-de-Ville.

Le 10 juillet, MM. Bancal, de Bonneville, Charton, Delapoize et Pitra font différentes motions, toutes provoquées par les simptômes d'insurrection, et par l'approche des troupes qui cernent Paris et Versailles avec un train d'artillerie formidable : toutes ces motions concluent à peu près aux mêmes points : demander au Roi le renvoi des troupes, constituer Paris en communes, et organiser des troupes bourgeoises. M. Charton propose d'inviter les soixante districts à se rassembler et à se déclarer en permanence jusqu'à l'entière évacuation des troupes. C'est au milieu de ces premières menaces de guerre et de famine que s'ouvre la séance du 11 juillet.)

Du Samedi 11 juillet 1789.

En ouvrant l'Assemblée, M. Moreau de Saint-Méry adressant la parole aux citoyens, de toutes les conditions, qui remplissaient les gradins dans le fond de la salle, a dit : que le grand intérêt des choses qui s'agitaient dans l'Assemblée, exigeait le plus absolu silence; que les séances précédentes avaient été moins utiles peut-être qu'elles devaient l'être, parce qu'elles avaient été plus tumultueuses, et qu'en conséquence, le public était prié de ne point in-. terrompre la délibération, même par des applaudissements.

(Six Électeurs du clergé et trois de la noblesse viennent encore se réunir à l'assemblée des Électeurs. MM. l'abbé Bertolio et Lacretelle sont nommés secrétaires adjoints à MM. Duveyrier et Garnier. M. Guillotin, député aux États-Généraux constitués en assemblée nationale depuis le 17 juin, vient assurer les Électeurs que tout est calme à Versailles, et que M. Necker est plus solidement établi que jamais dans la confiance du Roi. Enfin, après le rapport de ses commissaires et discussion, l'Assemblée prend l'arrêté suivant) :

« L'Assemblée des Électeurs de la ville de Paris,
« ne pouvant se dissimuler que la présence d'un grand
« nombre de troupes dans cette capitale et aux en-
« virons, loin de calmer les esprits, et d'empêcher
« les émotions populaires, ne sert au contraire qu'à
« donner des alarmes plus vives aux citoyens, et oc-
« casionner des attroupements dans tous les quar-
« tiers, demeure convaincue que le seul et vrai moyen
« qu'elle puisse proposer dans une pareille circon-

« stance, pour ramener la tranquillité, serait de réta-
« blir la garde bourgeoise ; que cette garde est suf-
« fisante pour prévenir tous les dangers; qu'elle est
« même nécessaire ; que les habitants de cette ville
« ont d'autant plus raison de désirer de se garder eux-
« mêmes, que tout récemment la plupart des villes
« du Languedoc viennent d'y être autorisées par les
« ordres du Roi, et que les Communes voisines ont
« de même armé leurs bourgeois pour la police des
« marchés.

« Par tous ces motifs l'Assemblée a arrêté de sup-
« plier, par l'entremise de ses Députés, l'Assemblée
« nationale de procurer au plus tôt à la ville de Paris
« l'établissement de la garde bourgeoise. »

M. le Président a proposé de remettre l'Assemblée
au jeudi 16 : on a observé de tous côtés, qu'elle serait trop éloignée.

Et comme M. le Président allait prendre là-dessus le vœu de l'Assemblée, M. de Leutre s'est levé,
et, ayant obtenu la parole avec quelque difficulté,
il a dit :

Qu'il est informé que l'Assemblée nationale et la
ville de Paris sont menacées des plus grands malheurs; que des troupes nouvelles viennent se joindre
aux troupes déjà cantonnées à Saint-Denis et aux environs de Paris ; que ces apprêts de guerre doivent
jeter l'alarme dans les cœurs de tous les bons citoyens; que Versailles n'est pas tranquille, malgré

l'assurance que vient d'en donner l'honorable membre de l'Assemblée; qu'au lieu de renvoyer l'Assemblée à jeudi prochain, il serait prudent de ne point désemparer; qu'enfin, si on ne prend pas les mesures les plus promptes et les plus sages, le lundi 13 juillet de cette année sera plus désastreux peut-être que le lundi 13 juillet de l'année dernière*.

Sur ces observations, l'Assemblée a été unanimement indiquée pour après-demain lundi, quatre heures du soir.

Du Dimanche 12 juillet 1789.

Quelques Électeurs ayant appris que l'Hôtel-de-Ville était rempli d'un grand nombre de citoyens, s'y sont rendus sur les six heures du soir. La grande salle était occupée par une multitude immense de tous états et de toutes conditions.

Les Électeurs étaient d'abord en trop petit nombre pour prendre aucune délibération.

Ils ont réuni leurs efforts pour calmer l'effervescence du peuple, et pendant quelques moments la multitude a été contenue dans l'enceinte destinée au public, personne n'osant encore franchir la barrière

---

* Le 13 juillet 1788, un ouragan avait dévasté une étendue de pays considérable aux environs de Paris; toutes les récoltes avaient été perdues; plusieurs malades étaient morts par la violence de la commotion.

(*Note de l'Éditeur.*)

qui séparait cette enceinte de l'autre partie de la salle occupée par les Électeurs.

Le concierge de l'Hôtel-de-Ville s'était rendu dans la grande salle, et conjurait les Électeurs de lui dicter la conduite qu'il devait tenir.

Mille voix confuses demandaient des armes et l'ordre de sonner le tocsin.

Sur les huit heures, une patrouille du guet-à-pied est rentrée au poste établi sur la place de l'Hôtel-de-Ville.

La multitude pressée sur cette place a désarmé les soldats, et à l'instant même les cris pour obtenir des armes ont redoublé, et les menaces de mettre le feu à l'Hotel-de-Ville ont éclaté.

Ces cris retentissant jusque dans la grande salle, ont augmenté l'effervescence qui y régnait. La barrière a été franchie, et les Électeurs ont été pressés jusque sur le bureau autour duquel ils s'étaient rassemblés.

On leur demandait impérieusement un ordre, en vertu duquel les citoyens fussent autorisés à s'armer pour repousser le danger qui menaçait la capitale.

Plusieurs rapports précipités ont fait une vive peinture de ce danger.

Un homme de la foule a dit que sur la nouvelle du renvoi de M. Necker, le peuple avait saisi chez Curtius l'image de ce ministre et l'image de M. le duc d'Orléans, et qu'il les promenait actuellement dans toutes les rues.

Un autre dit que la multitude s'est portée aux différents spectacles à l'heure de leur ouverture, et qu'elle a exigé qu'ils fussent à l'instant fermés; que tous les spectacles de la capitale ont été en effet fermés, et les spectateurs renvoyés.

Un autre annonce qu'une foule d'hommes sans aveu et sans domicile, se répand dans tous les quartiers, armée et menaçante;

Un autre, que quatre canons placés à l'entrée des Champs Élysées avec leurs canonniers prêts et portant les mèches allumées, annoncent la guerre; que ces quatre canons sont soutenus par un régiment de dragons; que le régiment Royal-Allemand, cavalerie, a paru en ordre de bataille dans les Champs Élysées, et s'est avancé sous les ordres du prince de Lambesc, son colonel, jusque sur la place de Louis XV, jusqu'à la porte des Tuileries;

Qu'un cavalier de ce régiment passant devant un soldat du régiment des Gardes Françaises, lui a tiré un coup de pistolet, et l'a étendu sur la place.

Que le prince de Lambesc lui-même a franchi le pont-tournant, et s'est élancé à cheval, accompagné d'un détachement de cavaliers, dans le jardin des Tuileries; qu'il a fait charger la troupe fugitive des vieillards, des enfants, des femmes, qui s'y promenaient; qu'il a frappé de sa propre main et à coups de sabre, un vieillard paisible et sans armes, qui fuyait par le pont-tournant*;

Qu'un autre citoyen a été foulé aux pieds des chevaux, et dangereusement blessé **; que les cris et l'épouvante ont porté de ce côté les habitants de Paris à la défense de leurs foyers; qu'ils s'y sont rendus en foule avec plusieurs Gardes Françaises réunis à leurs concitoyens.

Un autre observe que le projet est, sans doute, de bloquer Paris, et peut-être même de porter dans son sein toutes les horreurs de la guerre; que le régiment Royal-Dragons est placé dans l'intérieur même de la ville; que le régiment Royal-Allemand campe à la Muette; que tous les environs enfin sont saisis et gardés par des troupes, presque toutes étrangères; Charenton, par Royal-Cravate; Sève, par Reinach, Suisse; Issy, par Salis-Samade, Suisse; Sève, par Diesbach, Suisse; Saint-Denis, par Provence et Vintimille: l'École militaire, par les hussards de Bercheny; Versailles, par les hussards de Lauzun, et par les deux régiments de Bouillon et de Nassau, infanterie;

Qu'une artillerie formidable, servie par les canonniers du régiment de la Serre, soutient ces camps dispersés et menace la ville.

---

* Le sieur Chauvel, maître de pension, âgé de 65 ans, rue Montmartre, passage du Saumon.

** Le sieur Tricot; il a eu la cuisse cassée.

Que d'autres troupes plus nombreuses approchent et viennent se joindre aux troupes déjà campées, et qu'enfin le système connu des ministres et chefs militaires qui dirigent ces dispositions formidables, doit ajouter encore à la terreur qu'elles inspirent.

Dans ce moment redoutable, et pour éviter l'incendie dont la menace devenait plus vive à chaque instant, les électeurs ont ordonné au concierge de délivrer les armes qui pouvaient se trouver dans l'Hôtel-de-Ville.

Cet ordre ne s'exécutant pas avec assez de promptitude, au gré de son impatience, le peuple a cherché lui-même, et bientôt il a découvert le dépôt des armes des gardes de la ville.

Les portes ont été enfoncées, les armes pillées, et l'instant d'après on a vu un homme en chemise, jambes nues et sans souliers, le fusil sur l'épaule, prendre la place d'un garde-de-ville désarmé, et monter fièrement la garde à la porte de la grande salle.

Dans cette salle, le tumulte était toujours le même. On demandait toujours le tocsin, des armes, et la convocation des districts.

Cependant, le nombre des Électeurs s'étant successivement augmenté, ils sont parvenus enfin à se faire entendre, à obtenir quelques intervalles de tranquillité, et, après plusieurs débats, ils ont pris, sur les onze heures du soir, l'arrêté suivant* :

* Cet Arrêté a été sur-le-champ exécuté, du moins autant qu'il pou-

« Sur les demandes pressantes de nombre de ci-
« toyens alarmés qui se sont rendus à l'Hôtel-de-Ville,
« et qui ont témoigné leur appréhension aux Élec-
« teurs alors assemblés; pour tâcher de prévenir le
« tumulte,

« Lesdits Électeurs ont arrêté que les districts se-
« ront sur-le-champ convoqués, et que les Électeurs
« seront envoyés aux postes des citoyens armés, pour
« les prier de superséder, au nom de la patrie, à

vait l'être. MM. de Luigné, Charton, Soulès et Fortin, accompagnés d'un garde-de-ville, et précédés de deux flambeaux, se sont portés dans les rues de Saint-Jean-en-Grève, de l'Orme-Saint-Gervais, de Saint-Antoine, et sur le Boulevard. Là, ils se sont séparés. M. Charton a continué sa marche vers le faubourg Saint-Antoine, et une violente incommodité a forcé M. Soulès de rentrer chez lui.

MM. de Luigné et Fortin, restés seuls, ont été avertis sur le Boulevard que la Barrière de Clichy était en feu : ils se sont avancés vers cette barrière; elle était en proie aux flammes qui la dévoraient, et environnée de 3o à 4o personnes armées de bâtons.

MM. de Luigné et Fortin rapportent que sur la lecture, plusieurs fois répétée, de l'Arrêté des Électeurs, et à l'exception de quelques hommes ivres, cette troupe armée s'est dissipée; qu'après avoir renvoyé les deux flambeaux et le garde-de-ville, et décidés à regagner leurs domiciles pour se rendre le plus tôt possible à l'Assemblée de leurs districts, ils ont parcouru le Boulevard jusqu'à la porte Saint-Martin, la rue Saint-Martin, la rue Grenetat, celles Bourg-l'Abbé, aux Ours, Saint-Denis, la Féronnerie, Saint-Honoré, l'Arbre-Sec, le Pont-Neuf, la rue Dauphine, et le Carrefour de la rue de Bussy ; qu'ils ont rencontré plusieurs troupes de 100, de 150, de 200, de 300 personnes armées de fusils et autres armes, et qu'ils avaient fait des efforts inutiles pour les séparer et les engager à la paix.

« toute espèce d'attroupement et voie de fait. *Signé*,
« Dubu de Longchamp, Dameuve, Fortin, Soulès,
« Saint-Félix, Dameuve fils, de Luigné, Bourdois,
« Duport du Tertre, Cuchet, de Bonneville. »

Du Lundi 13 juillet 1789.

Tandis que toutes les paroisses de Paris, ou presque toutes, sonnaient le tocsin, le public s'est porté en foule dans la place de l'Hôtel-de-Ville et dans l'Hôtel même, pour demander des armes.

Dès six heures du matin, quelques Électeurs y avaient été attirés par l'alarme générale. La nécessité du moment leur avait inspiré un arrêté en vertu duquel chacun d'eux s'était retiré pour aller convoquer son district *.

Sur les huit heures, plusieurs autres Électeurs se sont rendus à l'Hôtel-de-Ville, et, dans le désordre qu'il leur était impossible de calmer, ils se sont contentés de déclarer à la multitude, que la garde bourgeoise avait été votée; et d'inviter tous les citoyens à se rendre dans leurs districts respectifs.

Quelques instants après, M. Hay, colonel des gardes de la ville, est entré dans la grande salle de l'Hô-

---

* L'un d'eux, en se retirant, a rencontré sur l'escalier de l'Hôtel-de-Ville, trois particuliers qui, se disant officiers d'artillerie, venaient pour offrir leurs services à la Commune. Leur nom est ignoré; mais si ces bons citoyens se présentent, ils pourront être reconnus.

tel-de-Ville, en s'écriant qu'on venait de lui enlever les drapeaux de la ville.

La foule qui remplissait les escaliers et la cour et toutes les salles de l'Hôtel-de-Ville, demandait toujours des armes à grands cris, et prétendait que la ville avait un arsenal caché.

Les Électeurs, qui se succédaient dans la grande salle, sont parvenus enfin à faire entendre à tous ceux qui les environnaient, que l'administration de la ville leur était inconnue; que si elle avait des armes, il fallait, pour les obtenir, s'adresser à MM. les Prévôts des marchands et échevins.

A ces mots, on s'est écrié de toutes parts qu'il fallait aller chercher M. le Prévôt des marchands et MM. les échevins.

Deux échevins, MM. Vergne et Sageret, s'étaient déjà rendus à leur bureau. MM. les Électeurs leur ont porté le vœu du public, et l'un d'eux a écrit sur-le-champ à M. le Prévôt des marchands.

M. Giraud, porteur de la lettre, est revenu; il a appris que M. le Prévôt des marchands ne viendrait pas sur la lettre des échevins; qu'il désirait une invitation plus générale.

L'Assemblée a désiré qu'on l'allât chercher; et comme MM. les Électeurs se disposaient à nommer les personnes chargées de cet emploi, ils ont reçu l'invitation d'y aller eux-mêmes.

MM. Bancal des Issarts, de Leutre et Legrand de

St-René, sont sortis pour aller chercher eux-mêmes M. le prévôt des marchands.

Ce magistrat a été reçu par la foule immense qui couvrait la place de Grève, avec de très vifs applaudissements.

D'un autre côté, M. de Corny, procureur du roi et de la ville, MM. Buffaut et Rouen, échevins, M. Veytard, greffier, s'étaient rassemblés au bureau de la ville.

M. le prévôt des marchands s'étant joint à eux et à MM. les électeurs qui l'accompagnaient, tous sont entrés dans la grande salle.

Les drapeaux de la ville qu'on avait rapportés, ont été placés en trophée à côté du bureau : appuyés sur la cheminée, ils flottaient au-dessus du buste de M. de la Fayette*. Ce spectacle a frappé presque tous ceux qui environnaient le bureau ; et plusieurs, emportés comme par une inspiration soudaine, se sont écriés qu'il fallait déférer le commandement général à M. de la Fayette.

Après quelques débats relatifs au droit de présider l'Assemblée, et sur l'observation faite par les électeurs eux-mêmes, qu'ils n'étaient point en ce moment régulièrement convoqués, il a été reconnu que la

---

* Le buste de M. de Lafayette avait été envoyé par les États-Unis à la ville de Paris, et placé par la Municipalité dans la grande salle de l'Hôtel-de-ville; plus tard, la ville de Paris envoya au président des États-Unis les clefs et les verroux de la Bastille. *(Note de l'Éditeur.)*

présidence ne pouvait appartenir qu'à M. le prévôt des marchands, comme chef de la municipalité.

Et déjà M. le prévôt des marchands s'était expliqué sur son désir de n'exercer que l'autorité qui lui serait déférée par les habitants de la capitale.

Alors un de MM. les Électeurs est monté sur le bureau, et il a exposé à la multitude, que M. de Flesselles ne désirait conserver et continuer les fonctions qui lui avaient été confiées par Sa Majesté, que dans le cas où ses concitoyens le trouveraient agréable, et daigneraient le confirmer dans ces fonctions.

Cette confirmation décidée et manifestée par une acclamation générale, le même Électeur a invité MM. du bureau de la ville, de prendre à l'instant même, conjointement avec MM. les Électeurs, les mesures les plus sages et les plus promptes pour la sûreté de la ville.

Alors M. de Corny s'est levé; et en sa qualité de procureur du Roi et de la ville, il a pris ses conclusions, conformément auxquelles il a été arrêté à l'unanimité par l'assemblée, et prononcé par M. le Prévôt des marchands :

1° Que tous les citoyens rassemblés à l'Hôtel-de-Ville, se retireraient dès à présent dans leurs districts respectifs.

2° Que M. le lieutenant de police serait invité à se rendre sur-le-champ à l'Hôtel-de-Ville, pour donner les détails qui lui seraient demandés.

3° Qu'il serait établi, dès ce moment même, *un comité permanent* *, composé de personnes qui seraient nommées par l'Assemblée, et dont le nombre serait augmenté par MM. les Électeurs, ainsi qu'ils trouveraient convenir.

4° Qu'il serait établi sur-le-champ une correspondance entre le comité permanent et les districts.

5° Qu'il serait demandé dans le moment même, à chaque district, de former un état nominatif, d'abord de 200 citoyens (lequel nombre serait augmenté successivement); que ces citoyens devaient être connus et en état de porter les armes; qu'ils seraient réunis en corps de *milice parisienne*, pour veiller à la sûreté publique, suivant les instructions qui seraient données à cet effet par le comité permanent.

6° Que les membres de ce comité permanent formeraient autant de bureaux qu'il serait nécessaire à l'Hôtel-de-Ville, pour pourvoir tant à l'objet des subsistances, qu'à l'organisation et au service de la milice parisienne.

7° Qu'au moment de la publication du présent arrêté, tout particulier qui se trouverait muni de fusils, pistolets, sabres, épées ou autres armes, serait

---

* C'est-à-dire un Comité qui, jour et nuit assemblé à l'Hôtel-de-Ville, travaillerait sans relâche et sans interruption.

tenu de les porter sur-le-champ dans les différents districts dont il faisait partie, pour les remettre aux chefs desdits districts, y être rassemblés et ensuite distribués suivant l'ordre qui serait établi, aux différents citoyens qui devaient former la milice parisienne.

8° Que les attroupements ne pouvant servir qu'à augmenter le tumulte et la confusion, et contrarier l'effet des mesures nécessaires à la sûreté et à la tranquillité publique, tous les citoyens seraient avertis de s'abstenir de former des attroupements, dans quelque lieu que ce pût être.

9° Que les citoyens rassemblés dans les districts seraient priés de sanctionner par leur approbation particulière ce qui venait d'être arrêté dans l'assemblée générale.

10° Et enfin, que le présent arrêté serait imprimé, lu, publié et affiché avec le nom des personnes que l'assemblée allait choisir et nommer pour former le comité permanent, en attendant que l'assemblée des électeurs, convoquée pour l'après-midi de cette même journée, eût de son côté choisi et nommé les membres qu'elle devait adjoindre à ceux nommés par l'assemblée générale.

Et à l'instant même ont été nommés pour composer le comité permanent, M. le Prévôt des marchands. M. de CORNY, procureur du Roi et de la ville. MM. BUFFAULT, SAGERET, VERGNE et ROUEN, Échevins. VEYTARD, greffier en chef. Deux conseillers de ville et un quartinier. M. Moreau de St-Mery, président des électeurs. MM. le marquis de la Salle, l'abbé Fauchet, Tassin, de Leutre, Quatremère, Dumangin, Giron, Ducloz du Fresnoy, Bancal des Issarts, Hyon, Legrand de St-René, Jeanin, électeurs. M. Grêlé, citoyen.

Ces nominations faites, les membres présents ont envoyé vers les membres absents et dispersés dans leurs différents districts; la plupart se sont rendus aussitôt à l'Hôtel-de-Ville.

Les uns et les autres, en prévenant l'assemblée de l'impossibilité de concerter paisiblement au milieu d'elle les moyens de défense et de sûreté, se sont retirés dans le bureau de MM. les officiers de la ville, pour y aviser avant toutes choses à la recherche des armes et des munitions que tous les citoyens ne cessaient de demander.

Et l'assemblée a été remise à quatre heures du soir.

A peine les membres du comité permanent ont-ils été établis dans le bureau, qu'on est venu leur annoncer que le public enlevait les drapeaux de la ville, et dans le même temps ils ont entendu la cloche de l'Hôtel-de-Ville sonner l'alarme.

Le tumulte, le désordre et l'embarras étaient parvenus à un tel excès, qu'il était impossible de saisir aucun détail, et de méditer aucune délibération: les nouvelles désastreuses se succédaient avec une grande rapidité.

Les uns venaient apprendre que les commis à la perception des droits d'entrée, avaient été dispersés à main armée, et que les barrières elles-mêmes étaient livrées à la flamme et au pillage;

Les autres, que la maison de St-Lazare était abandonnée à une foule de brigands qui l'avaient incendiée, après l'avoir dévastée depuis les caves jusqu'aux greniers; que cependant les bons citoyens avaient sauvé de cette dévastation une assez grande quantité de froment et autres grains qui avaient été conduits à la halle.

Ceux-ci annonçaient que les dragons et les hussards s'avançaient vers la barrière du trône, et paraissaient disposés à s'en emparer; ceux-là, que le garde-meuble était pillé.

On conduisait à l'Hôtel-de-Ville un nombre infini de voitures, de charrettes, de chariots, arrêtés aux portes de la ville, et chargés de toute espèce de provisions, de vaisselle, de subsistances, et de meubles.

On n'entendait que les réclamations des personnes arrêtées au moment où elles voulaient sortir de Paris, les cris des citoyens alarmés et impatients de marcher vers les troupes dont on annonçait l'approche, et, par-dessus tout, les instances vives et nécessairement tumultueuses des députés des soixante districts, qui demandaient des armes et des munitions.

A une heure ou environ, M. le Prévôt des marchands a déclaré que M. de Pressoles, intéressé dans la manufacture de Charleville, lui avait promis 12,000 fusils, qui devaient être apportés d'un moment à l'autre, et qu'à cette promesse M. de Pressoles avait joint l'espérance de fournir encore 30,000 fusils dans trois ou quatre jours.

Alors on a annoncé aux députés des districts qui demandaient des armes, qu'ils pouvaient retourner dans leurs districts, et revenir à l'Hôtel-de-Ville à cinq heures du soir, heure à laquelle on croyait pouvoir leur délivrer les armes qu'ils demandaient.

Plus tranquilles, les membres du comité permanent ont pu examiner le plan de formation de milice parisienne, que MM. Ethis de Corny, le marquis de la Salle, Legrand de St-René, Hion et Deleutre, nommés commissaires à cet effet, venaient de rédiger : ce plan a été lu et discuté autant que la rapidité des événements et les interruptions continuelles pouvaient le permettre.

Il a été enfin arrêté, signé, imprimé et publié ainsi qu'il suit.

Lundi après midi, 13 juillet 1789.

ARRÊTÉ DU COMITÉ PERMANENT ÉTABLI PAR L'ASSEMBLÉE GÉNÉRALE DE CE MATIN, 13 JUILLET 1789.

La notoriété des désordres et les excès commis par plusieurs attroupements, ayant déterminé l'Assemblée générale à rétablir sans délai la milice parisienne, il a été ordonné ce qui suit :

1° Le fonds de la milice parisienne sera de 48,000 citoyens, jusqu'à nouvel ordre.

2° Le premier enregistrement fait dans chacun des soixante districts, sera de 200 hommes pour le premier jour, et ainsi successivement pendant les trois jours suivants.

3° Ces soixante districts, réduits en seize quartiers, formeront seize légions, qui porteront le nom de chaque quartier, dont douze seront composées de quatre bataillons, également désignés par le nom des districts, et quatre de trois bataillons seulement, aussi désignés de la même manière.

4° Le fonds de chaque bataillon sera de quatre compagnies.

5° Chaque compagnie sera de 200 hommes, dont la composition sera portée, dès le premier jour, à 50 hommes, pour compléter successivement les 200 hommes demandés à chaque district à l'effet de commencer le service.

6° L'État-major sera composé d'un commandant-général des seize légions, d'un commandant-général en second, d'un major-général, et d'un aide-major-général.

7° L'État-major particulier de chacune des seize légions sera composé : d'un commandant en chef, d'un commandant en second, d'un major, de quatre aides-major et d'un adjudant.

8° Chaque compagnie sera commandée par un capitaine en premier, un capitaine en second, deux lieutenants, et deux sous-lieutenants.

Les compagnies seront composées de huit sergents,

dont le premier sera sergent-major; de 32 caporaux, de 158 factionnaires, et de 2 tambours.

9° Le comité permanent nommera le commandant-général, le commandant-général en second, le major-général, l'aide-major-général, et les États-majors de chacune des seize légions, sur les désignations et renseignements qui seront adressés par les chefs des districts.

Quant aux officiers des bataillons qui composent lesdites légions, ils seront nommés par chaque district, ou par des commissaires députés à cet effet dans chacun des districts et quartiers.

Marque distinctive.

10° Comme il est nécessaire que chaque membre qui compose cette milice parisienne porte une marque distinctive, les couleurs de la ville ont été adoptées par l'Assemblée générale; en conséquence, chacun portera la cocarde bleue et rouge.

Tout homme qui sera trouvé avec cette cocarde sans avoir été enregistré dans l'un des districts, sera remis à la Justice du comité permanent.

Le grand état-major règlera les distinctions ultérieures de tout genre.

11° Le quartier-général de la milice parisienne sera constamment à l'Hôtel-de-Ville.

12° Les officiers composant le grand état-major, auront séance au comité permanent.

13° Il y aura seize corps-de-garde principaux pour chaque légion, et soixante corps-de-garde particuliers, correspondants à chaque district.

14° Les patrouilles seront postées partout où il sera nécessaire, et la force de leur composition sera réglée par les chefs.

15° Les armes prises dans les corps-de-garde, y seront laissées par chaque membre de la milice parisienne à la fin de son service, et Messieurs les officiers en seront responsables.

16° D'après la composition arrêtée de la milice parisienne, chaque citoyen admis à défendre ses foyers, voudra bien, tant que les circonstances l'exigeront, s'astreindre à faire son service tous les quatre jours.

Fait à l'Hôtel-de-Ville, le 13 juillet 1789. *Signé*, etc, etc.

Cette ordonnance a été proclamée et affichée à deux heures après midi ou environ.

Plusieurs membres du comité permanent se sont chargés de la porter à leurs districts, et de la faire exécuter.

Les autres n'ont pas quitté la salle du Conseil, qui était devenue le rendez-vous général, et le foyer de la plus vive fermentation.

Il était quatre heures du soir ou environ, lorsque MM. les électeurs se sont rassemblés dans la grande salle.

MM. le duc d'Aumont, Huguet de Sémonville et

Talon, citoyens nobles et électeurs, sont venus se joindre à cette Assemblée, présidée par M. Moreau de Saint-Méry.

M. de Barquier, électeur noble, a été présenté à la même Assemblée par M. le marquis de la Salle.

M. Boucher d'Argis, électeur noble, qui avait assisté déjà à plusieurs Assemblées, a désiré que sa réunion fût constatée dans le procès-verbal de ce jour.

On a fait lecture de l'arrêté pris le matin dans l'Assemblée générale de citoyens, et par lequel, entre autres règlements, on avait établi le comité permanent.

Suivant l'article de cet arrêté, qui réserve à MM. les électeurs la faculté d'incorporer au comité permanent tel nombre d'électeurs qu'ils jugeraient convenir, l'Assemblée a procédé incontinent au choix de ses membres qu'elle entendait adjoindre au comité permanent.

Et ce choix a été fait par acclamation, attendu l'impossibilité évidente d'un scrutin.

Les membres nommés par l'Assemblée pour faire partie du comité permanent, et participer à ses travaux, ont été MM. DELAVIGNE *président*, DUVEYRIER, *secrétaire*, BERTOLIO, *secrétaire*, BOUCHER, DUSAULX, PERRIER, CHIGNARD, PÉRIGNON, LE COUTEULX DE LA NORAYE, et GANILH, *électeurs*.

Ces nouveaux membres du comité permanent se sont réunis aux membres constitués le matin, et ils ont, à l'instant même, partagé leurs travaux.

SUBSISTANCES.

On a annoncé à l'Assemblée que M. le lieutenant de police désirait d'être introduit, pour donner à ses concitoyens, conformément à l'invitation qui lui avait été faite par l'Arrêté pris le matin dans l'Assemblée générale, tous les renseignements qui pouvaient être en son pouvoir, sur les moyens d'assurer la subsistance de la capitale

M. le lieutenant de police, introduit avec M. le prévôt des marchands, M. le procureur du roi et de la ville, et MM. les échevins, a exposé à l'Assemblée, que sa charge et ses fonctions ne le plaçaient pas de manière à veiller sur l'origine et sur les premiers moyens des approvisionnements; que les opérations confiées à son ministère se bornaient à assurer la distribution égale de tous les comestibles qu'on amenait à Paris.

M. le lieutenant de police a ajouté que par leurs relations nécessaires avec MM. de Montaran, Doumère et les autres administrateurs ou intéressés dans la commission des vivres, ses bureaux pouvaient fournir quelques notions utiles, et il a demandé s'il plaisait à l'assemblée nommer deux électeurs, qui l'accompagneraient jusqu'à l'Hôtel de la police, et auxquels il donnerait tous les renseignements qui sont en son pouvoir.

L'assemblée adoptant cette proposition, a arrêté que M. Dusaulx, de l'académie des inscriptions et belles-lettres, M. Gibert, notaire, tous deux électeurs, seraient invités à suivre M. le lieutenant de police pour recevoir de lui, et transmettre au comité permanent toutes les notions qui pourraient être recueillies dans les bureaux de la police, sur le fait des subsistances de Paris.

M. Chignard, électeur, a observé qu'il résultait du discours de M. le lieutenant de police, que ni lui, ni MM. les officiers municipaux, n'étaient chargés de l'approvisionnement des subsistances de la ville; que dans les circonstances actuelles, les citoyens de Paris ne pouvaient se reposer de ce soin important sur le gouvernement, dont les nouveaux ministres devaient être suspects.

En conséquence, il a demandé, et il a été sur-le-champ arrêté, que le comité permanent, conjointement avec MM. les officiers du bureau de la ville et M. le lieutenant de police, demeurerait spécialement chargé de pourvoir à l'approvisionnement des blés et farines pour la ville de Paris.

M. le lieutenant de police s'est retiré avec M. le prévôt des marchands, M. le procureur du Roi et de la ville, et MM. les échevins.

Cependant les députés de plusieurs districts venaient, dans le trouble et le désordre qui existaient toujours, apporter les délibérations de leurs districts respectifs et demander des armes.

(Suivent les délibérations des districts *des Grands-Augustins, de Saint-André-des-Arts, des Feuil-*

lants, *des Enfants-Rouges, des Blancs-Manteaux, de Saint-Germain-des-Prés, de Saint-Etienne-du-Mont, de Sainte-Elisabeth, des Petits-Augustins, du Sépulcre, de la Madeleine, de Saint-Leu, de Saint-Pierre des Arcis, des Filles-Dieu, de Saint-Eustache, de la Sorbonne, des Minimes, de Sainte-Marguerite, de Saint-Méry, des Barnabites, de Bonne-Nouvelle, de Saint-Germain-le-Vieux, de Saint-Jacques, de Saint-Innocent, de Saint-Magloire, de Saint-Louis, des Capucins-du-Marais, de Notre-Dame du Petit-Saint-Antoine, et de l'Oratoire, que les députés de ces différents districts déposent sur le bureau.*)

Tous les autres districts que la rapidité des événements et des opérations avait empêchés, sans doute, de rédiger leurs délibérations par écrit, envoyaient successivement leurs électeurs ou des députés à l'assemblée, pour y porter leurs résolutions, toujours uniformes, sur l'établissement de la garde bourgeoise, et pour demander des armes et des munitions, ce qui entretenait dans l'hôtel-de-ville un tumulte et une confusion inexprimables.

Immédiatement après l'appel et la vérification des procès-verbaux des districts, un électeur a dit que les districts dont on venait de vérifier les procès-verbaux, avaient voté l'établissement de la garde bourgeoise, que la nécessité de l'établir était évidente, et qu'il fallait prendre à l'instant même, dans l'assemblée, un arrêté sur cet établissement, qui ne pouvait plus être retardé sans le plus grand danger.

En conséquence, il a été unanimement arrêté qu'on établirait sur-le-champ une garde bourgeoise dans l'intérieur de Paris, conformément aux divers arrêtés qui pouvaient avoir été pris tant aujourd'hui que les jours précédents, soit par les assemblées partielles d'électeurs, soit par le bureau de ville, soit enfin par le comité permanent, auxquels arrêtés l'assemblée générale a déclaré qu'elle adhérait à cet égard.

C'est au milieu de cette confusion, qu'on a remarqué, avec une grande satisfaction, une députation de MM. les clercs du palais qui, s'étant réunis, fesaient parvenir à l'assemblée l'arrêté suivant :

« Les clercs du palais, vivement alarmés, comme
« tous les citoyens, du danger imminent qui menace
« la patrie, et singulièrement la capitale, se sont
« réunis en corps, et ont unanimement délibéré de
« députer auprès de MM. les électeurs, pour leur
« offrir leur service, et une garde volontaire et auxi-
« liaire, prise parmi leurs membres. Fait à Paris, le
« 13 juillet 1789, en la grande salle du palais. *Signé*,
« Henry, *président;* Berthon, *secrétaire.* »

MM. les clercs du Châtelet ont produit dans l'assemblée une sensation non moins satisfaisante, lorsque leurs députés ont fait la lecture de la délibération suivante.

« Les clercs du Châtelet, que le même desir en-
« flamme, de donner des marques de leur attachement
« à la patrie, assemblés aujourd'hui au Parc-Civil
« du Châtelet, ont unanimement et par acclamation
« arrêté que, considérant que des circonstances très
« alarmantes exigent les secours les plus prompts,
« six membres d'entre eux, choisis à l'instant, se
« transporteront, sans délai, à l'Hôtel-de-Ville, pour
« offrir leurs secours, et demanderont que MM. les
« électeurs assemblés, qu'ils regardent comme les
« véritables représentants des bourgeois de Paris,
« dans un instant où la liberté des députés est en-
« chaînée, veuillent bien leur indiquer l'ordre qu'ils
« doivent observer, et qu'ils se feront un devoir de
« suivre;

« Qu'ils observeront à MM. les électeurs qu'ils sont
« prêts de se réunir aux clercs des notaires et du
« palais, que le même zèle anime dans ce moment;
« mais néanmoins, qu'ils désirent former une com-
« pagnie particulière, subordonnée aux instructions
« de MM. les électeurs, et sous la dénomination qu'ils
« jugeront de prendre :

« A l'effet de laquelle députation, l'assemblée a
« nommé MM. Lagarde, Monnot, Bazière, Cassé,
« Lubin et Bezard, qui ont signé avec MM. les pré-
« sident et adjoint. *Signé*, Géné, *président*, et
« Bourdon, *adjoint*. »

L'Assemblée a témoigné à MM. les clercs du Palais

et du Châtelet, dans les termes les plus expressifs, le contentement et la reconnaissance avec lesquels elle acceptait leurs offres patriotiques, en leur promettant qu'ils recevraient incessamment les instructions relatives au service dont ils voulaient bien se charger.

L'Assemblée a exprimé les mêmes sentiments à MM. les élèves en chirurgie, qui ont fait les mêmes offres de service par l'organe de M. Boyer, chirurgien principal de la Charité; et il a été convenu que ce serait à M. Boyer lui-même, que l'assemblée ferait parvenir les instructions nécessaires.

Les gardes-françaises, qui déjà, comme on a pu le voir, s'étaient portés la veille avec les citoyens au-devant des troupes armées et rangées en bataille dans la place Louis XV, qui déjà s'étaient présentés le matin dans différents districts pour se dévouer à la défense commune, sont venus dans l'assemblée réitérer les témoignages de leur zèle et de leur courage: l'Assemblée a applaudi avec transport aux sentiments de ces braves guerriers, et décidé d'envoyer sur-le-champ aux casernes pour y porter les remerciements de la ville, et prendre avec les chefs les mesures nécessaires à la réunion projetée de MM. les gardes-françaises aux milices parisiennes.

M. de Rhulières, commandant du guet de Paris, s'est présenté aussi pour déclarer au nom de la troupe qu'il commande, qu'elle était disposée à tout faire, sous les ordres de l'assemblée, pour la défense de la ville et la sûreté des citoyens : cette offre a été acceptée avec les mêmes marques de gratitude et de satisfaction, et MM. de Vauvilliers et Parquez, électeurs, ont été députés vers M. de Rhulières, pour remercier en sa personne la troupe qu'il a l'honneur de commander.

Un membre du district de Saint-Eustache est venu dire à l'Assemblée que les Suisses campés au Champ-de-Mars faisaient également offre de leurs services, et se déclaraient tous disposés à défendre la ville, contre laquelle les ennemis de l'état les avaient armés.

L'Assemblée a député sur-le-champ MM. Picard et Hom, deux de ses membres, au Champ-de-Mars, pour s'assurer des dispositions des troupes étrangères, et leur porter, si ces dispositions étaient telles qu'on les annonçait, l'expression de la reconnaissance dont les Parisiens devaient être pénétrés.

MM. Hom et Picard sont revenus l'instant d'après, et ils ont dit à l'assemblée, qu'avant de se transporter au Champ-de-Mars, ils avaient cru prudent de vérifier la nouvelle prétendue donnée au district de Saint-Eustache, des offres faites par les Suisses; qu'ils venaient de se rendre au district de Saint-Eustache; qu'ils avaient interrogé tous les citoyens de ce district rassemblés, et que cette nouvelle, portée à l'Hôtel-de-Ville par un membre inconnu de ce district, était dénuée de tout fondement.

Pendant que l'assemblée, au milieu d'un grand trouble, trouvait encore le moyen de recevoir avec un certain ordre, et les délibérations des districts, et les offres faites par les différentes associations, elle était assaillie par des demandes d'armes et de munitions, qu'elle renvoyait au comité permanent.

La place de l'Hôtel-de-Ville était couverte de voitures, de charrettes, de chariots saisis.

Une de ces saisies a été infiniment agréable à l'assemblée.

Le sieur Lafortune, soldat invalide et compagnon laietier, demeurant rue de La Harpe, chez M. Courtier, et le sieur Cailleau, garçon perruquier, demeurant chez M. Gomme, maître perruquier, rue Croix-des-Petits-Champs, se sont présentés, et ont déclaré qu'ils venaient de découvrir, de faire arrêter et conduire à l'Hôtel-de-Ville, 5,000 livres de salpêtre en 10 futailles, 5,000 livres de poudre de traites en 35 barils, 15 chapes et 20 sacs, et 5,500 de potasse en 22 barils; le tout chargé à l'arsenal, pour être transporté à Rouen par les voitures d'eau.

Et les sieurs Lafortune et Cailleau ont déposé sur le bureau les lettres de voiture signées Blondel, à l'adresse de M. Endel, commissaire des poudres et salpêtres du roi, à Rouen.

L'assemblée, en arrêtant que cette première découverte de poudre serait mentionnée au procès-verbal, pour attribuer à ses auteurs, dans un temps plus paisible, la récompense qu'elle méritait; a ordonné que ces cinq milliers de poudre seraient, à l'instant même, déposés dans une salle basse de l'Hôtel-de-Ville, pour être distribués aux citoyens suivant les besoins des différents postes à défendre.

A l'instant même, M. l'abbé Lefebvre, électeur ecclésiastique, s'est présenté; et il a dit que ces barils de poudre venaient d'être déposés dans la cour de l'Hôtel-de-Ville, en face de la statue de Louis XIV; que le peuple en foule demandait avec fureur que cette poudre lui fût distribuée; qu'il menaçait de défoncer les barils.

Témoin de ce danger imminent, M. l'abbé Lefebvre s'était porté au milieu du peuple, il l'avait supplié de ne pas défoncer les barils, lui remontrant que la plus légère indiscrétion pouvait faire sauter l'Hôtel-de-Ville et les maisons du quartier.

Il se disposait même à aller chercher les gardes de la ville pour contenir ce peuple obstiné, lorsqu'un coup de fusil, tiré à côté des barils de poudre, avait causé une épouvante générale.

Le coup de fusil et l'effroi qu'il avait causé, n'avaient eu, grâces à la Providence, qu'un effet propice, celui d'écarter les plus opiniâtres, et de faciliter l'approche des gardes de la Ville.

M. l'abbé Lefebvre a terminé son récit en assurant que les gardes de la Ville, sans fusil, et armés seulement de leur épée, environnaient et gardaient actuellement les barils de poudre; mais qu'il était de la plus urgente nécessité de les enfermer dans un lieu sûr, et de n'en confier la distribution qu'à des personnes courageuses et prudentes.

L'Assemblée a arrêté que monsieur le prévôt des marchands serait invité à indiquer sur-le-champ l'endroit le plus sûr.

Et pour que la distribution fût faite avec sagesse et réserve, pour qu'elle fût utilement et convenablement appliquée aux dangers les plus graves et les plus pressants, l'Assemblée a préposé à cette distribution M. l'abbé Lefebvre lui-même, qui a bien voulu, en se chargeant de cette commission délicate, exposer sa vie à tous les risques qui devaient l'environner.

Et à l'instant même, M. l'abbé Lefebvre a fait déposer les barils de poudre dans les bureaux des payeurs des rentes, dont monsieur le prévôt des marchands lui a fait donner la clef.

Un grand nombre de lettres avaient été saisies et déposées sur le bureau. On a délibéré sur ce qu'il convenait de faire : l'opinion la plus générale a été que dans une circonstance aussi dangereuse, l'intérêt commun devait commander aux intérêts particuliers. Trois fois monsieur le président a mis à l'opinion s'il ferait la lecture des lettres, s'il la ferait publiquement, ou si, après l'avoir faite tout bas, il rendrait compte à l'assemblée de celles qui paraîtraient mériter une attention particulière.

L'Assemblée a décidé que les lettres seraient ouvertes et lues publiquement, ce qui a été exécuté : toutes les lettres étaient adressées à des particuliers, et absolument indifférentes à l'état général.

Dans le nombre confus des différents objets saisis et conduits sur la place de Grève, on a distingué les effets et bagages des ministres, notamment ceux de MM. les comtes de Montmorin et de la Luzerne, chargés sur des chariots. M. Moreau de Saint-Méry, après avoir pris l'avis de l'Assemblée, a donné des ordres pour que ces effets fussent conduits à leur destination, avec toute protection et sûreté.

On a distingué aussi la voiture du prince de Lambesc, escortée par plusieurs citoyens armés, qui croyaient avoir arrêté le prince de Lambesc lui-même.

L'Assemblée a décidé que la voiture et les chevaux seraient sur-le-champ mis en fourrière dans l'auberge la plus voisine.

L'arrêté a été exécuté relativement aux chevaux, mais il a été impossible de sauver la voiture, à laquelle le peuple a mis le feu, et dont il a dispersé les morceaux réduits en cendre, après en avoir, avec le plus grand scrupule, détaché la malle et retiré tous les effets, qu'il est venu déposer sur le bureau de l'Assemblée.

Sur les huit heures, ceux de MM. les électeurs qui étaient membres du comité permanent, s'étant retirés dans le bureau du comité, et presque tous les autres s'étant dispersés dans leurs districts, M. le président, en recommandant à la multitude de se retirer, pour veiller, chacun à son poste, à la défense commune, a terminé la séance et convoqué l'Assemblée pour demain huit heures du matin.

Cependant un grand nombre de personnes sont restées dans la salle; les électeurs eux-mêmes, qui se succédaient sans cesse, étaient obligés de se mettre au bureau, et de décider les questions qu'on venait leur soumettre.

Il existait à dix heures du soir une espèce d'Assemblée, lorsque MM. Delavigne, président des Électeurs, et Agier, Électeur, sont revenus de Versailles où leur sollicitude personnelle les avait entraînés dès le matin, pour prendre, sur les circonstances actuelles, les intentions et les ordres de l'Assemblée nationale.

Ils ont cru devoir rendre compte aux citoyens assemblés, de ce qu'ils avaient vu et entendu dans l'Assemblée nationale, et M. Delavigne a dit :

« Honoré par le choix de mes concitoyens, qui
« m'ont fait président de l'Assemblée des Électeurs,
« j'ai vivement senti combien il était difficile de dé-

« cider seul quelle part je devais prendre dans les
« circonstances pénibles qui nous environnent. L'As-
« semblée des Électeurs ne s'est occupée que du salut
« public : le choix des moyens est délicat dans cet
« instant : je n'ai rien voulu prendre sur moi : j'ai
« cru devoir consulter l'Assemblée nationale. Malgré
« l'état où vous me voyez*, je suis parti pour Ver-
« sailles : M. Agier, électeur, a bien voulu m'accom-
« pagner.

« Nous avons vu l'auguste Assemblée nationale,
« s'occupant avec un zèle inquiet de ce qui peut ré-
« tablir l'ordre et faire le bonheur de cette capitale :
« une députation nombreuse était allée vers le Roi
« pour lui demander l'éloignement des troupes ras-
« semblées autour de la capitale dans un nombre ef-
« frayant, et solliciter Sa Majesté pour l'établissement
« des gardes bourgeoises. L'intention de l'Assemblée,
« si elle eût eu le bonheur d'obtenir ces deux objets
« sur lesquels elle avait déja fait précédemment de
« vives instances, était d'envoyer au milieu de vous
« une députation nombreuse vous faire part de son
« succès **. Quatre-vingts membres de l'Assemblée

---

* Une fluxion considérable attestait l'indisposition de M. Delavigne.

** « L'Assemblée nationale a unanimement arrêté qu'il serait fait une
« députation au Roi, pour lui représenter tous les dangers qui mena-
« cent la Capitale et le Royaume, la nécessité de renvoyer les troupes
« dont la présence irrite le désespoir du peuple, et de confier la garde
« de la ville à la milice bourgeoise.

« étaient déja nommés, et de ce nombre étaient les
« quarante députés de la ville de Paris. L'Assemblée
« nationale, malgré l'empressement de tous ses mem-
« bres, avait cru devoir préférer de vous envoyer
« ceux que votre confiance a honorés*, et dont le zèle
« et le patriotisme ont si bien justifié votre choix. La
« députation auprès du Roi avait ordre de demander

---

* Il a été de plus arrêté, que si l'Assemblée obtient la parole du Roi
« pour le renvoi des troupes et l'établissement de la milice bourgeoise,
« elle enverra des Députés à Paris pour y porter ces nouvelles conso-
« lantes, et contribuer au retour de la tranquillité. » Arrêté de l'Assemblée nationale, du 13 juillet 1789.

* Il s'était répandu un bruit dans Paris, concernant plusieurs des
députés à l'Assemblée nationale. On parlait d'attentats médités ou
exécutés contre leurs personnes. On citait entr'autres M. Poignot, l'un
des députés de Paris, que l'on disait disparu en vertu d'ordres ministériels. Il était certain, en effet, que M. Poignot n'avait pas paru aux
séances de l'Assemblée nationale pendant quelques jours. Le public
s'était aperçu de cette absence. On en interprétait la cause bien diver-
sement. Lorsque, dans son récit à l'Hôtel-de-Ville, M. Delavigne a parlé
des députés de Paris à l'Assemblée nationale, plusieurs voix ont interrompu pour demander si M. Poignot était à l'Assemblée nationale, si
MM. Delavigne et Agier l'y avaient vu. Ils répondirent qu'*oui*, et plusieurs fois très affirmativement, tant l'inquiétude était grande à ce sujet !
M. Poignot avait été malade. Plusieurs jours de fièvre l'avaient retenu à
Paris ; il n'était pas rétabli encore : mais, apprenant les bruits auxquels
son absence forcée avait donné lieu, il s'était rendu à Versailles le lundi
matin 13, et avait assisté constamment à toutes les délibérations de ce
jour, malgré la situation pénible de sa santé. MM. Delavigne et Agier,
en attestant ces faits au public, ont répandu quelque tranquillité dans
les esprits.

« l'agrément de Sa Majesté pour l'envoi de ses mem-
« bres auprès de vous.

« Nous avons été témoins du retour des députés.
« La réponse du Roi n'a pas été favorable; elle a con-
« sterné l'assemblée, mais elle ne l'a pas découragée.
« L'Assemblée a entendu le récit que je lui ai fait des
« malheurs de la capitale : je lui ai fait connaître les
« détails que je connaissais moi-même : je lui ai dit que
« l'assemblée des électeurs serait formée ce soir, pour
« s'occuper de la chose publique : je lui ai annoncé
« que je venais prendre ses ordres pour les transmettre
« aux Électeurs, et exécuter ponctuellement ce qu'ils
« nous prescriraient.

« C'est après nous avoir entendus avec bonté et
« avec intérêt, que l'auguste Assemblée a délibéré
« sur une nouvelle instance à faire auprès du Roi.
« Plusieurs projets de rédaction ont été présentés :
« l'Assemblée est demeurée d'accord de celui dont je
« vais avoir l'honneur de vous faire lecture.

EXTRAIT DU PROCÈS-VERBAL DES SÉANCES DE L'ASSEMBLÉE NATIONALE.

Du Lundi 13 juillet 1789.

« Il a été rendu compte par les députés envoyés
« au Roi, de la réponse de Sa Majesté en ces termes :
« Je vous ai déjà fait connaître mes intentions sur
« les mesures que les désordres de Paris m'ont forcé de

« prendre : c'est à moi seul de juger de leur nécessité,
« et je ne puis à cet égard apporter aucuns change-
« ments. Quelques villes se gardent elles-mêmes, mais
« l'étendue de cette capitale ne permet pas une surveil-
« lance de ce genre : je ne doute pas de la pureté des
« motifs qui vous portent à m'offrir vos soins dans
« cette affligeante circonstance, mais votre présence
« à Paris ne ferait aucun bien ; elle est nécessaire ici
« pour l'accélération de vos importants travaux, dont
« je ne cesse de vous recommander la suite.

« Sur quoi l'Assemblée, interprète des sentiments
« de la Nation, déclare que M. Necker ainsi que les
« autres ministres qui viennent d'être éloignés, em-
« portent avec eux son estime et ses regrets.

« Déclare qu'effrayée des suites funestes que peut
« entraîner la réponse du Roi, elle ne cessera d'insis-
« ter sur l'éloignement des troupes extraordinaire-
« ment rassemblées près de Paris et de Versailles, et
« sur l'établissement des gardes bourgeoises.

« Déclare, de nouveau, qu'il ne peut exister
« d'intermédiaire entre le Roi et l'Assemblée na-
« tionale.

« Déclare que les ministres et les agents civils et mi-
« litaires de l'autorité, sont responsables de toute en-
« treprise contraire aux droits de la Nation et aux
« décrets de l'Assemblée.

« Déclare que les ministres actuels et les conseils de
« Sa Majesté, de quelque rang et état qu'ils puissent

« être, ou quelques fonctions qu'ils puissent avoir,
« sont personnellement responsables des malheurs
« présents et de tous ceux qui peuvent suivre.

« Déclare que la dette publique ayant été mise sous
« la garde de l'honneur et de la loyauté française, et
« que la nation ne refusant point d'en payer les inté-
« rêts, nul pouvoir n'a le droit de prononcer l'infâme
« mot de banqueroute, nul pouvoir n'a le droit de
« manquer à la foi publique, sous quelque forme et
« dénomination que ce puisse être.

« Enfin, l'Assemblée nationale déclare qu'elle per-
« siste dans ses précédents arrêtés, et notamment dans
« ceux du 17, du 20 et du 23 juin dernier.

« Et la présente délibération sera remise au Roi par
« le président de l'Assemblée, et publiée par la voie
« de l'impression.

« Ordonne aux secrétaires de l'Assemblée d'adres-
« ser aux ministres retirés une expédition par extrait
« du présent arrêté. Signé, LA FAYETTE, vice-prési-
« dent. MOUNIER, l'abbé SIEYES, LE CHAPELIER,
« GRÉGOIRE, STANISLAS DE CLERMONT-TONNERRE,
« secrétaires de l'Assemblée nationale.

« A peine cette délibération a-t-elle été décré-
« tée, que nous avons fait les instances les plus pres-
« santes pour en obtenir une expédition authentique :
« nous vous la présentons sous la signature du vice-
« président et des secrétaires de l'Assemblée nationale;
« ce doit être une consolation bien précieuse pour

« vous, de voir exprimer par cette auguste Assemblée
« les sentiments que vous avez déja manifestés vous-
« mêmes d'une manière si éclatante.

« Tous les députés nous ont témoigné leur joie
« sur vos dispositions courageuses, dont nous leur
« avons fait part : ils ne sont pas moins décidés que
« vous, à tout faire pour la liberté publique.

« Nous avons vu avec la plus vive satisfaction que
« les évènements actuels sont un nouvel aliment au
« patriotisme qui les anime; lorsqu'on a lu dans l'As-
« semblée nationale la partie de l'arrêté que vous
« venez d'entendre, où il est dit que *l'Assemblée*
« *nationale déclare qu'elle persiste dans ses précé-*
« *dents arrêtés, et notamment dans ceux des* 17*,
« 20** *et* 23*** *juin dernier,* nous avons été témoins
« du généreux empressement avec lequel un grand
« nombre de députés nobles se sont élancés de leurs
« siéges sur le bureau, et ont déclaré à toute l'As-
« semblée que, si dans le principe, les conditions im-
« périeuses de leurs mandats avaient gêné les senti-
« ments patriotiques qui les portaient à l'union des
« ordres, tout les pressait, tout les portait, dans la
« circonstance actuelle, à se désister de toutes oppo-

---

* Constitution de l'Assemblée en Assemblée nationale.

** Serment du Jeu de paume.

*** Séance Royale après laquelle l'Assemblée persiste dans ses précé-
dents arrêtés. *(Note de l'Éditeur.)*

SÉANCE DU 13 JUILLET.

« sitions, de toutes protestations : ils ont déclaré que
« l'amour du bien public les déterminait à *adhérer*
« à ces arrêtés pris dans l'Assemblée avant la réunion.
« Il est impossible, Messieurs, de se défendre et de
« n'être pas attendri, en voyant s'éteindre pour tou-
« jours les étincelles de la division que nos ennemis
« voulaient entretenir entre les différents ordres : tout
« est maintenant décidé; leur force, comme la nôtre,
« résultera de leur union.

« Nos députés à l'Assemblée nationale ne doutent
« pas plus que vous qu'il faut des gardes bourgeoisss
« pour ramener l'ordre et maintenir la sûreté. Les
« ministres qui obsèdent et qui trompent le meilleur
« des rois, montrent encore une opposition bien mar-
« quée à l'établissement de ces milices : mais le vœu
« de l'Assemblée nationale, consigné dans ses arrêtés,
« n'en est pas moins décidé pour que les milices bour-
« geoises soient établies. En douterez-vous encore,
« Messieurs, lorsque je vous dirai qu'un des députés
« m'a remis, avant de partir, la note que voici, écrite
« de sa main: *M. Dupont, conseiller d'état, cheva-*
« *lier de l'Ordre de Vaza, et son fils, âgé de* 18
« *ans, demeurant rue du Petit-Musc, N°* 17, *de-*
« *mandent à être compris au rôle de la milice*
« *bourgeoise, si elle est établie.*

« Nous croyons donc, M. Agier et moi, pouvoir
« vous déclarer, en résultat de la mission que nous
« nous sommes donnée vers l'Assemblée nationale,

« que tout annonce et tout promet la réunion la plus
« complète entre tous les membres de cette auguste
« Assemblée. Vous voyez qu'outre leur attention or-
« dinaire sur les grands objets d'utilité générale pour
« tout le royaume, les membres de l'Assemblée ont
« donné une attention, et ont fait des démarches
« toutes particulières et très pressantes pour la sûreté
« et la tranquillité de cette capitale. C'est à nous à
« ne rien faire qui ne soit marqué au coin de la sa-
« gesse et de la modération. Faisons tout pour notre
« sûreté, pour la défense de la cité. Nous le devons :
« il faut du courage, mais il faut que le courage
« soit conduit. Voilà ce que nos députés de Paris,
« voilà ce que les députés des provinces, qui ont
« été touchés de notre situation, nous ont spé-
« cialement chargés de vous dire. Vous concevez
« combien il est utile de nous conformer à leurs
« invitations.

« Si, après ces développements importants, les
« citoyens ici présents désirent quelques détails sur
« des circonstances plus minutieuses de notre voyage,
« nous leur dirons qu'en allant à Versailles vers mi-
« di, nous avons rencontré des détachements consi-
« dérables de hussards, dans la plaine, entre le che-
« min et la rivière avant le pont de Sèvres. Une partie
« de ces hussards était à cheval en repos dans la
« plaine. Une autre partie était descendue, et tenait
« les chevaux par la bride. Quelques piquets faisaient

« patrouille le long du chemin, à la portée des au-
« tres pelotons qui étaient dans la plaine.

« Le pont de Sèvres était gardé par des Suisses.
« Ils ne nous ont rien demandé, et ils n'ont pas mis
« d'obstacle à notre passage. Nous avons rencontré
« d'autres patrouilles de Suisses à revers jaunes, dans
« le bourg de Sèvres.

« A notre retour, vis-à-vis la manufacture de por-
« celaine de Sèvres, nous avons rencontré plusieurs
« voitures, dont les cochers et les gens avaient des
« cocardes ou des rubans verts.

« A Sèvres, au bureau, nous avons appris que
« tout le monde avait pris la couleur verte, et effec-
« tivement tous ceux que nous avons rencontrés la
« portaient.

« Il ne faisait plus jour lorsque nous avons repas-
« sé au camp des hussards, près le lieu appelé le Point-
« du-Jour. Les hussards y sont encore dans la même
« position; ils se tiennent en groupes, à postes fixes,
« enveloppés de leurs manteaux blancs, et quelques
« pelotons vont rodant le long du chemin. »

Ce récit a été entendu dans le plus grand silence. L'arrêté pris par l'Assemblée nationale, et la certitude de ses résolutions patriotiques, ont jeté dans tous les cœurs une espérance nouvelle, un nouveau courage. Il était près de minuit lorsque MM. Delavigne et Agier se sont retirés, suivis de tous ceux qui venaient de les écouter.

Pendant que l'Assemblée des Électeurs siégeait dans la grande salle, le comité permanent n'avait pas cessé d'être en activité.

La confusion, l'impatience et le désordre y étaient portés aux derniers excès; les armes promises n'étaient pas arrivées. Les députés de tous les districts, à qui on en avait promis pour cinq heures du soir, rassemblés dans un très petit local, témoignaient avec chaleur leur méfiance et leurs soupçons; quelques voix même faisaient retentir les mots de *perfidie* et de *trahison*.

M. le prévôt des marchands répondait à toutes les demandes, à tous les reproches, avec une grande tranquillité. On est enfin parvenu à renvoyer les députés des districts, en leur recommandant de revenir à sept heures pour la distribution des armes qu'on attendait toujours.

Entre cinq et six heures, on a annoncé que plusieurs caisses étiquetées *artillerie*, venaient d'arriver devant l'Hôtel-de-Ville. On a dit que ces caisses contenaient les armes promises à M. le prévôt des marchands par M. de Pressoles.

Et pour éviter l'inconvénient fâcheux de laisser ces armes à la discrétion de la multitude, le comité permanent a fait sur-le-champ transporter les caisses fermées dans les caves de l'Hôtel-de-Ville.

L'embarras était de trouver les moyens de distribuer avec sagesse, de mettre en des mains fidèles et connues, les munitions qu'on avait et ces armes qu'on croyait avoir.

Il a été enfin décidé que quatre Électeurs, membres du comité permanent, se transporteraient aux casernes des Gardes Françaises, et que profitant des services offerts par ces braves militaires, ils les engageraient, au nom de la commune, à se rendre en corps à l'Hôtel-de-Ville, pour de là se distribuer dans les districts, et y porter les armes et les munitions.

MM. Duveyrier, Pérignon, Le Couteux de la Noraye et Ganilh, ont été chargés de cette commission, et députés, les deux premiers vers les casernes de l'Estrapade, les deux autres vers celles de la rue Poissonnière et du Dépôt.

Quelque temps après, ils sont revenus, M. Le Couteux de la Noraye conduisant avec lui un détachement considérable de Gardes Françaises, et MM. Duveyrier, Pérignon et Ganilh, seuls, et sans soldats.

M. Duveyrier a dit que « M. Pérignon et lui s'étaient transportés à la caserne de l'Estrapade, où ils avaient trouvé les soldats tout disposés, et leurs armes prêtes; qu'un jeune officier, qui les commandait, leur avait observé que cette caserne ne contenait pas un grand nombre de soldats; qu'il était convenable de se transporter, avec le petit nombre de soldats de cette caserne, à la grande caserne, sise rue Neuve-St-Étienne, dont les soldats attendaient aussi avec impatience le signal de voler au secours de leurs concitoyens ; que l'ordre des officiers supérieurs était donné pour que les Gardes Françaises de ces deux casernes se distribuassent dans les districts des faubourgs St-Marceau, St-Jacques et St-Germain, mais qu'ils avaient reçu la défense de passer la rivière.

« Qu'en conséquence ils n'avaient pas jugé à propos d'amener ces soldats à l'Hôtel-de-Ville, au mépris des ordres qu'ils avaient reçus, et que très satisfaits de les voir distribués pour la défense des districts voisins, ils s'étaient contentés de se rendre, avec les soldats de la caserne de l'Estrapade, à la grande caserne ; que de là toute la troupe ayant à sa tête les deux députés du comité permanent, et marchant au milieu des applaudissements de tous les citoyens, s'était rendue sur la place de St-Etienne-du-Mont, où, après s'être rangée en bataille, elle s'était divisée suivant les ordres reçus, pour jeter un détachement dans chaque district. »

MM. Duveyrier et Pérignon ont ajouté « qu'il leur était impossible de peindre l'alégresse avec laquelle ils avaient été reçus dans les deux casernes, que plusieurs soldats versaient des larmes en leur serrant la main, et que la joie de prendre enfin les armes pour la conservation commune, avait pu seule calmer la douleur qu'ils ressentaient de n'avoir pas été plus tôt appelés.»

M. Ganilh n'a pas présenté des détails aussi satisfaisants. Il a dit « Qu'ils s'étaient transportés au dépôt des Gardes Françaises, au coin de la Chaussée d'Antin, où ils avaient été présentés à M. de Boisgelin, qui commandait; qu'ils avaient fait part de leur mission à cet officier, qu'ils l'avaient remercié, au nom de l'Assemblée, du patriotisme que lui et ses militaires, étant sous ses ordres, avaient manifesté, en offrant de concourir avec tous les citoyens à la sûreté publique; qu'ils l'avaient prié, au nom de l'Assemblée, d'envoyer une partie de sa troupe à l'Hôtel-de-Ville, pour que le comité permanent pût s'aider des lumières de ses officiers, et du courage de ses soldats. »

« Que M. de Boisgelin avait répondu que l'Assemblée était mal informée, qu'il ne méritait pas ses remercîments; qu'un de ses devoirs était de veiller à la sûreté publique; qu'il s'en acquittait en faisant faire des patrouilles, et qu'il les ferait continuer; qu'il ne pouvait pas répondre à l'invitation de l'Assemblée sans avoir pris les ordres du général; qu'il l'attendait à chaque instant, et que si MM. les députés de la ville voulaient aussi attendre, ils pourraient conférer avec lui. »

M. Ganilh a ajouté « Qu'ils avaient en effet attendu, et qu'une demi-heure après, un aide-de-camp était venu dire à M. de Boisgelin que le général ne se rendrait point au dépôt; qu'il s'en rapportait à M. de Boisgelin sur le commandement et la disposition des troupes qui étaient au-delà de la rivière, se réservant de veiller lui-même sur celles qui étaient en-deçà;

« Qu'après le départ de l'aide-de-camp, ils ont réitéré leur invitation à M. de Boisgelin, mais qu'il s'y est constamment refusé ;

« Qu'au surplus, en se retirant, ils ont vu plusieurs soldats dans les meilleures dispositions, et qu'ils ont reçu d'eux l'assurance que tous leurs camarades désiraient également se réunir aux citoyens pour la défense commune. »

C'est alors qu'on a jugé possible de distribuer les fusils promis par M. le Prévôt des marchands, et qu'on croyait toujours contenus dans les caisses apportées à l'Hôtel-de-Ville.

Ces caisses ont été ouvertes en présence de M. Hay, colonel des gardes de la ville, de M. le marquis de La Salle, des députés de plusieurs districts, et entr'autres, en présence de M. Brunet, procureur au Châtelet, M. Javon, avocat, et M. Bouvier, négociant, députés du district de Saint-Nicolas-des-Champs; et tous les spectateurs ont été étrangement stupéfaits, lorsqu'à l'ouverture de ces caisses, au lieu des fusils attendus, ils ont trouvé ces caisses remplies de vieux linge[*].

Il n'était pas possible de cacher cet évènement aux députés des districts toujours assemblés, toujours

---

[*] Cette énigme n'a jamais été expliquée : comment ces caisses ont-elles été envoyées à l'Hôtel-de-Ville ? qui les avait envoyées ? à quel effet ? d'où venait la nouvelle qu'elles étaient remplies de fusils ? Voilà ce qu'on n'a jamais pu découvrir.

impatients d'obtenir les armes dont on flattait depuis le matin leur patriotisme et leur courage.

Cette impatience a pris, à l'instant même, les caractères de la fureur et de l'indignation.

Un cri général de trahison s'est élevé contre le Prévôt des marchands, contre les membres du comité permanent; et ce qu'on a tenté pour arrêter cette impression funeste, n'a fait que l'augmenter et la porter par degrés aux effets les plus terribles.

Quelques uns des citoyens qui se succédaient perpétuellement, ayant dit au comité permanent que le couvent des Chartreux et celui des Célestins recelaient une grande quantité de fusils, le comité a remis aux députés de plusieurs districts, et notamment des districts des Mathurins, de Saint-Eustache, et de la Basoche, des ordres pour prendre des fusils aux Chartreux.

L'ordre donné aux députés des districts des Mathurins et de Saint-Eustache est ainsi conçu :

« Le comité permanent de la milice parisienne
« invite MM. les Chartreux de faire remettre aux
« citoyens du district des Mathurins (de Saint-Eus-
« tache), 50 fusils. »

Les autres ordres étaient conçus à peu près dans les mêmes termes.

Le comité permanent a donné de même plusieurs ordres pour prendre des cartouches à l'Arsenal.

Il a déclaré à tous les autres citoyens que l'Hôtel-de-Ville était hors d'état de fournir des armes. On a publié la permission générale, et donné des ordres particuliers à tous les districts qui en ont demandé, de faire fabriquer des piques, des hallebardes, aux frais de la ville, de se servir enfin de toutes les armes que chacun pourrait se procurer.

Tel est l'ordre donné pour le district de Saint-Eustache :

« Dans le besoin pressant où se trouvent les ci-
« toyens d'être armés, MM. du district de Saint-Eus-
« tache sont autorisés à faire forger des hallebardes
« pour armer les citoyens de ce district. »

M. le marquis de La Salle, lieutenant-colonel, chevalier de St-Louis, Électeur, membre du comité permanent, et l'un des citoyens nobles qui se sont réunis les premiers à la commune, a observé :

« Qu'un des plus grands inconvénients de la situation actuelle, est le défaut d'ordre et de liaison entre les différentes parties de cette grande machine, dont une étincelle vient d'embraser tous les ressorts; que cet ordre si nécessaire, cette réunion, cette correspondance si précieuse pour le succès et la rapidité des expéditions, ne peuvent exister que par le commandement et l'obéissance; que faute de chefs connus et avoués par la puissance publique, tous les citoyens devenus soldats sont sans cesse exposés à perdre leur zèle et leur intrépidité en efforts superflus, et quelquefois même en efforts contraires; qu'il faut, surtout, un général dont le nom, l'expérience et les principes connus inspirent la confiance ; qu'il est bien loin de se croire capable et digne de la première place, mais que, dans une occasion si glorieuse, tous les postes sont sacrés, tous les emplois honorables, et qu'il offre à la commune ce qu'il peut offrir, sa fortune et sa vie. »

Cette offre généreuse de M. le marquis de La Salle a été vivement applaudie. On a cherché, de concert avec lui, un citoyen qui pût remplir, avec distinction, la place de commandant-général.

Un membre du comité a désigné M. le duc d'Aumont, dont la présence dans l'Assemblée générale des Électeurs venait d'annoncer les sentiments patriotiques.

Ce choix a été universellement approuvé. Pour la place de commandant en second, tous les yeux se sont fixés sur M. le marquis de La Salle. Sa conduite manifestait assez ses intentions et ses principes ; ses services étaient connus. Un membre du comité a rapporté que M. le marquis de La Salle avait servi, depuis 1750, comme officier dans le régiment du Roi, comme capitaine dans les dragons de Thiange, comme employé dans l'état-major de l'armée, et quelquefois maréchal-des-logis en chef de plusieurs corps de réserve ; comme major du régiment d'Abbeville, et aujourd'hui lieutenant-colonel, commandant le bataillon de Vermandois : enfin, que son courage avait été cité avec éloge dans plusieurs occasions de la guerre d'Hanovre, par les papiers publics.

Le commandement en second a été déféré à M. le marquis de La Salle, qui a accepté cet honneur avec reconnaissance.

Le trouble, qui semblait augmenter à chaque instant, et les interruptions que le comité permanent ne cessait d'éprouver, ont empêché de proclamer, dès le soir même, ces deux nominations.

Cependant, M. le marquis de La Salle est entré sur-le-champ en fonctions; il a reçu entr'autres les offres de services de la compagnie de l'Arquebuse, qui a annoncé qu'elle était prête et en état de tout entreprendre pour la défense de la ville, puisqu'elle avait eu la précaution et le bonheur de sauver ses armes du pillage.

Et il a donné sur-le-champ à M. Ricard, Électeur, et chancelier de la compagnie, l'ordre verbal de se porter promptement à l'hôtel Bretonvilliers, pour préserver cette place du pillage et de l'incendie dont elle était menacée.

Malgré le chaos épouvantable qui semblait avoir bouleversé toutes les parties d'une cité immense, le centre de réunion formé à l'Hôtel-de-Ville par l'Assemblée des Électeurs, a été la première cause du salut public. Cette puissance municipale, créée par la circonstance, tacitement consentie et reconnue par tous les citoyens, a réussi à mettre l'image de l'ordre et de l'obéissance au milieu du désordre et de l'anarchie; et toutes les volontés particulières tendant au même but, à la conservation générale, la sûreté individuelle n'a reçu aucune atteinte : la garde bourgeoise s'est formée dans tous les districts; et dès le soir même, les patrouilles se sont faites avec exactitude, les rues ont été illuminées, tous les postes gardés avec surveillance, et toutes les maisons respectées.

Le comité permanent, en conformité du règlement de la milice parisienne, avait fait faire un grand nombre de cocardes rouges et bleues; elles ont été distribuées dès le soir même, et les cocardes vertes ont été proscrites avec autant de promptitude qu'elles avaient été adoptées.

On arrêtait aux barrières, et sans aucune exception, toutes les personnes qui voulaient entrer dans la ville, et qui voulaient en sortir; on était, surtout, attentif et défiant sur celles qui venaient de Versailles, et qui, par leur état ou par leur naissance, étaient censées avoir quelques relations avec les ministres : hommes, femmes, voitures, chevaux, lettres, malles ou paquets, tout était amené ou apporté à l'Hôtel-de-Ville.

Dans le nombre, impossible à décrire, de ces personnes ainsi arrêtées, on a conduit au comité permanent, sur les dix heures du soir, M. Bochard de Sarron, premier président du parlement, et M. Le Fèvre d'Ammécourt, conseiller de grand'chambre, qui revenaient de Versailles.

Ces magistrats ont exprimé combien ils étaient pénétrés de tout ce qu'ils voyaient; ils ont appris qu'à Versailles tout paraissait tranquille, et que l'Assemblée nationale s'occupait d'apporter remède aux troubles de la capitale.

Sur le désir qu'ils ont témoigné, de savoir les mesures que l'Hôtel-de-Ville prenait au milieu de cet orage, on leur a fait lecture de l'arrêté général qui avait établi, dans la matinée du même jour, le comité permanent, et du règlement qui venait de statuer sur la forme et la composition de la milice bourgeoise parisienne.

Ils ont demandé l'un et l'autre un exemplaire de ces deux règlements municipaux.

Cependant la pièce qui précédait le comité permanent, était remplie d'une foule prodigieuse : les esprits étaient aigris et exaltés. On laissait échapper des soupçons et des murmures sur le voyage que les deux magistrats venaient de faire à Versailles. On disait même que M. d'Ammécourt avait été désigné comme successeur de M. Necker.

Les membres du comité permanent ont averti MM. Bochard de Sarron et d'Ammécourt qu'il était prudent de se retirer; et pour les mettre à l'abri de toute insulte, MM. Buffault, Legrand de Saint-René et Deleutre, précédés de flambeaux et des gardes de la Ville, les ont reconduits jusqu'à leur voiture, qui les attendait au bas de l'escalier de l'Hôtel-de-Ville, et ils ont recommandé à la garde bourgeoise qui les avait amenés, de les accompagner chez eux avec les égards dus à leur caractère et à leurs fonctions.

A minuit ou environ, quelques membres du comité permanent se sont retirés pour prendre un peu de repos. M. de Flesselles, prévôt des marchands, n'a pas voulu sortir de l'Hôtel-de-Ville : il a accepté un lit chez M. Veytard, greffier en chef.

MM. Legrand de Saint-René, Buffault, Vergne et Hyon, sont restés dans la salle pour tenir le comité pendant la nuit, pour prévenir ou arrêter les dangers qui pourraient se manifester, pour répondre à toutes les députations, à toutes les demandes qui se succédaient sans interruption, et pour prononcer sur le sort de toutes les personnes que les patrouilles ne cessaient d'arrêter comme suspectes, et d'amener à l'Hôtel-de-Ville.

Ils rapportent que sur les deux heures du matin plusieurs personnes portant sur leurs visages tous les signes de l'effroi et de la consternation, se sont précipitées sur le bureau, en s'écriant que tout était perdu, la ville prise, et la rue Saint-Antoine inondée de 15,000 soldats qui s'avançaient vers la place de Grève, et qui dans un instant allaient s'emparer de l'Hôtel-de-Ville;

Qu'ils avaient, à cette nouvelle, conservé assez de

courage et de tranquillité pour montrer un visage ferme et tranquille, et pour faire entendre à ceux qui l'apportaient, que l'Hôtel-de-Ville trouverait dans son magasin à poudre des moyens prompts et sûrs de faire repentir ceux qui tenteraient de le surprendre;

Qu'après quelques minutes d'attente, les sinistres messagers, surpris sans doute de n'avoir pas fait une plus grande sensation, se sont retirés en silence, et avec une tranquillité qui démentait assez l'approche du danger qu'ils venaient d'annoncer;

Que M. l'abbé Lefebvre, gardien et distributeur des poudres, est venu leur rendre compte de ce qui se passait dans le même temps au magasin;

Qu'il leur a dit qu'à peine avait-il été chargé des quatre premiers barils, que le peuple avait saisi sur le port Saint-Nicolas et transporté dans la cour de l'Hôtel-de-Ville 80 autres barils de poudre; qu'il les avait fait déposer dans le second bureau des payeurs des rentes; qu'il avait accepté alors pour l'aider dans la distribution, le secours de deux hommes se disant déserteurs des canonniers; qu'à deux heures après minuit ou environ, la foule s'étant un peu dissipée, il avait cru devoir faire fermer la première porte du magasin; mais qu'une foule nouvelle venait de briser cette porte à coups de hache et de pieux, et qu'un coup de pistolet parti au même instant, effleurant ses cheveux, avait cassé derrière lui plusieurs carreaux de la fenêtre; qu'il se voyait forcé de distribuer de la poudre en sacs et cornets à ce peuple effréné, qui n'en demandait qu'en lui présentant des pistolets, des sabres, des piques ou autres armes; que cependant, faisant à la patrie sacrifice de son existence, il n'abandonnerait pas ce poste, le plus dangereux sans doute et le plus important.

Les membres du comité permanent déclarent encore qu'ils ont applaudi aux vertus peu communes de M. l'abbé Lefebvre, laissant seulement à sa sagesse le soin d'écarter les plus grands dangers;

Que sur les cinq heures du matin, M. Legrand de Saint-René a écrit au nom du comité permanent, à M. le duc du Châtelet, pour faire relever le détachement des Gardes Françaises qui depuis la veille était occupé à la garde de l'Hôtel-de-Ville, et qu'il en a reçu la réponse suivante, ainsi adressée: *à M. Legrand de Saint-René, Électeur, et membre du comité permanent.*

« D'après l'avis que vous me donnez, Messieurs,
« que l'Hôtel-de-Ville a besoin d'un détachement du
« régiment des Gardes Françaises, pour le garantir
« de l'effervescence de la populace, comme je dois à
« la sûreté de Paris de faire porter des secours dans
« tous les lieux qui peuvent être menacés du pillage
« et de l'incendie, en attendant les ordres de M. le
« maréchal de Broglie, chargé spécialement par le
« Roi du commandement des troupes dans Paris, je
« viens d'envoyer les ordres nécessaires pour que le

« détachement du régiment des Gardes que vous me
« mandez avoir marché hier au soir à l'Hôtel-de-
« Ville, à votre réquisition, pour en assurer la conser-
« vation, soit incessamment relevé.

« J'ai l'honneur d'être avec les sentiments de la
« considération la plus distinguée,

« Messieurs,

« Votre très humble et très obéissant
serviteur. »

Signé le duc DU CHATELET.

Paris, ce 14 juillet 1789.

Qu'ils sont parvenus à faire désarmer plus de 150 vagabonds, qui, ivres de vin et d'eau-de-vie, s'étaient endormis dans l'intérieur de l'Hôtel-de-Ville;

Que ces gens désarmés demandaient du travail; et qu'alors, sur l'instruction donnée par M. Buffault, que tous les ouvriers pouvaient être utilement employés à la grande Gare, le comité a sur-le-champ fait imprimer et promulguer l'arrêté qui suit:

« Le comité permanent établi à l'Hôtel-de-Ville,
« désirant de concourir à entretenir les ouvriers de
« toutes les classes, invite MM. les chefs de chaque
« district d'annoncer qu'ils ont ouvert un atelier à la
« grande Gare, où tous ceux qui veulent être occu-
« pés, trouveront du travail à raison d'un prix con-

« venu par toise, de telle sorte que chaque ouvrier
« sera payé à raison de son activité et de son travail.

« En conséquence, ceux qui voudront se transpor-
« ter à la grande Gare, y seront occupés sur-le-
« champ, en rapportant un certificat du chef de leurs
« districts. »

Du Mardi 14 juillet 1789.

Dès six heures du matin, d'autres membres du comité permanent y sont successivement revenus. Les députés des districts, et une foule de citoyens de toutes les classes, remplissaient l'Hôtel-de-Ville ; les uns réclamant, les autres conduisant des effets saisis, des charrettes de farine, de blé, de vin, et d'autres comestibles, des canons, des fusils, des munitions, des chevaux : tout était enlevé, jusqu'aux grains destinés à la halle, et tout était amené sur la place de l'Hôtel-de-Ville.

Dans cette étrange confusion, on avait soin surtout de faire reconduire promptement à la halle tout ce qui arrivait pour son approvisionnement.

Les rues étaient inondées d'une multitude innombrable de personnes de tout âge et de tout état, qui les parcouraient sans ordre, et avec des armes de toute espèce. Pour prévenir les dangers que préparait cette agitation effrayante, le comité a fait imprimer et afficher l'arrêté suivant :

« Les citoyens de tous les ordres sont invités à se
« transporter à l'instant chacun dans son district.

« On mande aux chefs de corporation de main-
« tenir dans l'ordre tous ceux qui sont sous leur dé-
« pendance.

« Ceux qui ont des armes, et qui ne sont pas classés
« dans leurs districts, sont invités à se porter sur-le-
« champ dans les corps de la milice parisienne. »

Le plus grand nombre des personnes qui remplissaient l'Hôtel-de-Ville, étaient ceux à qui, la veille, on avait très vainement promis les armes.

Ceux à qui l'on avait donné des ordres pour prendre des fusils aux Chartreux, s'étaient transportés aux Chartreux, et n'y avaient pas trouvé un seul fusil.

Ceux qu'on avait envoyés à l'Arsenal y prendre des cartouches, n'avaient pas trouvé une seule cartouche à l'Arsenal.

La colère et l'indignation semblaient s'accroître à chaque instant par cette fatalité qui s'acharnait à détruire, sur la fourniture nécessaire des armes et des munitions, toutes les espérances, au moment même où elles étaient formées et communiquées aux citoyens.

Le comité permanent s'était réuni au milieu des clameurs furieuses, et des menaces les plus effrayantes.

Son premier soin a été d'arrêter que M. Ethis de Corny, procureur du Roi et de la ville, serait invité à se transporter sur-le-champ à l'Hôtel des Invalides, pour y demander les armes de toute espèce qui pourraient s'y trouver, et les faire apporter à l'Hôtel-de-Ville.

M. Ethis de Corny a accepté cette commission, et il est parti pour la remplir.

A sept heures, ou environ, une foule effrayée est venue annoncer que le régiment Royal-Allemand s'était mis en bataille à la barrière du Trône.

Quelques moments après, une autre foule, poussant des cris, est venue dire que le régiment Royal-Allemand, et Royal-Cravate, s'avançaient dans le faubourg Saint-Antoine; qu'ils y massacraient tout, sans distinction d'âge et de sexe; qu'ils plaçaient des canons dans les rues; que la rue de Charonne était remplie de soldats et de carnage; que le faubourg Saint-Antoine était menacé d'une destruction totale.

Dans le même instant une autre foule est arrivée disant que les régiments placés à Saint-Denis s'étaient avancés jusqu'à La Chapelle, et qu'ils allaient entrer par le faubourg.

Ces nouvelles désastreuses, ces présages terribles d'une dissolution générale, n'ont pas ébranlé le courage du comité permanent, ni déconcerté sa prudence.

Rappelant à son souvenir la réponse du Roi, faite à une députation de l'Assemblée nationale le 10 du présent mois, et dans laquelle SA MAJESTÉ avait dit: *Vous pouvez assurer les Etats-Généraux que les troupes rassemblées autour de Paris, ne sont destinées qu'à réprimer, ou plutôt prévenir de nouveaux désordres, à maintenir le bon ordre et l'exercice des lois, à assurer et protéger même la liberté qui doit régner dans leurs délibérations;* le comité permanent a été persuadé que si les troupes, au contraire, venaient apporter au sein de la capitale l'alarme, le désordre et la mort, elles agissaient évidemment contre les intentions paternelles, au mépris des ordres de Sa Majesté, et sans doute en vertu d'ordres arbitraires, donnés par des chefs traîtres au Roi et à la patrie.

Le comité permanent a été persuadé qu'il ne pouvait donner une preuve plus signalée de sa fidélité à son devoir, et de son dévouement aux volontés du Roi, comme aux intérêts de la patrie, qu'en opposant une défense légitime à une attaque criminelle.

En conséquence, après avoir dépêché des courriers dans les fauxbourgs Saint-Antoine et Saint-Denis, pour s'instruire avant tout du véritable état des choses, le comité a envoyé dans chaque district un messager portant ordre de sonner partout l'alarme, de dépaver les rues, de creuser des fossés, de former des barricades, d'opposer enfin à l'entrée des troupes tous les obstacles que le zèle et le patriotisme étaient capables d'inventer et de mettre en usage.

En même temps, il a fait rassembler le plus grand nombre possible de Gardes Françaises et de citoyens armés, pour les opposer aux ennemis qui dévastaient, disait-on, le faubourg Saint-Antoine.

Cette troupe était prête, lorsque les couriers envoyés vers ce faubourg et le faubourg St-Denis, sont venus rapporter que l'alarme était fausse; que le régiment Royal-Allemand était, à la vérité, monté à cheval, mais qu'il n'occupait que les dehors de la barrière du Trône; qu'il paraissait disposé plutôt à s'éloigner qu'à entrer dans Paris; que les régiments placés à Saint-Denis ne s'étaient pas avancés jusqu'à La Chapelle; que cette route était tranquille, et qu'il ne paraissait pas même qu'ils eussent jusqu'à présent quitté leur poste.

Ce qui rassurait encore sur les dispositions des troupes, était le nombre considérable de soldats, dragons et fantassins des divers régiments campés aux environs de Paris, qui se présentaient aux barrières avec armes et bagages, qui déclaraient leur intention décidée de servir la nation, et qui étaient arrêtés par les différents districts, et conduits à l'Hôtel-de-Ville, d'où le comité les distribuait dans les troupes nationales avec des précautions suffisantes pour s'assurer de leurs dispositions.

Sur l'avis donné au comité que les brigands dispersés avaient manifesté quelque intention de se rassembler pour attaquer et piller le trésor royal et la caisse d'escompte, le comité a donné l'ordre que ces deux établissements, les plus importants sans doute, fussent gardés par un nombre égal de Gardes Françaises et de citoyens armés.

Dans le nombre des personnes saisies et amenées à l'Hôtel-de-Ville, on a distingué un garçon de 13 à 14 ans, saisi et conduit par une foule de jeunes gens de son âge, qui l'ont accusé de vendre dans la rue Saint-Antoine, au prix d'un écu, des cocardes qui ne valaient pas 24 sous, et d'user de menaces et de gestes violents pour les faire acheter.

Le comité ayant ordonné que l'argent et les cocardes seraient saisis et distribués aux pauvres, les accusateurs ont insisté, disant avec tumulte que cette punition ne suffisait pas, et qu'un citoyen qui emploie en même temps contre ses concitoyens la fraude et la violence, méritait d'être livré à la Justice.

En conséquence, le comité a ordonné que le marchand de cocardes serait envoyé en prison.

On a apporté à l'Hôtel-de-Ville la caisse de Poissy, que les patrouilles avaient saisie : le comité l'a fait déposer dans une salle pour y être gardée par deux fusiliers, jusqu'à ce qu'elle pût être rendue aux propriétaires et intéressés.

Sur les huit heures du matin, quelques particuliers sont venus annoncer que la rue Saint-Antoine était menacée d'un côté par les hussards, qui déjà avaient paru dans le faubourg, et de l'autre par les canons de la Bastille, qui étaient braqués sur cette rue.

Le comité permanent a voulu prévenir le carnage que ces dispositions hostiles paraissaient annoncer, et sur-le-champ il a chargé MM. Bellon, officier de l'Arquebuse, Billefod, sergent-major d'artillerie, pensionnaire du roi, et Chaton, ancien sergent des Gardes Françaises, aussi pensionnaire du roi, de se rendre à la Bastille pour parler à M. Delaunay, commandant de cette forteresse, l'engager à retirer ses canons, et à donner parole de ne commettre aucune hostilité, l'assurant de leur côté que le peuple du faubourg St-Antoine et des environs ne se porterait à aucune entreprise funeste contre lui et contre la place qu'il commandait.

MM. Bellon, Billefod et Chaton sont partis sur-le-champ pour exécuter cette commission.

Sur le bruit qui s'est répandu que les théâtres avaient reçu de M. le baron de Breteuil l'ordre d'ouvrir leurs spectacles aujourd'hui, le comité permanent a cru devoir prévenir les inconvénients qui pourraient résulter de cette démarche imprudente.

En conséquence, il a fait parvenir aux différents théâtres, imprimer et afficher la proclamation suivante:

« Défenses sont faites à tous spectacles quelconques
« d'ouvrir jusqu'à nouvel ordre de la Ville. »

Parmi tous les citoyens qui venaient apporter en tumulte à l'Hôtel-de-Ville leurs alarmes ou leurs fureurs, on a distingué M. Lolier et un de ses confrères, procureurs à la chambre des Comptes, et porteurs d'un message bien différent.

M. Lolier et son confrère ont dit, que la communauté des procureurs de la chambre des Comptes, persuadée que l'Hôtel-de-Ville, dans ce moment d'embarras, de fermentation et de danger, a besoin de secours extraordinaires, les a chargés d'offrir et d'apporter au comité permanent une somme de 2,400 liv. pour être employée aux nécessités publiques.

Et au même instant, M. Lolier et son confrère ont déposé sur le bureau deux sacs de 1,200 liv. chacun.

Le comité permanent, en acceptant ce secours si généreusement offert, leur a témoigné combien il était sensible à cet acte patriotique, le premier de ce genre dont l'exemple ait été donné dans cette circonstance, et il les a chargés de porter à leur communauté les remercîmens que le comité permanent croyait lui devoir.

M. Buffault, premier échevin, a bien voulu, sur l'invitation du comité, se charger de cette somme de 2,400 liv. pour la verser dans la caisse commune.

Sur ces entrefaites, M. le marquis de La Salle est entré, et il a dit qu'il se voyait avec regret dans l'impossibilité de rendre utile l'emploi dont on l'avait honoré la veille; que, nommé commandant en second de la milice parisienne, sous les ordres de M. le duc d'Aumont, nommé lui-même commandant-général, il ne pouvait exercer ses fonctions dans toute leur étendue, et avec tout le succès dû à sa bonne volonté, tant que sa nomination ne serait pas connue et agréée de tous les citoyens, et tant que M. le duc d'Aumont, sous le commandement duquel il devait agir, ne seétait point averti de se rendre à l'Hôtel-de-Ville.

Le comité a sur-le-champ envoyé vers M. le duc d'Aumont, pour l'inviter à se rendre à l'Hôtel-de-Ville.

Et il a été arrêté de rédiger sur-le-champ la commission en vertu de laquelle M. le duc d'Aumont et M. le marquis de La Salle exerceraient, le premier, les fonctions de commandant-général, et le second les fonctions de commandant en second.

A l'instant s'est présenté M. de La Caussidière, chevalier de St-Louis, qui a offert ses services, et demandé avec instance un emploi dans l'état-major, sous les ordres de MM. le duc d'Aumont et marquis de La Salle.

Le comité a décidé de donner à M. le chevalier de La Caussidière le grade et l'autorité de major, et de le comprendre sous ce titre dans la commission qu'on allait rédiger.

Cette commission a été rédigée en ces termes :

« Le comité permanent de la milice parisienne a
« nommé et institué, savoir :

« M. le duc d'Aumont commandant général de la
« milice parisienne, et autres corps militaires y réunis ;

« M. le marquis de La Salle commandant en se-
« cond ;

« Et M. le chevalier de La Caussidière, major, pour
« diriger ladite milice sous les ordres et instructions
« du comité.

« Fait à l'Hôtel-de-Ville de Paris, le 14 juillet 1789.

« *Signé*, de Flesselles, Legrand de Saint-René, « Fauchet, Bancal des Issarts, Duveyrier, Vergne, « Chignard, Rouen, Greslé, Tassin, Boucher, « Hyon, Pérignon. »

M. le duc d'Aumont est arrivé, et il s'est excusé d'abord d'accepter la place de commandant-général, et ensuite il a demandé vingt-quatre heures pour se décider.

Alors le comité permanent, à qui vingt-quatre minutes paraissaient un délai dangereux, a engagé M. le marquis de La Salle à se charger du commandement en chef, et ce citoyen estimable n'a accepté cette place éminente, que pour donner la première preuve de sa soumission et de son dévouement aux ordres de la commune.

M. de Saudray, chevalier de Saint-Louis, connu par ses longs services dans les cours étrangères, ci-devant major et aide-maréchal-général des logis du Roi, s'est présenté; il a offert son courage et son expérience, ne mettant à ses offres qu'une condition, celle de ne pas servir avec un grade inférieur au grade qu'il avait déjà dans l'armée.

Le comité permanent, en lui témoignant toute la sensibilité que méritaient son zèle et son dévoument, lui a offert les fonctions et le titre de commandant-général en second, immédiatement sous les ordres de M. le marquis de La Salle.

M. de Saudray a accepté cette place avec reconnaissance, et dans le même instant il a reçu un brevet conçu en ces termes :

« Le comité permanent de la ville de Paris a nommé
« M. le chevalier de Saudray commandant-général en
« second de la milice nationale parisienne, et de toutes
« les troupes qui s'y joindront.

« Fait en l'Hôtel-de-Ville, le 14 juillet 1789, etc. »

Dans le même temps, M. Souet d'Ermigny, chevalier de Saint-Louis, témoignait les mêmes sentiments et les mêmes désirs ; heureux de faire à sa patrie le sacrifice de sa vie, à quelque rang et dans quelqu'emploi qu'elle voulût bien le placer.

Le comité permanent l'a prié d'accepter dans l'état-major, le titre, l'autorité et les fonctions de *major-suppléant*.

Et M. le chevalier d'Ermigny a reçu un brevet conçu en ces termes :

« Le comité permanent de la milice parisienne a
« nommé et institué M. le chevalier Souet d'Ermigny
« en qualité de major-Suppléant, pour diriger la mi-
« lice parisienne sous les ordres et instructions du
« comité.

« Fait en l'Hôtel-de-Ville, le 14 juillet 1789, etc. »

Ces quatres officiers, MM. le marquis de La Salle, le chevalier de Saudray, de La Caussidière et d'Ermigny ont prêté serment dans le comité, entre les mains du président, de remplir leurs fonctions avec honneur et fidélité, de n'employer les forces qui leur étaient confiées sous les ordres de la municipalité, que pour la défense de la commune, et la conservation de la liberté publique.

Cette formalité remplie, ils ont été conduits sur le perron de l'Hôtel-de-Ville, et là, ils ont été proclamés par quatre membres du comité permanent, et reconnus par tous les citoyens armés qui les environnaient; savoir, M. le marquis de La Salle commandant en chef, M. le chevalier de Saudray, commandant-général en second, et MM. le chevalier d'Ermigny et de La Caussidière, comme majors-généraux de la milice parisienne.

Et à l'instant même il a été arrêté que ces quatre officiers composant l'état-major, formeraient dans l'Hôtel-de-Ville un bureau militaire, auquel seraient renvoyés tous les objets relatifs à la discipline, à la manutention et à la direction des armes.

Dans le même temps, M. Moreau de Saint-Méry, président des Électeurs, faisait dans la grande salle tous les efforts possibles pour réunir et former l'Assemblée des Électeurs, convoquée pour huit heures du matin.

Mais la foule qui ne cessait de circuler dans la grande salle, la confusion extrême qui y régnait, et l'habitude déjà prise de porter toutes les demandes, et d'exiger toutes les résolutions du comité permanent, mettant à la formation de l'Assemblée générale un obstacle insurmontable, M. Moreau de Saint-

Méry a pris le parti de passer lui-même au comité permanent.

MM. les directeurs et caissier de la caisse de Sceaux et de Poissy se sont présentés au comité, et ils ont demandé qu'il fût donné ordre à la caisse d'escompte de leur remettre 150,000 livres en espèces, pour échange de pareille somme en billets de la même caisse; et ce, afin de pouvoir faire l'approvisionnement de Paris pour cette semaine.

Sur cette demande, dont l'importance a été généralement sentie, le comité permanent a arrêté que MM. les administraieurs de la caisse d'escompte seront invités à faire l'échange demandé.

Et cet arrêté, signé des membres du comité présents, a été délivré à MM. les directeurs et caissier de la caisse de Sceaux et de Poissy.

Sur la nouvelle reçue qu'une grande quantité d'armes et de bagages avait été transportée à Sainte-Marguerite, M. Oudart, Électeur, et avocat au parlement, a reçu et accepté la commission suivante :

« Le comité permanent autorise M. Oudart, avo-
« cat au parlement, à prendre les mesures les plus
« sages, pour mettre en lieu de sûreté les armes et
« bagages qui sont à Sainte-Marguerite, à la charge
« d'en rendre compte au comité. »

M. Soulès, Électeur, a présenté un écrit de M. le marquis de la Salle, adressé au comité permanent, et conçu en ces termes : « Permettez à M. Soulès de le-

« ver une compagnie de cavalerie de cent, ou, s'il
« se peut, de deux cents jeunes gens choisis. *Signé*,
« le marquis de La Salle.»

M. Soulès, interrogé sur les moyens qu'il pouvait avoir pour lever cette compagnie de cavalerie, a répondu que le zèle extrême de tous les citoyens était un sûr garant de son succès. Sur ce, le comité permanent a permis a M. de Soulès de lever une compagnie de cavalerie, et commission lui a été délivrée en conséquence.

En rendant compte des mesures déjà prises pour la défense publique, M. le marquis de La Salle s'est applaudi, surtout, du zèle manifesté par la compagnie de l'Arquebuse, et il a dit qu'il avait cru ne pas devoir borner les efforts de ces braves citoyens, en leur donnant une commission particulière ; qu'il leur avait donné l'ordre de se répandre dans tous les endroits de cette ville où leur présence sera nécessaire, et d'y porter les secours et l'ordre que la prudence leur dictera.

M. le marquis de La Salle a dit encore qu'il était intéressant, pour le maintien de l'ordre et la rapidité de l'exécution, d'établir une correspondance prompte et certaine entre l'Hôtel-de-Ville et les districts.

En conséquence, le comité permanent a fait faire la proclamation suivante:

« Les différents districts continueront de s'assem-
« bler en armes dans l'église où ils se sont formés ; et

« tous les matins ils enverront d'ordonnance six
« hommes armés à l'Hôtel-de-Ville. Tous les ordres
« seront envoyés aux districts par un de ces hommes
« d'ordonnance. »

Plusieurs citoyens armés ont arrêté et conduit à
l'Hôtel-de-Ville une voiture aux armes de M. le
prince de Conti, et dans laquelle étaient deux personnes, dont l'une avait été prise par la multitude
pour M. le prince de Conti lui-même.

Ces deux personnes étaient deux officiers de M. le
prince de Conti, qui ont déclaré que leur intention
était de sortir de Paris pour aller à leurs campagnes.

Le comité permanent les a invités à différer leur
voyage, et a donné des ordres qu'ils fussent libres
de retourner chez eux.

Parmi les différents paquets de dépêches qu'on arrêtait entre les mains de tous les courriers, on a
trouvé des lettres du ministre de la guerre au gouverneur des Invalides, et d'autres missives.

Le moment n'étant pas favorable pour la lecture
et l'examen de tous ces paquets, il a été décidé qu'ils
seraient déposés au greffe de la Ville.

On a apporté au comité une lettre, à l'adresse de
M. de Crosne, et signée *Prince de Lambesc*, par laquelle il annonce qu'il va envoyer un détachement
pour escorter le pain et le vin destinés à son régiment.

On a arrêté, conduit à l'Hôtel-de-Ville et confisqué deux chariots qu'on a dit avoir été fournis par les écuries du roi, et qui se trouvaient chargés d'avoine.

Ces choses se passaient au milieu d'un désordre toujours croissant, au milieu des demandes, des murmures et des menaces relatifs aux armes promises la veille.

Depuis sept heures du matin, on délivrait à tous ceux qui voulaient s'en contenter, des ordres pour établir des patrouilles et des corps-de-garde dans les quartiers les moins surveillés, et pour faire fabriquer sur-le-champ des armes aux frais de la ville.

Tel est l'ordre délivré à M. Lemasle, Électeur :

« Le comité de la milice parisienne autorise M. Jean-
« Thomas Lemasle, premier Électeur du district de
« La Madeleine de Traisnel, à donner des ordres à la
« milice de son quartier, pour les patrouilles et l'é-
« tablissement des corps-de-garde dans les districts.

« Le même comité autorise le même district à faire
« fabriquer 300 hallebardes, dont les frais de fabri-
« cation seront remboursés par la ville, sur les quit-
« tances. »

Tels sont ceux délivrés à M. Gorneau, du district de St-Méry; à M. Damoye, Électeur et président du district de Ste-Marguerite, et à mille autres, tous conçus à peu près dans les mêmes termes, avec promesse de faire rembourser sur la caisse municipale les armes qui seraient fabriquées.

DÉPUTATION AUX INVALIDES. [14 juillet.]

Sur la délivrance de ces ordres pour la fabrication des lances, hallebardes ou piques, un citoyen a déclaré qu'il était certain de l'offre faite par le gouverneur des Invalides, de donner les armes dont il était dépositaire, et que le Comité se rendrait coupable d'infidélité et d'imprudence, en ne procurant aux citoyens que des lances et des hallebardes, lorsqu'il était en son pouvoir de leur procurer des fusils et des baïonnettes.

Un membre du comité a observé que M. de Corny, procureur du Roi et de la Ville, avait été député, dès sept heures du matin, vers le gouverneur des Invalides, pour l'engager à donner des armes, et que M. de Corny ne pouvait pas tarder à revenir.

Malgré cette observation, le comité a été sur-le-champ obligé de donner un ordre conçu en ces termes :

« M. le gouverneur des Invalides, qui a bien voulu
« offrir des armes aux citoyens de Paris, est instam-
« ment prié de la part du comité, de les remettre aux
« ordres de M. le marquis de la Salle. »

Et cet ordre a été sur-le-champ remis par M. le marquis de La Salle à M. Dunos, qui s'est chargé de l'exécuter.

Alors un Électeur et membre du comité a instruit le comité que la Basoche du Palais était assemblée sur le Pont-au-Change, attendant avec impatience les armes qui lui avaient été promises par l'Hôtel-de-Ville;

qu'il était convenable de lui envoyer un ordre semblable, pour l'autoriser à aller prendre des armes aux Invalides.

Cet ordre a été fait à l'instant et remis à M. Chignard, qui venait d'en faire sentir l'utilité, et qui s'est chargé de le porter lui-même à la Basoche.

Le prieur et le procureur-général des Chartreux ont été présentés au Comité, conduits par MM. Jolly et Pons de Verdun, Électeurs.

Ces religieux, épouvantés du spectacle qu'offrait alors la place de l'Hôtel-de-Ville qu'ils venaient de traverser, ne pouvaient proférer un seul mot, et se soutenaient à peine.

M. Jolly, tenant à la main un ordre que M. le prévôt des marchands avait donné la veille au district Saint-André-des-Arcs pour aller prendre des armes aux Chartreux, en adressant la parole à ce magistrat, lui a dit : « Voilà, Monsieur, l'ordre que vous avez
« donné hier au district de Saint-André-des Arcs,
« pour l'autoriser à aller prendre des fusils aux Char-
« treux : envoyés par ce district, M. Pons de Verdun
« et moi, nous nous sommes transportés ce matin au
« couvent des Chartreux avec cinquante hommes :
« nous avons sommé M. le prieur et M. le procureur-
« général de nous délivrer à l'instant les armes de-
« mandées, en leur observant que votre ordre ne per-
« mettait pas de douter de l'existence de ces armes.
« Ils nous ont répondu qu'ils étaient fort étonnés de

« ces ordres donnés à plusieurs districts ; qu'ils n'a-
« vaient jamais eu aucune arme dans leur maison ;
« que ces ordres cependant les exposaient au plus
« grand danger, en répandant dans la capitale le faux
« bruit que leur couvent recelait un magasin d'armes;
« que depuis plus de douze heures le couvent était
« rempli d'une foule prodigieuse de personnes qui se
« succédaient sans aucune interruption, et qui tou-
« tes, disaient-elles, venaient chercher les armes ca-
« chées ; que la plus grande surveillance et le secours
« de tous les bons citoyens avaient à peine suffi, jus-
« qu'à présent, pour le garantir du pillage ; que des
« recherches mille fois répétées, et par plus de vingt
« patrouilles différentes, devaient assurer bien cer-
« tainement qu'il n'existait pas un seul fusil dans le
« couvent des Chartreux.

« Sur cette déclaration, nous les avons engagés à
« nous accompagner à l'Hôtel-de-Ville, et les voilà.
« Voulez-vous bien, Monsieur, nous expliquer ce
« mystère ? »

M. le prévôt des marchands a donné quelques signes d'embarras et d'hésitation ; puis il a répondu :
Je me suis trompé.... j'ai été trompé.

Après des observations assez vives sur le danger
manifeste d'une telle erreur, MM. Jolly et Pons de
Verdun ont demandé à M. le Prévôt des marchands sa
réponse par écrit, nécessaire à eux mêmes, pour rendre compte à leur district de la mission dont ils ont

été chargés, mais plus nécessaire encore aux Chartreux, pour les garantir de la fureur du peuple trompé, qui veut les forcer à donner des armes qu'ils n'ont pas.

Alors M. le Prévôt des marchands leur a donné un écrit daté, signé de lui, et conçu en ces termes : *Les Chartreux ayant déclaré qu'ils n'avaient aucunes armes, le Comité révoque l'ordre qu'il a donné hier.*

Cet incident n'a fait qu'augmenter la fureur et l'impatience de tous ceux qui depuis près de vingt-quatre heures demandaient en vain des armes.

Au même instant est arrivé un homme couvert d'un habit bleu, orné de brandebourgs en or; il était en bottes, couvert de poussière et de sueur, et il paraissait avoir fait une grande diligence.

Il a dit qu'il venait du faubourg Saint-Antoine; qu'une très grande quantité de dragons et de hussards étaient dans la rue de Charonne, et s'avançaient en état de guerre; qu'il avait fait jeter dans la rue, pour les arrêter, tout ce qu'il avait pu trouver, pièces de bois, pierres, chaises, voitures, charrettes; mais que tout cela ne pouvait les arrêter long-temps; qu'il fallait des secours, et les secours les plus prompts.

Le comité, déja trompé, prenait les précautions nécessaires pour s'assurer de la vérité du fait. M. le Prévôt des marchands, conservant toujours une grande tranquillité, demandait à M. de Rhulières, qu'on avait fait monter, quel nombre de cavaliers du

Guet il pourrait fournir, lorsque d'autres personnes venant du faubourg Saint-Antoine, ont assuré que l'alarme donnée par l'inconnu, et les prétendues précautions prises par lui, étaient d'une égale fausseté.

Entre dix et onze heures du matin, M. Éthis de Corny est revenu de l'Hôtel des Invalides, et il a dit « qu'il avait trouvé cet Hôtel déjà environné d'un « grand nombre de citoyens armés ;

« Qu'introduit chez M. de Sombreuil, gouverneur « de cet Hôtel, il lui avait fait part de l'objet de sa « mission, et que M. de Sombreuil avait répondu « qu'il avait été prévenu, dès la veille, des intentions « qui lui étaient confirmées par cette demande ; « que, n'étant que dépositaire et gardien de ces « armes, il avait cru devoir, pour se mettre en « règle, envoyer un courrier à Versailles et de-« mander des ordres ; qu'il désirait que l'on voulût « bien attendre la réponse qu'il attendait lui-même ; « qu'il répétait au surplus les protestations les plus « sincères d'attachement, de déférence et d'amitié « tant pour l'Hôtel-de-Ville, que pour tous les ci-« toyens de la capitale. »

M. Éthis de Corny a ajouté « qu'après cette ré-« ponse de M. de Sombreuil, il avait cru devoir en « venir conférer avec les citoyens rassemblés en de-« hors de la grille ;

« Que le léger retard proposé par M. de Sombreuil « avait d'abord paru sans inconvénient à plusieurs

« d'entre eux ; qu'ils avaient même approuvé la con-
« duite et les motifs de cet officier, et paraissaient
« décidés à attendre encore une demi-heure ou trois
« quarts d'heure seulement, le retour du courrier ;

« Que M. de Sombreuil, qui était resté dans l'in-
« térieur, témoin de ces dispositions de bienveillance
« et de conciliation, a cru devoir faire ouvrir la grille,
« et venir répéter lui-même, avec la loyauté et la
« candeur d'un ancien militaire, les observations
« qu'il avait faites, et le desir qu'il avait que ce
« délai demandé jusqu'au retour de son courrier, fût
« accordé ;

« Que, dans ce moment, un seul des citoyens ras-
« semblés s'est élevé contre le danger de toute espèce
« de retard, quelque court qu'il pût être, en disant que
« les préparatifs hostiles qui environnaient la capitale,
« ne permettaient pas le moindre délai ; qu'il fallait,
« au contraire, que l'activité suppléât au défaut de
« temps, et qu'on ne devait pas en perdre ;

« Que cette observation a fait oublier la demande
« de M. de Sombreuil, et les raisons dont elle était
« appuyée ; qu'en un instant, la détermination est
« devenue générale, et l'exécution aussi rapide que
« le projet ;

« Que la multitude s'est précipitée dans les fossés,
« qu'elle s'est répandue dans toutes les parties de
« l'Hôtel, qu'elle est parvenue jusqu'aux endroits les
« plus reculés, qu'elle était occupée à chercher et à

« enlever les armes, que les sentinelles ont été désar-
« més, qu'il a donné lui-même les chevaux de sa voi-
« ture pour traîner un canon, que tous les chevaux
« qu'on a pu trouver ont été de même attelés aux au-
« tres canons, et qu'ainsi on amène en ce moment
« plusieurs canons de l'Hôtel des Invalides. »

Sur ce rapport de M. Éthis de Corny, le comité a arrêté que le bureau militaire serait à l'instant invité à donner les ordres nécessaires pour la conservation et le bon usage des canons qu'on conduisait à l'Hôtel-de-Ville, et pour prévenir, autant qu'il serait possible, l'abus de cette immensité de fusils dispersés en des mains inconnues et inexpérimentées.

Deux officiers aux Gardes Françaises ont demandé à être introduits pour offrir leur service au comité permanent : ils ont été admis sur-le-champ, et ils ont dit qu'ils se rendaient à l'invitation qu'ils venaient de recevoir, et qu'ils désiraient apprendre comment ils pouvaient être utiles.

M. de Flesselles leur a demandé de quelle personne ils avaient reçu une invitation, et quelle était cette invitation.

Ces deux officiers, très jeunes, qui paraissaient être sous-lieutenants, ont remis entre les mains de M. de Flesselles un billet qu'il a été prié de lire tout haut.

Ce billet était conçu à peu près dans ces termes :
« Les deux compagnies de la caserne..... viendront

« à onze heures précises se mettre en bataille devant
« l'Hôtel-de-Ville. »

M. de Flesselles a demandé aux deux officiers de qui ils avaient reçu ce billet.

Les deux officiers ont paru étonnés et embarrassés de cette question; ils ont répondu qu'ils croyaient que ce billet leur avait été envoyé de l'Hôtel-de-Ville.

Sur quoi le comité leur a fait remarquer que le billet ne portait aucune signature, et il a ajouté qu'au surplus leurs offres, agréables à la commune, ne pouvaient être acceptées que dans les cas où les deux compagnies, réunies aux citoyens armés, ne combattraient que sous les ordres de la commune, et pour sa défense seulement.

Et les deux officiers ont été interpellés de déclarer s'ils étaient dans la résolution de prêter serment au comité permanent, et de n'obéir qu'à ses ordres.

Ils ont répondu qu'ils étaient bons citoyens, et prêts à répandre leur sang pour la patrie; mais qu'ils avaient des chefs, aux ordres desquels ils pouvaient seuls obéir, et qu'il serait injuste de les priver du même honneur.

Le comité permanent a arrêté que les deux compagnies déjà sous les armes aux environs de la place, pourraient se mettre en bataille devant l'Hôtel-de-Ville; que cependant, les deux officiers présents feraient en sorte d'être instruits sur-le-champ des intentions de leurs chefs; et que si, dans une demi-heure, ils n'avaient pas obtenu l'entière liberté d'exécuter tous les ordres qui seraient donnés par la commune, et de n'obéir qu'à elle, les deux compagnies seraient tenues de se retirer.

En effet, on a vu sur-le-champ les deux compagnies se ranger en bataille en face de l'Hôtel-de-Ville.

Un instant après, une foule effrayée s'est précipitée dans l'Hôtel-de-Ville, et les plus animés sont venus jusqu'au comité permanent, dire que les hussards arrivaient par le faubourg Saint-Antoine.

Le comité permanent, peu effrayé de ces alarmes successives, et toujours démenties, a fait cependant inviter les deux officiers dont on vient de parler, de se porter au-devant des hussards avec les deux compagnies de Gardes Françaises qui étaient en bataille devant l'Hôtel-de-Ville. Les deux officiers ont refusé, prétextant qu'ils n'avaient pas reçu de leurs supérieurs les ordres nécessaires.

Les soldats ont déclaré qu'ils étaient prêts à marcher pour repousser les hussards, si ceux-ci se permettaient d'attaquer les citoyens.

Alors le comité permanent a chargé M. de Rhulières, commandant de la garde de Paris, de se mettre, avec quelques cavaliers, à la tête de ces deux compagnies, et d'aller à la rencontre des hussards pour les repousser, s'ils tentaient quelque entreprise sur le faubourg Saint-Antoine.

M. de Rhulières est parti sur-le-champ pour exécuter cet ordre, à la tête d'un détachement de la garde à cheval, et des deux compagnies des Gardes Françaises.

Il est revenu peu de temps après, assurant que l'alarme était fausse, et que les hussards n'avaient pas paru dans le faubourg Saint-Antoine.

Pour débarrasser le comité permanent autant qu'il serait possible, et pour mettre un peu plus d'ordre dans la distribution de son travail immense, on a tenté de former des bureaux particuliers.

MM. Moreau de Saint-Méry et Chignard ont été délégués dans la salle voisine, dite la petite Salle d'audience, pour répondre à toutes les demandes particulières qui n'exigeaient pas une délibération générale.

MM. Duveyrier et Sageret ont été délégués dans une autre salle donnant sur la place, pour y tenir un bureau provisoire de police.

MM. Moreau de Saint-Méry et Chignard se sont réunis au comité permanent, après avoir fait pendant une heure, des efforts inutiles pour mettre leur bureau en activité, et pour attirer vers eux les citoyens qui, pour les objets les moins importants, et les demandes les moins relatives à l'intérêt général, voulaient obtenir une décision du comité permanent, et n'en voulaient pas d'autre.

Déja plusieurs cris s'étaient fait entendre, et des

citoyens en grand nombre étaient accourus en disant, les uns que les canons de la Bastille étaient braqués sur la rue Saint-Antoine; les autres, que quelques citoyens étaient déja blessés des coups de feu partis de ce château.

On n'avait aucune nouvelle de MM. Bellon, Billefod et Chaton, envoyés vers M. Delaunay depuis plus de deux heures, et le comité ne pouvait pas même délibérer sur un objet aussi important au milieu du tumulte, des demandes qu'on lui faisait de toutes parts, et même des reproches amers qu'on lui adressait sur les armes qu'il avait promises et qu'il ne donnait pas.

M. Thuriot de la Rozière, Électeur du district de la Culture, a fait dire qu'il ne pouvait pas pénétrer jusqu'au bureau, et que cependant il avait une mission très importante à remplir auprès du comité permanent.

Quelques membres du comité sont passés avec lui dans la salle voisine, et là M. de la Rozière a dit :

« Qu'il était envoyé par son district, avec M. Bou-
« cheron, pour rendre compte au comité de ce qu'il
« venait de voir dans l'intérieur de la Bastille;

« Que sur la nouvelle portée à son district,
« que la direction des canons de la Bastille me-
« naçait la Capitale, et que les citoyens furieux se
« préparaient à commencer le siége de cette forte-
« resse, son district avait décidé d'envoyer une

« députation à M. Delaunay, gouverneur, pour
« l'engager à faire retirer ses canons et à se
« rendre ;

« Qu'il avait, lui Thuriot de la Rozière, été chargé
« de cette députation avec MM. Bourlier et Toulouse,
« soldats-citoyens du même district ;

« Que le passage était encore assez libre, quoique
« le peuple fût assemblé déjà autour de la Bastille ;
« qu'il était parvenu avec ses deux collègues jusqu'au
« pont-levis, où il les avait placés, en les engageant
« à ne pas quitter leur poste ;

« Qu'il avait été introduit et conduit par un inva-
« lide auprès du gouverneur, dans le moment où
« M. Bellon, officier de l'Arquebuse, chargé d'une
« autre mission, se retirait ;

« Qu'il avait sommé ce gouverneur de changer la
« direction de ses canons, et de se rendre ;

« Que la réponse n'avait pas été aussi favorable
« qu'il le désirait, et qu'alors il avait demandé à passer
« dans la seconde cour, ce qu'il n'avait obtenu qu'a-
« vec une grande difficulté ;

« Que le grand pont-levis fait pour communiquer
« à cette cour était levé, que le petit pont-levis était
« baissé ; qu'il avait passé, avec le gouverneur, sur
« ce petit pont, et qu'ils étaient entrés dans la cour
« par la grille de fer, qui s'était ouverte à la voix du
« gouverneur ;

« Qu'il avait vu, dans cette cour, trois canons dis-

« posés et servis par deux canonniers, trente-six Pe-
« tits Suisses et douze Invalides, ou environ, tous
« sous les armes, et commandés par quatre officiers;
« que les officiers de l'état-major du château y étaient
« aussi rassemblés;

« Qu'il les avait sommés tous au nom de l'honneur,
« de la Nation et de la patrie, de faire changer la di-
« rection des canons, et de se rendre;

« Que sur la provocation même du gouverneur,
« tous les officiers et soldats avaient juré qu'ils ne fe-
« raient pas feu, et qu'ils ne se serviraient point de
« leurs armes si on ne les attaquait;

« Que cette promesse lui ayant paru insuffisante,
« il avait demandé à monter sur les tours pour voir
« la position des canons;

« Que le gouverneur avait d'abord refusé, mais
« qu'ensuite il s'était rendu aux instances de tous les
« officiers, et qu'il avait consenti à l'accompagner sur
« les tours;

« Qu'au même instant la sentinelle qui était sur
« cette tour s'apercevant qu'on se préparait à attaquer
« le gouvernement, l'avait invité à se montrer; qu'il
« s'était montré, et qu'il avait été applaudi par tous
« ceux qui remplissaient le jardin de l'Arsenal;

« Que jetant un coup-d'œil rapide sur les canons,
« il s'était aperçu que, quoiqu'ils fussent en direc-
« tion, ils avaient été retirés d'environ quatre pieds
« des embrasures, pour empêcher qu'on ne les vît;

« Qu'il était descendu avec le gouverneur, réitérant
« son invitation de se rendre;

« Que les officiers et soldats paraissaient disposés
« à céder; mais que le gouverneur était malheureuse-
« ment trop affecté du mouvement extérieur; qu'il
« n'était plus à lui; qu'il avait fait quelques ré-
« flexions vainement combattues par lui Thuriot de
« la Rozière;

« Qu'au surplus, on pouvait être assuré de la pa-
« role donnée par ce gouverneur de ne faire aucun
« usage des batteries de la forteresse, s'il n'y était pas
« forcé pour sa défense. »

Sur ce rapport de M. Thuriot de la Rozière, il a
été décidé qu'il serait à l'instant même proclamé, dans
la place de l'Hôtel-de-Ville, que M. Delaunay avait
promis de ne point tirer si on ne l'attaquait pas.

Cette résolution a été confirmée par le retour de
MM. Billefod et Chaton, deux des trois députés envoyés le matin à M. Delaunay, lesquels ont dit :

« Qu'ils avaient été introduits dans la Bastille sans
« difficulté;

« Qu'ils avaient rendu compte à M. Delaunay de
« ce qui se passait à l'Hôtel-de-Ville;

« Que M. Delaunay les avait assurés qu'il ne ferait
« aucun mal, et que, quoiqu'on eût incendié les bar-
« rières, il espérait bien qu'on ne viendrait pas brû-
« ler ses ponts;

« Qu'il les a reçus avec un grande politesse, qu'il

« leur a fait servir à déjeûner, et qu'il a bu et mangé
« avec eux;

« Qu'il a donné devant eux l'ordre de retirer les
« canons, et qu'un moment après on est venu, tou-
« jours en leur présence, lui dire que les canons
« étaient retirés;

« Qu'au moment où ils prenaient congé de lui, on
« introduisait dans la Bastille un particulier qui a dit
« être député par le district de St-Louis-la-Culture;

« Qu'ils n'ont pas pu se rendre aussitôt à l'Hôtel-
« de-Ville, parce qu'ils ont été séparés par la foule
« sortant de la Bastille, et que l'un d'eux, M. Bellon,
« a été long-temps maltraité et retenu par le peuple,
« qui s'acharnait à le prendre pour un espion. »

La proclamation décidée, M. Éthis de Corny, procureur du Roi et de la ville, M. Boucher, Électeur et
membre du comité permanent, et M. Thuriot de la
Rozière lui-même, sont descendus sur le perron de
l'Hôtel-de-Ville pour faire cette proclamation.

Le trompette de la ville allait sonner, lorsqu'ils
ont entendu un coup de canon tiré du côté de la
Bastille; et dans le même temps, une foule prodigieuse s'est précipitée dans la place de Grève, criant
à la perfidie, à la trahison.

On amenait un homme blessé au bras par les coups
de fusil tirés de la Bastille; on apportait un soldat
aux Gardes Françaises expirant sur un cadre. On annonçait que quinze ou vingt blessés avaient été dépo-

sés dans des maisons de la rue de la Cerisaye ; que M. Delaunay avait fait baisser le premier pont de sa forteresse, pour engager le peuple à s'approcher ; que le peuple s'étant livré, en effet, à cette marque de confiance, il avait essuyé aussitôt une décharge de toute la mousqueterie de la forteresse. Ces rapports et la présence de deux hommes blessés démontraient au comité permanent la perfidie de ceux qui étaient préposés à la garde de cette forteresse, et la nécessité d'envoyer des secours à ceux qui, pêle-mêle, sans ordre et sans force suffisante, en avaient commencé l'attaque.

Le défaut d'armes et de munitions, ou plutôt cette impossibilité d'en fournir, que les vaines promesses de la veille faisaient prendre à la multitude pour un refus opiniâtre, portaient dans tous les esprits une telle fermentation, qu'on s'attendait à chaque instant à quelque violence effrayante.

Pendant que le bureau militaire donnait les ordres nécessaires pour faire transporter les hommes blessés en lieu convenable, le comité permanent délibérait au milieu de la confusion sur le parti à prendre relativement à la Bastille.

Un nouvel incident est venu troubler encore et suspendre la délibération.

Deux particuliers se disant députés du Palais-Royal, sont entrés dans la salle du comité permanent, suivis d'un concours extraordinaire.

L'un de ces deux particuliers, dont le maintien n'annonçait pas la modération, a dit, du ton le plus haut et le plus emporté, qu'ils étaient envoyés par les citoyens assemblés au Palais-Royal, pour dénoncer M. de Flesselles comme traître à la Patrie; que depuis plus de vingt-quatre heures, il trompait ses concitoyens par de fausses promesses d'armes et de munitions qu'il retardait toujours à fournir, sous les plus vains prétextes, pour livrer la ville à ses ennemis; qu'il était en relation avec les principaux Aristocrates; qu'il avait surtout des intelligences intimes avec le prince de Conti; qu'il fallait enfin que M. de Flesselles vînt au Palais-Royal expliquer et justifier sa conduite.

M. de Flesselles a répondu avec une fermeté tranquille que sa conscience est pure, qu'il a rempli son devoir, qu'il ne demande pas mieux que d'éclairer sa conduite aux yeux de ses concitoyens; que l'accusation relative à son intimité prétendue avec le prince de Conti est une insigne fausseté; qu'il n'a vu ce prince que deux fois en sa vie, encore dans des circonstances fortuites; qu'il ne lui a jamais écrit, et qu'il n'a jamais reçu une seule lettre de lui.

Un membre du comité permanent a pris la parole, et il s'est exprimé avec beaucoup de force et d'énergie sur le crime et les dangers d'une accusation capitale, qui n'aurait pour tout fondement que des suppositions, des inductions, des conséquences fausses d'un fait dont tous les incidents ne pouvaient être parfaitement connus de la multitude.

Il a dit que depuis le moment où M. de Flesselles était monté, la veille, à l'Hôtel-de-Ville, depuis le moment où il avait été confirmé dans la place de premier administrateur municipal par le peuple lui-même, il n'avait donné que des preuves de fidélité, de zèle et de patriotisme; qu'il n'était pas sorti un seul instant de l'Hôtel-de-Ville; qu'excepté trois ou quatre heures de la nuit, données au repos le plus nécessaire, il n'avait pas cessé de travailler avec les membres du comité, de donner sous les yeux, tantôt des uns et tantôt des autres, et concurremment avec eux, tous les ordres nécessaires à la défense de la Ville, contre les troupes dont elle est environnée; en cet état il est bien difficile de concevoir comment M. de Flesselles aurait entretenu, sans que personne s'en aperçût, des intelligences contraires au salut public.

Ces raisons faisaient assez d'impression sur tous ceux qui étaient à portée de les entendre, et même sur les prétendus députés du Palais-Royal; mais la salle, les salles voisines, les corridors, les escaliers, étaient pleins d'une foule immense extrêmement agitée.

Et c'est au milieu de ce chaos que le comité permanent était forcé de délibérer sur les moyens à prendre pour arrêter le carnage qui se faisait autour de la Bastille.

DÉPUTATION A M. DELAUNAY. (14 juillet.)

Le parti le plus sage a paru être d'envoyer à M. Delaunay, gouverneur de cette forteresse, des députés qui le sommeraient, au nom de la Ville, de ne point employer contre les citoyens les armes dont il pouvait disposer, et, au contraire, de les joindre aux armes de la commune, et de n'en faire usage que pour la défense et la conservation publique.

En conséquence, MM. Delavigne, président des Électeurs, Chignard et Abbé Fauchet, Électeurs; auxquels s'est joint volontairement M. Ledeist de Boutidoux, député-suppléant des communes de Bretagne à l'Assemblée nationale, ont été chargés de porter à M. Delaunay l'arrêté suivant :

« Le comité permanent de la milice Parisienne, considérant qu'il ne doit y avoir à Paris aucune force militaire qui ne soit sous la main de la ville, charge les députés qu'il adresse à M. le marquis Delaunay, commandant de la Bastille, de lui demander s'il est disposé à recevoir dans cette place les troupes de la milice parisienne, qui la garderont de concert avec les troupes qui s'y trouvent actuellement, et qui seront aux ordres de la ville.

« Fait à l'Hôtel-de-Ville, le 14 Juillet 1789, signé. »

Les députés nommés sont partis sur-le-champ pour remplir leur mission.

MM. Sageret, Échevin et Duveyrier, secrétaires des Électeurs, avaient été, comme on l'a vu, délégués pour former un bureau provisoire.

Ils étaient à peine installés, que la salle dans laquelle ils s'étaient placés, fut tout-à-coup remplie d'une multitude de gens armés de fusils, de sabres, de piques et de bâtons, traînant avec eux trois Invalides dont ils demandaient la mort avec des cris furieux.

Ces trois Invalides, disaient-ils, devaient être condamnés, sur-le-champ, à être pendus, parce qu'ils avaient été saisis les armes à la main à la porte de la Bastille, et tirant sur leurs concitoyens.

L'un de ces trois Invalides, dont l'âge et les cheveux blancs inspiraient au moins la plus vive compassion, tranquille au milieu des menaces de mort qui retentissaient à ses oreilles, disait : *Comment puis-je être coupable et avoir tiré sur les citoyens, puisque j'étais sans armes, et que je sortais d'un cabaret où j'avais été chercher une bouteille de vin pour moi et mes camarades ?*

Les membres du bureau ne voyaient dans ces Invalides que trois victimes malheureuses, qu'il fallait sauver d'un premier mouvement de fureur et de prévention.

M. Duveyrier, l'un d'eux, a pris la parole; et après avoir, non sans peine, obtenu silence, il a exposé que la mort donnée, même à un criminel, sans jugement préalable, n'était qu'un assassinat; qu'il fallait juger les prisonniers, et proclamer leur jugement et le motif de leur jugement avant de les livrer au bourreau; qu'au surplus, la prise de ces trois soldats de la Bastille était un évènement heureux dans la circonstance, et dont il serait bien imprudent de ne pas profiter; que la conduite de M. Delaunay était plus suspecte au comité permanent, et qu'il était indispensable de faire interroger les trois soldats, pour révéler tout ce qui se passait dans l'intérieur de la Forteresse.

Ces raisons avaient fait une grande impression sur la multitude, elle manifestait son intention de ne pas, sur-le-champ, sacrifier les captifs; l'ordre même pour les conduire aux prisons de la Ville était déja écrit et signé, lorsqu'un autre Électeur, et membre du comité permanent, est arrivé.

Ignorant ce qui s'était passé, et n'écoutant que son zèle, il est monté sur la table même qui servait de bureau, il a répété à la multitude à peu près les motifs qu'elle venait d'entendre, pour l'engager à conduire les trois Invalides en prison, ajoutant cependant que, pour plus de sûreté, il invitait ceux qui les avaient saisis à choisir douze d'entre eux pour garder les prisonniers.

Cette proposition les a entièrement décidés, et ils ont tous consenti à ce que les trois Invalides fussent conduits préalablement en prison.

Comme ils se disposaient à sortir pour exécuter cette résolution, le même Électeur leur apprit que le comité permanent venait d'envoyer une députation à la Bastille, pour sommer le gouverneur de se rendre.

A cette nouvelle, ils ont promis que, si la Bastille se rendait, ils feraient grâce aux trois prisonniers.

Cette scène n'était pas finie, lorsqu'au milieu des clameurs continuelles, on a entendu des clameurs plus éclatantes et plus tumultueuses. La foule se précipitait dans la place par la rue de l'Orme-Saint-Gervais, en criant que le gouverneur de la Bastille était pris, et qu'on l'amenait à l'Hôtel-de-Ville.

Au même instant plusieurs personnes sont accourues en disant qu'elles venaient de voir l'homme arrêté; que ce n'était pas le gouverneur de la Bastille, et qu'il n'y avait pas un moment à perdre pour sauver au peuple irrité le malheur d'une méprise.

Les Chefs militaires avertis, se sont portés au-devant avec tous les hommes de bonne volonté qu'ils ont pu rassembler; ils sont parvenus jusqu'à l'homme saisi, malgré la foule qui obstruait entièrement le grand escalier de l'Hôtel, malgré les menaces et les coups qui pleuvaient de toutes parts.

M. le chevalier de Saudray, commandant en second, en se précipitant sur le prisonnier pour l'arracher à toutes les armes tournées contre lui, a reçu un coup de sabre sur la tête, dont il a été grièvement blessé, et qui cependant n'a pas ralenti ses efforts.

Seulement la violence du coup l'ayant forcé d'abandonner la personne arrêtée, M. le marquis de La Salle s'en est aussitôt emparé, et tous deux sont enfin parvenus à le mettre en sûreté, et à sauver sa vie.

Malgré les mauvais traitements qu'il avait essuyés, les blessures nombreuses qu'il avait reçues, et le sang dont il était couvert, il a été universellement reconnu pour être M. Clouet, régisseur des poudres et salpêtres, et il a déclaré qu'il était sorti le matin même à cheval pour aller chez M. Blondel, maître des requêtes, chargé du département des poudres et salpêtres; qu'après lui avoir rendu compte, ainsi qu'il est d'usage, des opérations de la Régie, il revenait tranquillement chez lui par la rue St-Antoine; que la foule qui environnait déja la Bastille, lui a fait craindre de ne pas pouvoir pénétrer par le passage qui donne de la rue Saint-Antoine dans la cour de l'Orme; qu'alors il a fait un détour qui semblait l'éloigner de la Bastille; que ce mouvement et l'habit bleu brodé en or dont il était couvert, ont servi de prétexte à quelques femmes pour crier que le gouverneur de la Bastille s'évadait; qu'à ce cri il s'est vu tout-à-coup environné de quelques ouvriers, dont le nombre, par degré, s'est porté à cinq ou six cents personnes; qu'il a été précipité de dessus son cheval, saisi, traîné, accablé de coups jusqu'à l'Hôtel-de-Ville, et que, sans le secours de quelques honnêtes citoyens qui n'ont pas cessé de le défendre, il aurait été mille fois massacré.

M. Clouet paraissait n'avoir pas une partie de son

corps sans contusion ou sans blessure : on s'est empressé de lui donner les secours exigés par sa situation.

Le feu qui dévorait toutes les parties de la capitale, venait se concentrer à l'Hôtel-de-Ville : d'un côté, des patrouilles de tous les districts demandaient ensemble à être entendues sur les saisies qu'elles continuaient de faire non seulement aux barrières, mais même dans les rues de Paris, de personnes suspectes, et de voitures chargées d'effets, de meubles ou de provisions : la place de l'Hôtel-de-Ville en était couverte, et l'on ne savait plus où déposer toutes les choses qu'il était indispensable de confisquer dans ce moment, sauf à les rendre ensuite aux propriétaires.

D'un autre côté, les messages arrivaient par bandes, annonçant le ravage que faisait le feu de la Bastille dans la rue Saint-Antoine, et dans les rues voisines : tous criaient qu'il fallait s'emparer de cette forteresse, comme si la conquête n'eût dépendu que d'un arrêté du comité permanent !

Ici l'on demandait toujours avec des transports de rage, des armes pour repousser l'ennemi, qui, disait-on, était aux portes, des armes que l'Hôtel-de-Ville avait promises, et qu'il n'avait pas.

Ici, un officier envoyé par M. de Sombreuil, gouverneur des Invalides, annonçait que cette maison était assiégée par cent mille ames, qui demandaient des armes, quoiqu'il fût de notoriété publique que toutes les armes déposées à l'Hôtel des Invalides, avaient été enlevées dans la matinée; que cette maison était menacée de pillage et d'incendie, et que rien ne pouvait la soustraire à ce danger, si l'Hôtel-de-Ville ne se hâtait pas de prendre telles mesures qu'il conviendrait pour les prévenir.

On attendait le retour des députés envoyés à la Bastille, et on espérait quelque succès de cette seconde députation.

Le comité a voulu cependant diminuer le désordre, en empêchant, s'il était possible, toutes les saisies faites dans l'intérieur de la Ville.

En conséquence il a fait imprimer et afficher l'arrêté suivant :

« Le comité permanent invite instamment tous les « citoyens des districts de laisser un libre cours à la « communication de toutes les voitures dans Paris.

« Il sera incessamment établi à toutes les barrières « des escouades pour veiller à ce qu'il ne sorte de la « capitale aucuns vivres et munitions de guerre, « quelle qu'en soit la nature. »

Sur les demandes réitérées des districts, et pour obtenir des munitions, M. Francotay, Électeur, s'adressant à M. de Flesselles, lui a demandé pourquoi il refusait de la poudre et des armes aux soldats-citoyens qui en avaient un si grand besoin.

M. de Flesselles lui a dit de se taire, et alors M. de Francotay a répliqué : « Je ne me tairai point : le

« temps presse, et l'on massacre nos frères à la Bas-
« tille. J'ai rencontré dans l'escalier un jeune homme
« qui a eu le bras cassé devant cette forteresse et qui
« pleurait la mort de son camarade tué à ses côtés. »

Ce discours de M. Francotay, et l'impatience des citoyens qui présentait tous les caractères de la fureur, ont fait prendre au comité permanent la résolution d'envoyer à la Bastille une troisième députation.

Mais comme MM. Delavigne, Chignard, l'abbé Fauchet, et Bottetidoux, déja députés vers M. Delaunay, ne revenaient pas, on a pensé que la foule qui se pressait autour de la Bastille, et le défaut absolu de marques distinctives qui pussent faire reconnaître les députés, avaient pu les empêcher de parvenir jusqu'à M. Delaunay.

En conséquence, il a été décidé que cette troisième députation serait envoyée dans la forme des députations *parlementaires*, c'est-à-dire avec un tambour et un drapeau.

Cette députation déterminée, M. de Flesselles a désigné lui-même M. de Francotay pour en faire partie avec M. de Corny, procureur du roi et de la ville, et les autres citoyens qui se sont volontairement présentés pour accompagner M. de Corny.

Ces citoyens ont été MM. de Milly, Beaubourg, Piquot de Ste-Honorine, Boucheron, Contans, Joannon, et fils.

Ces députés ont été chargés d'engager tous ceux qui environnaient la Bastille, à se retirer dans leurs districts respectifs, afin d'y recevoir promptement leur admission dans la milice parisienne; de rappeler à M. Delaunay la parole qu'il avait donnée à M. Thuriot de la Rozière, et à MM. Bellon, Billefod et Chaton; de lui rappeler combien il était important de ne pas exciter l'animosité du peuple et d'épargner la vie des citoyens; de le sommer enfin de cesser toute hostilité, et de recevoir les defenseurs de la ville à la garde et dans l'intérieur de la forteresse.

Les députés sont partis sur-le-champ pour remplir leur mission, M. Joannon, l'un d'eux, portant le drapeau, et précédés d'un tambour des Gardes Françaises.

A l'instant même une patrouille a amené à l'Hôtel-de-Ville un courrier à la livrée de la reine, porteur de plusieurs lettres pour M. de Sombreuil, gouverneur des Invalides.

Le courrier a été mis en liberté, mais les lettres dont il était porteur ont été saisies et retenues par le comité permanent, qui a pu alors s'occuper du danger dont l'Hôtel des Invalides était menacé.

Et il a été décidé d'y envoyer M. Deleutre, Électeur et membre du comité, pour détourner la multitude au milieu de laquelle, sous prétexte d'une recherche désormais inutile, plusieurs brigands sans doute, se promettaient la dévastation complète de ce grand édifice.

Les moyens les plus favorables dépendant des circonstances et du moment, ont été laissés à la sagacité et à la prudence de M. Deleutre, qui a bien voulu se charger de cette commission délicate et pénible, desirant seulement être accompagné par douze citoyens armés, deux gardes de la Ville et deux cavaliers du guet.

Sur ces entrefaites, MM. Delavigne, Chignard, l'abbé Fauchet et Bottetidoux, composant la seconde députation envoyée à la Bastille, sont revenus, et M. Delavigne a fait le rapport suivant :

« En sortant de l'Hôtel-de-Ville pour nous rendre
« à la Bastille, nous avons rencontré sous l'arcade de
« la rue Saint-Jean un citoyen porté sur un brancard,
« blessé de coups de fusil, qu'il nous a dit avoir été
« tirés de la Bastille dans la rue Saint-Antoine. Plus
« loin, dans la même rue, plusieurs citoyens tenaient
« et conduisaient trois soldats invalides, dont l'un
« nous a paru blessé à la tête, et qu'on nous a dé-
« claré avoir été arrêtés à la Bastille, faisant feu sur
« les citoyens. Jugeant par ces évènements que le
« danger augmentait pour nos frères, nous avons
« hâté notre marche, dans l'espoir de faire cesser
« un combat évidemment inégal, par l'avantage de la
« forteresse, en consommant avec le gouverneur la
« négociation dont le comité nous avait chargés. Ar-
« rivés à cent pas de la Bastille par la cour de l'Orme,
« nous avons aperçu sur les tours du fort les soldats

« de la garnison, qui paraissaient tirer dans la rue
« Saint-Antoine; et dans la cour où nous étions, nous
« avons aussi entendu des coups qui partaient d'en
« bas, et que nous avons présumé être tirés par des
« citoyens sur la garnison; en sorte que la garnison
« et les citoyens se fusillaient réciproquement. Alors,
« au milieu de la cour et de l'endroit d'où nous pou-
« vions être aperçus le plus facilement par la garni-
« son qui était sur les tours, nous avons fait plusieurs
« signaux, tant avec la main qu'avec nos mouchoirs,
« en forme de pavillon blanc, afin d'annoncer à la
« garnison, et par suite au gouverneur, notre carac-
« tère et notre mission, qu'indiquaient encore notre
« costume et notre démarche confiante au milieu des
« dangers : nous ignorons si nos signaux ont été
« aperçus et compris; mais le feu n'a pas cessé. Alors
« nous avons cru devoir aller nous présenter à la
« porte du fort, pour demander l'entrée, en nous
« faisant connaître. Cependant en approchant de la
« Bastille, toujours par la même cour, nous avons
« aperçu, sous la voûte qui conduit à la rue Saint-
« Antoine, un grand nombre de citoyens armés, qui,
« en s'avançant de temps à autre, tiraient sur la gar-
« nison, quoiqu'elle fît un feu presque continuel sur
« l'endroit où ces citoyens se plaçaient; et ces ci-
« toyens nous ayant fait signe de nous retirer, nous
« sommes retournés sur nos pas, dans l'intention
« d'arriver à la Bastille par la rue Saint-Antoine.

« Étant parvenus à cette rue par celle de la Cerisaye,
« nous y avons également trouvé un grand nombre
« de citoyens armés, qui, sans être aucunement cou-
« verts ni garantis, se fusillaient avec la garnison du
« fort, lesquels tiraient en outre de grosses pièces
« d'artillerie, autant que nous en avons pu juger par
« le bruit et l'effet des décharges. Ayant abordé ces
« citoyens, nous nous sommes fait connaître, et les
« avons en même temps instruits du sujet de notre
« députation, en les engageant à suspendre toute
« hostilité, afin que de son côté la garnison du fort
« cessât le feu, sur les signaux que nous allions réi-
« térer, et qu'après nous être fait connaître à la porte,
« nous fussions introduits auprès du gouverneur, pour
« le sommer de rendre la place, ou de recevoir une
« garnison municipale. Conformément à notre mis-
« sion, les citoyens ont accepté cette trêve, ils l'ont
« observée; nous avons réitéré les signaux de paix,
« mais la garnison a continué de nous charger, et
« nous avons eu la douleur de voir tomber à nos
« côtés plusieurs citoyens dont nous avions suspendu
« les coups. A travers ces dangers, nous avancions
« néanmoins auprès de la porte du fort, après avoir
« fait retirer dans la rue de la Cerisaye les citoyens
« qui étaient dans la rue Saint-Antoine, et dont la
« présence, mal interprétée, pouvait être le motif de
« la continuation des hostilités de la garnison. Mais
« les autres citoyens armés qui étaient restés sous la

« voûte dont nous avons parlé, et qui avaient égale-
« ment cessé le feu, le recommencèrent avec autant
« de courage que d'indignation. Nos remontrances,
« nos prières, ne les arrêtent plus; une députation
« n'est plus ce qu'ils veulent; c'est le siége de la Bas-
« tille, c'est la destruction de cette horrible prison;
« c'est la mort du gouverneur qu'ils demandent à
« grands cris. Repoussés par ces braves citoyens, nous
« sommes forcés de nous retirer, en partageant leur
« indignation, que justifie encore un trait abominable
« dont ils chargent le gouverneur. Ils nous ont dit
« que dans la matinée plusieurs citoyens s'étant ap-
« prochés de la Bastille pour demander des armes,
« le gouverneur en avait fait entrer un certain nom-
« bre, et qu'ensuite il les avait fait fusiller dans la
« première cour. Ainsi cette trahison du gouverneur
« a été le premier signal d'une guerre qu'il a déclarée
« lui-même à ses concitoyens, et qu'il paraît vouloir
« continuer opiniâtrément, puisqu'il a refusé d'enten-
« dre notre députation. »

On attendait plus de succès de la troisième députation, dont les signaux parlementaires qui la précédaient, devaient nécessairement faciliter le passage
et l'entrée à la Bastille.

Mais déjà l'indignation du peuple contre la garnison de la Bastille, son impatient courage, ses menaces même, avaient forcé les chefs militaires. On répétait partout que le peuple avait été invité à appro-

cher de la Bastille par des signaux de paix et d'amitié;
et qu'au moment même où il était entré dans la première cour, le gouverneur avait fait faire sur lui deux décharges à mitraille.

On demandait à grands cris le siége de la Bastille, on voulait du canon.

M. le Chevalier de Saudray en a fait marcher cinq pièces, servies par cinq Canonniers nommés Berard, du Castel, Georget et les deux frères Leverre.

Il était alors deux heures après midi ou environ.

Un instant après, la troisième députation est revenue avec son drapeau et son tambour.

M. Ethis de Corny rendant compte de la manière dont ses co-députés et lui avaient rempli leur mission, a dit :

« Qu'étant arrivés à l'Arsenal par la rue de la Ce-
« risaye, et par la cour des poudres et salpêtres dans
« la cour de l'Orme, ils s'étaient postés au milieu de
« cette cour, bien en vue de la plate-forme de la Bas-
« tille; que le drapeau de la députation avait été si-
« gnalé; qu'ensuite celui qui le portait s'était ache-
« miné avec le tambour vers le pont-levis; mais que
« le peuple s'était écrié qu'il fallait bien se garder
« d'entrer.

« Que pendant ce temps, on avait vu arborer sur
« la plate-forme de la Bastille un pavillon blanc;
« que les soldats armés de fusils avaient renversé leurs
« fusils le canon en bas, la crosse en haut, et que les

« signes de paix et d'appel avaient été multipliés par
« les chapeaux.

« Que sous les auspices de ce commencement de
« réception amicale, les députés avaient engagé le
« peuple, au nom et de la part du comité permanent,
« de se retirer dans les districts, afin que l'on pût ces-
« ser de part et d'autre ces voies de fait, et prendre
« sur le tout les mesures les plus capables de rétablir
« le calme, et de concourir à la satisfaction générale.

« Que cette retraite commençait à s'exécuter ; que
« le peuple prenait tout naturellement le chemin de
« la cour de l'Orme, où était la députation parlemen-
« taire, lorsque, malgré la foi rigoureusement obser-
« vée dans tous les cas de députation parlementaire,
« au préjudice de celle des signaux du pavillon blanc
« arboré sur la Bastille, et des fusils renversés, tout-
« à-coup les Députés ont vu pointer une pièce de ca-
« non sur la cour de l'Orme, et dans le même mo-
« ment ils ont reçu une décharge de mousqueterie,
« qui a tué trois personnes à leurs pieds.

« Qu'un citoyen qui parlait à l'un des députés, a
« reçu une balle dans son chapeau ; qu'une autre balle
« a déchiré l'épaulette de M. Beaubourg, l'un des Dé-
« putés.

« Que cette atrocité, au moment où l'on parlait
« de dispositions pacifiques, a transporté de fureur
« tous ceux qui se trouvaient dans la cour de l'Orme.

« Que plusieurs d'entre eux se sont emportés au

« point d'environner les Députés, de leur mettre la
« baïonnette sur la poitrine, et le sabre sur la tête, en
« leur disant : *Vous êtes aussi des traîtres ; vous*
« *nous avez fait passer dans cette cour pour nous*
« *tuer plus sûrement.*

« Que M. Beaubourg a été maltraité, et qu'on a
« arraché l'épée à M. Piquod de Sainte-Honorine.

« Que lui, Ethis de Corny, a répondu : *Si vos*
« *amis, si des Députés que la ville envoie pour*
« *votre sûreté, pouvaient être soupçonnés d'un*
« *projet aussi coupable, aussi odieux, ils évite-*
« *raient de se trouver dans le même lieu, à vos*
« *côtés, au milieu de vous, et exposés aux mêmes*
« *coups. Au surplus, je me constitue votre ôtage,*
« *votre prisonnier : allons à la Ville, et vous vous*
« *convaincrez de la vérité* ; que ce langage de raison,
« de confiance et de vérité, a produit son effet, mais
« que la fureur du peuple contre la Bastille n'en est
« devenue que plus active ; que plusieurs bandes se
« sont séparées, et ont couru sur-le-champ dénoncer
« aux citoyens rassemblés devant l'Hôtel-de-Ville,
« cette trahison exercée sur la députation parlemen-
« taire ; qu'à ce récit, l'effervescence a dû être bien
« prompte, puisqu'en revenant à l'Hôtel-de-Ville, les
« députés ont rencontré vis-à-vis Saint-Gervais une
« multitude de citoyens armés, précédée d'environ
« 300 soldats du régiment des Gardes Françaises,
« suivis des canons pris le matin aux Invalides, mar-

« chant en ordre au pas redoublé, en disant à tous
« qu'ils allaient faire le siége de la Bastille. »

Quelque temps après, M. Francotay, Électeur, qui s'était séparé de la députation de la Bastille, est revenu, et il a dit que la députation s'est arrêtée dans la petite cour, où elle a été exposée à un feu terrible; que lui Francotay s'avançant toujours, s'est approché jusqu'auprès du pont-levis; que plusieurs personnes ayant été tuées à ses côtés, il a été obligé de passer par-dessus le cadavre d'un père de famille que tout le monde regrettait.

C'est alors que le peuple dont il a été reconnu pour un des Électeurs, lui a crié de se sauver, que la trahison était manifeste; qu'il a répondu : *C'est bien plutôt à vous, mes amis, à vous retirer : vous empêchez nos soldats et nos canons d'entrer dans cette cour encombrée, où vous allez tous périr inutilement*; qu'ils se sont écriés avec un transport inconcevable : *Non, non; nos cadavres serviront à combler les fossés.*

Que peu de temps après, se rendant à leurs instances, il est retourné sur ses pas à travers les balles qui sifflaient à ses oreilles, et frappaient dans le mur vers lequel il s'avançait.

Ces récits, et la nouvelle de cette seconde perfidie, répandue dans la Ville, ont vivement agité tous les esprits déjà livrés à la méfiance et au soupçon. Dans tous les lieux, dans les districts, sur les places publiques, on ne parlait que de complots et de trahison.

On rappelait ces promesses si souvent faites par l'Hôtel-de-Ville, de donner des armes, des fusils, des munitions, qu'il avait été dans l'impossibilité de donner : on rappelait ces ordres signés par le prévôt des marchands, pour aller prendre aux Chartreux des fusils qui n'y étaient pas, et à l'Arsenal des munitions qu'on avait refusées.

Ainsi l'opinion générale, si prompte à saisir toutes les interprétations malignes, surtout dans les momens de trouble et d'alarmes, supposait une intelligence coupable entre les administrateurs de l'Hôtel-de-Ville et les ennemis de la liberté.

Cette idée fausse autant que funeste avait fait dans la journée des progrès effrayants. Tous les membres du comité permanent étaient dans un danger imminent, et ils ne l'ignoraient pas.

Chacun d'eux, s'il avait occasion de traverser la foule qui couvrait la place, qui remplissait les salles et les corridors de l'Hôtel-de-Ville, venait rapporter des propos sinistres, et des menaces effrayantes qu'il avait entendus.

Il ne s'agissait pas moins que de mettre le feu à l'Hôtel-de-Ville, et d'égorger le Prévôt des marchands, les échevins, les membres du comité permanent, et même tous les Électeurs.

Cette situation terrible n'a point affaibli leur zèle et leur constance; et délibérant au milieu d'un fracas épouvantable sur le parti le plus convenable à prendre, délibérant au milieu d'une multitude furieuse, qui les pressait d'ordonner le siége de la Bastille, le comité permanent a arrêté d'envoyer à l'Assemblée nationale une députation chargée de lui présenter la délibération suivante :

« Le comité permanent de la sûreté publique, as-
« semblé à l'Hôtel-de-Ville, a arrêté qu'il serait en
« correspondance journalière avec l'Assemblée na-
« tionale, et de députer M. Ganilh, avocat au Parle-
« ment, et M. Bancal Desissarts, ancien notaire,
« tous deux Électeurs de la ville de Paris et membres
« du comité, à l'effet de peindre à l'Assemblée na-
« tionale l'état affreux de la ville de Paris, les mal-
« heurs arrivés aux environs de la Bastille, l'inutilité
« des députations qui ont été envoyées par le comité
« avec un tambour et un drapeau, pour y porter des
« paroles de paix et demander que le canon de la
« Bastille ne soit point dirigé contre les citoyens; la
« mort de plusieurs citoyens tués par le feu de la Bas-
« tille, la demande faite par une multitude de citoyens
« assemblés, d'en faire le siége, les massacres qui
« peuvent en être la suite; et de supplier l'Assemblée
« nationale de vouloir bien peser dans sa sagesse, le
« plus promptement qu'il lui sera possible, les moyens
« d'éviter à la ville de Paris les horreurs d'une guerre
« civile; enfin, d'exposer à l'Assemblée nationale que
« l'établissement de la milice bourgeoise, et les me-

« sures prises hier, tant par l'Assemblée des Électeurs
« que par le comité, ont procuré à la ville une nuit
« plus tranquille qu'elle n'avait pu l'espérer, d'après
« le nombre considérable de particuliers qui s'étaient
« armés le dimanche et le lundi avant l'établissement
« de la milice; que par le compte rendu par différents
« districts, il est constant que nombre de particu-
« liers ont été désarmés et ramenés à l'ordre par la
« milice bourgeoise. »

Fait au comité, le 14 juillet 1789, etc.

Tandis qu'on rédigeait cet arrêté, d'autres incidents suspendaient le départ de MM. Bancal Desissarts et Ganilh.

Sur les trois heures après-midi ou environ, sont
arrivés des députés du district des Blancs-Manteaux,
chargés de demander à M. de Flesselles comment il
avait promis, la veille, des fusils et des munitions qu'il
n'avait pas donnés; comment il avait annoncé pouvoir disposer de 12,000 fusils qui n'étaient pas, sans
doute, en sa disposition; comment il avait donné un
ordre pour aller prendre aux Chartreux des fusils
qui ne s'y étaient pas trouvés, et à l'Arsenal des cartouches qu'on n'avait pas données.

M. de Flesselles a dit que M. de Pressoles, intéressé à la manufacture de Charleville, lui avait offert
12,000 fusils, qui étaient, disait-il, en état de service; qu'il les avait acceptés avec empressement; que
quelques heures après, on avait apporté plusieurs

caisses à l'Hôtel-de-Ville, et que quelques personnes lui avaient dit alors que les fusils étaients contenus dans ces caisses; qu'il avait recommandé de les déposer en lieu sûr, pour conserver la faculté d'en faire une sage distribution; mais qu'au moment de les distribuer, on avait reconnu que ces caisses ne contenaient que des chiffons et des bouts de chandelles; qu'il avait été, par conséquent, lui-même indignement trompé.

A l'égard de l'ordre donné pour aller chercher des fusils aux Chartreux, et des cartouches à l'Arsenal, M. de Flesselles a dit qu'il n'avait donné ces ordres que sur les rapports faux qui lui avaient été faits qu'il y avait des fusils aux Chartreux, et qu'on donnerait des cartouches à l'Arsenal.

Les députés du district ont paru disposés à croire que M. de Flesselles avait été lui-même la victime d'une indigne tromperie : ils ont exigé seulement qu'il fît arrêter sur-le-champ les personnes qui avaient osé l'induire dans une erreur aussi funeste.

M. de Flesselles s'est excusé sur l'impossibilité de reconnaître ces personnes au milieu de l'agitation violente qui tourmentait depuis deux jours l'Hôtel-de-Ville, et dans la foule innombrable de gens de toute espèce dont il était continuellement assailli.

Cette scène n'a fait qu'augmenter le trouble du moment et la fureur des hommes de tous états et de toutes conditions qui remplissaient la salle et les escaliers de l'Hôtel-de-Ville, et qui ne proféraient qu'injures et menaces contre le Prévôt des marchands et les membres du comité permanent.

Ceux qui avaient entendu ce qui venait d'être dit aux députés des districts étaient moins animés; mais les autres ne cessaient de répéter : *Il veut gagner du temps pour nous faire perdre le nôtre.*

M. Dussaulx, Électeur, respectable par son âge et par son patriotisme décidé, était parvenu à contenir plusieurs pelotons qui complotaient de faire main-basse sur tous les officiers du bureau de la Ville, et ne paraissaient disposés à quelques égards et quelques douceurs qu'en faveur de ceux qui seraient honorés du titre d'Électeurs.

Le discours de M. Dussaulx lui avait donné un ascendant visible sur les citoyens et soldats dont il se trouvait environné.

Il a été invité à prendre place au bureau pour en partager les fonctions périlleuses.

En déclarant qu'il n'avait pas droit de délibérer, puisqu'il n'était pas membre du comité permanent, M. Dussaulx, cependant, a pris la parole, et il s'est exprimé avec beaucoup d'onction sur l'injustice de soupçonner M. de Flesselles, les membres du comité permanent, tous les Électeurs qui s'étaient abandonnés avec tant de zèle, et qui travaillaient ensemble avec tant de constance, depuis deux jours et deux nuits, à la défense commune.

Pendant qu'une partie de la foule accusait et proférait des imprécations, une autre partie investissait le bureau, et réclamait avec la même fureur les moyens de prendre la Bastille.

Un particulier, qui s'est dit être menuisier, a déclaré avoir un moyen sûr et prompt de réduire cette forteresse, et il a demandé à être entendu.

Ce particulier a dit que son moyen était de faire usage d'une catapulte, machine d'invention romaine, au moyen de laquelle d'énormes pierres lancées contre la Bastille avec une force incalculable, devaient renverser ses épaisses murailles.

Tous les assistants ont pris cette proposition pour une raillerie.

M. de La Caussidière, major-général de la milice parisienne, a repoussé ce particulier, s'est mis à sa place, et a dit que le seul moyen de prendre la Bastille était de l'attaquer dans les règles de la guerre, et qu'il fallait ouvrir une tranchée.

Toutes ces propositions semblaient être faites pour irriter l'impatience publique, bien loin de la satisfaire.

C'est dans le même temps qu'une patrouille du district de Saint-Gervais, commandée par M. de Chaigueret, a arrêté un particulier entre les mains duquel on a trouvé un paquet à l'adresse de M. du Puget, major de la Bastille.

Ce paquet a été apporté tout ouvert au comité permanent : on a reconnu qu'il contenait deux billets;

l'un adressé à M. du Puget, et conçu en ces termes : *Je vous envoie, mon cher du Puget, l'ordre que vous croyez nécessaire; vous le remettrez. Paris, ce 14 Juillet 1789. Signé, Bezenval*: l'autre adressé à M. Delaunay, gouverneur de la Bastille, contenant ces mots : *M. Delaunay tiendra jusqu'à la dernière extrémité ; je lui ai envoyé des forces suffisantes. Ce 14 Juillet 1789. Signé*, le baron *de Bezenval.*

Ces deux billets ont été remis à M. Boucheton, du district de St-Gervais, qui s'en est chargé pour les déposer à son district.

Cette découverte devait ajouter encore aux alarmes publiques, et surtout à la fureur qui agitait en ce moment les auditeurs contre la Bastille, contre le gouverneur de cette forteresse, contre le prévôt des marchands, et contre le comité permanent lui-même.

Un vieillard s'est écrié : *Mes amis, que faisons nous avec ces traîtres? Marchons à la Bastille.*

A ce cri, comme à un signal de victoire, tous les gens armés sont sortis de la salle du Conseil, et les membres du comité permanent sont restés seuls un instant.

C'est dans cet instant de solitude et de terreur que M. le commissaire Carré est venu, l'effroi peint sur le visage, et qu'il a dit que la *Grève* frémissait de rage, que tous les membres du comité permanent étaient dévoués à la fureur du peuple. *Partez*, a-t-il ajouté en se retirant, *ou vous êtes perdus.*

Cependant les blessés ne cessaient d'arriver au bureau militaire. Ceux qui les apportaient peignaient le carnage des citoyens immolés sous les remparts de la Bastille.

Ce carnage, les chefs militaires l'attribuaient au désordre de l'attaque, et à l'intrépidité des assaillants, plus grande encore que le désordre. Ils voulaient épargner le sang, s'il était possible.

Les députations envoyées à la Bastille n'avaient eu aucun succès; ils songeaient à en faire partir une quatrième plus remarquable, qui pût ne pas être arrêtée dans la route, parvenir jusqu'au gouverneur de la forteresse, et lui représenter la nécessité de se remettre avec la garnison dans les mains de la commune.

Déja M. le chevalier d'Ermigny, major-général, était commandé pour se mettre à la tête de 60 hommes qui devaient marcher avec un tambour et un drapeau. MM. de Villemur et Moreton de Chabrillant s'étaient joints volontairement à M. le chevalier d'Ermigny; les 60 hommes, le drapeau et le tambour étaient rangés dans la cour de l'Hôtel-de-Ville; tout était prêt, on se mettait en marche.

Cependant, quelques voix ont annoncé la prise de la Bastille; cette nouvelle invraisemblable, déja donnée plusieurs fois et toujours trompeuse, n'a pas fait une grande impression. La foule s'est précipitée encore vers la salle où siégeait le comité permanent; et l'ayant trouvée fermée, elle s'est abandonnée à tous les excès de la méfiance, à tous les transports de la colère.

On a crié de toutes parts que le comité permanent ne travaillait ainsi en secret et hors la présence des citoyens que pour les trahir; qu'il fallait enlever tous les membres de ce comité et les transférer dans la grande salle, où leurs opérations pourraient être surveillées; qu'il fallait enfin tenir une Assemblée générale.

M. de Flesselles s'est levé, et il s'est acheminé vers la grande salle, accompagné des membres du comité permanent et de la foule qui le pressait d'une étrange manière.

C'est alors seulement que MM. Bancal Desissarts et Ganilh, députés vers l'Assemblée nationale, ont trouvé moyen de partir pour exécuter leur commission.

M. de Flesselles, arrivé dans la grande salle, est monté sur l'estrade qui soutient le siège du président.

Ce qui s'est passé dans cet instant à la porte de la grande salle, peut donner une idée du danger que couraient tous les membres du comité permanent.

On n'osait pas encore les attaquer, assemblés à leur bureau; mais individuellement, et s'ils eussent été reconnus dans la foule et le tumulte, ils auraient été exposés aux plus grands excès.

M. de Flesselles venait d'entrer, lorsqu'au milieu de la troupe qui se pressait sur ses pas, quatre hommes, de la dernière classe du peuple, s'adressant à un particulier vêtu de noir, lui ont dit : *Ah! coquin, tu es aussi du comité permanent; tu périras;* et en même temps ils ont voulu le saisir. Le particulier vêtu de noir s'est heureusement dégagé, ne laissant que sa perruque dans les mains qui voulaient le retenir, et il s'est sauvé en se glissant dans les jambes des personnes entassées autour de lui, et sous les bancs de la grande salle.

La nouvelle de la prise de la Bastille n'était pas encore parvenue dans cette salle; la foule des citoyens qu'elle réunissait, était extrêmement animée; les uns proféraient hautement des menaces et des imprécations contre M. le Prévôt des marchands, et les autres demandaient à grands cris le siège de la Bastille.

M. le marquis de La Salle, au milieu d'eux, s'efforçait de les calmer en leur communiquant les moyens qu'il croyait capables de faire prendre cette forteresse sans exposer les plus braves défenseurs de la capitale à un carnage évident.

Il a déclaré qu'il allait au même instant se porter lui-même vers la Bastille pour exécuter ce qu'il proposait.

Et en effet, il est sorti dans cette intention; mais tout-à-coup un bruit nouveau, d'abord lointain, mais s'avançant avec le fracas et la rapidité d'une tempête, est venu confirmer la prise de la Bastille*.

* Voyez les éclaircissements à la fin du volume, note A.

M. le marquis de La Salle est entré avec ceux qui venaient de l'arrêter dans l'escalier de l'Hôtel-de-Ville, en lui présentant les clefs de la forteresse.

A l'instant même, la grande salle a été inondée d'une multitude d'hommes de tous états, de toutes conditions, et couverts d'armes de toute espèce. Le tumulte était inexprimable; on eût dit que l'Hôtel-de-Ville allait s'écrouler sous les cris confondus de victoire et de trahison, de vengeance et de liberté.

On a traîné au milieu de la salle une trentaine, ou environ, de soldats invalides, et de Petits Suisses, dont la multitude demandait la mort à grands cris.

Pendus, pendus! ce mot était un cri général.

M. Elie, officier au régiment de la Reine, et un Garde Française, sont entrés portés sur les bras de ceux qui les environnaient, et proclamés par eux vainqueurs de la Bastille, et les premiers des courageux citoyens qui venaient de s'en emparer.

Les efforts de M. Elie pour repousser les témoignages d'honneur dont on l'accablait, ont été inutiles. Il a été placé, malgré lui, debout sur une petite table en face du bureau, au milieu de tous les prisonniers qui semblaient attendre leur supplice.

Dans cette situation, M. Elie a été couronné et environné de plusieurs faisceaux d'armes, trophées bizarrement arrangés, et qui n'avaient d'éclat que celui du sentiment et de la circonstance.

On a rapporté toute l'argenterie saisie à la Bastille;

et les compagnons d'armes de M. Elie, l'ont pressé avec les instances les plus vives de l'accepter, comme les plus riches dépouilles de l'ennemi vaincu.

Il a développé avec noblesse, mais en même temps avec fermeté, les motifs de son refus, et il est enfin parvenu à persuader à tous ceux qui l'entouraient, que ces dépouilles ne leur appartenaient pas, et que le patriotisme jaloux de gloire et d'honneur, rougirait d'une récompense pécuniaire.

Dans cette circonstance mémorable, M. Elie n'a fait usage de l'ascendant qu'il avait sur la multitude, que pour la porter à la concorde, à la modération, à la clémence.

Dans le même temps on a apporté le drapeau de la Bastille; et M. le Marquis de La Salle, à qui M. Elie avait remis les clefs de cette Forteresse, les a déposées sur le bureau.

Un grand registre scellé d'une agrafe de fer, qu'on disait être le règlement de la Bastille, était porté par un jeune homme au bout de son fusil, et traversé par sa baïonnette.

M. Dusaulx a présenté ce jeune homme, appelé Guigon, à M. le Marquis de La Salle.

C'est alors qu'on a appris dans la grande salle la mort de M. Delaunay, gouverneur de la Bastille, saisi dans la cour de cette Forteresse, traîné par le peuple en fureur jusque dans la place de l'Hôtel-de-Ville, et massacré au bas du perron*.

* Voyez les éclaircissements à la fin du volume, note B.

MORT DE MM. DELAUNAY, DELOSME, PERSON.

Un particulier montrait même une boucle de col, qu'il disait être celle de M. Delaunay, dont il se glorifiait d'avoir coupé la tête.

Quelques moments après, on a appris la mort de M. Delosme Salbray, major de la Bastille, tué dans la place de l'Hôtel-de-Ville, vis-à-vis l'arcade Saint-Jean ; celle de M. Miray, aide-major de la même Forteresse, et celle de M. Person, lieutenant de la compagnie des Invalides qui y était en garnison, immolés tous deux, le premier rue des Tournelles, et le second sur le port au blé *.

Les Invalides et les Petits Suisses étaient au milieu de la salle comme des victimes dévouées, et les cris les plus effrayants pressaient l'instant de leur mort.

Un Électeur a parlé pour eux avec beaucoup d'énergie, réclamant en leur faveur la justice et la générosité française.

M. Elie, de son côté, arrêtait de toutes ses forces les mouvements les plus vifs et les plus dangereux.

La multitude s'acharnait principalement contre trois Invalides qu'elle disait être canonniers de la Bastille, et qu'elle dénonçait comme coupables d'avoir tiré le canon sur les citoyens.

L'un d'eux était blessé, et par conséquent attirait plus d'attention.

Un autre Électeur a pris la défense de cet infortu-

* Voyez les éclaircissements à la fin du volume, note C.

né; mais ses paroles ont été étouffées par les cris de la multitude.

M. le marquis de La Salle, qui, depuis le premier moment de cette grande tribulation, s'était placé au bureau à côté de M. de Flesselles, et employait tous les moyens de zèle, d'énergie et de prudence, pour ramener les esprits à des sentiments modérés : M. de La Salle s'est mis devant l'Invalide blessé ; et forçant en quelque manière le peuple à l'entendre, il a réclamé l'autorité qu'il devait avoir comme commandant général, ajoutant tout de suite qu'il s'emparait des coupables pour les faire juger et punir suivant toute la rigueur des lois de la guerre.

La multitude a paru approuver ce parti, et M. le marquis de La Salle, profitant de l'instant favorable, a fait passer l'Invalide blessé dans la salle de la Reine.

Mais pendant qu'il sauvait ainsi la vie de cet infortuné, les deux autres soldats Invalides qu'on disait être les canonniers de la Bastille, ont été traînés par la multitude; et quelques moments après, on est venu apprendre qu'ils étaient pendus au fer qui soutient le réverbère en face de l'Hôtel-de-Ville, au Coin du Roi.

L'effervescence était toujours la même. Deux sentiments agitaient la multitude, et entretenaient ses transports et son délire : la joie d'avoir vaincu, et le désir de se venger.

On parlait de trahison, de perfidie, de complots,

de manœuvres ; on accusait hautement M. de Flesselles.

Les premiers mots qu'il a pu prononcer, et faire entendre, ont été ceux-ci : *Puisque je suis suspect à mes concitoyens, il est indispensable que je me retire.*

Et en même temps il a fait un mouvement pour descendre de l'estrade où il était placé.

Plusieurs personnes se sont mises au devant pour l'arrêter, l'assurant qu'il n'était suspect à personne, et qu'il fallait s'affecter un peu moins de tout ce qu'il entendait.

M. de Flesselles n'est point descendu de l'estrade.

M. Delapoize, Électeur, élevant la voix, lui a dit : *Vous serez responsable, Monsieur, des malheurs qui vont arriver. Vous n'avez pas encore donné les clefs du magasin de la Ville, où sont ses armes, et surtout ses canons.*

M. de Flesselles, sans mot dire, a tiré des clefs de sa poche, et les a présentées à M. Delapoize, qui lui-même les a remises à un autre Électeur *.

Alors quelques personnes se pressant autour du bureau, ont interpellé plus directement M. de Flesselles, en lui disant, les uns qu'il fallait se saisir de lui et le garder comme ôtage ; les autres, qu'il allait

---

* Ce fait a été contredit par plusieurs Électeurs, mais l'Assemblée n'a pas décidé qu'il serait supprimé.

être conduit en prison au Châtelet; les autres, qu'il fallait venir au Palais-Royal pour y être jugé.

Ce dernier vœu est devenu le vœu général, et l'on a crié de toutes parts: *Au Palais-Royal, au Palais-Royal!*

M. de Flesselles a répondu simplement: *Eh bien! Messieurs, allons au Palais-Royal.*

En proférant ces mots, il est descendu de l'estrade, il a traversé la salle, il est sorti, la multitude se pressant autour de lui et sur ses pas, mais sans lui faire aucune violence.

M. le marquis de La Salle a voulu, pour sauver les autres invalides et les Petits-Suisses, employer les moyens qui venaient de sauver un de leurs camarades. Il leur a dit, avec un ton sévère, que s'ils étaient des traîtres, ils seraient jugés et punis de mort.

Alors les Gardes Françaises, qui étaient en assez grand nombre, ont demandé, pour récompense des services qu'ils rendaient à la patrie, la grace de leurs anciens frères d'armes.

M. Elie s'est joint à eux, et il a fait la même demande, ajoutant que cette grace serait plus précieuse à son cœur que les honneurs et les dons dont on voulait l'accabler.

Quelques voix ont crié *grace*. Ce mouvement a saisi tous les esprits, et ces mots *grace, grace*, ont retenti dans toute la salle.

M. Elie, pour assurer davantage l'effet de ce sentiment, a proposé de faire prêter aux prisonniers serment de fidélité à la Nation et à la ville de Paris.

Cette proposition a été reçue avec des signes d'une satisfaction générale.

Tous les prisonniers, Invalides et Petits Suisses, ont juré entre les mains de M. Elie d'être désormais fidèles à la Nation et à la ville de Paris, et de joindre leurs efforts à ceux des bons citoyens, pour la défense de la liberté publique.

Ce serment prêté, les Gardes Françaises se sont emparés des prisonniers, les ont placés au milieu d'eux, et les ont emmenés sans éprouver aucune résistance.

Dans les transports de violence et de fureur qui venaient d'éclater, le bureau lui-même n'avait pas été respecté; les planches qui formaient son enceinte avaient été brisées, la table avait été poussée sur le siége du président, et M. Moreau de Saint-Méry, président des Électeurs, qui s'était placé à côté de M. de Flesselles, a été obligé de céder un instant, et de passer dans la salle de la Reine.

Plusieurs Électeurs se sont réunis autour de lui, et ils ont conféré sur ce qu'ils devaient faire dans ce moment, qui paraissait être celui d'une dissolution générale.

M. Moreau de Saint-Méry a été d'avis de rentrer dans la grande salle, s'il était possible, et de ne point désemparer.

Après quelques efforts inutiles pour percer la foule qui obstruait tous les passages, il est rentré avec quelques Électeurs, et il a repris sa place.

C'est dans ce moment qu'on est venu apprendre que M. de Flesselles avait traversé la place de Grève sans éprouver aucun mauvais traitement; mais qu'au quai Pelletier, un coup de pistolet parti d'une main inconnue l'avait frappé à la tête et étendu sur la place.

Sur ces entrefaites une nouvelle foule s'est précipitée dans la salle, traînant au milieu des sabres et des baïonnettes M. le prince de Montbarrey et son épouse. Toutes les voix l'accusaient d'être un ancien ministre, un des principaux aristocrates, et tous les bras semblaient levés sur lui pour le frapper.

La princesse de Montbarrey, conduite au bureau, lève les bras au ciel et tombe en défaillance.

On l'a emportée à l'instant et déposée dans la salle de la Reine.

M. le marquis de La Salle, qui s'était jeté tout au travers de la multitude armée, n'a pu empêcher que M. le prince de Montbarrey ne fût jeté et plié en deux sur le bureau; situation dans laquelle il a été retenu quelques minutes.

Enfin, M. le marquis de La Salle est parvenu à écarter les plus animés, à modérer les autres; il s'est placé entre eux et M. le prince de Montbarrey, qui, ayant obtenu quelque liberté, s'est levé, et, s'adressant à la multitude, a dit : *Mes amis, vous vous trompez : vous voulez me punir comme un aristocrate, et je suis un des plus zélés partisans de la liberté : j'ai quitté le ministère depuis plusieurs années, et je n'ai conservé aucune relation suspecte avec ceux qui m'ont succédé : mon fils, M. le prince de Saint-Maurice, est celui qui a opéré la révolution en Franche-Comté.*

Ces paroles ont excité de vifs applaudissements; et le peuple, calmé, a laissé passer le prince de Montbarrey dans la salle de la Reine, d'où il est sorti paisiblement avec son épouse.

Cette scène a été suivie d'une autre scène à peu près de même nature, mais moins effrayante.

M. de Montbarrey était à peine sorti avec son épouse, que d'autres citoyens mêlés à des soldats du régiment de Ventimille, ont amené à l'Hôtel-de-Ville avec un grand tumulte, et toutes les apparences d'une prise importante, M. le baron de Bachmann, major du régiment des Gardes Suisses, et M. Chaulet, adjudant du même régiment, qu'ils avaient, disaient-ils, saisis et arrêtés au bas du pont Royal, au moment où ils faisaient tourner leur voiture pour aller à Versailles.

M. le baron de Bachmann a dit que son intention n'était point d'aller à Versailles, qu'il venait du faubourg Saint-Germain, et passait par le pont Royal pour se retirer en son hôtel, situé rue Verte, faubourg

Saint-Honoré, et que le chemin le plus court était sans contredit le quai des Tuileries, et la place Louis XV.

M. Moreau de Saint-Méry a répondu à M. le baron de Bachmann, qu'il avait eu grand tort de ne pas prendre, pour aller chez lui, un autre chemin que celui de Versailles; que lorsqu'on voyait une voiture tourner du côté de Versailles, on était bien forcé de croire qu'elle allait à Versailles; que pour la peine méritée par son imprudence, il serait escorté jusque chez lui par les mêmes citoyens et les mêmes soldats qui l'avaient arrêté, et qui voudraient bien ne le perdre de vue qu'après l'avoir déposé dans sa maison.

M. Pérard, chevalier de l'Arc royal de Paris, compagnie de Luxembourg, a été chargé de l'exécution de cet ordre, et d'en venir rendre compte à l'Hôtel-de-Ville.

M. Moreau de Saint-Méry a été ensuite occupé à répondre à toutes les députations envoyées par les différents districts, pour s'informer des circonstances de la prise de la Bastille, et des moyens pris ou à prendre pour garder cette forteresse; et à donner des ordres de distribution de poudre, notamment à la compagnie de l'Arquebuse, placée devant la Bastille.

M. Oudart, Électeur, est venu rendre compte de la commission dont il a été chargé ce matin, relative aux bagages déposés à Sainte-Marguerite, et il a mis sur le bureau un certificat de M. Guibout Midi, Électeur de ce district, portant qu'au moyen de ce que l'Assemblée est dans l'intention de garder les effets ci-dessus désignés dans la paroisse, M. Oudart n'a pu s'acquitter autrement de sa mission, et en a été déchargé.

M. Delapoize, Électeur, est venu rapporter que, par ses soins et sa surveillance, toutes les poudres qui étaient à la Bastille venaient d'être transportées à l'Hôtel-de-Ville, et confiées à M. l'abbé Lefebvre, chargé de cette partie, et depuis la veille exposé à tous les dangers de cette pénible commission.

Sur les huit heures et demie, on a annoncé un député de l'Assemblée nationale.

C'était M. Bouchotte, député du bailliage de Bar-sur-Seine, qu'une Garde d'honneur conduisait depuis la place Louis XV jusqu'à l'Hôtel-de-Ville, où il avait témoigné le désir de prendre un passe-port pour retourner le lendemain à Versailles.

En lui donnant ce passe-port, M. Moreau de Saint-Méry lui a adressé ces paroles :

« Nous vous prions, Monsieur, de rendre compte
« à l'Assemblée nationale de ce que vous avez vu, de
« lui dire que nous faisons tout ce que nous pouvons
« pour maintenir l'ordre, et que nous comptons sur
« son secours et son autorité pour y parvenir d'une
« manière efficace. Vous voudrez bien la prier de notre
« part de se joindre à nous, pour supplier Sa Majesté
« de faire revivre ici son autorité, en n'employant

« d'autre arme que l'amour de ses peuples : cette arme
« suffit, et toutes les autres seraient inutiles. »

M. Bouchotte a répondu qu'il remplirait le plus dignement possible cette commission honorable; mais qu'il lui serait difficile d'exprimer tous les sentiments dont il avait été pénétré au milieu de cette capitale libre et triomphante.

Sur les neuf heures du soir ou environ, M. Deleutre est revenu à l'Hôtel-de-Ville avec M. de Montfort, officier invalide, envoyé par M. de Sombreuil, pour remercier le comité permanent des soins qu'il avait pris pour la conservation et la tranquillité de l'Hôtel, dont il était gouverneur.

M. de Montfort s'est acquitté de sa commission, en s'adressant à M. Moreau de Saint-Méry, qu'il a trouvé environné du peuple qui remplissait la grande salle.

Et M. Deleutre, rendant compte des moyens qu'il avait employés pour remplir les vues du comité permanent, a dit :

« Qu'il est arrivé à l'Hôtel des Invalides avec les
« douze soldats-citoyens qui l'accompagnaient, les
« deux gardes de la Ville, et les deux cavaliers du guet
« dont il était précédé; qu'une foule immense s'agi-
« tait devant la grille de l'Hôtel; mais que les gardes
« et les cavaliers du guet l'ayant annoncé comme
« Électeur, envoyé par la Ville pour faire une recher-
« che exacte des armes qui pouvaient se trouver en-
« core dans l'Hôtel des Invalides, la grille s'était ou-

« verte devant lui sans difficulté. Que dix mille per-
« sonnes au moins remplissaient la cour de l'Hôtel,
« et qu'après leur avoir promis que sa recherche se-
« rait exacte, et leur avoir fait promettre que per-
« sonne n'entrerait dans l'Hôtel, il est monté dans
« l'appartement de M. de Sombreuil. Que M. de Som-
« breuil lui a déclaré qu'il n'y avait plus d'armes dans
« l'Hôtel, que les sentinelles même avaient été dés-
« armées ; que la multitude avait enlevé les canons
« et plus de 30,000 fusils, dont 12,000 au moins,
« ce qui l'affligeait davantage, devaient être dans des
« mains dangereuses; qu'il allait, au surplus, faire
« ouvrir toutes les portes, pour qu'on pût faire une
« visite exacte. Que tandis que le gouverneur parlait
« ainsi, le peuple faisait des efforts pour forcer les
« caves de l'Hôtel; que lui Deleutre est descendu dans
« la cour et que, très heureusement secondé par les
« douze citoyens armés qui l'accompagnaient, et sur-
« tout par un jeune grenadier des Gardes Françaises
« qui, dans cette circonstance, a signalé le plus grand
« courage, il est parvenu à calmer la multitude, mê-
« me à faire expulser un jeune homme assez bien mis,
« qui lui reprochait hautement d'être un traître lui-
« même, et de s'entendre avec le gouverneur des In-
« valides. Qu'alors on a voulu fermer la grande porte
« de l'Hôtel pour empêcher la foule d'entrer; qu'il ne
« l'a point souffert, en disant qu'il se contentait de la
« parole du Public; ce qui a excité des applaudisse-

« ments universels; que cette marque d'approbation
« redoublant sa confiance, il a élevé la voix pour de-
« mander à tous ceux qui l'entouraient, de nommer
« eux-mêmes quatre personnes qui l'accompagneraient
« et le seconderaient dans la visite dont il était char-
« gé; que ces quatre personnes ont été choisies et
« nommées sur-le-champ, et qu'il leur a dit alors en
« présence de tous : *Je ne ferai point la visite moi-*
« *même; je vous remets à cet égard les pouvoirs*
« *que j'ai reçus de la Ville : votre rapport sera le*
« *mien.* Que cette manière de procéder a paru satis-
« faire tout le monde; que les quatre personnes choi-
« sies se sont livrées tranquillement à une visite si
« exacte et si longue, qu'elle n'a été terminée qu'à
« neuf heures ou environ; que ces quatre personnes
« sont venues incontinent lui rapporter qu'elles n'a-
« vaient rien trouvé; qu'il s'est présenté avec elles à
« la multitude, qui, après avoir entendu ce rapport
« non suspect des commissaires qu'elle avait elle-
« même nommés, s'est retirée contente et paisible. »

Pendant tout le reste de la nuit, quelques Électeurs se sont succédé dans la grande salle, et M. Moreau de Saint-Méry, qui n'a pas quitté un instant le bureau, déclare :

« Qu'il en a vu beaucoup d'autres conduits à l'Hô-
« tel-de-Ville par les commissions dont leurs districts
« les avaient chargés, et par le service militaire au-
« quel ils s'étaient livrés; qu'il a été pareillement se-

« condé par M. Elie, qui n'a pas cessé de diriger l'exé-
« cution de ses ordres dans l'Hôtel-de-Ville et ailleurs;
« qu'il a vu dans les mains de M. Elie le billet par le-
« quel la garnison de la Bastille a annoncé la volonté
« de se rendre; que ce billet porte: *Nous avons vingt*
« *milliers de poudre; nous ferons sauter la garni-*
« *son et tout le quartier, si vous ne l'acceptez.*
« Qu'il a fait tout ce que son zèle et sa prudence pou-
« vaient lui inspirer pour empêcher le plus grand mal-
« heur, l'entière dissolution de tous les ressorts qui
« réunissent et qui font mouvoir dans le même sens
« toutes les parties de la capitale; mais qu'il lui serait
« bien impossible de rappeler à sa mémoire et de dé-
« tailler tous les événements de cette nuit mémorable,
« tous les ordres qu'il a donnés dans ce court intervalle
« de temps, où les autorités différentes s'étaient échap-
« pées de toutes les mains pour se réunir dans les
« siennes; où, seul, au milieu de Paris, un Électeur
« avait le droit de commander et d'être obéi; qu'il a
« donné peut-être trois mille ordres, soit pour la dis-
« tribution des poudres, soit pour la saisie des canons
« et autres armes dont on venait lui dénoncer la dé-
« couverte, soit enfin pour autoriser des précautions
« de défense dans tous les lieux où la nécessité en était
« indiquée. Qu'il a reçu entr'autres une députation
« du district de l'Oratoire, apportant à l'Hôtel-de-
« Ville un procès-verbal de leur district, qui constate
« qu'un détachement de ce district, composé d'envi-

« ron deux cents citoyens et de trente soldats, tant du
« régiment des Gardes Françaises, que de ceux de
« Ventimille et de Provence, commandé par M. Le-
« gros de Rumigny, avocat, s'est emparé, aux Inva-
« lides, de plusieurs canons chargés à poudre, et qui
« ont été conduits au district, et non à l'Hôtel-de-Ville,
« à cause des soupçons déjà répandus contre la fidé-
« lité du Prévôt des marchands; que le même déta-
« chement avait partagé le danger et la gloire de la
« prise de la Bastille. Que quelque temps après cette
« prise, un particulier d'une figure imposante, mais
« couvert d'habits qui annonçaient la captivité, a été
« amené au district par une foule de citoyens; que,
« d'après ses déclarations, ce particulier s'est nommé
« Solanges, marquis de Carmond, gentilhomme de
« Languedoc; qu'il a langui quatorze ans dans les pri-
« sons de Pierre-Encise, de Vincennes et de la Bastille;
« qu'il a exprimé sa reconnaissance dans les termes
« les plus touchants, et imploré la protection de l'As-
« semblée, au milieu de laquelle il avait été conduit;
« qu'après quelques paroles consolantes à lui adres-
« sées par M. Trudon, Électeur, et président du dis-
« trict, il avait été conduit, en vertu d'un arrêté pris
« au milieu des acclamations, à l'hôtel de Rouen, rue
« d'Angivillers, pour y être logé, habillé et nourri aux
« dépens du district, jusqu'au moment où sa famille
« le réclamerait. »

A onze heures ou environ, on a annoncé avec effroi

15,000 hommes postés dans le bois de Boulogne, et tout disposés à fondre sur Paris par la barrière de Clichy : M. Moreau de Saint-Méry a invité M. Deleutre à se transporter aussitôt sur les lieux, pour vérifier ce fait important [*].

M. Soulès, Électeur, était venu au comité militaire dire à M. le marquis de La Salle, qu'il avait déjà levé une partie assez considérable de la compagnie de cavalerie dont il avait reçu la commission dans la matinée; que quarante hommes étaient enrôlés, lorsque la nouvelle de la mort de M. de Flesselles et les motifs de sa mort, tels qu'ils étaient publiés, avaient tout arrêté, en faisant rejeter par tous ceux à qui il la présentait, une commission signée de ce Prévôt des marchands.

Apprenant alors que Paris était menacé par 15,000 hommes, il a demandé si la Bastille était en sûreté.

Et sur la réponse de M. le marquis de La Salle, que cette forteresse n'était gardée que par 150 Gardes Françaises, et quelques citoyens commandés seulement par des sergens, il a désiré y être employé; et M. le marquis de La Salle l'a envoyé à la Bastille, avec un ordre ainsi conçu : *M. Soulès se rendra à la Bastille, avec* 100 *hommes de son district, pour occuper ce poste avec les Gardes Françaises qui*

---

[*] Voyez les éclaircissements à la fin du volume, note D.

y sont déja, et en prendre le gouvernement jusqu'à nouvel ordre.

M. Moreau de Saint-Méry déclare encore « qu'il
« a donné l'ordre de transporter sept cadavres à la
« morgue du Châtelet. Qu'à une heure du matin ou
« environ, les alarmes se sont succédé sans inter-
« ruption ; qu'on annonçait à chaque instant les
« troupes du Roi marchant tantôt vers le faubourg
« Saint-Denis, tantôt vers le faubourg Saint-Mar-
« ceau et celui de Saint-Martin ; que, dans l'une de
« ces alarmes, il a partagé, pour la défense de ces
« faubourgs, cinq canons qui restaient sur la place
« de Grève, qu'il a toujours, sur la réquisition des
« citoyens, autorisé les moyens de mettre obstacle au
« passage des troupes. Que, dans la nécessité d'indi-
« quer à ceux qui venaient réclamer ses ordres jus-
« qu'au moyen de les faire exécuter, il a eu occasion
« d'apprendre que M. le chevalier de Saudray pas-
« sait la nuit au bureau militaire, pour veiller à
« toutes les opérations relatives, et que M. l'abbé
« Lefebvre et le sieur Guyot n'avaient pas cessé de
« présider à la distribution de la poudre et autres
« munitions ; qu'ayant appris alors que la poudre se
« distribuait à la chandelle, il a fait parvenir à M. de
« Saudray ses craintes à cet égard ; qu'à deux heures
« un quart du matin, M. du Pont, député du bail-
« liage de Nemours à l'Assemblée nationale, est ar-
« rivé à l'Hôtel-de-Ville, où il a dit que le Roi avait

« répondu à une députation de l'Assemblée natio-
« nale: qu'il approuvait la milice bourgeoise, et qu'il
« faisait retirer les troupes du Champ-de-Mars. Que
« M. Deleutre, de retour, a dit qu'il s'était transporté
« jusqu'à la barrière de Clichy; que l'alarme donnée
« de ce côté était encore une fausse alarme; mais
« qu'il avait trouvé les hommes, les femmes, les en-
« fants, les vieillards, occupés à dépaver la rue qui
« aboutit à cette barrière et les rues adjacentes, et à
« préparer tous les moyens de repousser ou d'arrêter
« l'ennemi. Les grenadiers du régiment des Gardes
« Françaises sont venus déclarer qu'ils n'entendaient
« plus retourner à leurs casernes, dans lesquelles ils
« craignaient d'être les victimes de mille embûches.
« M. le Président a cru devoir, en conséquence, les
« renvoyer dans les différentes maisons religieuses,
« et notamment à Sainte-Geneviève, aux Feuillants,
« aux Jacobins de la rue Saint-Honoré, avec invita-
« tion aux religieux de ces communautés de les re-
« cevoir et de les nourrir jusqu'à un nouvel ordre de
« choses. M. Moreau de Saint-Méry déclare enfin
« qu'on a conduit à l'Hôtel-de-Ville un particulier
« remarquable par une longue barbe, qu'on a dit
« être un des prisonniers délivrés à la Bastille; que
« ce particulier se disait major de l'Immensité, et
« tenait des propos qui manifestaient la perte entière
« de la raison; qu'il a cru devoir le faire conduire à
« Charenton, pour y être traité avec attention et

« humanité. Que, sur les sept heures du matin, un
« particulier se disant envoyé par M. le procureur-
« général du parlement, est venu rendre compte de
« l'état des subsistances ; que son rapport mérite la
« plus sérieuse attention, puisqu'il en résulte que la
« farine actuellement à Paris suffit à peine pour le
« nourrir jusqu'à vendredi prochain ; que le même
« particulier lui a demandé, de la part de M. le pro-
« cureur-général, les moyens de faire arriver un ba-
« teau de farine arrêté à Bercy ; qu'il a donné à
« M. Deleutre, Électeur, les ordres et les instructions
« nécessaires pour faire arriver ce bateau, et qu'il
« l'a chargé en même temps de veiller, avec quelques
« autres Électeurs, à toutes les précautions capables
« d'assurer l'approvisionnement de la capitale; ce qui
« a prouvé la sagesse des Électeurs, qui, dès le lundi,
« s'étaient occupés de la composition d'un bureau de
« subsistances, uniquement chargé de cette partie
« intéressante. »

Du Mercredi 15 juillet 1789.

C'est ainsi que sur les sept heures du matin le comité permanent a été divisé en plusieurs bureaux, comme on avait tenté plusieurs fois de le faire la veille, et l'on a appelé au travail de ces bureaux quelques autres Électeurs.

M. Legrand de Saint-René, et ensuite MM. Boucher et Gibert, ont été chargés des subsistances.

MM. Duveyrier et Chignard ont été chargés de la police.

Le premier soin du bureau des subsistances a été d'envoyer une invitation à quatre notables de chaque district, à l'effet de se transporter chez les boulangers, pour dresser procès-verbal de la quantité de farine qui s'y trouvait, ainsi que de la consommation journalière de chacun d'eux.

A mesure que quelques Électeurs se présentaient dans la salle du bureau des subsistances, ils étaient priés d'aller visiter la Halle, et de surveiller la distribution des farines. Dix à douze Electeurs s'y sont rendus successivement, et entre autres MM. Parisot, du Port-du-Tertre, Étienne de la Rivière.

De cette manière le bureau des subsistances, auquel les députés de chaque district ont remis, dans l'espace de trois heures, des procès-verbaux des visites faites chez les boulangers, a été très pertinemment instruit qu'en effet il y avait dans l'intérieur de la capitale à peine de quoi nourrir, pendant trois jours, près d'un million d'habitants.

Ne se dissimulant pas la facilité avec laquelle les ennemis du bien public pouvaient déranger les mesures que le gouvernement avait prises pour approvisionner Paris, M. Legrand de Saint-René a écrit aussitôt à M. de Montaran, qui, en sa qualité d'intendant du commerce, devait avoir une parfaite connaissance de tout ce qui était relatif à cet approvisionnement ; et M. de Montaran s'est transporté sur-le-champ au bureau des subsistances.

La place de l'Hôtel-de-Ville s'obstruait de plus en plus par la quantité de bestiaux de toute espèce qu'on saisissait aux barrières, et qu'on détournait de leur véritable destination ; on y comptait plus de 200 moutons et plus de 40 bœufs dont les propriétaires n'étaient pas connus.

Le bureau des subsistances a cru devoir en ordonner la vente, et il a chargé M. Gibert de présider à cette vente, ainsi qu'à celle de tous les bestiaux qui seraient saisis et amenés à l'Hôtel-de-Ville.

M. Gibert est parti pour remplir cette commission, muni de l'ordre ici transcrit :

« M. Gibert l'aîné, notaire, Électeur, et l'un des
« membres du bureau des subsistances, est spéciale-
« ment chargé de se transporter à la Halle-aux-Veaux,
« pour faire vendre les bestiaux qui y seront envoyés
« pour la consommation de Paris. »

Quelque temps après, le propriétaire des bœufs s'étant présenté au bureau des subsistances, ce bureau l'a adressé à M. Gibert, avec l'instruction suivante :

« Le bureau des subsistances adresse à M. Gibert
« M. Bayard, propriétaire des bœufs, pour, en sa
« présence, procéder lui-même à la vente de sa mar-
« chandise, en recevoir le prix et en donner décharge

« à M. Gibert; ou pour les faire conduire dans son
« domicile à Paris, en s'assurant qu'ils seront con-
« duits dans ses étables. Le comité observe que
« M. Bayard n'est pas propriétaire des moutons. »

M. Santerre, Électeur, s'est présenté, et il a demandé que le comité permanent voulût bien confirmer les pouvoirs qu'il exerçait dans une partie du faubourg St-Antoine.

Il a dit « qu'hier dans la matinée il avait été nommé par le peuple commandant-général du faubourg Saint-Antoine; qu'il avait prêté serment et passé sous les drapeaux pris, à dix heures et demie du matin, dans le magasin, hors la Bastille;

Qu'à la tête d'une troupe de 400 hommes, il avait partagé tous les travaux du siége;

Qu'il avait même conçu l'idée d'incendier la Bastille avec de l'huile d'œillet et d'aspic, saisie la veille, enflammée par du phosphore, et injectée au moyen des pompes à incendie;

Que les pompes étaient déja, par son ordre, transportées sur la place, lorsque la Bastille a été prise;

Qu'il a vu, en ce moment, un de ses domestiques tué et jeté par un des Petits Suisses du haut de la Bastille sur le pont, mais vengé l'instant d'après par un de ses camarades, qui avait fait subir au Petit Suisse le même sort;

Qu'il a eu le bonheur de sauver la vie à un Invalide que la multitude avait saisi, et qu'elle voulait pendre; ce qui l'a exposé au plus imminent danger;

Qu'au moment où, par son ordre, ce vieux soldat prenait en sûreté la route de l'Hôtel des Invalides, une femme a fendu la foule, écumant de rage, et demandant un couteau pour l'assassiner;

Que cette femme disait : *Malheureux! tu donnes la grace à un scélérat qui vient d'assassiner mon mari;*

Qu'on disait, en effet, que le mari de cette femme venait d'être tué à la Bastille ;

Que le maintien de cette femme, ses cris et ses reproches, avaient changé la disposition de tous les esprits, et qu'il a eu besoin de toute sa fermeté, et de l'assistance de tous ceux qui le connaissaient, pour échapper au peuple animé contre lui-même. »

Le comité permanent a applaudi au zèle, au courage et à l'humanité de M. Santerre : il a confirmé les pouvoirs à lui donnés par le peuple, et il l'a invité à redoubler ses soins, s'il était possible, pour ramener l'ordre et le calme dans le faubourg Saint-Antoine, dans ce faubourg dont la tranquillité a tant d'influence sur la tranquillité de toute la ville.

Sur les huit heures du matin, quelques Électeurs s'étant rassemblés, la grande salle toujours ouverte aux citoyens de toutes les classes et de toutes les parties de la capitale, que le mouvement général appelait et réunissait à l'Hôtel-de-Ville, M. Moreau de Saint-Méry a demandé ce qu'il convenait de faire des lettres trouvées dans les poches de M. de Flesselles, apportées et mises sur le bureau par M. Dameuve père, de la part du président du district de Saint-Jean-en-Grève, avec le procès-verbal de dépôt de ce district.

L'Assemblée a décidé que la lecture de ces lettres était indispensable.

Et M. Moreau de Saint-Méry a fait cette lecture sur-le-champ.

Dans le nombre de sept à huit lettres apportées à l'Assemblée comme ayant été trouvées dans les poches de M. de Flesselles, quatre seulement n'étaient pas relatives à ses affaires domestiques.

De ces quatre lettres étrangères à M. de Flesselles, trois étoient contresignées *Berthier ;* la première, adressée à M. Christophe, subdélégué de l'intendance, rue des Fossés-Montmartre, à Paris; la seconde, aux officiers municipaux à Saint-Denis; et la troisième, à M. le comte de Ganges, à Saint-Denis.

Ces trois lettres, datées du Champ-de-Mars le 13 juillet 1789, étaient relatives à trente sacs de farine demandés à M. Berthier par les officiers municipaux de Saint-Denis, pour la subsistance des troupes postées dans cette ville, et commandées par M. le comte de Ganges.

L'Assemblée a décidé que le contenu de ces lettres ne serait point inséré au procès-verbal, comme tout-à-fait insignifiant.

L'Assemblée a cru entrevoir dans la quatrième la preuve que Paris devait être attaqué, et par ce motif elle a arrêté que son contenu serait inséré au procès-verbal.

Cette quatrième lettre, sans date, sans signature, sans désignation du lieu où elle a été écrite, est adressée à madame Duteil, maison de M. Roullet ou Roullin, ou Roussel, n° 20, rue Meslay, et elle est ainsi conçue :

« Pour toi seule et madame *Roullet* ou *Roullin*,
« ou *Roussel*. Sois tranquille; tout ici l'est parfaite-
« ment; on ne craint rien, *et on va prendre des*
« *mesures pour vous secourir*. Tu conçois avec
« quelle peine je t'ai laissée seule; mais la loi im-
« périeuse du devoir m'a forcé à te quitter : je ne
« l'aurais certainement pas fait, si ta tranquillité
« n'était pas assurée; elle l'est d'une manière parfaite.
« Embrasse notre enfant; tranquillise-toi; repose bien
« cette nuit, et crois que je ne suis pas moins en sûreté
« que ma femme et ma fille que j'embrasse. Dis mille
« choses tendres à madame *Roullet* ou *Roullin* ou
« *Roussel* : c'est une bien bonne amie que nous al-
« lons bien embrasser. Tu dois te rappeler avoir vu
« une écritoire à moi, qui se ploie, et dont toutes les
« pièces sont en argent; elle doit être dans un étui de
« peau : cherche-la, et envoie-la-moi, en la mettant
« chez le portier de l'Intendance *.

---

* Il paraît certain que cette lettre était du sieur Duteil, commis de

Après cette lecture, M. Moreau de Saint-Méry a fait celle d'un procès-verbal, déposé sur le bureau par un député du district des capucins de la chaussée d'Antin, d'autant plus essentiel qu'il détruit le bruit semé la veille dans un papier trouvé dans la main de M. de Flesselles après sa mort.

Il est constaté par ce procès-verbal que M. François-Eloi Sausserottes de Raucour, bourgeois de Paris, demeurant rue Neuve-des-Capucins, maison du sieur Boudry, peintre, s'est présenté à l'Assemblée du district, et a déclaré qu'il s'était trouvé le jour d'hier dans la place de l'Hôtel-de-Ville, au moment où M. de Flesselles, prévôt des marchands, avait été tué; qu'il avait dans sa main un papier plié; que lui, sieur de Raucourt, l'en avait retiré à la prière de toutes les personnes présentes, en avait donné lecture, et s'en était emparé, promettant au public de le représenter dans l'Assemblée de son district; qu'en conséquence ledit sieur de Raucour a représenté un écrit qu'il a dit être celui que M. de Flesselles tenait dans sa main au moment de sa mort, et de la teneur suivante :

« J'ai l'honneur de prier M. le Prévôt des marchands
« de vouloir bien faire entendre au comité permanent
« de la Ville le sieur Lerouge sur une indication

---

l'intendance, à sa femme; et ces mots, écrits sans doute du Champ-de-Mars comme les trois lettres de l'Intendant, *on va prendre des mesures pour vous secourir*, auraient fait penser de même à des esprits calmes, et dans un temps paisible.

« importante, et sur laquelle il paraît convenir de
« donner les ordres les plus précis dans les districts.
« *Ce 14 juillet* 1789. Signé *Jannin*, Électeur de
« Saint-Leu, et l'un de MM. les commissaires ou dé-
« putés de la ville. »

Enfin, M. Moreau de Saint-Méry a fait lecture d'une lettre adressée à l'Assemblée par M. de Crosne, lieutenant-général de police, et par laquelle ce magistrat, en prévenant l'Assemblée qu'il vient de remettre entre les mains du roi, la démission de sa charge et des fonctions qui lui étaient confiées, lui offrait dans les termes les plus expressifs, de l'aider de tous ses soins et des connaissances que l'exercice même de sa charge lui avait données, dans toutes les opérations relatives aux subsistances de la capitale.

L'Assemblée a vu dans cette démission la preuve du patriotisme de M. de Crosne, qui donnait à la ville la certitude qu'elle ne sera pas contrariée dans la nouvelle administration dont les circonstances venaient de lui restituer le droit et l'exercice.

Mais l'Assemblée a jugé en même temps toute la pesanteur du fardeau qui lui était imposé, elle a senti la nécessité, en assurant la défense et la conservation de la ville contre les efforts qui menaçaient la liberté, de veiller en même temps avec une vigilance extrême à sa sûreté, à sa tranquillité intérieure et à ses approvisionnements.

Elle a décidé d'envoyer à M. de Crosne M. Perrier, et M....., Électeurs, chargés de lui présenter l'arrêté suivant :

« L'Assemblée de Paris, ayant été instruite par
« M. de Crosne qu'il venait de donner sa démission de
« l'office de lieutenant de police, a arrêté de députer
« vers lui à l'effet de lui témoigner ses regrets et sa re-
« connaissance pour le patriotisme dont M. de Crosne
« donne à l'Assemblée, comme citoyen, une nouvelle
« preuve, en lui offrant de continuer ses services
« pour toutes les précautions relatives aux subsis-
« tances. L'Assemblée a arrêté de charger ses dé-
« putés de prendre, de concert avec M. de Crosne,
« les renseignements qu'il a offerts, et de rendre pu-
« blique l'expression des sentiments dont elle est ani-
« mée pour un magistrat qui a toujours mérité son
« estime; et en outre, que cet arrêté serait imprimé
« et affiché. »

M. Deleutre, Électeur et membre du comité permanent, envoyé par M. Moreau de Saint-Méry pour
faire arriver un bateau de blé annoncé par le secrétaire de M. le procureur-général, est revenu, disant qu'on n'avait par voulu le laisser sortir de la
ville, et qu'on arrêtait aux barrières toutes les personnes sans distinction, et même celles nécessaires à
l'approvisionnement de la capitale.

L'Assemblée, frappée de cet inconvénient, a fait
parvenir sur-le-champ aux barrières l'ordre de laisser passer librement les fermiers, boulangers, bou-

chers, jardiniers, et tous autres qui apportent des provisions à Paris.

Et pour mettre M. Deleutre en état d'exécuter la commission dont il était chargé, elle lui a fait donner par le comité militaire, l'ordre suivant :

« Toutes les patrouilles et corps-de-garde de l'Hô-
« tel-de-Ville de Paris, laisseront librement passer
« M. Deleutre, Electeur et membre du comité, chargé
« de nos ordres et de ceux du comité, le reconnaî-
« tront comme notre aide-de-camp, et recevront
« tous les ordres qu'il leur portera de notre part et
« de celle du comité de l'Hôtel-de-Ville.

« Signé, le marquis DE LA SALLE. »

Le bureau était couvert et chargé de toutes les lettres saisies les deux jours précédents. Après quelques débats, il a été décidé que toutes ces lettres seraient lues et examinées. M. Moreau de Saint-Méry a fait la lecture de plusieurs ; mais comme on a reconnu qu'elles étaient étrangères aux circonstances, et que cette lecture pourrait occuper l'Assemblée plusieurs jours de suite, elle a pris le parti de nommer des commissaires qu'elle a chargés de lire ces lettres, de les examiner, de conserver, pour lui en faire rapport, toutes celles qui ne seraient pas absolument indifférentes aux circonstances ; de recacheter les autres aux armes de la Ville, et de les renvoyer à la poste.

Les commissaires nommés à cet effet ont été

MM. Garnier, négociant, Gornau, procureur aux consuls, Picard, avocat au parlement, Garran de Coulon, aussi avocat; tous Electeurs, et Champion, avocat aux conseils, et citoyen du district de....

Ces commissaires se sont sur-le-champ établis au fond de la grande salle, et ont procédé à l'opération dont ils étaient chargés.

Tout ceci était troublé, interrompu par de nouveaux avis, par des alarmes nouvelles qu'on renvoyait au bureau militaire, par des saisies, des dénonciations, des demandes de passe-ports et autres, qu'on a renvoyées au bureau de police, du moment où l'on a été instruit de sa formation.

MM. Bancal Desissarts et Ganilh, envoyés vers l'Assemblée nationale, sont revenus; ils ont rendu compte qu'introduits dans cette auguste assemblée, l'un d'eux, M. Bancal Desissarts, a prononcé le discours suivant :

« Messieurs, il est impossible à des cœurs français
« vivement affectés dans ce moment, de vous peindre
« les malheurs de leur patrie. Pardonnez le désordre
« de nos idées dans une circonstance des plus désas-
« treuses. L'établissement de la garde bourgeoise,
« qui avait été fait hier fort heureusement, avait
« procuré une nuit assez tranquille. Par le compte
« des opérations des districts, rendu au comité per-
« manent, il est constant que plusieurs particuliers
« non enregistrés ont été désarmés, et leurs armes

« apportées soit aux districts, soit à l'Hôtel-de-Ville.
« Ce matin, un escadron de hussards, qui s'était pré-
« senté dans le faubourg Saint-Antoine, a répandu
« une alarme générale et excité la fureur du peuple.
« Il s'est porté dans le quartier de la Bastille pour
« connaître les intentions du gouverneur. Sur l'avis
« qui en a été donné au comité, il a invité M. de
« Rhulières, commandant de la garde de Paris, et
« deux compagnies de Gardes Françaises, à aller au
« secours des citoyens attaqués. A peine étaient-ils
« arrivés, que les hussards avaient disparu. Bientôt
« après, une partie du peuple a appris au comité que
« le gouverneur de la Bastille avait fait tirer sur les
« citoyens : ce même peuple s'était emparé de trois
« Invalides de la Bastille, qu'il a conduits à l'Hôtel-
« de-Ville, et que le comité a fait mettre en sûreté
« dans les prisons de l'Hôtel. Le comité voulant pré-
« venir les malheurs qui allaient arriver à la Bastille,
« y a envoyé trois députations ; l'une composée de
« M. l'abbé Fauchet, et trois autres membres, pour
« conjurer le marquis Delaunay de ne point faire
« tirer le canon de la Bastille, et, afin de calmer le
« peuple, lui proposer de recevoir une garde bour-
« geoise. Ces messieurs, après avoir couru le plus
« grand danger, sont revenus sans avoir eu aucun
« succès. Une autre députation s'y est présentée avec
« un drapeau, et a fait le signal de la paix ; on l'a
« laissée pénétrer dans une cour de la Bastille, et

« bientôt une décharge a fait tomber à ses côtés des
« citoyens morts et blessés. M. de Corny, procureur
« du Roi et de la Ville, était de cette députation ; et
« à son retour, il a instruit le comité de ce fait. Nous
« sommes partis sans avoir entendu le résultat des
« démarches de la troisième députation. Mais, Mes-
« sieurs, une heure avant notre départ, nous avons
« vu le spectacle le plus alarmant : une partie du
« peuple, qui avait été témoin des malheurs arrivés
« à la Bastille, s'est portée à l'Hôtel-de-Ville, est en-
« trée dans la salle du comité, et a demandé à grands
« cris le siége de la Bastille. Dans ce moment, le co-
« mité a jugé que notre départ était nécessaire, et
« que nous ne devions pas perdre un instant pour
« faire part aux généreux représentants de la nation
« la plus généreuse de l'univers, de la douleur pro-
« fonde de tous les habitants de la capitale, et les
« supplier de nous aider de leurs lumières et de leur
« patriotisme. Pendant l'intervalle qui s'est écoulé
« entre la députation vers le gouverneur de la Bas-
« tille et son retour à l'Hôtel-de-Ville, plusieurs ci-
« toyens armés ont amené au comité deux courriers ;
« l'un chargé de la dépêche du ministre de la guerre,
« contenant des lettres adressées à M. de Sombreuil,
« gouverneur des Invalides, et à M. Berthier, inten-
« dant de l'armée ; l'autre chargé d'une lettre adressée
« au gouverneur de la Bastille. Le peuple demandait
« à grands cris l'ouverture de toutes les lettres : le

« comité est parvenu à sauver la dépêche du ministre
« de la guerre. Quant à la lettre au gouverneur de
« la Bastille, elle contenait ordre à ce gouverneur de
« tenir jusqu'à la dernière extrémité; qu'il avait des
« forces suffisantes pour se défendre. Nous allons
« avoir l'honneur, Messieurs, de vous faire lecture de
« l'arrêté pris par le comité permanent de la sûreté
« publique, assemblé à l'Hôtel-de-Ville. »

M. Bancal Desissarts a ajouté « qu'il a fait la lec-
« ture de l'arrêté du comité permanent; qu'il en a
« laissé sur le bureau de l'Assemblée nationale une
« copie certifiée de lui, et que M. le marquis de La
« Fayette, vice-président, a répondu à son collègue
« et à lui :

« Messieurs, l'Assemblée nationale, pénétrée des
« malheurs publics, n'a cessé de s'occuper jour et nuit
« des moyens de les prévenir ou de les arrêter. Dans
« ce moment même, son président, à la tête d'une
« députation nombreuse, est chez le Roi, et lui porte
« de notre part les instances les plus vives pour l'é-
« loignement des troupes. Je vous invite, Messieurs,
« à rester parmi nous, pour être témoins du rapport
« qui va nous être fait. » « Qu'ils sont restés; que l'As-
« semblée nationale a cru devoir envoyer sur-le-champ
« au Roi une seconde députation, sans attendre le re-
« tour de la première; que les deux députations sont
« revenues l'une après l'autre, et qu'après avoir en-
« tendu leur rapport, l'Assemblée nationale a daigné

« les charger, son collègue et lui, d'une réponse
« adressée à MM. les Électeurs, et de la copie des
« deux réponses faites par le Roi aux deux députa-
« tions à lui envoyées dans la journée par l'Assemblée
« nationale. »

La réponse de l'Assemblée nationale est ainsi conçue :

« L'assemblée nationale, profondément affectée des
« malheurs qu'elle n'avait que trop prévus, n'a cessé
« de demander à Sa Majesté la retraite entière et ab-
« solue des troupes extraordinairement rassemblées
« dans la capitale et aux environs. Elle a encore en-
« voyé dans ce jour deux députations au Roi sur cet
« objet, dont elle ne cesse de s'occuper nuit et jour.
« Elle fait part aux Électeurs des deux réponses
« qu'elle a reçues : elle renouvellera demain les mêmes
« démarches; elle les fera plus pressantes encore, s'il
« est possible; elle ne cessera de les répéter et de
« tenter de nouveaux efforts jusqu'à ce qu'ils aient
« eu le succès qu'elle a droit d'attendre, et de la jus-
« tice de sa réclamation et du cœur du Roi, lorsque
« des impressions étrangères n'en arrêteront plus les
« mouvements. »

La première réponse du roi est ainsi conçue :

« Je me suis sans cesse occupé de toutes les me-
« sures propres à rétablir la tranquillité dans Paris;
« j'avais en conséquence donné ordre au Prévôt des
« marchands et aux officiers municipaux de se rendre

« ici pour concerter avec eux les dispositions nécessai-
« res. Instruit, depuis, de la formation d'une garde
« bourgeoise, j'ai donné des ordres à des officiers gé-
« néraux de se mettre à la tête de cette garde, afin
« de l'aider de leur expérience et de seconder le zèle
« des bons concitoyens. J'ai également ordonné que
« les troupes qui sont au Champ-de-Mars, s'écarte-
« raient de Paris. Les inquiétudes que vous me té-
« moignez sur les désordres de cette ville, doivent
« être dans tous les cœurs, et affectent vivement le
« mien. »

La seconde réponse du roi est ainsi conçue :

« Messieurs, vous déchirez mon cœur de plus en
« plus, par le récit que vous me faites des malheurs de
« Paris : il n'est pas possible de croire que les ordres
« qui ont été donnés aux troupes en soient la cause;
« vous savez la réponse que j'ai faite à votre précé-
« dente députation : je n'ai rien à y ajouter. »

MM. Bancal Desissarts et Ganilh ont remis sur le
bureau la réponse de l'Assemblée nationale, et les
réponses du roi aux deux députations.

MM. Bancal Desissarts, et Ganilh, continuant
leur récit, ont dit : « qu'avant de quitter l'Assem-
« blée nationale, M. de La Fayette leur avait par-
« ticulièrement recommandé de se défier des officiers-
« généraux que, conformément à la réponse du roi, le
« gouvernement allait tenter de mettre à la tête de notre
« garde bourgeoise. Que dans leur retour à Paris, et

« avant d'arriver à Sèvres, ils ont été arrêtés et con-
« duits devant un officier des Gardes Françaises. Que,
« sur la déclaration de la mission dont ils étaient
« chargés, cet officier après avoir été prendre l'ordre
« du général, et posé quatre sentinelles à leur voi-
« ture, leur a permis de continuer leur route avec les
« quatre sentinelles. Qu'à Sèvres ces quatre soldats
« les ont mis entre les mains des Suisses, qui les ont
« conduits devant un autre général. Qu'ils ont vai-
« nement montré les preuves de leur mission, la dé-
« libération du comité permanent, les deux répon-
« ses du roi, celle de l'Assemblée nationale et un
« certificat qui leur avait été délivré par M. le mar-
« quis de La Fayette, vice-président, et M. de Lally-
« Tollendal, secrétaire. Que ce général leur a déclaré
« qu'ils ne pouvaient passer sans un ordre exprès du
« roi, et qu'en même temps il a dicté à son secrétaire
« une lettre pour obtenir cet ordre. Qu'ils ont con-
« versé successivement avec des officiers et des soldats.
« Que les officiers se plaignaient d'être excédés de
« fatigue, et d'avoir passé plusieurs nuits. Que les sol-
« dats disaient qu'ils ne se détermineraient pas à at-
« taquer les citoyens, mais qu'ils se défendraient s'ils
« étaient attaqués. Qu'ils avaient précipitamment, et
« dans la nuit, quitté leur camp du Champ-de-Mars,
« dans la crainte d'être investis par les Parisiens. Que
« l'entrée du pont de Sèvres était hérissée d'une mul-
« titude de soldats et de canons, et que, de l'autre côté,

« les tentes des régiments couvraient la grande allée de
« Saint-Cloud. Qu'ils ont reconnu l'impossibilité d'é-
« chapper à pied, parce que tous les postes, tous les
« passages étaient rigoureusement gardés. Mais que,
« dans l'impatience où ils étaient de rendre compte de
« leur mission à l'Assemblée, ils ont profité d'un bateau
« dans lequel ils n'ont été clandestinement introduits,
« que sur leur déclaration qu'ils étaient du *Tiers-
« État*, et de plus, députés des Électeurs de Paris.
« Que ce bateau, qui allait à l'École-Militaire chercher,
« s'il était possible de les recouvrer, les équipages des
« deux régiments suisses campés la veille au Champ-
« de-Mars, les a mis à terre au port de Passy. Qu'ils
« ont vu les statues de cette barrière brisées, et le
« bureau des commis incendié. Que ce spectacle leur
« a fait craindre de plus grands malheurs ; mais
« qu'arrivés à la hauteur des Tuileries, un autre sen-
« timent s'est emparé de leurs ames. Qu'ils n'ont pu
« voir sans attendrissement, sans admiration, les pré-
« paratifs faits pendant la nuit, pour défendre l'en-
« trée de cette ville, une haute barricade formée de
« pavés et de voitures, des canons placés sur la ter-
« rasse des Tuileries, tous les postes garnis de ci-
« toyens armés, et manifestant à l'envi les plus fermes
« résolutions. »

L'Assemblée a donné à MM. Ganilh et Bancal
Desissarts les marques de satisfaction que méritaient
leur zèle et leur courage.

Au milieu du désordre et du tumulte, quelques personnes se disant préposées des payeurs des rentes, et portant des registres, se sont présentées, et ont demandé qu'il leur fût donné acte de l'impossibilité où elles étaient de payer les rentes comme à l'ordinaire.

On les a interpellées de déclarer si elles apportaient les fonds destinés à ces paiements.

Elles ont dit que les fonds étaient chez les payeurs, et qu'elles offraient de les apporter à l'Hôtel-de-Ville et de payer comme à l'ordinaire, si on leur rendait libre et sûre la salle destinée à ces paiements.

L'Assemblée, attendu l'impossibilité notoire de dégager la salle des paiements, toujours remplie, comme les autres salles de l'Hôtel-de-Ville, d'une foule innombrable, a arrêté que les Petits-Pères de la Place-Victoire, seraient invités à donner un emplacement propre à ce service; que la liberté des paiements, et la sûreté des sommes à ce destinées, seraient surveillées par une garde suffisante, et qu'à l'instant on ferait imprimer et afficher un avis portant ces mots:

« L'Hôtel-de-Ville étant toujours occupé pour les
« affaires publiques, on est averti que les paiements
« des rentes se feront demain Jeudi 16 juillet, dans
« l'église ou la maison des Petits-Pères de la Place-
« Victoire. »

M. Ricard, chancelier de la compagnie de l'Arquebuse, s'est adressé à M. le marquis de La Salle pour demander ce qu'il convenait de faire de l'officier et des soldats suisses de Salis-Samade, faits prisonniers à la Bastille, et que, la veille, la compagnie de l'Arquebuse, par ordre de M. Moreau de Saint-Méry, président des Électeurs, avait déposés dans les districts de Saint-Jean-en-Grève et de Saint-Gervais.

M. le marquis de La Salle ayant fait part à l'Assemblée de la demande de l'Arquebuse, il lui a été délivré l'ordre suivant :

« La compagnie de l'Arquebuse se chargera de l'of-
« ficier et des soldats de Salis-Samade par elle con-
« duits à Saint-Jean et à Saint-Gervais, et les fera
« marcher avec elle, dans les marches qu'elle a ordre
« de faire aujourd'hui. »

M. Moreau de Saint-Méry fait part à l'Assemblée qu'il vient de recevoir une lettre de M. Delavigne, par laquelle ce président de l'Assemblée annonce qu'une fluxion très considérable ne lui permet pas d'assister à sa séance, et transmet, pour la conduite à tenir dans ces circonstances orageuses, des avis qui prouvent la sagesse de M. Delavigne et son amour pour le bien public.

Les députés du district Saint-Honoré, chargés pendant la nuit de conduire à Charenton le particulier dont il a été fait mention dans le rapport de M. Moreau de Saint-Méry, sont venus rendre compte de leur mission.

Et ils ont laissé sur le bureau le récépissé du père

Eusèbe Boyer, prieur de la maison de la charité de Charenton, qui reconnaît avoir reçu dans sa maison un inconnu, sorti de la Bastille, conduit par M. Imbert, inspecteur-général des Fermes, pour en prendre soin.

M. Alix, citoyen du district des Filles-Saint-Thomas, et receveur des octrois de la ville, a représenté « qu'il était de la dernière importance de pourvoir « sur-le-champ à la garde et sûreté des barrières et « à la protection des entrées et droits de la Ville ; que « la perception de ces droits pouvait seule, dans cette « crise, alimenter les fonds destinés à tous les objets « du moment ; que les précautions à prendre étaient « d'autant plus indispensables, que les barrières « avaient été incendiées, les bureaux pillés, les re- « gistres déchirés, et tous les commis dispersés. »

On a dit alors que le comité permanent s'était occupé de cet objet, et on a fait lecture d'un arrêté conçu en ces termes :

« Arrêté que MM. de la ferme générale et de la ré- « gie générale continueront de percevoir les droits « d'entrée et autres droits établis à Paris ; à l'effet de « quoi, ordonne que la milice parisienne prêtera « main-forte pour assurer ladite perception, et veiller « à la sûreté des deniers dont l'emploi sera déterminé « par le comité. »

L'Assemblée a cru ne devoir rien ajouter à cet arrêté, qui a été sur-le-champ imprimé et affiché.

L'Assemblée a de même approuvé les ordres donnés par le comité à plusieurs Électeurs, et notamment à M. Damoye, d'acheter, au plus bas prix possible, tous les fusils qu'ils pourraient se procurer : ce moyen étant sans contredit le moyen le plus paisible et le plus sage de mettre en sûreté des armes utiles dans des mains fidèles, et dangereuses dans des mains suspectes.

On a apporté le tableau qui ornait la chapelle de la Bastille, et qui représente saint Pierre aux liens : M. Moreau de Saint-Méry l'a fait placer sur la cheminée de la grande salle, derrière le buste de M. le marquis de La Fayette.

MM. les élèves en chirurgie ayant fait demander les instructions de l'Assemblée sur le régime militaire qu'ils entendaient établir parmi eux, l'Assemblée a fait passer au bureau militaire l'ordre de leur envoyer M. Groizard, Électeur et officier des grenadiers royaux, pour présider à leur formation militaire, en attendant que M. le comte de Chabrillant, qui a accepté leur commandement, se présente.

Deux particuliers se sont présentés suivis d'une grande multitude qui les applaudissait avec transport. Les uns disaient qu'ils apportaient à la Ville une grande et heureuse nouvelle; les autres, qu'ils venaient offrir le secours d'une somme considérable.

L'un des deux particuliers s'est avancé vers le bu-

reau, et il a dit qu'il s'appelait Labarthe, et qu'il
était citoyen de Paris, prêt à sacrifier pour la commune toutes ses facultés, et même sa vie; qu'il avait
plusieurs enfants, qui, dans ce moment même, étaient
sous les armes avec leurs concitoyens ; qu'il s'était
formé au Palais-Royal une troupe assez considérable
de jeunes volontaires, au nombre d'environ douze à
quinze mille; qu'il les avait rassemblés; et que, sur
la nécessité par lui exposée, non seulement d'être
conduit par un chef, mais encore d'être éclairé et
guidé sur les efforts qu'il fallait repousser ou entreprendre, ce corps volontaire avait bien voulu le proclamer son capitaine; mais qu'il n'emploierait, en le
commandant, qu'une autorité illégitime, si sa nomination n'était pas confirmée par l'Assemblée ; qu'il
venait supplier l'Assemblée de ne pas laisser sans chef
une troupe qui pouvait être d'une grande utilité; qu'il
n'avait droit de prétendre à cette place que par son
zèle, son courage et son dévoûment; qu'il était prêt
d'obéir au commandant plus digne et plus capable
que lui que l'Assemblée pourrait nommer; que, dans
tous les cas, il suppliait que l'on voulût bien joindre
à cette jeunesse intrépide, mais inexpérimentée, un
certain nombre de ces anciens militaires, de ces braves Gardes Françaises dont il se ferait un honneur, un
devoir, de suivre les leçons et les exemples; qu'il ne
demandait, enfin, aucun secours pécuniaire; qu'il
était déja certain de trouver dans sa bourse et dans

celle de ses amis, une somme de 500,000 livres pour les dépenses de son entreprise.

L'offre patriotique de M. de Labarthe a excité les plus vifs applaudissements ; et l'Assemblée, par l'organe de M. Moreau de Saint-Méry, son président, lui a témoigné combien elle était touchée des sentiments qu'il venait de manifester.

Elle l'a proclamé commandant des volontaires du Palais-Royal, en lui imposant néanmoins cette condition impérieuse, de reconnaître pour chef supérieur M. de La Salle, commandant en chef de la garde parisienne, nommé par l'Assemblée, et de n'obéir qu'aux ordres émanés du bureau militaire.

M. de Labarthe s'y est engagé en prêtant le serment, de la manière accoutumée, de remplir avec fidélité et courage les fonctions dont il était chargé sous les ordres de M. le commandant-général, et du bureau militaire.

Comme il se disposait à se retirer, M. Moreau de Saint-Méry, président, lui a présenté une épée, en lui disant : *c'est la patrie qui vous la donne.*

M. de Labarthe a reçu cette épée avec reconnaissance, et il a réitéré le serment de ne l'employer qu'à la défense de la liberté commune.

Ce particulier était à peine sorti, que MM. Démeunier et Du Port, députés à l'Assemblée nationale, sont entrés, et ont dit qu'ils venaient pour prendre connaissance particulière de la situation de Paris, parce que l'Assemblée désirait régler sur cette connaissance bien certaine, ses déterminations ultérieures; qu'ils avaient parcouru plusieurs parties de la capitale; qu'ils avaient vu avec une satisfaction égale à leur étonnement, les dispositions courageuses faites par tous les habitants de cette grande ville, et les sentiments patriotiques qui enflamment tous les cœurs;

Mais que leur compte à rendre à l'Assemblée nationale serait imparfait, s'il n'était point en état de l'instruire des travaux de l'Assemblée des Électeurs et du comité permanent, et des mesures prises, autant pour la sûreté individuelle que pour la liberté publique.

Après avoir entendu le rapport qui leur a été fait par M. Moreau de Saint-Méry, après avoir visité tous les bureaux, et pris la plus exacte connaissance de la distribution des bureaux et de l'état intérieur de l'Hôtel-de-Ville, MM. Demeunier et Du Port se sont retirés pour se rendre à Versailles.

Le même désordre agitait toujours toutes les parties de la capitale; le soupçon, la méfiance, les alarmes continuelles, interceptaient tous les passages et suspendaient toute circulation; on arrêtait toujours aux barrières mêmes, les courriers de la poste aux lettres, et on les conduisait avec leurs dépêches à l'Hôtel-de-Ville.

Les commissaires nommés pour la lecture et la

vérification des lettres, continuaient toujours cette opération avec une grande assiduité, et chaque instant augmentait leur travail.

Sur les onze heures du matin, un postillon est entré dans la salle, et il a dit qu'un district, inquiet du bruit qui se répandait que les troupes de Saint-Denis dirigeaient des canons sur Paris, et préparaient le siége de cette ville, l'avait envoyé à Saint-Denis pour voir ce qui s'y passait, et pour rendre compte au district et aux Électeurs;

Qu'en effet il était parti pour remplir cette commission; mais que l'aspect des dragons postés dans la plaine, et les avis à lui donnés par plusieurs personnes qui sortaient de Saint-Denis, qu'on faisait dans cette ville de grands préparatifs de guerre, l'avaient intimidé au point qu'il était revenu sur ses pas.

Alors MM. les commissaires préposés à la lecture des lettres, ont desiré faire connaître à l'Assemblée celles qui leur avaient paru mériter quelqu'attention.

Ces lettres ont été lues : elles étaient écrites à des personnes domiciliées à Paris, par des officiers campés à Gonesse, à Claye, aux environs de Saint-Denis, et toutes relatives aux circonstances. Ces officiers instruisaient les Parisiens du prompt trajet qu'on leur avait fait faire pour se rendre aux postes qu'ils occupaient, des projets hostiles qu'ils attribuaient à leurs chefs contre la ville de Paris : quelques uns annonçaient avoir reçu l'ordre de s'approcher davantage de la capitale : d'autres attendaient le même ordre à chaque instant; on lisait dans l'une, *nous craignons que les soldats ne veuillent pas obéir;* dans l'autre, *nous marchons à l'ennemi.* Deux de ces lettres entre autres donnaient aux personnes à qui elles étaient écrites, le conseil de quitter Paris le plus promptement possible.

La lecture de ces lettres et le rapport du postillon, ont jeté l'alarme dans l'Assemblée.

M. Darimajou, qui faisait alors avec M. Garran de Coulon les fonctions de Secrétaire, s'est levé, et a dit qu'il convient de ne rien négliger pour la défense commune; mais qu'avant de répandre ces détails alarmants, il convient davantage de vérifier des faits exagérés peut-être par un postillon timide, annoncés par des officiers, moins d'après des ordres certains et véritablement reçus, que sur les conjectures tirées de leur voyage précipité, du rassemblement des troupes et des dispositions connues;

Qu'il faut envoyer à Saint-Denis une personne capable de braver tous les dangers pour pénétrer dans cette ville, et qui, dans quatre heures, puisse instruire l'Assemblée de la situation des troupes et des préparatifs qu'elles peuvent faire.

M. Darimajou s'est généreusement offert pour remplir cette commission. Si je ne reviens pas avant quatre heures, a-t-il ajouté, ma détention sera pour vous la preuve des faits qui vous alarment. Je demande seulement que personne ne sorte de cette salle avant une heure d'ici, pour que je puisse arriver à Saint-Denis avant que les traîtres, s'il y en a parmi nous, donnent avis de ma démarche.

L'Assemblée a donné à M. Darimajou des témoignages sensibles de sa satisfaction, et elle lui a fait expédier l'ordre qui suit :

« Laissez passer librement M. Darimajou, Électeur,
« soit en allant, soit en revenant : il va à la décou-
« verte. Nous vous prions de lui fournir chevaux,
« armes, et tout ce qui lui sera nécessaire. »

Il a été de plus arrêté que personne ne sortirait de la salle, pendant une heure au moins, à compter du moment du départ de M. Darimajou; et deux Électeurs se sont emparés des portes.

Plusieurs personnes s'étant présentées pour accompagner M. Darimajou, il a choisi M. Desroches de Framicourt, citoyen du district de Saint-Eustache, qui s'était offert le premier.

L'alarme que la lecture des lettres arrêtées rendait cette fois vraisemblable, était réellement concentrée dans l'Assemblée des Électeurs.

Elle a été seulement communiquée à M. le marquis de La Salle, qui a fait sur-le-champ partir 300 Gardes Françaises, avec quelques pièces de canon, en ordonnant que 150 de ces gardes se portassent à la barrière Saint-Martin, et 150 à la barrière St-Denis; que les citoyens des districts voisins se joignissent aux Gardes Françaises, et que la communication fût établie par la rue des Récollets.

C'est dans ce moment d'inquiétude et d'effroi, que plusieurs Électeurs réunis autour du bureau, réfléchissant sur la place de commandant général de la Garde nationale, offerte inutilement à M. le duc d'Aumont, ont parlé de la nécessité de nommer à cette place un homme qui pût efficacement seconder le zèle, l'intelligence et le courage des officiers supérieurs déja nommés, et déja recommandables par des services signalés.

Alors M. Moreau de Saint-Méry s'est contenté de montrer le buste de M. le marquis de La Fayette. Ce geste a été vivement senti, et tous les vœux des assistants se sont réunis pour que la défense de la liberté française pût être confiée à l'illustre défenseur de la liberté du Nouveau-Monde.

Le comité permanent a fait parvenir à l'Assemblée la réclamation de M. le comte d'Ogny, intendant-général des Postes, sur la nécessité de rendre à la circulation des lettres son activité ordinaire, si l'on desirait qu'un plus long retard ne portât pas une atteinte funeste à toutes les branches du commerce.

M. d'Ogny demandait encore que quatre Électeurs fussent nommés, pour assister à l'arrivée, au départ, et à la distribution des lettres et paquets.

L'Assemblée, sur cette demande, a arrêté que le service de la poste aux lettres ne serait plus interrompu, et que le bureau militaire ferait sur-le-champ parvenir aux barrières l'ordre de ne plus arrêter les courriers, et aux patrouilles celui de les laisser passer librement jusqu'à l'Hôtel des Postes.

Elle a nommé en même temps MM. Gittard, Chaudot, Boyer et Dameuve fils, Électeurs, qu'elle a chargés d'assister à l'arrivée et au départ, à la distribution des lettres et paquets; d'arrêter celles qui paraîtraient suspectes, et surtout d'empêcher toute violation du secret, relativement à celles qui ne portaient aucun caractère alarmant pour la tranquillité publique.

Elle a arrêté enfin que le comité permanent serait chargé de faire imprimer et afficher un avis au Public, portant que l'administration des Postes continuerait son service comme par le passé, en présence des quatre Électeurs nommés pour veiller à ce qu'il ne fût commis aucune espèce de violation de confiance.

MM. Gittard, Chaudot, Boyer et Dameuve ont accepté la commission qui leur était donnée, et ils sont partis pour la remplir, une heure après le départ de MM. Darimajou et Desroches de Framicourt.

Quelques moments après, l'Assemblée a reçu de ces quatre commissaires un billet ainsi conçu :

« Nous prions Messieurs du comité de vouloir bien
« renvoyer à l'Hôtel des Postes tout ce qu'ils croiront
« convenable, tant en paquets et lettres que chevaux
« et voitures, pour ne point interrompre le service

« public; nous inspecterons le tout, et il est absolu-
« ment nécessaire de ne plus mettre de retard. *Signé,*
« Gittard, Chaudot, Boyer et Dameuve. »

Sur cette invitation, l'Assemblée a arrêté que toutes les lettres, recachetées par les commissaires, du cachet de la ville, même celles qui n'étaient pas lues encore, seraient sur-le-champ renvoyées à l'hôtel des postes, sauf à y être examinées par MM. Gittard, Chaudot, Boyer et Dameuve.

Les députations des districts se renouvelaient sans cesse, soit pour transmettre à l'Hôtel-de-Ville les avis qu'ils recevaient à chaque instant sur les dispositions des troupes aux environs de Paris, soit pour demander les ordres et les moyens de défense.

Dans le même temps, le comité permanent s'occupait de deux objets importants.

Le plus grand inconvénient de l'administration actuelle, dont les opérations devaient, pour être bien exécutées, égaler la multiplicité et la rapidité des mouvements qui entraînaient en sens différent, et quelquefois contraire, toutes les parties de la capitale, était le défaut d'une correspondance continuelle entre l'Hôtel-de-Ville et les districts; il était intéressant de trouver un moyen qui pût transmettre à chaque instant, à tous les districts de Paris, les décisions générales émanées de l'Hôtel-de-Ville.

Le comité permanent a arrêté que les districts seraient invités à envoyer tous les jours à l'Assemblée générale, séante à l'Hôtel-de-Ville, chacun deux députés, pour y donner leur avis sur tout ce qui concernait l'intérêt commun, et reporter le soir à leurs districts respectifs, ce qui aurait été fait et décidé à l'Hôtel-de-Ville.

Le comité permanent a été déterminé à préférer ce moyen, par la considération qu'à l'avantage d'une correspondance journalière et éclairée il joignait l'avantage, aussi précieux sans doute, d'entretenir la confiance nécessaire entre les assemblées particulières des districts et les assemblées générales de l'Hôtel-de-Ville, et de faire participer les citoyens de toutes les classes, autant qu'il était possible, aux délibérations qui intéressaient toutes les classes des citoyens.

En conséquence, le comité permanent a fait imprimer, afficher et passer à tous les districts, l'invitation faite à chacun d'eux, d'envoyer à l'Assemblée deux députés qui se relèvent soir et matin, afin que l'Assemblée reste suffisamment garnie, que les affaires publiques ne souffrent aucun retard, et que les districts soient avertis, soir et matin, de tout ce qui se fera.

D'un autre côté, le comité permanent voyait avec douleur la misère extrême dans laquelle cette subversion de tous les rapports sociaux allait précipiter une grande partie des citoyens de la capitale.

Tous, sans distinction, avaient couru aux armes à

la première nouvelle du danger; ils étaient tous employés à la défense commune ; les ateliers étaient déserts, les boutiques étaient fermées; tout travail, tout commerce, étaient interrompus. Cette activité guerrière pouvait être long-temps indispensable; et dans cette multitude de citoyens-soldats, combien ne pouvaient exister que du fruit journalier de leurs travaux!

Persuadé de la nécessité d'écarter loin d'eux une misère extrême, et le désespoir qu'elle entraîne à sa suite, le comité permanent a fait un arrêté conçu en ces termes :

« Le comité voulant pourvoir efficacement à la
« subsistance des malheureux habitants de la capi-
« tale, et à la paie des citoyens employés au service
« de la patrie, qui sont hors d'état d'y employer leur
« temps gratuitement, invite MM. les présidents des
« Assemblées d'ouvrir des souscriptions dans chacun
« de leurs districts, qui seront fixées à la moitié
« d'une année de capitation. Chaque district nom-
« mera ses trésoriers et receveurs particuliers, qui
« verseront ensuite entre les mains de M. Camet de
« Bonardière, caissier de la ville, que le comité a
« nommé trésorier général. »

Cet arrêté a été communiqué à l'Assemblée, qui, en approuvant cette précaution bienfaisante, a songé au moyen de faire cesser les dangers et les alarmes qui la rendaient nécessaire.

NOUVELLE DÉPUTATION A VERSAILLES. (15 juillet.)

Le moyen le plus sensible, celui qui frappait tous les esprits, était d'envoyer des députés à l'Assemblée nationale, chargés de la supplier de redoubler ses efforts pour faire parvenir la vérité jusqu'au trône, éclairer et toucher le cœur du meilleur des rois, l'engager enfin à écarter de son peuple ces troupes étrangères qui le menacent comme un peuple ennemi, et de sa personne ces ministres prévaricateurs qui trompent ses intentions bienfaisantes, et qui abusent de son autorité légitime.

Pour remplir cet objet, M. Moreau de Saint-Méry, président, a proposé de charger les députés qu'on se proposait d'envoyer, d'un arrêté conçu en ces termes :

« L'Assemblée tenante à l'Hôtel-de-Ville a recours
« à l'Assemblée nationale, comme la plus propre à
« exprimer à un grand roi les calamités dont la ca-
« pitale de son royaume est accablée. La journée
« d'hier sera à jamais mémorable par la prise d'une
« citadelle que la perfidie de son gouverneur a mise
« en un instant au pouvoir d'un peuple dont la bra-
« voure s'est irritée par une parole d'honneur trahie.
« Cet acte, qui est la meilleure preuve qu'une nation
« qui sait le mieux obéir, est avide de sa juste liberté,
« a été suivi des traits que les malheurs publics avaient
« pu présager. C'est aux représentants de cette même
« nation à dire à ce roi que le ciel a destiné à être
« adoré de son peuple, que c'est par la douceur qu'il
« doit régner, et qu'il est temps que cette belle nation

« cesse d'être traitée comme si elle était coupable. »

Cet arrêté approuvé par l'Assemblée, MM. Garran de Coulon, Lafeutrie, Patris et Brillantois-Marion, Électeurs, ont été chargés de le porter à l'Assemblée nationale, et ces députés sont partis à l'instant même.

M. Deleutre est revenu, et il a dit qu'il venait de remplir sa commission; que le bateau de blé annoncé était arrivé au port de la Briche; qu'il venait de donner l'ordre de le distribuer dans les moulins des environs; qu'en sortant de Paris, il a trouvé le régiment de Ventimille en halte à La Chapelle, mais ne l'a plus trouvé en revenant, et qu'on lui a dit que ce régiment s'était retiré à Saint-Denis.

Sur les deux heures ou environ, les nouvelles alarmantes s'étaient succédé avec tant de rapidité, et les esprits étaient parvenus à un tel degré de fureur, que l'Assemblée venait d'arrêter de faire dépaver toutes les rues; et son président, M. Moreau de St-Méry, en signait l'ordre, lorsque la nouvelle la plus heureuse et la plus imprévue est venue changer des jours d'alarme en des jours d'alégresse, et placer au milieu de l'Hôtel-de-Ville les fondements de la liberté et de la félicité de toute la France.

Un particulier, haletant, couvert de sueur, près de tomber en défaillance, s'est présenté, et il a dit qu'il venait de faire la course de Versailles à Paris en une heure et demie, et qu'il était content d'apporter le premier à la ville de Paris la nouvelle de son bonheur.

PREMIÈRES NOUVELLES DE PAIX. (15 juillet.)

Malgré l'impatience qu'on avait de l'entendre, on l'a prié de calmer ses sens.

Il était plus impatient encore de parler, et il a dit que tous les malheurs étaient finis; qu'il était dans la salle de l'Assemblé nationale, lorsque le Roi y est venu le matin sans gardes, et accompagné seulement des deux princes ses frères; que le Roi a prononcé un discours souvent interrompu par des cris d'attendrissement et de joie; que le Roi a dit : *Je viens avec confiance au milieu des représentants de la nation, leur témoigner ma douleur, et les inviter à prendre tous les moyens de finir les maux de l'État. Je ne suis qu'un avec ma nation; j'ai donné les ordres pour que les troupes s'éloignent à l'instant de Paris et de Versailles; je désire que vous réunissiez vos efforts aux miens pour rétablir le calme dans la capitale.*

Le même particulier a ajouté que ces paroles n'étaient pas peut-être les propres paroles du discours prononcé par Sa Majesté à l'Assemblée nationale mais que les résultats étaient certains.

Qu'après avoir entendu le Roi, le sentiment le plus vif et le plus délicieux l'avait emporté; qu'il s'était précipité sur la route de Paris, dans un cabriolet pris à la Poste; qu'arrivé à Sèvres, il a été arrêté par des soldats suisses qui l'ont conduit à l'officier-commandant; que cet officier lui a demandé pourquoi il voulait aller à Paris; qu'ayant expliqué à l'officier le motif de son voyage et de sa vive impatience, l'officier avait répondu que les ordres donnés ne lui permettaient pas le passage.

Qu'alors il a cherché des officiers du régiment de Reinach, suisse, qu'il connaissait; qu'il les a vainement suppliés de le laisser passer.

Que, désespéré de ce contre-temps, il a traversé la rivière dans un batelet, et qu'il a couru à pied, depuis le bord de la rivière, jusqu'à l'Hôtel-de-Ville.

Cette grande nouvelle a excité un transport universel : quelques esprits affectaient encore le soupçon et l'incrédulité; mais le plus grand nombre croyait la chose vraisemblable, possible, certaine, dans l'opinion religieuse qu'ils s'étaient formée des sentiments de justice et de bonté qui remplissaient le cœur de Sa Majesté.

On a demandé à ce particulier son nom et sa demeure. Il a dit se nommer Charles-Joseph Piquais, négociant, demeurant rue de la Sourdière, n° 10; et sur les soupçons manifestés par quelques membres de l'Assemblée, il a désiré rester lui-même en ôtage à l'Hôtel-de-Ville, jusqu'à ce qu'on eût acquis la certitude de ce qu'il venait d'annoncer.

Cependant l'Assemblée a chargé M. Bigot de Préameneu, l'un de ses membres, d'aller à l'instant même à Versailles, pour vérifier la plus importante de toutes les nouvelles, et M. Bigot de Préameneu est parti sur-le-champ avec un passe-port de l'Assemblée.

Bientôt la nouvelle est devenue publique. M. le marquis de Villette est accouru, conduisant un autre particulier à cheval, qui arrivait de Versailles, et qui a confirmé la relation déja faite de la présence et du discours du Roi au milieu de l'Assemblée nationale.

Une heure après, on a annoncé un membre de l'Assemblée nationale.

M. Lavenue, député de Bazas, est entré, et il a dit que, sur l'invitation faite par le Roi lui-même à l'Assemblée nationale, elle avait arrêté d'envoyer sur-le-champ à Paris une députation nombreuse chargée d'apprendre à la capitale la cessation des causes qui la plongeaient depuis trois jours dans un désordre épouvantable, l'éloignement des troupes, et l'accord parfaitement établi entre les représentants de la nation et son souverain.

Qu'au moment où il parlait, les députés devaient être partis de Versailles, qu'ils allaient arriver dans une heure ou à peu près.

Qu'il avait désiré les prévenir autant pour apporter la paix et le bonheur à Paris quelques moments plus tôt, que pour donner à l'Hôtel-de-Ville le temps de n'être pas surpris par une députation nombreuse, inattendue, et la seule que l'Assemblée nationale aura jamais envoyée à une municipalité.

L'Assemblée a fait à M. Lavenue les plus vifs et les plus sincères remercîments.

Elle était bien peu nombreuse; le temps ne permettait pas de grands préparatifs.

Il a été arrêté que MM. Duveyrier, secrétaire de l'Assemblée et membre du comité permanent, Deleutre, l'abbé Fauchet et Legrand de Saint-René, Électeurs et membres du comité permanent, précédés de douze cavaliers du Guet, et suivis d'un détachement de Gardes Suisses et deux tambours, se transporteraient au-devant de MM. les députés de l'Assemblée nationale, pour les recevoir à l'entrée de Paris et les conduire jusqu'à l'Hôtel-de-Ville.

En même temps elle a transmis au bureau militaire l'ordre que le canon fût tiré au moment où la députation de l'Assemblée nationale mettrait le pied sur l'escalier de l'Hôtel-de-Ville.

MM. Duveyrier, Deleutre, Fauchet et Legrand de Saint-René, sont partis sur-le-champ pour s'acquitter de cette honorable commission.

La salle était pleine de différentes députations, et entre autres d'une députation de la communauté de Sèvres, qui venait prendre les intentions de l'Assemblée sur ce qu'il convenait de faire au milieu des troupes dont ce village était inondé.

Presque tous les districts envoyaient aussi à l'Assemblée, des députés, pour s'assurer de la vérité de cette grande nouvelle, déja répandue dans la capitale, d'une réconciliation générale.

Plusieurs citoyens armés, accompagnés de quatre soldats aux Gardes Françaises, ont conduit dans la salle un postillon à la livrée de M. le duc d'Orléans, arrêté à la barrière de la Conférence, comme porteur d'une lettre à l'adresse de madame la duchesse d'Orléans.

Les citoyens qui avaient arrêté ce postillon ont demandé à l'Assemblée que le cachet de cette lettre fût rompu par le Président, et que la lecture fût faite hautement : *Non*, disaient-ils, *que les sentiments bien connus de la maison d'Orléans puissent donner à cet égard aucun soupçon, mais il est possible que les ennemis de la révolution abusent de ce nom respectable et de la livrée du prince pour faire parvenir en sûreté des avis secrets à leurs partisans.*

L'Assemblée était disposée à prendre ce parti. L'inquiétude se manifestait d'une manière très sensible et très tumultueuse, lorsqu'un Électeur a proposé un moyen qui conciliait à la fois l'inviolabilité du secret des lettres, le respect que l'on devait en particulier au nom d'Orléans, et la certitude, indispensable à acquérir, que ce nom révéré n'était point compromis par des personnes ennemies et des desseins coupables.

Ce moyen était de confier le paquet à un Électeur qui le remettrait à madame la duchesse d'Orléans en personne, s'assurerait d'elle que le paquet lui était destiné, et, dans le cas contraire, que le paquet serait rapporté à l'Assemblée pour prendre par elle le parti convenable.

Cet avis ayant été adopté par une acclamation générale, celui même qui venait de le donner, M. Mitouflet de Beauvois, a été unanimement invité à se rendre auprès de madame la duchesse d'Orléans.

On a observé que cette princesse n'était point à Paris, mais au Rincy; qu'un détachement de hussards fermait le passage, et que, par prudence seulement, M. Mitouflet devait être accompagné.

Plusieurs Gardes Françaises ont réclamé cette faveur; mais M. Mitouflet, observant que leur courage serait plus utile à Paris, les a remerciés de leur offre généreuse.

Deux capitaines de la garde bourgeoise ont insisté; M. Mitouflet a accepté leur service; et il se disposait à partir avec eux, lorsqu'on a annoncé l'approche de la députation de l'Assemblée nationale.

Alors l'Assemblée a décidé que M. Mitouflet retarderait son voyage, voulant qu'à la remise du paquet dont il était porteur pour la princesse, il joignît le compte des heureuses nouvelles dont l'Assemblée nationale daignait faire part à celle des Électeurs.

Une difficulté était survenue pour la garde de la Bastille, entre M. Soulès, nommé commandant de cette forteresse la veille, à onze heures du soir, par M. le marquis de La Salle, et M. de Boutidoux, député suppléant des communes de Bretagne à l'Assemblée nationale, pourvu dans la matinée du même titre et de la même autorité par M. le marquis de La Salle.

Il a été reconnu que cette seconde nomination

d'un commandant de la Bastille n'était qu'une erreur. M. de Boutidoux a renoncé lui-même à sa nomination, et il a été arrêté que M. le marquis de La Salle donnerait un ordre par lequel M. Soulès serait autorisé à retourner à la Bastille, et à garder le commandement de cette forteresse jusqu'à ce que le comité eût nommé quelqu'un pour le remplacer; le commandement en second provisoirement attribué à M. Élie, officier au régiment de la Reine, sous les ordres du comité permanent; excluant expressément de la garde de ce poste tous les officiers ou soldats qui n'auraient pas un mandement particulier de M. le marquis de La Salle.

Sur les trois heures ou environ, plus de deux mille hommes, tant citoyens armés que Gardes Françaises, sont arrivés devant l'Hôtel-de-Ville, conduisant en triomphe un nombre considérable de soldats de l'armée du maréchal de Broglie, cavaliers et fantassins, beaucoup de chevaux, des canons, des trains d'artillerie et des chariots chargés de bagages de toute espèce.

L'Assemblée a arrêté que les canons, l'artillerie et le bagage seront mis en lieu de sûreté, jusqu'à ce qu'on puisse statuer paisiblement sur ces objets; et que les soldats et chevaux seront répartis dans les différents districts, avec les précautions déjà prises vis-à-vis tous les dragons, hussards et fantassins qui se sont jusqu'à présent présentés pour servir la commune.

En cet instant, MM. Garran de Coulon, Patris, de

CINQ ÉLECTEURS DÉPUTÉS A VERSAILLES

La Feutrie et Brillantois Marion, Électeurs, envoyés ce matin par l'Assemblée des Electeurs vers l'Assemblée nationale, ont été ramenés à l'Hôtel-de-Ville par un grand nombre d'hommes armés, et M. Garran de Coulon a dit :

Qu'après avoir pris des chevaux de poste, rue Contrescarpe, et fait viser leur pouvoir au grand corps-de-garde de la rue Dauphine, ils avaient traversé Paris sans obstacle, sous les auspices de deux soldats citoyens du district de l'Abbaye Saint-Germain-des-Prés, dont lui-même est directeur, et qui ont eu la complaisance de monter, avec le cocher, sur le siége de leur voiture ;

Mais qu'ils avaient été arrêtés à un corps-de-garde du district des Jacobins-Saint-Dominique ;

Qu'ils ont vainement représenté leurs pouvoirs, et vainement détaillé avec la plus grande modération les motifs et la nécessité de leur voyage ;

Qu'on s'est obstiné à les prendre pour des transfuges qui voulaient s'échapper, et qui avaient fabriqué les pouvoirs dont ils étaient porteurs ;

Qu'ils avaient vainement demandé à être conduits, soit au district, soit au comité du district, soit devant le président ; vainement offert les uns et les autres de rester en ôtage, et de répondre de la vérité sur leur tête, pourvu qu'un seul d'entre eux obtînt la liberté de continuer sa route ;

Que le peuple, attroupé et furieux, voulait qu'on

les pendît sur-le champ, ou qu'on leur coupât la tête :

Qu'au milieu des menaces et même des coups qu'on leur adressait, un des soldats-citoyens leurs conducteurs avait reçu dans la joue un coup de baïonnette.

Que cet accident ayant un peu calmé l'effervescence, ils avaient obtenu enfin d'être reconduits à l'Hôtel-de-Ville, sous l'escorte de plusieurs soldats-citoyens.

Les Électeurs ont félicité leurs députés en les embrassant, et ils leur ont transmis alors tous les détails satisfaisants qu'ils venaient d'apprendre.

M. Delavigne, l'un des présidents de l'Assemblée, est entré et a dit : qu'apprenant les grandes nouvelles qui viennent de porter l'allégresse dans le cœur de tous les bons citoyens, et l'arrivée à l'Hôtel-de-Ville d'une députation de l'Assemblée nationale, il n'a point été arrêté par sa fluxion dont on voit les marques, et qu'il n'a pu résister au désir de partager la joie publique.

MM. Duveyrier, Deleutre, Fauchet et Legrand de Saint-René, envoyés vers la députation de l'Assemblée nationale, ont rencontré MM. les députés à la porte des Tuileries, sur l'escalier même qui donne dans la Cour royale.

M. Duveyrier, adressant la parole à M. le marquis de La Fayette, vice-président, leur a dit :

« Messieurs, nous sommes députés par l'Assemblée « des Électeurs pour recevoir les anges de paix que « l'Assemblée nationale nous envoie : qu'elle daigne ex-

« cuser le petit nombre et l'extérieur négligé des
« députés*. »

Ces paroles ont été à peine entendues au milieu des acclamations dont les airs retentissaient, et de l'empressement de tous les citoyens, dont MM. les députés de l'Assemblée nationale ne cherchaient point à se garantir.

Cette auguste compagnie est parvenue à l'Hôtel-de-Ville par la place du Carrousel, la rue Saint-Nicaise, la rue Saint-Honoré, la rue de l'Arbre-Sec, le quai de l'École, le quai de la Mégisserie, le quai de Gêvres, le quai Pelletier et la place de l'Hôtel-de-Ville dans l'ordre qui suit :

La marche était ouverte par les cavaliers du guet et deux détachements des Gardes Françaises et des Gardes Suisses : ils étaient suivis des officiers de la prévôté de l'Hôtel, des officiers de la milice parisienne, précédés d'un trompette ; marchaient ensuite MM. les députés de l'Assemblée des Électeurs, et immédiatement après, MM. les députés de l'Assemblée nationale, précédés de deux huissiers de cette assemblée.

Plusieurs détachements des Gardes Françaises et

---

* En effet, les circonstances, le travail continuel des moments passés, et le délire du moment présent, pouvaient seuls faire pardonner que quatre administrateurs municipaux se présentassent à la porte des Tuileries dans un désordre bizarre et pourtant pathétique, pour recevoir une députation de cent membres de l'Assemblée nationale.

de la milice parisienne fermaient la marche et bordaient la haie.

Depuis l'entrée de Paris jusqu'à l'Hôtel-de-Ville, MM. les députés de l'Assemblée nationale n'ont entendu qu'un cri continuel : *Vive la Nation, vive le Roi, vivent les Députés!* Tous les bras étaient tendus vers eux, tous les yeux étaient remplis de larmes; des fleurs tombaient sur eux de toutes les fenêtres : jamais spectacle plus majestueux n'avait étonné les rues de la capitale. Le patriotisme seul en faisait la pompe et l'ornement.

Arrivés sur l'escalier de l'Hôtel-de-Ville, MM. les députés de l'Assemblée nationale ont trouvé MM. Pons de Verdun et autres Électeurs chargés par l'Assemblée de les attendre et de les introduire[*].

Et au moment où ils se sont présentés pour entrer dans la grande salle, M. Moreau de Saint-Méry et tous les Électeurs présents se sont avancés au-devant d'eux jusqu'à la porte.

La grande salle était remplie, non seulement de tous les Électeurs, mais encore de tous les citoyens qu'elle pouvait contenir : à peine avait-on pu réserver les places suffisantes pour MM. les députés de l'Assemblée nationale, dont les noms suivent :

---

[*] Les canons n'ont pas été tirés dans ce moment, parce que, dans le désordre de la veille, ils avaient été déplacés pour le siége de la Bastille, et le temps a manqué pour les rétablir sur la place de l'Hôtel-de-Ville, avant l'arrivée des députés.

MM. le marquis de La Fayette, *vice président*, à la tête de la députation; l'archevêque de Paris; l'archevêque de Reims; l'archevêque de Bordeaux; l'évêque d'Autun; l'évêque de Chartres; l'évêque d'Orange; l'évêque de Rodès; l'abbé de Montesquiou; l'abbé Chevreuil; le curé de Saint-Nicolas-du-Chardonnet; le général de la congrégation de Saint-Maur; Dumouchel; Legros; l'abbé Bonneval; le curé de Saint-Gervais; l'abbé de Barmond; le curé de Gex; Dillon, curé du Vieux-Pousauges; Gassendi; Bluget; le curé de Saint-Flour; Bucaille; Godefroi; le curé de Roche-Taillée; de Charsan; Forest de Masmoury; Fleury; Lompré; Thibault, curé de Souppes; le curé de Nechers; le comte Stanislas de Clermont-Tonnerre; le duc de La Rochefoucauld; le comte de Rochechouart; le marquis de Lusignem; Dionis du Séjour; Du Port; de Saint-Fargeau; le comte de Mirepoix; le marquis de Montesquiou-Fezensac : le duc d'Aiguillon; Le Clapier; le chevalier de Lameth; le duc de Praslin; le baron d'Alarde; le marquis de Foucault; le duc de Liancourt; le comte de Montmorency; le baron de Menou; de Villiers; le comte de Castellane; le comte de Tracy; le duc de Biron; le marquis de Blacons; le comte de Crillon; le marquis de la Tour-Maubourg; le comte de Custine; de Selonios; Bailly; Camus; Vignon; Bevière; Poignot; Tronchet; de Bourges; Martineau; Germain; Guillotin; Treilhard; Berthereau; Démeunier; Garnier;

Leclerc; Hutteau: Dosfant; Anson; Lemoine l'aîné; l'abbé Sieyes; Renel; Gérard de Vic; Roque; Gallot; Altier; Lesterpt de Beauvais; Goudard; Moutier; Livré; Fisson-Jeaubert; Mougins de Roquefort; Babé; Poyat de L'Herbay; Granan; Belzais de Courménil; Besnard; Duchesne; Hermand; Hébrard; Barrère de Vieuzac; la Claverie; Pinterel de Louverny; Goyard; Moreau; Merlin; Poulsin; Ulry; Le Couteulx de Canteleu; Henry; le marquis de Gouy-d'Arsy; Ponset; de Courteil; Mounier; Lemoine de La Giraudais; Gros; Brillard d'Avaux.

M. le marquis de La Fayette, vice-président de l'Assemblé nationale, M. Bailly, M. l'archevêque de Paris, M. l'abbé Sieyes, et M. le comte de Clermont-Tonnerre, ont pu être placés au bureau à côté de M. le président de l'Assemblée des Électeurs; les autres députés se sont confondus avec les Électeurs.

Il était difficile d'arrêter, de suspendre seulement les applaudissements, les cris de joie, ce tumulte attendrissant de l'allégresse publique.

Enfin, on a fait silence, et M. le marquis de La Fayette, portant la parole, a prononcé un discours plein de cette éloquence qu'il possède, si touchante, parce qu'elle est simple et naturelle.

M. le marquis de La Fayette a félicité l'Assemblée des Électeurs et tous les citoyens de Paris, de la liberté qu'ils avaient conquise par leur courage, de la paix et du bonheur dont ils ne seraient redevables qu'à la justice d'un monarque bienfaisant et détrompé.

Il a dit que l'Assemblée nationale reconnaissait avec plaisir que la France entière devait la constitution qui allait assurer sa félicité, aux grands efforts que les Parisiens venaient de faire pour la liberté publique.

Il a raconté combien l'Assemblée nationale, attristée de l'inutilité des deux députations qu'elle avait envoyées au roi dans la journée du lundi 13, pour demander le renvoi des troupes, après avoir passé la nuit la plus agitée dans le lieu même de ses séances, venait ce matin d'arrêter une députation composée de vingt-quatre personnes, et chargée de porter au monarque ses alarmes et sa douleur, lorsque le grand-maître des cérémonies est venu annoncer à l'Assemblée que le roi se disposait à s'y rendre en personne

Il a dit comment, une demi-heure après, le roi était entré dans la salle de l'Assemblée nationale sans gardes, accompagné seulement de Monsieur et de M. comte d'Artois.

Il a annoncé qu'il allait faire la lecture du discours prononcé par le roi dans cette mémorable circonstance, et qu'il en déposerait copie certifiée sur le bureau, pour être annexée au procès-verbal de l'Assemblée des Électeurs.

Il a dit enfin comment tous les membres de l'Assemblée, emportés par l'ivresse du sentiment, se sont précipités sur les pas de Sa Majesté, lorsqu'elle s'es retirée, ont fait cercle autour de sa personne auguste, et l'ont reconduite en triomphe au château, au milieu d'une multitude attendrie et transportée par un spectacle si doux et si nouveau.

M. le marquis de La Fayette, en finissant, a fait lecture du discours prononcé par le roi à l'Assemblée nationale, ainsi qu'il suit :

« Messieurs, je vous ai rassemblés pour vous con-
« sulter sur les affaires les plus importantes de l'État :
« il n'en est pas de plus instante, et qui affecte plus
« spécialement mon cœur, que les désordres affreux
« qui règnent dans la capitale. Le chef de la nation
« vient avec confiance au milieu de ses représentants
« leur témoigner sa peine et les inviter à trouver les
« moyens de ramener l'ordre et le calme. Je sais
« qu'on a donné d'injustes préventions; je sais qu'on
« a osé publier que vos personnes n'étaient pas en
« sûreté. Serait-il donc nécessaire de rassurer sur des
« récits aussi coupables, démentis d'avance par mon
« caractère connu? Eh bien! c'est moi, qui ne suis
« qu'un avec ma nation, c'est moi qui me fie à vous.
« Aidez-moi, dans cette circonstance, à assurer le
« salut de l'État; je l'attends de l'Assemblée nationale.
« Le zèle des représentants de mon peuple, réunis
« pour le salut commun, m'en est un sûr garant; et,
« comptant sur l'amour et la fidélité de mes sujets,
« j'ai donné des ordres aux troupes de s'éloigner de
« Paris et de Versailles. Je vous autorise et vous in-

« vite même à faire connaître mes dispositions à la
« capitale. »

La copie de ce discours a été déposée sur le bureau,
Signée de M. le marquis de La Fayette.

Le discours de M. le marquis de La Fayette, et la
lecture du discours du roi, ont été interrompus, presque à chaque phrase, par des applaudissements, par
des cris universels : *Vive le roi ! Vive la nation !*

On a eu beaucoup de peine encore à obtenir le silence, et enfin M. de Lally-Tollendal a pris la parole,
et a dit :

« Messieurs, ce sont vos concitoyens, vos frères,
« vos représentants, qui viennent vous donner la paix.
« Dans les circonstances désastreuses qui viennent
« de se passer, nous n'avons pas cessé de partager
« vos douleurs; mais nous avons aussi partagé votre
« ressentiment : il était juste. Si quelque chose nous
« console au milieu de l'affliction publique, c'est l'es-
« pérance de vous préserver des malheurs qui vous
« menacent. On avait séduit votre bon roi; on avait
« empoisonné son cœur du venin de la calomnie; on
« lui avait fait redouter cette nation qu'il a l'hon-
« neur et le bonheur de commander. Nous avons été
« lui dévoiler la vérité : son cœur a gémi; il est venu
« se jeter au milieu de nous; il s'est fié à nous, c'est-à-
« dire à vous; il nous a demandé des conseils, c'est-
« à-dire les vôtres. Nous l'avons porté en triomphe,
« et il le méritait. Il nous a dit que les troupes étran-

« gères allaient se retirer; et nous avons eu le plaisir
« inexprimable de les voir s'éloigner. Le peuple a fait
« entendre sa voix pour combler le roi de bénédic-
« tions; toutes les rues retentissent de cris d'allégresse.
« Il nous reste une prière à vous adresser. Nous ve-
« nons vous apporter la paix de la part du roi et de
« l'Assemblée nationale. Vous êtes généreux; vous
« êtes Français; vous aimez vos femmes, vos enfants,
« la patrie; il n'y a plus de mauvais citoyens parmi
« vous : tout est calme, tout est paisible. Nous avons
« admiré l'ordre de votre police, de vos distributions,
« le plan de votre défense; mais maintenant la paix
« doit renaître parmi nous, et je finis en vous adres-
« sant, au nom de l'Assemblée nationale, les paroles
« de confiance que le souverain a déposées dans le
« sein de cette Assemblée. Je me fie à vous : c'est là
« notre vœu; il exprime tout ce que nous sentons. »

Ce discours, interrompu souvent par des transports qu'il était impossible de réprimer, a porté l'Assemblée au dernier degré d'enthousiasme et de sensibilité. Les citoyens qui environnaient M. le comte
de Lally-Tollendal, l'ont pressé dans leurs bras;
une couronne de fleurs a été jetée sur lui du fond de
la salle : on a voulu la placer sur sa tête; il a résisté
de toutes ses forces; il a tenté plusieurs fois d'en faire
hommage à l'Assemblée nationale, en la dirigeant
sur la tête de M. Bailly, son premier président.

Mais, malgré ses efforts, la couronne a été placée

et retenue sur la tête de M. le comte de Lally-Tolendal; et dans cet état, il a été porté et présenté par la fenêtre à la multitude qui couvrait la place de l'Hôtel-de-Ville, et qui faisait tout retentir de son allégresse.

M. Moreau de Saint-Méry, président des Électeurs, a pris la parole, et a dit :

« Les fastes d'une monarchie qui a déjà duré plus
« de treize siècles, n'offrent point encore un jour
« aussi solennel que celui où les augustes repré-
« sentants de la nation viennent lui annoncer, au
« nom du meilleur des rois, qu'il lui est permis d'ê-
« tre libre de cette liberté qui élève l'homme jusqu'à
« la hauteur de sa destinée. Dites, Messieurs, à ce
« roi qui acquiert aujourd'hui le titre immortel de
« père de ses sujets, que, dans la nécessité de résis-
« ter à des ordres désastreux, nous n'avons jamais
« douté que son cœur ne les désavouât. Dites-lui que
« nous sommes prêts à embrasser ses genoux; dites
« enfin, que le premier roi du monde est celui qui a
« la gloire de commander à des Français. »

A ce discours les mêmes transports ont éclaté.

Un de MM. les députés de l'Assemblée nationale a profité du moment le moins tumultueux pour annoncer à l'Assemblée que le Roi confirmait et autorisait le rétablissement de la milice bourgeoise.

Mais, lorsqu'il a parlé des Gardes Françaises, le mot *pardon* étant échappé à l'abondance et à la facilité de ses paroles, un murmure général a réclamé contre cette expression, qui sans doute n'était pas propre à la pensée de M. le député de l'Assemblée nationale.

Un grand nombre de ces braves soldats, qui se trouvaient au milieu de la salle, se sont fait jour jusqu'au bureau; et l'un d'eux portant la parole, ils ont dit :

« Qu'ils ne voulaient point de pardon, qu'ils n'en avaient pas besoin; qu'en servant la nation, ils avaient entendu servir le Roi, et que ses intentions, aujourd'hui manifestées, prouvaient assez à toute la France qu'eux seuls, peut-être, avaient été véritablement fidèles au Roi et à la France. »

M. le comte de Clermont-Tonnerre, invité par tous ceux qui l'environnaient, à détruire cette impression fausse et défavorable, a trouvé sur-le-champ les expressions les plus douces et les plus ingénieuses pour développer les idées les plus nobles et les plus vraies sur la conduite des Gardes Françaises; et jamais sans doute l'éloquence du moment n'a produit un plus grand effet.

M. l'archevêque de Paris, avec cette onction pastorale qui n'est que l'expression de ses sentiments, a exhorté tous les habitants de Paris à la paix, et il a proposé que, sans se séparer, l'Assemblé se rendît à la métropole pour y rendre grâces au Très Haut par un *Te Deum* solennellement chanté.

Cette proposition a été reçue avec une satisfaction générale.

M. Moreau de Saint-Méry, président des Électeurs, a pris une seconde fois la parole, et a dit :

« D'anciens défenseurs de la patrie, égarés par
« leur chef, ont eu le malheur de faire couler le
« sang de leurs concitoyens. L'un a expié son erreur;
« les autres sont encore en notre pouvoir. Aban-
« donnons leur sort aux représentants de la nation;
« que dans ce jour il ne soit pas question de crimes,
« de châtiments. C'est au moment du triomphe de la
« liberté qu'il convient d'être généreux. Les coupables
« seront assez punis en nous voyant jouir du bien
« inestimable dont ils voulaient nous priver. »

L'Assemblée en a fait la promesse par une acclamation générale.

Au moment où MM. les députés de l'Assemblée nationale se préparaient à sortir, toutes les voix se sont réunies pour proclamer M. le marquis de La Fayette commandant-général de la milice parisienne.

M. le marquis de La Fayette, acceptant cet honneur avec tous les signes de respect et de reconnaissance, a tiré son épée; et il a fait serment de sacrifier sa vie à la conservation de cette liberté si précieuse et dont on daignait lui confier la défense.

Au même instant toutes les voix ont proclamé de même M. Bailly *Prévôt des marchands*.

Une voix s'est fait entendre et a dit : *Non pa*

Prévôt des marchands, mais *Maire de Paris*.

Et par une acclamation générale, tous les assistans ont répété: *Oui, Maire de Paris*.

M. Bailly s'est incliné sur le bureau, les yeux baignés de larmes, et le cœur tellement oppressé, qu'au milieu des expressions de sa reconnaissance, on a seulement entendu qu'il n'était pas digne d'un si grand honneur, ni capable de porter un tel fardeau.

La couronne qui venait de récompenser l'éloquence patriotique de M. le comte de Lally-Tollendal, s'est trouvée tout-à-coup sur la tête de M. Bailly; et, malgré la résistance opiniâtre de sa modestie irritée, la main de M. l'archevêque de Paris a retenu cette couronne sur sa tête, comme un hommage à toutes les vertus de l'homme juste qui avait le premier présidé l'Assemblée nationale de 1789, et jeté les premiers fondements de la liberté française.

Toutes les voix se sont encore réunies pour demander avec de grandes instances à MM. les députés de l'Assemblée nationale son intercession auprès du Roi, pour obtenir de lui le rappel de M. Necker et des autres ministres dont les ennemis de la nation avaient forcé l'éloignement.

Avant de sortir, M. le marquis de La Fayette, M. Bailly, M. l'archevêque de Paris et M. de Clermont-Tonnerre ont demandé à M. Moreau de Saint-Méry, président de l'Assemblée, qu'il voulût bien nommer quelques Électeurs qui viendraient à l'archevêché instruire plus particulièrement MM. les députés de l'Assemblée nationale de tout ce qui avait été fait, et concerter avec eux ce qui pourrait être fait par la suite pour la tranquillité de la capitale.

Les Électeurs nommés pour cette commission ont été MM. Delavigne, l'un des présidents de l'Assemblée, Duveyrier, secrétaire, Deleutre, Chignard, des Roches, Boucher, Tassin, Le Couteulx de La Noraye, Ganilh et M. le marquis de La Salle.

MM. les députés de l'Assemblée nationale sont sortis de l'Hôtel-de-Ville dans le même ordre observé à leur réception, et ils se sont acheminés vers la cathédrale, environnés de plus de 300 Électeurs, et suivis d'une foule innombrable qui leur adressait les plus éclatantes félicitations et les vœux les plus empressés pour le retour de M. Necker et des autres ministres.

Au moment où MM. les députés de l'Assemblée nationale sont sortis de l'Hôtel-de-Ville, la proclamation de MM. Bailly et de La Fayette ayant été répandue dans la place, ces deux généreux citoyens ont été entourés, pressés, embrassés par la multitude vraiment enivrée.

M. le marquis de La Fayette a été entraîné par un groupe immense.

M. Bailly, arrêté au milieu de la place, allait devenir la victime des transports dont il était l'objet, lorsqu'un Électeur s'est hâté de rassembler dix-huit

ARRESTATION DU COMTE DE SAINT-MARC. (15 juillet.)

Gardes Suisses, a l'aide desquels il est parvenu à débarrasser M. le maire.

Placé au milieu de cette garde, à la tête de laquelle l'Electeur lui-même a voulu marcher, M. Bailly a été, pour ainsi dire, porté jusqu'à la cathédrale à travers une foule nombreuse, qui, les larmes aux yeux et les mains levées au ciel, s'écriait : *Vive M. Bailly! vive notre Prévôt des marchands**!

M. Moreau de Saint-Méry, président, est resté dans la grande salle, avec quelques Électeurs, pour répondre à toutes les demandes, et surtout aux députations des districts, qui venaient exprimer les divers sentiments dont ils étaient agités.

Sur ces entrefaites, un particulier a été entraîné au milieu de l'assemblée par une foule armée qui l'accusait hautement de s'être introduit dans les souterrains de la Bastille, pour exécuter un complot qu'il s'obstinait à cacher : on montrait deux pistolets dont il avait été trouvé saisi, et qui paraissaient déposer des mauvaises intentions qu'on lui attribuait. Cet homme, au milieu du tumulte, a dit se nommer le comte de Saint-Marc, et qu'il avait été envoyé par un district, avec d'autres citoyens, pour examiner si les souterrains de la Bastille n'avaient pas quelques communications dangereuses. Mais il avait été trouvé

---

* Le peuple ne connaissait encore que ce mot pour désigner le premier officier municipal.

seul : cette circonstance contredisait son récit ; la foule qui l'avait saisi, et dont il était environné, manifestait le plus dangereux emportement.

Cependant l'arrivée des députés de l'Assemblée nationale disposait insensiblement les esprits à plus de modération ; et, ce qui la veille eût été sans doute impossible, l'Assemblée a obtenu, après quelque résistance contraire, que le comte de Saint-Marc fût renfermé dans les prisons de l'Hôtel-de-Ville, pour être jugé ensuite par un conseil de guerre.

On a fait la lecture d'une délibération du district de Saint-Jacques et des Saints-Innocents, par laquelle ce district arrête : « Que la Nation ayant été trompée
« nombre de fois par des conseils donnés à Sa Ma-
« jesté, qui tendaient à porter la plus forte atteinte
« à la liberté de la Nation, l'on doit se garder bien
« plus que jamais des embûches et manœuvres qui
« pourraient être employées pour rendre inutiles les
« succès obtenus par la milice parisienne, conjointe-
« ment avec les troupes patriotes. En conséquence,
« ordonne aux patrouilles du district de veiller plus
« que jamais à la sûreté des citoyens. Et invite le co-
« mité permanent à s'occuper dans l'instant du traite-
« ment des troupes nationales et étrangères, qui ont
« montré un zèle patriotique ; de les caserner sur-le-
« champ, et de leur demander le dépôt de leurs ar-
« mes, la tranquillité des citoyens l'exigeant, et n'é-
« tant pas nécessaire que les troupes réglées arrivées

« ce jourd'hui soient armées, se présentant comme
« patriotes, jusqu'à ce que l'harmonie soit rétablie
« entre la Nation et le Roi. »

Sur la lecture de cette délibération, l'Assemblée a arrêté que relativement au traitement des troupes, il en serait référé à M. le marquis de La Fayette et au bureau militaire; et sur les autres objets, qu'elle ne pouvait qu'approuver les précautions prises par le district de Saint-Jacques et des Saints-Innocents, sans approuver néanmoins une méfiance exagérée, qui contrarierait les mesures à prendre pour rétablir l'ordre, la paix et la circulation.

Au milieu de cette délibération, quelques citoyens sont entrés avec précipitation, disant qu'il fallait porter les secours les plus prompts à la Salpêtrière, dont les prisonniers étaient révoltés.

L'Assemblée a voulu savoir les causes et les effets de cette insurrection; et les citoyens ont dit qu'un district cherchant des armes, s'était transporté jusqu'à la Salpêtrière, et s'était emparé des fusils des soldats préposés à la garde de cette maison de force; que les prisonniers instruits que leurs gardiens étaient désarmés, avaient enfoncé deux portes, et que l'on n'avait trouvé d'autre moyen de les arrêter que de murer une troisième porte.

Ainsi c'était des armes surtout qu'on demandait à l'Hôtel-de-Ville.

L'Hôtel-de-Ville n'avait point d'armes; les fusils

de ses gardes avaient été enlevés par le peuple; et d'ailleurs l'exaltation des esprits ne permettait pas de transporter, sans danger, des fusils dans les rues et hors des murs de Paris.

Dans cet embarras, M. Jallier de Savault, Électeur, a été chargé par l'Assemblée, d'aller avertir promptement le commandant du guet, et de concerter avec lui les moyens de réprimer cette insurrection.

On a fait lecture d'une délibération du district des Filles-Dieu, par laquelle, pénétré de reconnaissance, et de la plus vive alégresse, il arrête unanimement de prier l'Assemblée générale de la commune de Paris, de charger une députation des Électeurs, de supplier le roi de vouloir bien se transporter dans sa bonne ville de Paris, pour recevoir plus immédiatement des marques de l'attachement et de la fidélité inviolable de son peuple.

On a fait la lecture d'un arrêté du district de Saint-André-des-Arcs, apporté par MM. Fleury et d'Azincourt, comédiens français, et par lequel ce district prie M. l'inspecteur des carrières d'assurer par son serment la tranquillité du faubourg Saint-Germain et autres quartiers sous lesquels il y aurait des carrières, en lui répondant qu'il n'existe aucune mine dans les carrières souterraines, qui puisse communiquer dans aucun lieu, et en permettant toutes visites que le district croirait nécessaires.

On a fait lecture d'une lettre de M. Acloque, président du district de Saint-Marcel, par laquelle, *avec un attendrissement que sa plume, arrêtée par des larmes de joie, ne peut exprimer*, il présente à l'Assemblée, des chasseurs de Lorraine, qui, accompagnés par des grenadiers des Gardes Françaises, viennent témoigner à l'Hôtel-de-Ville leur fidélité pour leur souverain, et leur *amitié* inviolable pour la patrie.

L'Assemblée a arrêté que les chasseurs de Lorraine seraient renvoyés au bureau militaire, pour, après avoir prêté à la commune le serment requis, être incorporés, s'il y avait lieu, dans la milice parisienne.

On a fait lecture d'une délibération du district des Mathurins, par laquelle ce district arrête unanimement, que les Électeurs du district sont et demeurent confirmés, et autorisés provisoirement à faire conjointement avec les Électeurs des autres districts, tout ce qui sera nécessaire pour l'administration commune, et notamment pour tout ce qui intéresse l'ordre public, la sûreté et la subsistance des citoyens.

On a fait lecture d'un rapport présenté à l'Assemblée par M. Dufourny de Villiers, ingénieur en chef de la ville de Paris et de la commune, et duquel il résulte que M. Dufourny de Villiers, sur un ordre à lui donné par M. le marquis de La Salle, commandant en chef de la garde bourgeoise, s'est rendu au château de la Bastille, pour en visiter les souterrains, entre lesquels et ceux de Vincennes on prétendait qu'il y avait des communications, selon un grand nombre d'avis, et particulièrement celui du nommé Pierre de la Porte, ancien soldat du régiment de Navarre, et payeur employé par la Ville.

« Qu'il a parcouru toutes les parties accessibles
« des cachots et caves, et qu'il n'a reconnu aucune
« trace de communication bouchée sous la cour et les
« tours du château; qu'il serait d'ailleurs difficile
« qu'il en pût exister une dans cette partie centrale,
« qui est entourée de fossés creusés jusqu'au niveau
« de la rivière. Que la communication ne pouvant
« exister que par les dehors de la contrescarpe, il a
« cherché dans la cour, et sous les bâtiments qui cor-
« respondent à cette contrescarpe du côté du sud-
« ouest, et qu'il n'a rien trouvé. Qu'ainsi, autant
« que l'extrême confusion qui règne en ce lieu pris
« d'assaut a pu le lui permettre, il a reconnu qu'il n'y
« avait pas lieu de croire à l'existence d'aucune com-
« munication. Que sur l'autre objet de sa mission, qui
« était de reconnaître tous les souterrains et galeries
« de carrières, par lesquels on pourrait s'introduire
« du dehors au-dedans de la ville, il a compulsé tous
« les plans qui ont pu lui être communiqués par
« M. Renard, architecte, en l'absence de M. Guil-
« laumot, architecte du Roi, chargé de ce départe-
« ment, et qu'il a trouvé seulement quelques points
« dignes d'attention, et qui seraient l'objet d'une re-

« cherche suivie, pour laquelle il attendra des ordres
« plus étendus. »

M. Dufourny de Villiers finit par déclarer « que
« MM. Clousier, Électeur du district des Mathurins,
« et Cellier, président du district de Saint-André-des-
« Arcs, député-commissaire à l'Assemblée des Élec-
« teurs à l'Hôtel-de-Ville, ont bien voulu l'accompa-
« gner dans cette recherche. »

L'Assemblée a remercié M. Dufourny de Villiers
du soin qu'il avait mis dans cette recherche : mais un
autre soin a réclamé sa sollicitude. Tranquille sur la
crainte donnée de quelques communications avec des
postes encore occupés par les troupes, elle ne l'a
pas été sur l'existence supposée de quelques cachots
inconnus, dans lesquels gémiraient encore des prisonniers abandonnés.

En conséquence, quoique l'Assemblée fût très peu
nombreuse, M. Moreau de Saint-Méry, président,
et M. Garran de Coulon, faisant les fonctions de secrétaire, ont exigé, en son nom, du zèle de M. Dufourny de Villiers, une seconde visite, uniquement
destinée à la recherche des prisonniers qui pouvaient
exister encore dans les souterrains de la Bastille, et
ils lui ont délivré l'ordre qui suit :

« Nous autorisons M. Dufourny, que l'Assemblée
« des Électeurs de la commune de Paris a commis
« pour visiter ce matin les souterrains de la Bastille,
« à l'effet d'en rechercher les communications qui

« pourraient être avec les dehors de Paris, à se con-
« certer de nouveau avec les gardes qui sont à la Bas-
« tille, pour en visiter les cachots, et surtout pour
« sauver de la faim et de tout autre accident les pri-
« sonniers, s'il en existe, nous en rapportant, à
« cet égard, à son zèle et à son humanité bien
« connus. »

Les officiers de l'Arquebuse sont venus rapporter qu'il paraissait encore dans la campagne quelques patrouilles de dragons.

A onze heures et demie ou environ, MM. le marquis de La Fayette, le marquis de Tracy, le comte de la Tour-Maubourg, le marquis de la Coste, sont revenus de l'archevêché avec MM. le marquis de La Salle, le baron de Cadignan, Deleutre et Boucher, Électeurs.

M. Moreau de Saint-Méry a quitté l'Assemblée pour passer avec eux dans la salle des gouverneurs.

Ces messieurs revenaient à l'Hôtel-de-Ville, surtout pour aviser aux moyens de délivrer promptement les victimes qui pouvaient être encore englouties dans les abîmes de la Bastille, et sur l'existence desquelles on avait alarmé leur sensibilité.

On avait parlé d'envoyer à leur recherche les trois invalides que, la veille dans la matinée, MM. Duveyrier et Deleutre étaient parvenus à sauver des fureurs de la multitude, en les faisant mettre dans les prisons de l'Hôtel-de-Ville.

M. Moreau de Saint-Méry a rendu compte de l'ordre qui venait d'être donné à M. Dufourny de Villiers pour le même objet. On a pensé que les trois Invalides pourraient ne pas être inutiles à cette recherche ; et travestis en cochers de l'Hôtel-de-Ville, on les a fait partir pour donner, dans la Bastille même, les renseignements dont l'expérience et la connaissance des lieux les rendaient capables.

MM. les députés de l'Assemblée nationale, et MM. les Électeurs assemblés avec eux dans la salle des gouverneurs, après avoir réglé quelques objets importants à la tranquillité publique, et M. le marquis de La Fayette, après avoir donné les ordres nécessaires à la manutention militaire, se sont retirés, avec parole de se rejoindre à sept heures dans la même salle : il était environ deux heures du matin.

MM. Legrand de Saint-René et Buffault sont restés, et ils ont passé la nuit dans la même salle.

M. Bailly a été reconduit de la cathédrale à l'Hôtel-de-Ville par l'Électeur et les dix-huit Suisses qui ne l'avaient pas quitté.

Il a pris la présidence en qualité de maire, tantôt au comité permanent, tantôt à l'Assemblée générale.

C'est là que, vers minuit, quelques Électeurs sont venus dire qu'une femme déguisée en homme venait d'être arrêtée ; qu'elle était dans la cour de l'Hôtel-de-Ville, où le peuple allait la pendre sans autre forme de procès.

M. le maire est descendu sur-le-champ : l'infortunée était au milieu d'une foule d'hommes portant des armes et des flambeaux.

M. le Maire a voulu l'interroger : la frayeur ne lui laissait pas la liberté de s'exprimer; et le tumulte était si grand, qu'on ne pouvait entendre ses réponses.

On ne cessait pas de la maltraiter : elle est tombée enfin évanouie sur le pavé.

M. le maire n'était pas connu de tous ceux qui l'environnaient; il ne connaissait pas lui-même ceux à qui il devait donner des ordres auxquels on n'était pas encore accoutumé. Il entendait dire qu'il n'était pas en sûreté.

Dans cet embarras, M. Hay, colonel des gardes de la Ville, a offert ses services; M. le maire a remis cette femme entre ses mains et sous sa garde, le chargeant de la conduire en prison, sous prétexte qu'elle devait être jugée.

Et en effet, elle a été conduite sur-le-champ dans la prison de l'Hôtel-de-Ville.

Quelques citoyens armés ont conduit devant l'Assemblée M. l'évêque de Chartres, et un autre député de l'Assemblée nationale, qui venaient d'être arrêtés comme suspects.

Ils ont été reconnus par M. le Maire, qui leur a fait les excuses convenables d'une erreur attribuée seulement à la confusion de tous les événements de cette journée.

L'Assemblée a de plus ordonné toutes les précautions nécessaires pour faciliter leur retour à Versailles.

La méfiance tourmentait encore quelques esprits. Des particuliers inconnus sont venus dire à l'Assemblée que la démarche du roi n'était pas sincère; qu'elle cachait un piége de nos ennemis pour nous faire poser les armes, et nous attaquer avec plus de facilité.

M. le maire s'est élevé avec force contre un soupçon que les vertus connues du roi et la sûreté de sa parole ne permettaient pas de concevoir. Il a dit qu'il avait été témoin de tout, et qu'il répondait de l'exactitude des récits faits à l'Assemblée et au peuple.

Ses paroles ont calmé les inquiétudes; mais aussitôt les citoyens ont manifesté leur vœu, et désiré que M. Bailly fût chargé de supplier le roi de venir le lendemain à Paris.

M. Bailly a répondu qu'il retournait cette nuit même à Versailles; qu'il n'avait pas la liberté de voir le roi aussitôt qu'il le désirait; qu'il profiterait de la première députation que l'Assemblée nationale pourrait envoyer vers le roi; mais qu'on ne pouvait pas avoir l'espérance de voir Sa Majesté à Paris le lendemain.

M. Bailly a quitté l'Hôtel-de-Ville sur les trois heures du matin pour retourner à Versailles, et il a été conduit par un Électeur, pour que le maire de Paris, très peu connu encore des patrouilles nombreuses qui faisaient la garde, n'éprouvât aucun obstacle *.

L'Assemblée a été présidée, pendant le reste de la nuit, par M. Garran de Coulon, qui avait prêté serment en qualité de vice-président, au moment où M. Moreau de Saint-Méry avait quitté l'Assemblée pour passer dans la salle des gouverneurs avec MM. les députés de l'Assemblée nationale.

M. Duveyrier, le seul des secrétaires de l'Assemblée qui fût alors à l'Hôtel-de-Ville, ayant été envoyé à l'archevêque pour conférer avec MM. les députés de l'Assemblée nationale, l'Assemblée a aussi nommé MM. Pons de Verdun et Marquet vice-secrétaires, lesquels ont de même prêté serment en cette qualité.

Du Jeudi 16 juillet 1789.

DANS LA SALLE DES GOUVERNEURS.

Sur les six heures du matin, les membres du comité permanent s'étant réunis à ceux qui avaient passé la nuit, M. Legrand de Saint-René a dit « qu'entre « deux et trois heures du matin, M. Thuriot de La « Rosière, Électeur du district de Saint-Louis-de-la « Culture, a été député par son district pour venir

---

* M. le Maire a désiré, et l'Assemblée a approuvé que le fait suivant fût consigné en note dans son procès-verbal :

Les commis au bureau des voitures de la cour, n'ont jamais voulu, dans cette circonstance, prendre l'argent de M. Bailly, lui disant que, dans ce jour de fête et de joie, ils en avaient usé ainsi avec tous les députés de l'Assemblée nationale.

« annoncer au comité permanent qu'il était impossible
« de pénétrer dans l'intérieur de la Bastille; que s'é-
« tant présenté avec un détachement, on lui avait re-
« fusé l'ouverture de la porte; que ce refus lui faisait
« présumer que la forteresse était retombée au pou-
« voir des ennemis de la liberté; que, dans cette in-
« certitude et pour dissiper désormais tout sujet de
« défiance et de terreur, il était urgent d'en ordonner
« la démolition. Qu'il a été répondu à M. Thuriot de
« La Rosière, que le refus par lui éprouvé n'était point
« un sujet d'alarme, parce que M. Soulès, Électeur,
« qui commandait dans la forteresse avec un très fai-
« ble détachement, avait reçu l'ordre prudent de n'y
« laisser entrer personne, surtout pendant la nuit.
« Que l'intention du comité permanent était bien d'or-
« donner, dans le jour, la démolition de la Bastille;
« mais que cet ordre devant être promulgué avec un
« certain éclat, il convenait d'attendre la réunion des
« autres membres du comité. Que M. Thuriot de La
« Rosière s'étant retiré, M. Buffault et lui, Legrand
« de Saint-René, ont continué à faire droit, ainsi que
« les circonstances l'exigeaient, à toutes les personnes
« que les différentes patrouilles amenaient au comité. »

Sur les neuf heures, M. le marquis de La Fayette, nommé la veille commandant-général de la milice parisienne, est arrivé dans la salle des Gouverneurs, occupée alors par le comité permanent.

Dans le même temps sont arrivés aussi, comme ils

en étaient convenus, MM. Target, Dupont, le duc de La Rochefoucauld, le comte de Clermont-Tonnerre, le comte de Tracy, le marquis de La Coste, le comte de la Tour-Maubourg, tous membres de l'Assemblée nationale.

Ces Messieurs ont été invités à concourir avec le comité permanent, au rétablissement de l'ordre public, que l'ivresse d'une liberté naissante venait de renverser; et, de concert avec eux, le comité permanent a rédigé et arrêté un règlement pour maintenir la sûreté et la tranquillité de la Ville, et pour assurer l'exactitude du service des patrouilles.

On a parlé de la démolition de la Bastille; elle a été sur-le-champ arrêtée, et l'ordre en a été rédigé en ces termes :

« Le comité permanent établi à l'Hôtel-de-Ville,
« provisoirement autorisé jusqu'à l'établissement d'une
« municipalité régulière, et librement formée par l'é-
« lection des citoyens; a arrêté que la Bastille sera dé-
« molie sans perte de temps, après une visite par
« deux architectes chargés de diriger l'opération de
« la démolition, sous le commandement de M. le mar-
« quis de La Salle, chargé des mesures nécessaires
« pour prévenir les accidents. Et, pour la notification
« de la présente ordonnance, quatre Électeurs, aux-
« quels deux députés de la ville de Paris à l'Assemblée
« nationale, actuellement présents à l'Hôtel-de-Ville,
« seront invités à se joindre, se transporteront sur-le-

« champ à la Bastille. Et sera la présente ordonnance
« lue, publiée et affichée. *Signé*, Vergne, Rouen, Sa-
« geret, *échevins*; Éthis de Corny, *procureur du*
« *Roi et de la Ville*; Boucher, Fauchet, Tassin, Du-
« veyrier, Hion, Bancal des Issarts, Deleutre, Legrand
« de Saint-René, Jennin, *membres du comité per-*
« *manent*; et Veytard, *greffier en chef.* »

Il a été mis en question si cet ordre serait signé par MM. les députés de l'Assemblée nationale, actuellement présents au comité; quelques uns d'entre eux y avaient même déja apposé leurs signatures.

Il a été décidé qu'à l'exception de M. le marquis de La Fayette, MM. les députés de l'Assemblée nationale n'ayant aucune autorité dans Paris, ils ne pouvaient pas concourir à l'ordre donné de démolir la Bastille.

Et à l'égard de M. le marquis de La Fayette lui-même, qu'étant subordonné à la puissance civile, il n'avait que le droit de faire exécuter les ordres du comité, et qu'en conséquence, il ne pouvait pas ordonner la démolition de la Bastille, mais la faire démolir en conséquence de l'ordre donné à cet égard par le comité.

En cet instant, MM. Thuriot de La Rosière et Deyeux, Électeurs, sont venus demander que leur district, celui de Saint-Louis-la-Culture, fût chargé de la démolition de la Bastille.

Le comité a arrêté que la Bastille serait démolie

par tous les districts ensemble, sous l'inspection cependant du district de Saint-Louis-la-Culture.

L'ordre de la démolition a été sur-le-champ proclamé par les trompettes de la Ville dans la cour de l'Hôtel, et dans tous les carrefours de Paris, au nom de M. le marquis de La Fayette, commandant général, et en présence de MM. Thuriot de La Rosière, Électeur du district de St-Louis-la-Culture; Picard, Électeur du district des Blancs-Manteaux; de Corbinière, Électeur du district des Petits-Pères; et Pluvinet, Électeur du district de Sainte-Élisabeth.

Cet objet terminé, M. Legrand de Saint-René a fait un rapport succinct de l'état des subsistances dans l'intérieur de Paris.....

Sur ce rapport, on organise un comité des subsistances qui doit envoyer au Hâvre, à Rouen, dans les moulins, partout où l'on soupçonne que le gouvernement peut avoir des blés et des farines.

Au milieu d'une foule d'affaires, le comité s'aperçoit de l'illégalité de sa constitution, mais il cède au torrent. Le marquis de La Fayette arrive avec deux lettres dont il donne communication au comité.

La lettre de M. le comte de Clermont-Tonnerre apprend à M. le marquis de La Fayette, que M. de Barentin, garde-des-sceaux, et M. le maréchal de Broglie, viennent de donner leur démission.

La copie de la lettre écrite par M. le maréchal de Broglie à M. le président de l'Assemblée nationale, contient en détail les ordres donnés pour le prompt départ des troupes dont le Roi lui avait confié le commandement.

L'Assemblée, après avoir entendu la lecture de ces deux lettres, a arrêté qu'elles seraient imprimées et affichées, pour rendre publiques les heureuses nouvelles qu'elles contiennent.

Ensuite M. de La Fayette a fait le récit d'un évènement qui, sans son secours, eût été infailliblement tragique. Il a dit que venant à l'Hôtel-de-Ville, il a rencontré une foule immense qui se précipitait avec impétuosité vers le carrefour Bétizy; qu'il a demandé ce que c'était, qu'on lui a répondu: *Ce n'est rien, c'est un abbé qu'on va pendre;* qu'il s'est avancé promptement, et qu'en effet il a vu un abbé environné de quelques citoyens armés, qui le défendaient avec courage, mais qui étaient près de céder au nombre et à la fureur de ceux qui voulaient immoler l'abbé, sans permettre même qu'il fût conduit à l'Hôtel-de-Ville; que sa présence a suspendu l'acharnement; qu'on lui a dit que cet abbé était l'abbé Roy, traître à la Patrie; qu'on l'avait trouvé muni d'une lettre écrite à Versailles, et dans laquelle il promettait 50 canons, et 40,000 hommes pour égorger tous les citoyens; que l'abbé, au contraire, lui a dit qu'il n'était point l'abbé Roy, qu'il s'appelait *Cordier*, que la lettre dont on parlait était une exécrable supposition; que bien loin de former des complots contre la liberté de son pays, il se flattait d'avoir donné quelques preuves de patriotisme; que sans parler de ses ouvrages, qui tous respiraient les meilleurs principes, c'était lui qui, dans l'Hôtel-de-Ville même, avait donné l'avis de soixante-deux canons arrivés au Bourget, et qui avait décidé la lecture publique de toutes les lettres saisies.

M. le marquis de La Fayette a ajouté que, pour sauver cet abbé menacé de tous côtés, il a fallu que lui-même s'offrît pour le conduire à l'Hôtel-de-Ville; et qu'en effet il vient de l'amener toujours suivi d'une foule considérable, qui, si elle n'osait pas maltraiter l'abbé, ne lui épargnait pas les plus atroces injures;

Qu'arrivé à l'Hôtel-de-Ville, l'abbé a été sur-le-champ reconnu pour être l'abbé Cordier, citoyen estimable par son zèle et ses intentions patriotiques : qu'alors la scène a changé; que ceux même qui poursuivaient l'abbé Roy avec le plus d'acharnement, se précipitaient sur l'abbé Cordier pour l'embrasser et le féliciter; que lui, marquis de La Fayette, a signé au bureau militaire un certificat dans lequel il est dit que la Ville a reconnu cet abbé pour un honnête citoyen, et qu'il a donné ordre à la milice parisienne de le reconduire en sûreté dans son domicile;

Qu'un moment après, il a employé les mêmes efforts pour dégager M. Soulès, qui, nommé commandant de la Bastille mardi soir 14 juillet, avait été violemment saisi à son poste par un commandant de patrouille, conduit comme un homme suspect, au district des Cordeliers, et de ce district à l'Hôtel-de-Ville; démarche éclatante, inconsidérée et injuste, qui avait environné M. Soulès d'un danger évident.

En cet instant se sont présentés, pour prêter serment à la nation entre les mains de leur commandant général, les députés des différents corps militaires existants dans la capitale.

Les députés des Gardes Françaises, ceux du Guet à cheval, ceux de la maréchaussée de l'Ile de France; ceux de la Connétablie, ceux des Gardes suisses et des soldats des différents régiments répandus dans les districts, ceux de la compagnie de l'Arquebuse, ceux de la Basoche du Palais et de la Basoche du Châtelet.

Le serment d'être fidèles à la nation, au roi et à la commune de Paris, a été prêté successivement par ces différents corps entre les mains de M. le marquis de La Fayette, et cet acte public de patriotisme et de fidélité a été vivement applaudi par toute l'Assemblée.

(M. le marquis de La Fayette expose la nécessité de soumettre à une organisation stable et régulière la milice parisienne, et il propose de donner à ce corps le nom de *Garde nationale.*)

L'Assemblée délibérant sur les propositions de M. le marquis de La Fayette, a arrêté que le corps militaire auquel seraient confiées la garde et la tranquillité de la ville, sera désormais nommé *Garde nationale de Paris;* et que chaque district sera à l'instant même invité à députer à l'Hôtel-de-Ville une personne chargée de sa confiance, pour concourir avec M. le marquis de La Fayette à la confection d'un travail qui établira l'organisation et le régime de ce corps militaire et citoyen.

On a fait lecture d'une délibération du district des Prémontrées de la Croix-Rouge, par laquelle ce comité, entre autres choses, mande à l'Hôtel-de-Ville qu'on est assailli de propos alarmants, dont le plus considérable est qu'on a arrêté une voiture pleine d'habits bourgeois pour en revêtir des soldats.

Le comité demande que la ville donne chaque jour un mot d'ordre qu'on ira prendre tous les matins.

Il demande encore ce qu'il faut faire des soldats suisses, et autres soldats qui ne cessent d'arriver.

M. le marquis de La Fayette, présent à la lecture de cette délibération, a bien voulu se charger d'en régler tous les objets, comme plus particulièrement relatifs au service militaire.

M. Deleutre, revenant de l'École-Militaire, où il a été envoyé ce matin, a dit qu'à son retour, il a été arrêté au coin des rues du Bac et Saint-Dominique par M. de Luc, Électeur, qui lui a demandé s'il n'est pas vrai que le roi vienne aujourd'hui à Paris; qu'à l'instant même sa voiture a été entourée d'une foule immense; que toutes les voix criaient ensemble : *Pourquoi le roi ne vient-il pas? On l'a annoncé hier; mais on trompe le peuple, on l'amuse par de vaines promesses.* Que la foule est devenue si considérable, qu'il a été obligé de sortir de sa voiture, de se placer sur le siége du cocher, et de dire à ceux qui l'environnaient, qu'à la vérité le roi devait venir, mais qu'il était indisposé, et qu'il viendrait sans doute, aussitôt qu'il serait bien portant. M. Deleutre a ajouté qu'après s'être débarrassé ainsi, il a continué sa route; mais que jusqu'à l'Hôtel-de-Ville, il a été escorté de corps-de-garde en corps-de-garde, et partout interrogé comme un homme suspect, malgré la nécessité de le reconnaître comme membre du comité permanent, puisque sa voiture était précédée par un garde de la Ville, à cheval, et puisqu'il montrait la commission du comité dont il était porteur. Qu'il a communiqué ces détails au comité permanent, lequel s'occupe en ce moment d'un arrêté sur la libre circulation dans l'intérieur de la ville. Qu'au surplus, il a rapporté au comité des subsistances, que tous les approvisionnements emmagasinés à l'École-Militaire, venaient d'être transportés à la Halle, qui néanmoins était dans un état de détresse effrayante; que pour prévenir une disette absolue, il vient de recevoir du bureau la commission suivante : « Le « comité permanent a chargé M. Deleutre, Électeur, « et membre du comité des subsistances, établi à l'Hô- « tel-de-Ville, de faire la vérification, et recevoir « les déclarations de procureurs, économes, prieurs « ou prieures des maisons religieuses des deux sexes

« de la ville de Paris, de la quantité des sacs de grains
« ou farines qui peuvent être dans les différentes com-
« munautés, recevoir le serment desdits supérieurs et
« dépositaires ; du tout dresser, s'il le juge à propos,
« tout procès-verbal nécessaire. Le comité ordonne
« à toutes les patrouilles de respecter et de concourir,
« s'il est besoin, à l'exécution de la commission de
« mondit sieur Deleutre. » Qu'attendu la délicatesse
de cette commission, il a de même reçu des chefs
militaires l'autorisation suivante : « Nous autorisons
« M. Deleutre, membre du comité des subsistances, à
« prendre dans la milice parisienne, Gardes Fran-
« çaises ou Gardes Suisses, les hommes qui lui seront
« nécessaires pour remplir les commissions dont il
« est chargé. »

M. Lefebvre de Gineau, Électeur, ajoutant à ce
que M. Deleutre vient de dire, et pour tranquilliser
l'Assemblée sur toutes les mesures prises par le comité
des subsistances, a fait lecture d'une commission à lui
donnée et conçue en ces termes : « Pour approvisionner promptement et avec abondance, la capitale, il
a été arrêté d'envoyer sur-le-champ plusieurs Électeurs dans les lieux qui leur seront indiqués, avec ordre de faire transporter, sous bonne et sûre garde, des
farines. A cet effet, M. Lefebvre de Gineau a été nommé pour Senlis, Saint-Denis, Creil et Pont, où il
s'informera quels sont les moulins pour le compte du
gouvernement, ou pour les personnes par lui prépo-

sées. 1° Il vérifiera les quantités de grain que les meuniers ont reçues; 2° Ce qui a été converti en farines; 3° Les quantités de farines déja expédiées à la Halle; 4° Ce qui en reste à expédier; 5° Enfin, ce que produiront les grains à moudre. En conséquence, il fera partir sans délai toutes les farines faites, et prendra des mesures pour que celles à faire n'éprouvent aucun retard dans leur expédition. Il sera commandé, à cet effet, au prix convenu de gré à gré, toutes les voitures nécessaires pour la célérité du transport. M. Lefebvre de Gineau est aussi autorisé à se faire suivre par un nombre de voitures qui lui sera convenable, et à prendre un nombre de sacs vides, pour prévenir ce qui pourrait en manquer chez les meuniers. Et, pour plus prompte exécution du présent mandat, il demeure autorisé à se faire accompagner par les cavaliers, et à employer d'autres moyens de sûreté. Il se fera également délivrer des ordres par M. le marquis de La Fayette, commandant général de la milice parisienne et autres officiers supérieurs. »

Cette commission est suivie de l'ordre donné par le Pouvoir exécutif, ainsi conçu :

« Il sera donné par MM. les officiers de la milice parisienne, tous les moyens d'exécuter l'ordre ci-dessus, et les troupes qui seraient jugées nécessaires, en leur recommandant de se conduire avec le plus grand ordre. Messieurs les officiers de maréchaussée sont priés de donner tous les secours nécessaires. »

M. Lefebvre de Gineau a ajouté que plusieurs autres Électeurs avaient été chargés d'une commission semblable pour tous les lieux circonvoisins.

M. de Bonneville a été envoyé avec la même commission à Vernon, Mantes et Meulan.

MM. Brillantais-Marion, Lombard et Malfinat, envoyés par l'Assemblée sur le chemin de Saint-Denis, pour connaître le mouvement possible des troupes postées dans cette ville, sont revenus et ont dit qu'ils ont été jusqu'à Saint-Denis; que rien n'a paru leur indiquer des intentions hostiles de la part des régiments stationnés dans cette ville; qu'ils ont parlé au général qui les commande, et qu'ils en rapportent la réponse suivante:

« MM. les députés de la ville de Paris s'étant pré-
« sentés à moi pour exécuter la mission dont ils étaient
« chargés par la commission ci-dessus, et m'ayant de-
« mandé si j'avais des ordres pour faire retirer les
« troupes qui sont à mes ordres, je veux bien décla-
« rer, pour la tranquillité de la ville, que je n'ai aucun
« ordre hostile contre elle; qu'il y a même apparence
« que je ne tarderai pas à en recevoir pour faire re-
« tirer les troupes, et que j'ai même arrêté à Claye le
« régiment de Hainault, qui venait ici. Mais je pré-
« viens de ne pas laisser approcher des gens armés
« dans la plaine, et à portée de Saint-Denis, parce
« que je serais forcé de les repousser. Signé, le baron
« DE FALCKENHEYN, lieutenant général des armées

« du Roi, commandant les troupes à Saint-Denis. »

L'Assemblée a arrêté que la réponse de M. de Falckenheyn serait sur-le-champ communiquée à M. de La Fayette, pour qu'il pût donner les ordres et indiquer les précautions nécessaires.

Les députés du district des Filles-Dieu ont été introduits, et ils ont présenté à l'Assemblée deux officiers du régiment de Provence, avec un procès-verbal dressé dans leur district, constatant que ces deux officiers avaient été arrêtés par la patrouille à cinq cents pas des premières maisons au-dessus de La Chapelle, au moment où ils montaient dans un cabriolet. Qu'ils avaient déclaré n'avoir d'autre objet que de promener leur cheval; et qu'ils avaient sur-le-champ consenti à se laisser conduire au district, et de là à l'Hôtel-de-Ville, pour se faire reconnaître, si on l'exigeait. Que l'un d'eux a dit se nommer M. de La Provoterie, capitaine; et l'autre M. de Noirel, lieutenant au régiment de Provence. Que le bureau du district des Filles-Dieu n'a trouvé au surplus dans la conduite de ces deux officiers, et dans leurs discours, que la plus grande honnêteté.

Les députés ajoutaient cependant que, quoique ces deux officiers parussent ne pas être suspects, il fallait user de circonspection avec eux, parce que les citoyens qui les avaient arrêtés et conduits au district, prétendaient les avoir surpris occupés à examiner avec beaucoup d'attention, les avenues et la situation du faubourg.

L'Assemblée encore frappée de la réponse assez hostile de M. le baron de Falckenheyn, a décidé que les deux officiers seraient conduits à M. le marquis de La Fayette, pour statuer ce qui conviendrait à leur égard.

Le comité permanent a fait passer à l'Assemblée un arrêté qui lui paraît d'autant plus indispensable, que les ordres donnés hier par l'Assemblée, relativement au rétablissement des barrières, n'ont été que très imparfaitement exécutés.

Cet arrêté, que l'Assemblée a approuvé sans balancer, est ainsi conçu : « Le comité permanent con-
« sidérant que les revenus de la ville, la subsistance
« des hôpitaux et les dépenses indispensables de l'Ad-
« ministration, reposent sur la perception exacte des
« droits d'entrée, enjoint à tous les commis des bar-
« rières de reprendre leurs postes, et de percevoir
« tous les droits, tels qu'ils étaient perçus ci-devant.
« Statue que tous les districts prêteront nombre suf-
« fisant d'hommes, comme certains districts l'ont déja
« fait, pour établir à chaque barrière un corps-de-
« garde proportionné à l'importance de la barrière.
« Ordonne que les receveurs continueront de verser
« les deniers de perception dans les caisses ordinaires,
« comme il en était usé ci-devant. Autorise MM. les
« commissaires nommés à cet effet, à suivre l'exécu-

« tion du présent arrêté, lequel sera imprimé et af-
« fiché. »

Le bureau de police a fait parvenir à l'Assemblée un projet de proclamation, qu'il juge nécessaire dans les circonstances actuelles, et qui est conçu en ces termes :

« La circulation est rétablie dans l'intérieur de Pa-
« ris et sur les routes, de manière que toutes les voi-
« tures bourgeoises, publiques et de place, ne doivent
« être arrêtées par aucune patrouille.

« Les patrouilles posées aux barrières pour la sû-
« reté de la perception des droits, n'arrêteront que
« la sortie des subsistances et le transport des convois
« d'armes.

« Les voitures, de quelque espèce qu'elles soient,
« n'auront d'autre contrainte dans l'intérieur de Paris,
« que d'aller au pas ou au petit trot.

« Les spectacles seront ouverts, et les promenades
« publiques fréquentées comme à l'ordinaire.

« Les boutiques, les ateliers, les manufactures, se-
« ront rendus à leur activité ordinaire, et tous les
« citoyens sont invités avec instance, à répandre par-
« tout l'ordre et le calme, et à poursuivre avec vi-
« gueur les perturbateurs du repos public.

« Enjoint aux patrouilles de tenir la main à l'exé-
« cution du présent arrêté. »

Lecture faite de ce projet de proclamation, la matière a été mise en délibération, et vivement débattue.

On a pensé que l'intention des membres du comité de police était véritablement utile et louable; que même elle avait été sagement déterminée par le rapport de M. Deleutre, et par les obstacles que ce membre du comité venait d'éprouver dans l'intérieur même de Paris pour l'exécution des commissions dont il était chargé; mais que l'effet de cet arrêté pour la libre circulation serait peut-être un peu précipité; que les esprits étaient encore agités par des alarmes continuelles; que les circonstances rendaient, pour ainsi dire, la méfiance légitime; qu'il ne suffisait pas d'afficher la confiance pour l'inspirer, et qu'il était à craindre qu'en voulant hâter le rétablissement d'une libre circulation, on ne fît que le retarder.

En conséquence, l'Assemblée a arrêté qu'il n'y avait pas lieu, quant à présent, à délibérer sur le projet de proclamation proposé par le bureau de police, en le conservant néanmoins pour en faire usage lorsque le moment propice serait arrivé.

M. Mazer de La Tude, ingénieur, connu par sa captivité de trente-cinq années à la Bastille, à Vincennes, à Charenton et à Bicêtre, en vertu des lettres-de-cachet obtenues par la marquise de Pompadour, et plus connu encore par son évasion de la Bastille la nuit du 25 au 26 février 1756, s'est présenté pour réclamer l'échelle de corde et les autres instruments par lui fabriqués dans la Bastille pour rendre son évasion possible; ces objets se trouvant au nombre de tous les effets qui ont été apportés de la Bastille à l'Hôtel-de-Ville.

L'Assemblée n'a pas balancé à ordonner cette restitution légitime, et M. Mazer de La Tude a été autorisé à emporter son échelle, longue de 180 pieds, et les autres instruments accessoires, monuments presque incroyables de son adresse et de sa constance.

M. Damoye, Électeur et président du district de Sainte-Marguerite, a représenté l'extrême misère des ouvriers du faubourg Saint-Antoine, et la nécessité de distribuer du pain, surtout à ceux qui n'avaient pas mangé depuis 24 heures; et M. Damoye a assuré que le nombre de ces infortunés était considérable.

L'Assemblée a autorisé M. Damoye à se retirer au comité des subsistances, pour en obtenir sur-le-champ un secours indispensable, se reposant, pour la juste distribution, sur la sagesse de cet Électeur.

On a proposé de faire lecture des délibérations que les districts peuvent avoir envoyées dans la journée, relativement à la nomination qui leur a été demandée d'un député, pour se joindre à la députation que l'Assemblée a décidé d'envoyer au roi.

Voici le résultat des délibérations mises jusqu'à présent sur le bureau.

Le district de Saint-Eustache déclare unanimement qu'il désapprouve la députation que l'Assemblée des Électeurs se propose de faire au Roi, pour le remercier de la tranquillité qu'il a rétablie dans Paris, attendu que cette tranquillité n'étant point effectuée, on ne doit, quant à présent, faire aucune adresse de remercîment pour un bienfait annoncé, mais non encore consommé.

Le district consent seulement que la députation à faire, demande au Roi le renvoi des troupes dans les garnisons, l'éloignement des nouveaux ministres qui ont trompé sa religion, et le rappel d'un ministre qui était cher à la Nation.

(Suit la nomenclature des députés nommés par chaque district.)

Le district de Saint-Germain-l'Auxerrois a arrêté unanimement qu'il n'y avait lieu ni à députation, ni à remercîments au Roi. Que le bureau de la Ville sera toujours assisté des Électeurs, et que néanmoins il ne pourra prononcer sur aucune demande sans en avoir communiqué aux différents districts, dont la pluralité dictera la conduite à tenir. Que les districts ne recevront de la part du bureau de la Ville, même assisté des Électeurs, aucune proposition, qu'elle ne soit écrite et signée au moins de trois Électeurs assistants au bureau de la Ville.

M. le marquis de La Fayette est venu instruire l'Assemblée, des ordres donnés et des jugements rendus pour assurer la tranquillité publique, et il a dit qu'entre autres dispositions militaires, ayant appris que la foule des curieux se précipitait imprudemment sur les décombres de la Bastille, dont la démolition était déjà commencée, il a cru devoir ordonner particulièrement à la compagnie de l'Arquebuse de se rendre à la Bastille, pour y maintenir l'ordre, écarter la foule des curieux ou gens mal intentionnés, et préserver les citoyens des accidents inséparables de la démolition de cette forteresse. Qu'il a reçu presque en même temps la réponse du baron de Falckenheyn, que l'Assemblée a bien voulu lui communiquer, et les deux officiers arrêtés aux environs de la Villette; qu'en se conformant aux dispositions prises par le commandant des troupes de Saint-Denis, il a cru devoir retenir les deux officiers prisonniers sur leur parole; qu'il leur a offert la Ville pour limites, mais qu'ils se sont volontairement décidés à ne pas sortir de l'Hôtel-de-Ville.

A peu près dans le même temps, des patrouilles ont conduit à l'Hôtel-de-ville, comme homme suspect, M. de Boisgelin, président de la noblesse aux derniers États, celui-là même qui avait prononcé à la tête de la noblesse bretonne le fameux serment contre toute innovation aux États de 1614. M. de Boisgelin, en priant M. de La Fayette de le prendre sous sa sauve-garde, lui a raconté qu'il allait à Versailles lorsqu'il a été arrêté dans sa voiture, promené de patrouille en patrouille au milieu d'un peuple animé qui l'accablait d'injures, et qui, quelquefois même, parlait tout haut de lui donner la mort.

M. de La Fayette a passé alors dans la salle des

gouverneurs pour juger le sieur Labarthe, accusé par une députation du Palais-Royal, et le comte de Saint-Marc, arrêté la veille à la Bastille, accusé d'avoir médité des tentatives contre cette forteresse, devenue le rempart de la liberté, comme elle était autrefois celui du despotisme.

Il a fait entrer M. de Boisgelin dans cette salle des gouverneurs, pour qu'il prît conseil de ce qu'il verrait ou de ce qu'il entendrait.

Et peu de temps après, M. le marquis de La Fayette est venu rendre compte à l'Assemblée : qu'à l'égard du comte de Saint-Marc, arrêté la veille à la Bastille, et accusé d'un complot criminel, M. Boucher, Électeur et membre du comité permanent, ayant été commis pour entendre, dans une salle voisine, les dépositions des témoins produits pour et contre l'accusé, il est résulté de son rapport que le comte de St-Marc s'était présenté la veille au district de St-Gervais, qu'il était monté dans la chaire de l'église, qu'il avait annoncé que le bruit s'étant répandu que les souterrains de la Bastille communiquaient au château de Vincennes, il était possible que par ces souterrains les troupes du Roi parvinssent à s'introduire dans la ville; que pour prévenir ce danger, il offrait de se mettre à la tête des citoyens courageux qui voudraient l'accompagner pour aller visiter ces souterrains; que plusieurs s'étaient présentés aussitôt; que le district avait fait acheter une paire de pistolets pour chacun de ceux qui offraient de se dévouer ainsi au salut public; qu'on leur avait délivré les munitions nécessaires pour charger ces armes; que le comte de Saint-Marc était parti en effet avec plusieurs citoyens; qu'arrivé à la Bastille, il avait trouvé un particulier qui s'en disait le commandant, et qui avait refusé de l'introduire; que, désirant exécuter secrètement la mission dont il était chargé, il avait prié ses compagnons d'armes de rester à l'écart, et de le laisser parler à celui qui s'en disait le commandant; qu'il s'était avancé quelques pas avec lui, mais que bientôt il était devenu suspect, précisément à cause de cet entretien secret, arrêté et conduit à la Ville.

M. de La Fayette a ajouté que, sur ce rapport, il était très clairement prouvé que M. le comte de Saint-Marc n'avait été conduit à la Bastille que par des vues très louables; que cependant il avait cru devoir le retenir à l'Hôtel-de-Ville pour écarter de lui tout danger. Qu'à l'égard de M. de Labarthe, on le soutenait indigne et incapable du commandement qui lui avait été déféré la veille à l'Hôtel-de-Ville. Entre autres griefs, on lui reprochait d'avoir promis vainement cinquante louis pour faire prendre des aristocrates. L'accusation n'était pas de les avoir promis, mais bien de ne les avoir pas donnés. Que M. de Labarthe prétendait n'avoir pas promis les cinquante louis, mais qu'il assurait que ses intentions étaient connues, et qu'il les aurait donnés de bon cœur. Que lui, marquis de La Fayette, a terminé cette affaire en acceptant la démission de M. de Labarthe, qui s'est retiré paisiblement avec ses accusateurs. Qu'enfin, il n'a plus trouvé dans la salle M. de Boisgelin, qui, sans doute, s'est retiré sans danger, en se confondant dans la foule.

Sur les onze heures du soir, M. le président a annoncé qu'il comptait passer la nuit à l'Hôtel-de-Ville, et il a demandé ceux de MM. les Électeurs qui voudraient partager avec lui ce travail extraordinaire : plusieurs Électeurs se sont présentés, de sorte que la séance n'a point été levée.

Le comité permanent est resté aussi en activité pendant toute la nuit.

Au même instant, on a annoncé un membre de l'Assemblée nationale ; MM. Desroches et Chignard ont été envoyés pour le recevoir et l'introduire.

Il s'est fait connaître pour M. Herwyn, conseiller-pensionnaire d'Honscotte en Flandre, député du bailliage de Bailleul, et il a dit qu'il est venu à Paris sans aucune qualité de l'Assemblée nationale, mais animé seulement par son zèle et son amour du bien public, et pour annoncer à Paris qu'aujourd'hui, sur les neuf heures du soir, le comte de la Châtre s'était rendu à l'Assemblée nationale pour lui apprendre que le Roi avait résolu de se rendre le lendemain 17 dans la capitale ; que MM. le garde-des-sceaux et le baron de

Breteuil avaient donné leur démission; que le Roi l'avait acceptée, et qu'il avait rappelé M. Necker.

M. Herwyn a encore instruit l'Assemblée qu'avant son départ de Versailles, l'Assemblée nationale avait nommé une députation de douze membres pour se rendre à Paris, dans l'Assemblée des Électeurs, et la prévenir de l'arrivée du Roi.

L'Assemblée a témoigné à M. Herwyn la joie qu'elle ressentait des heureuses nouvelles apportées par lui, et elle a chargé M. Deleutre d'aller au-devant de MM. les députés de l'Assemblée nationale, et d'avertir tous les districts qui se trouvaient sur son chemin, pour qu'ils envoyassent une garde extraordinaire à l'Hôtel-de-Ville.

M. Deleutre s'est acquitté si bien de cette commission, et le zèle des citoyens était tel, qu'en un instant plus de 1,500 hommes de garde sont arrivés devant l'Hôtel-de-Ville, envoyés par trois districts seulement, qui avaient pu être avertis : par les districts de Saint-Honoré, de Saint-Roch, et des Feuillants.

La nuit a été très occupée, mais assez tranquille. On a donné des passe-ports aux personnes non suspectes qui en avaient demandé; on a prononcé sur toutes les saisies de personnes et d'effets, qui avaient été faites par les patrouilles; on a répondu aux différentes demandes des districts.

DÉPUTATION DE L'ASSEMBLÉE NATIONALE.

Du Vendredi 17 juillet 1789.

A une heure du matin ou environ, sont arrivés à l'Hôtel-de-Ville, conduits par M. Deleutre, douze membres de l'Assemblée nationale, députés à Paris pour prévenir cette capitale que le Roi, instruit du désir que les Parisiens avaient de sa présence, se proposait de leur accorder cette faveur dans la journée.

Ces douze membres de l'Assemblée nationale étaient, M. le prince de Poix, portant la parole; M. l'archevêque de Paris; M. Gouttes, curé d'Argelières; M. Texier, chanoine de Chartres; M. le comte de La Châtre, M. le comte de Puisaye, M. Perret de Trégadoret, M. Perrin de Rozières, M. Lelong, M. de Riberolles, M. Gillet de La Jacqueminière, et M. Millanois.

Pénétré de joie et d'attendrissement, M. Moreau de Saint-Méry n'a pu adresser à MM. les députés que ces mots :

« Chaque jour élève de nouveaux monuments à la
« gloire de cette capitale. J'ose augurer que sa joie
« égalera bientôt ses profondes douleurs. Nous allons
« donc voir se former, en quelque sorte, une nou-
« velle alliance entre un prince chéri et sa bonne
« ville de Paris, qui lui portera le plus doux hom-
« mage, celui de son amour et de sa fidélité ! »

Aussitôt MM. les Électeurs ont fait passer cette

heureuse nouvelle dans tous les bureaux, et surtout à M. de La Fayette, pour qu'il leur fût possible de prendre, à l'instant même, les arrangements nécessaires à l'ordre et à la pompe de cette entrée mémorable.

Et dès lors l'Assemblée a pensé ne devoir s'occuper que des préparatifs pour recevoir le Roi.

Elle a arrêté que vingt-cinq Électeurs seraient nommés pour, confusément et sans distinction, avec vingt-cinq membres du corps municipal, échevins, procureur du Roi et de la Ville, greffier, conseillers de Ville et quartiniers, aller au-devant du Roi jusqu'à la barrière de la Conférence, M. Bailly étant à leur tête, et chargé, comme maire de Paris, de présenter les clefs de la ville.

Elle a arrêté qu'un trône serait dressé pour le Roi dans la salle de ses séances, et qu'il serait placé au-dessus de la porte principale de l'Hôtel-de-Ville, et devant le cadran de l'horloge, un transparent portant ces mots : LOUIS XVI, Père des Français, et Roi d'un peuple libre.

M. de La Fayette a envoyé dans tous les districts l'ordre de border la haie depuis le *Point-du-Jour* jusqu'à l'Hôtel-de-Ville.

Il a tracé d'ailleurs toutes les dispositions militaires de cette journée sur un ordre qu'il a remis, pour être exécuté, à M. le chevalier de Saudray.

Les compagnies des deux Basoches ont été envoyées

à la nouvelle barrière, pour attendre et recevoir le Roi.

M. Delavigne et M. Moreau de Saint-Méry, présidents de l'Assemblée, ont été chargés de nommer les vingt-cinq Électeurs qui devaient aller au-devant du Roi, et ils ont nommé :

MM. Duveyrier, Blonde, Agier, Bertolio, Fauchet, Boucher, Legrand de Saint-René, Carra, Tassin, Garran de Coulon, Dusaulx, Petit, Desroches, Gavet, Perrier l'aîné, Chignard, Duval, Bancal des Issarts, Dumangin, Ganilh, Duport du Tertre, Hion, Quatremere, Cailleau et Deleutre.

On a fait partir des gardes de la Ville, pour prévenir ceux de ces messieurs qui n'étaient pas encore à l'Hôtel-de-Ville.

On a réclamé pour le corps municipal le droit d'être séparé des Électeurs, et de se présenter au Roi en costume municipal.

M. Moreau de Saint-Méry a répondu que le comité municipal était le maître de s'honorer d'une telle distinction, s'il n'y voyait aucun danger.

Et sur la question faite, si tous les membres composant la députation se mettraient à genoux devant le Roi, M. Moreau de Saint-Méry a dit que les officiers municipaux, s'ils croyaient le devoir, pouvaient bien conserver cet ancien usage; mais que les Électeurs avaient obtenu de ne pas être soumis aux usages anciens, lorsque ces usages rappelaient d'autres idées

ARRIVÉE DE TROIS CENTS DÉPUTÉS. (17 juillet.) 237

que celles de la liberté ; et dans ce cas, que les Électeurs réclamaient à leur tour le droit d'être séparés du corps municipal.

A dix heures précises, MM. les Électeurs nommés pour aller au-devant du Roi, rassemblés à l'Hôtel-de-Ville avec les vingt-cinq membres du corps municipal, et M. le marquis de La Salle, sont partis, ayant à leur tête M. Bailly et leurs présidents, précédés de la musique de la ville, et escortés par 300 gardes sous le commandement de M. Hay, leur colonel.

MM. Vergne et Buffault portaient alternativement le plat de vermeil et les clefs.

Ils ont rencontré sur la route et jusque sur la barrière de la Conférence, 300 membres ou environ de l'Assemblée nationale, qui se sont confondus avec eux, se proposant d'accompagner le Roi à l'Hôtel-de-Ville.

Ces 300 membres, ou environ, de l'Assemblée nationale, ne faisaient point partie des 108 membres nommés par l'Assemblée elle-même, pour accompagner le Roi. Ils s'étaient volontairement rendus à Paris, pour augmenter la pompe d'un si beau jour, et partager l'allégresse publique.

Ce cortége respectable, arrivé à la barrière de la Conférence, a attendu le Roi.

Le Roi n'est arrivé que sur les trois heures après-midi, parce qu'escorté depuis Versailles jusqu'au *Point-du-Jour* par la garde nationale de Versailles, il avait été escorté depuis le *Point-du-Jour* par la garde nationale de Paris; ce qui avait forcé la voiture de Sa Majesté de n'aller qu'au pas.

Quelques gardes du Roi ont escorté la voiture de Sa Majesté jusqu'à la barrière; mais, avant d'arriver, ils ont dit à M. le marquis de La Fayette qu'ils avaient ordre de ne pas aller plus loin.

Le Roi était dans sa voiture avec M. le duc de Villeroy, M. le maréchal de Beauvau, M. le duc de Villequier et M. le comte d'Estaing, sans aucune pompe et sans gardes.

Il était accompagné de cent membres de l'Assemblée nationale, nommés la veille, par elle-même, pour lui servir de cortége et d'escorte, et qui ont mis pied à terre à la barrière pour se confondre avec les Électeurs.

Le Roi étant arrivé à la barrière de la Conférence, M. Bailly, maire de Paris, s'est approché de la portière de son carrosse, et, en lui présentant les clefs de la ville, il lui a adressé le discours suivant :

« Sire, j'apporte à Votre Majesté les clefs de sa
« bonne ville de Paris. Ce sont les mêmes qui ont été
« présentées à Henri IV; il avait reconquis son peu-
« ple : ici c'est le peuple qui a reconquis son Roi.

« Votre Majesté vient jouir de la paix qu'elle a ré-
« tablie dans la capitale. Elle vient jouir de l'amour
« de ses fidèles sujets : c'est pour leur bonheur que
« Votre Majesté a rassemblé près d'elle les représen-

« tants de la Nation, et qu'elle va s'occuper avec eux
« à poser les bases de la liberté et de la prospérité
« publiques. Quel jour mémorable que celui où Votre
« Majesté est venue siéger en père, au milieu de cette
« famille réunie; où elle a été reconduite à son palais
« par l'Assemblée nationale entière! Gardée par les
« représentants de la Nation, pressée par un peuple
« immense, elle portait dans ses traits augustes l'ex-
« pression de la sensibilité et du bonheur, tandis que,
« autour d'elle, on n'entendait que des acclamations
« de joie, on ne voyait que des larmes d'attendrisse-
« ment et d'amour. Sire, ni votre peuple, ni Votre
« Majesté, n'oublieront jamais ce grand jour: c'est le
« plus beau de la monarchie: c'est l'époque d'une al-
« liance éternelle entre le monarque et le peuple. Ce
« trait est unique dans l'histoire: il immortalise Votre
« Majesté. J'ai vu ce beau jour; et, comme si tous les
« bonheurs étaient faits pour moi, la première fonc-
« tion de la place où m'a conduit le vœu de mes con-
« citoyens, est de vous porter l'expression de leur
« respect et de leur amour. »

M. Bailly a fait place à M. Delavigne, président
des Électeurs, qui a parlé en ces termes:

« Sire, lorsque vous vous décidâtes à assembler la
« nation, la France reconnut à ce généreux dessein
« le caractère paternel de Votre Majesté. Tous les
« cœurs se sentirent pénétrés de l'amour le plus res-
« pectueux pour votre personne auguste, à qui ils

« avaient juré depuis long-temps une inviolable fidé-
« lité. Il nous semblait alors, Sire, qu'il était impos-
« sible de rien ajouter aux sentiments dont toutes les
« ames françaises étaient alors émues. Mais qu'est-ce
« que ce premier bienfait, en le comparant à celui
« dont vous nous faites jouir aujourd'hui? Tout ce
« qu'on pouvait attendre d'un Roi juste et bon, vous
« l'avez annoncé à l'Assemblée nationale. Et comme
« si votre ame noble n'était pas satisfaite, après avoir
« autorisé et invité cette auguste Assemblée à faire
« connaître vos dispositions à la capitale, vous venez
« les lui faire connaître vous-même. Vous venez, Sire,
« être témoin du bonheur et de la joie que fait naître
« au milieu de votre peuple, la présence du meilleur
« des rois. Que je suis heureux d'être l'organe des sen-
« timents des Électeurs de votre bonne ville de Paris!
« S'il me reste un vœu à former, c'est celui de voir
« consacrer à jamais, par l'établissement d'une fête
« nationale, ce jour fortuné, le plus beau de ma vie,
« où un monarque père vient, au milieu de ses sujets
« et de ses enfants, recevoir l'hommage vrai de leur
« fidélité, de leur amour et de leur respectueuse re-
« connaissance. »

Le Roi a répondu à l'un et à l'autre, qu'il recevait avec plaisir les hommages de sa bonne ville de Paris.

Ensuite, on s'est mis en marche, et le cortège, pour se rendre à l'Hôtel-de-Ville, a parcouru le quai de la Conférence, la place Louis XV, la rue St-Honoré, la rue du Roule, la rue de la Monnaie, le quai de la Mégisserie, le quai de Gêvres, le quai Pelletier et la place de l'Hôtel-de-Ville.

Les députés de l'Assemblée nationale et de l'Assemblée des Électeurs de Paris marchaient deux à deux à gauche et à droite de la voiture de Sa Majesté, précédée et suivie de deux détachements de la Garde nationale à cheval, dont un commandé par M. le chevalier de Saudray.

Quatre officiers de la Garde nationale tenaient les boutons des portières.

M. le commandant général, en frac uni, le chapeau surmonté d'un panache et de la cocarde nationale, sans autre marque militaire que son épée, était à cheval, tantôt devant, tantôt à côté de la voiture du Roi.

Il était environné de ses aides-de-camp, MM. de Gouvion [*], Jauge, Bonneville, Cadignan, Chabot, Curmer, Desmottes, Romeuf, Lacolombe [**], et suivi d'un détachement de cavalerie, tous citoyens également en frac, et sans autre attribut militaire que l'épée et la cocarde nationale.

L'armée citoyenne qu'il commandait, composée d'environ 200,000 hommes armés de fusils, d'épées, de sabres, de piques, de lances, de faux et autres

---

[*] Depuis major-général de la Garde nationale.

[**] Depuis aide-major-général. *(Note du Rédacteur.)*

armes, bordaient la haie depuis la barrière de la Conférence.

Sur les bords de la rivière, avant d'arriver à la place Louis XV, on a vu rangés sur la même ligne que les citoyens armés, deux ou trois mille Invalides sans armes, ayant à leur tête M. de Sombreuil, gouverneur de l'Hôtel, et autres officiers.

Ils avaient passé l'eau pour se présenter aussi au plus chéri des rois, dans le plus beau jour de son règne.

Parmi les citoyens armés, on a distingué des femmes d'un état honnête, des demoiselles à peine au printemps de leur âge, des moines, et entr'autres des capucins, tous portant sur l'épaule l'épée ou le mousquet.

D'autres religieux, comme les Mathurins, portaient le drapeau de leur Ordre, comme drapeau du district.

Derrière les rangs de citoyens armés, étaient entassés femmes, enfants, vieillards : toutes les fenêtres étaient garnies ; les toits même étaient couverts de spectateurs.

La subordination et le bon ordre étaient tels, qu'un signe de M. le marquis de La Fayette suffisait pour exécuter sans tumulte le plus grand mouvement : aucun homme armé n'a quitté son rang, aucune personne n'a traversé la ligne.

La place Louis XV offrait un cercle parfait dont tout le contour était bordé par plusieurs rangs de la garde, et le centre par un bataillon carré de Gardes Françaises qui environnaient la statue.

A l'approche du cortège, ce bataillon s'est ouvert pour se mettre en marche; il a laissé voir dans son sein plusieurs pièces de canons, traînées par des chevaux qui, de même, ont marché à la tête du cortège.

La Garde nationale bordait la haie, depuis la barrière de la Conférence jusqu'à l'Hôtel-de-Ville, sur deux, trois, quatre et même quelquefois sur cinq rangs de file.

Les airs retentissaient d'une acclamation continuelle, *vive la nation, vive le Roi, vivent MM. Bailly, de La Fayette, les députés, les Électeurs*, mêlée au son des trompettes, de la musique guerrière, et au bruit de l'artillerie, dans tous les lieux où les canons étaient placés.

Cet évènement seul pouvait offrir à la capitale un spectacle plus grand, plus majestueux, plus touchant que le spectacle dont elle avait joui deux jours auparavant.

Arrivés à la place de l'Hôtel-de-Ville, les escadrons de cavalerie, le bataillon des Gardes Françaises, et les canons qui précédaient le cortège, sont passés sur le port Saint-Paul, et se sont disposés de telle manière que la place de l'Hôtel-de-Ville s'est trouvée entièrement libre pour le passage du Roi et de sa suite.

Le Roi est descendu de voiture au bas du perron de l'Hôtel-de-Ville, et là, M. Bailly a présenté à Sa

16.

Majesté une cocarde aux couleurs de la ville, qu'elle a reçue avec bonté et qu'elle a daigné sur-le-champ appliquer à son chapeau.

En lui présentant cette cocarde, M. Bailly a dit au Roi : *Sire, Votre Majesté veut-elle bien accepter le signe distinctif des Français?*

Il a monté l'escalier de l'Hôtel-de-Ville sous une voûte d'épées entrelacées.

Dans cet instant, la foule était prodigieuse autour de sa personne. M. le prince de Beauvau et autres redoublaient d'efforts pour écarter les plus empressés. Sa Majesté a dit : *Laissez-les faire ; ils m'aiment bien.*

MM. les Électeurs et plusieurs autres citoyens de Paris, rassemblés dans la grande salle, attendaient le roi.

Il est entré, séparé des seigneurs de sa suite, pressé, porté dans les bras de ses enfants ivres d'amour et de joie.

Il a pris place sur le trône qui lui avait été préparé.

La salle était remplie autant qu'elle pouvait l'être. Les personnes qui occupaient le milieu de la salle, et qui ne pouvaient pas s'asseoir, étaient à genoux pour laisser à ceux qui les suivaient, le plaisir de la vue du roi. Les transports de l'Assemblée éclataient par tous les signes possibles. Les applaudissements, les cris de *vive le roi* retentissaient partout. Toutes les mains étaient élevées vers le trône, tous les yeux répandaient des larmes. Cette scène sublime est impossible à décrire.

On a fait silence, et tout à coup une voix s'est écriée du fond de la salle, *notre roi! notre père!* les cris, les applaudissements, les transports ont redoublé. Les traits de Sa Majesté portaient l'empreinte de la plus douce sensibilité.

M. Bailly s'est approché du trône sans fléchir le genou, et il a dit au roi : « Je présente à Votre Majesté quatorze Électeurs de Paris qui brûlent du désir, et qui sollicitent avec instance l'honneur d'être ses gardes dans l'Hôtel-de-Ville. »

Le roi a répondu : *Je les accepte avec plaisir;* et aussitôt ils ont mis l'épée à la main, et ils ont entouré le trône.

Le roi a demandé que les épées fussent remises dans le fourreau, et son ordre a été exécuté.

M. Moreau de Saint-Méry, l'un des présidents de MM. les Électeurs, portant la parole, a dit :

« Sire, quel spectacle pour les Français, que celui
« d'un monarque citoyen abandonnant toute sa pompe,
« et venant chercher un nouvel éclat dans la fidélité
« de son peuple! Votre naissance, Sire, vous avait
« destiné la couronne; mais aujourd'hui vous ne la
« devez qu'à vos vertus.

« Contemplez-le, Sire, ce peuple qui vous presse,
« dont les avides regards cherchent les vôtres, qui
« s'enivre du bonheur de vous posséder. Et voilà,

« Sire, ce peuple qu'on a osé calomnier! Des minis-
« tres impies vous ont dit que le bonheur des nations
« n'était pas nécessaire au bonheur des rois; que les
« princes ne devaient avoir près d'eux que des apô-
« tres du despotisme.

« Ah! sire, vous les avez rejetées, ces odieuses
« maximes, au milieu des hommes courageux que
« votre vœu et le choix de la nation ont rassemblés
« près de vous, comme pour fortifier encore votre
« ame. Vous venez promettre à vos sujets, au sein
« même de votre capitale, que les auteurs de ces con-
« seils désastreux n'environneront plus votre auguste
« personne, et que la vertu, toujours trop long-temps
« exilée, restera votre appui. Ajoutez, Sire, à tant
« de triomphes celui de ne pas vouloir apprendre si
« vos enfants ont été forcés de vous désobéir : que vos
« regards n'aperçoivent que des sujets dévorés du plus
« brûlant amour, chérissant plus que jamais la li-
« berté, parce qu'elle aura votre règne pour époque.
« Un roi tel que vous, sire, n'a plus besoin que de se
« rappeler sans cesse cette sublime et touchante vérité,
« que le trône n'est jamais plus solide que lorsqu'il a
« l'amour, la fidélité des peuples pour bases, et que
« ainsi le vôtre est inébranlable. »

Ce discours a été interrompu plusieurs fois par les
plus vifs applaudissements.

A cette phrase, *et voilà, Sire, ce peuple qu'on a
osé calomnier*, le roi a fait un signe qui voulait dire,

ou qu'on n'avait pas calomnié le peuple auprès de Sa Majesté, ou qu'elle n'avait ajouté aucune foi à ces calomnies.

M. Éthis de Corny, procureur du roi et de la ville, placé sur la marche du trône, s'est levé, et a dit :

« Sire, Messieurs, dans cet instant auguste, l'élan
« du sentiment, les larmes de la joie, sont le seul
« langage qui puisse exprimer l'admiration et la re-
« connaissance. Honoré des fonctions du ministère
« public auprès de cette commune, la première du
« monde, je requiers que ce jour mémorable soit
« consacré par le vœu d'une statue érigée à Louis XVI,
« régénérateur de la liberté nationale, restaurateur
« de la liberté publique, et père du peuple français.
« Je requiers que l'érection de ce monument suive
« immédiatement la constitution qui doit garantir les
« droits du citoyen, la gloire de l'empire, et le bon-
« heur du monarque; que ce monument soit élevé
« dans un lieu qui rappelle à jamais le contrat im-
« muable d'amour et de liberté, formé entre le plus
« grand des rois et le plus généreux des peuples;
« qu'il éternise le patriotisme et l'énergie de l'Assem-
« blée nationale, la fidélité et les vertus civiques de
« la commune de Paris, les principes purs du sou-
« verain adoré qui ne veut régner désormais que par
« l'amour, la bienfaisance et la justice. »

Une acclamation universelle a répondu au réquisitoire de M. Éthis de Corny, et l'érection d'une statue du roi sur l'emplacement de la Bastille a été votée d'un consentement unanime.

M. le comte de Lally-Tollendal ayant témoigné l'intention de parler, on a fait silence, et il a dit :

« Eh bien ! citoyens, êtes-vous satisfaits ? Le voilà, « ce roi que vous demandiez à grands cris, et dont le « nom seul excitait vos transports, lorsqu'il y a deux « jours nous le proférions au milieu de vous. Jouissez « de sa présence et de ses bienfaits.

« Voilà celui qui vous a rendu vos Assemblées « nationales, et qui veut les perpétuer. Voilà ce-« lui qui a voulu établir vos libertés, vos proprié-« tés, sur des fondements inébranlables. Voilà celui « qui vous a offert, pour ainsi dire, d'entrer avec « lui en partage de son autorité, ne se réservant que « celle qui est nécessaire à votre bonheur, celle qui « doit à jamais lui appartenir, et que vous mêmes de-« vez le conjurer de ne jamais perdre.

« Ah ! qu'il recueille enfin des consolations ; que « son cœur noble et pur emporte d'ici la paix dont « il est si digne ! et puisque, surpassant les vertus de « ses prédécesseurs, il a voulu placer sa puissance et « sa grandeur dans notre amour, n'être obéi que par « l'amour, et n'être gardé que par l'amour, ne soyons « ni moins sensibles, ni moins généreux que notre « roi, et prouvons-lui que même sa puissance, que « même sa grandeur, ont plus gagné mille fois, « qu'elles n'ont sacrifié.

« Et vous, Sire, permettez à un sujet qui n'est ni
« plus fidèle, ni plus dévoué que tous ceux qui vous
« environnent, mais qui l'est autant qu'aucun de ceux
« qui vous obéissent, permettez-lui d'élever sa voix
« vers vous, et de vous dire : Le voilà, ce peuple qui
« vous idolâtre, ce peuple que votre seule présence
« anime, et dont les sentiments pour votre personne
« sacrée ne peuvent jamais être l'objet d'un doute.
« Regardez, Sire; consolez-vous en regardant tous ces
« citoyens de votre capitale. Voyez leurs yeux, écou-
« tez leurs voix, pénétrez dans leurs cœurs qui volent
« au-devant de vous. Il n'est pas ici un seul homme
« qui ne soit prêt à verser pour vous, pour votre au-
« torité légitime, la dernière goutte de son sang.

« Non, Sire, cette génération de Français n'est pas
« assez malheureuse pour qu'il lui ait été réservé de
« démentir quatorze siècles de fidélité; nous péririons
« tous, s'il le fallait, pour défendre un trône qui nous
« est aussi sacré qu'à vous et à l'auguste famille que
« nous y avons placée il y a 800 ans.

« Croyez, Sire, croyez que nous n'avons jamais
« porté à votre cœur une atteinte douloureuse, qui
« n'ait déchiré le nôtre; qu'au milieu des calamités
« publiques, c'en est une de vous affliger même par
« une plainte qui vous avertit, qui vous implore, et
« qui ne vous accuse jamais.

« Enfin, tous les chagrins vont disparaître, tous
« les troubles vont s'apaiser. Un seul mot de votre

« bouche a tout calmé : notre vertueux roi a rappelé
« ses vertueux conseils. Périssent les ennemis publics
« qui voudraient encore semer la division entre la
« nation et son chef! Roi, sujets, citoyens, confon-
« dons nos cœurs, nos vœux, nos efforts, et dé-
« ployons aux yeux de l'univers le spectacle magni-
« fique d'une de ses plus belles nations, libre, heureuse,
« triomphante, sous un roi juste, chéri, révéré, qui,
« ne devant rien à la force, devra tout à ses vertus et
« à notre amour. »

Chaque mot prononcé par M. le comte de Lally-Tollendal, était, pour ainsi dire, le signal d'un cri de joie ou d'attendrissement.

Le discours fini, et l'extase publique un peu dissipée, M. Delavigne a été présenté au roi par M. Bailly, et le roi lui a dit : *M. Delavigne, j'ai entendu avec plaisir ce que vous m'avez dit.*

Puis, s'adressant à tous ceux qui l'entouraient, il a continué : *Messieurs, je suis très satisfait; j'approuve l'établissement de la garde bourgeoise : mais la meilleure manière de me prouver votre attachement, est de rétablir la tranquillité, et de remettre entre les mains de la justice ordinaire les malfaiteurs qui seront arrêtés. M. Bailly, instruisez l'Assemblée de mes intentions. Je suis bien aise que vous soyez maire, et que M. de La Fayette soit commandant-Général.*

M. Bailly s'est approché du trône; et sans fléchir

le genou, il a pris les ordres de Sa Majesté; et, se tournant vers l'Assemblée, il a dit :

« Le roi me charge de vous dire qu'il est touché de « l'attachement et de la fidélité de son peuple, et « que son peuple aussi ne doit pas douter de son « amour; qu'il approuve l'établissement de la Garde « Parisienne, ma nomination à la place de maire, et « celle de M. de La Fayette à la place de comman- « dant-général : mais il veut que l'ordre et le calme « soient rétablis, et que désormais tout coupable soit « remis à la justice. »

L'Assemblée a répondu par un applaudissement général.

Cependant un désir universel se manifestait d'entendre quelques paroles de la bouche du roi.

M. Bailly a pris la liberté de le faire remarquer à Sa Majesté, qui a dit à l'Assemblée : *Vous pouvez toujours compter sur mon amour.*

Il a voulu se montrer à la multitude assemblée sur la place de l'Hôtel-de-Ville, qui demandait à grands cris sa présence.

Les gradins dressés dans la grande salle obstruaient les fenêtres : pour se montrer au peuple, le roi a été obligé de passer dans la salle de la Reine. La grande porte qui donne entrée dans cette salle était embarrassée par plus de deux cents personnes.

M. Vergne, Échevin, emporté par ce délire de joie qui égarait toutes les têtes, prenant la main du roi, lui a dit : *Sire, daignez me suivre ; je vais conduire Votre Majesté.*

En effet, il a conduit le roi par un corridor très obscur : M. le duc de Villeroy, M. le prince de Beauvau, et plusieurs de ses gardes-citoyens, suivaient, autant que le local pouvait le permettre.

Comprenant enfin l'irrégularité de sa démarche, M. Vergne s'est hâté de donner un coup de pied dans une petite porte, qui s'est ouverte à l'instant, et le roi est entré dans la salle de la Reine.

Sa présence à la fenêtre, et la bonté qu'il a eue de mettre son chapeau décoré de la cocarde nationale, qu'il avait reçue, ont excité dans la place de l'Hôtel-de-Ville et dans les rues voisines, des transports qu'il est impossible d'exprimer.

Après avoir satisfait, pendant près d'un quart d'heure, les regards empressés de ses sujets, et reçu des témoignages aussi sensibles de leur tendresse, le Roi a repassé dans la grande salle.

Alors M. Bailly lui a présenté M. Moreau de Saint-Méry, en disant : « Sire, voilà M. Moreau de Saint-Méry, conseiller de votre conseil supérieur de Saint-Domingue. »

Sa Majesté a traversé la grande salle au milieu de ses quatorze gardes-citoyens, qui l'ont accompagnée jusqu'à sa voiture.

M. le marquis de La Fayette était resté dans la place de l'Hôtel-de-Ville, pour maintenir le bon ordre; il n'est monté à l'Hôtel-de-Ville que pour prendre le Roi au moment de son départ, et assurer son libre passage.

Sa Majesté est parvenue à sa voiture sans aucun obstacle, et c'est dans ce moment qu'elle a dit au commandant-général : *M. de La Fayette, je vous cherchais pour vous dire que je confirme votre nomination à la place de commandant-général de la Garde Parisienne.*

Monté dans sa voiture, le Roi a repris le chemin de Versailles avec le même cortége et dans le même ordre qu'il était venu, précédé et suivi d'acclamations plus vives, peut-être, et plus universelles.

On a remarqué que les chevaux, les panneaux et jusqu'à l'impériale de sa voiture étaient décorés de cocardes nationales : celle qu'il avait acceptée était placée à côté de lui, en dehors de la portière.

Deux heures après son départ ou environ, M. de Trefontaine, Commandant militaire du district des Filles Saint-Thomas, est venu rapporter, que chargé le matin par son district d'aller, à la tête de vingt hommes à cheval, protéger le rétablissement de l'ordre et de la perception des droits à l'entrée des barrières de Passy et de Neuilly, il s'est acquitté de cette commission avec tout le zèle et la diligence possible; qu'il a tiré des commis une reconnaissance du rétablissement de la perception des droits; qu'en faisant cette tournée il a imaginé d'aller jusqu'au

Point-du-Jour, parce qu'il a présumé y rencontrer Sa Majesté; qu'il ne s'est pas trompé; que le commandant de la milice de Versailles lui a remis alors le soin d'escorter Sa Majesté jusqu'à Paris, mais à condition qu'il l'accompagnerait encore à son retour, et la remettrait à la garde de la milice de Versailles; qu'il a fait auprès de Sa Majesté, et jusqu'à l'Hôtel-de-Ville, l'office de son exempt des gardes, et qu'il a eu souvent occasion de voir combien elle était satisfaite des sentiments de son peuple; qu'il a pris la liberté de lui faire remettre, par M. le prince de Beauvau, les preuves du rétablissement de la perception des droits; que le Roi les a lues avec attention, et a témoigné en être très satisfait; que M. le prince de Beauvau a écrit avec son crayon, sur l'ordre du district : *le Roi l'a lu, et en est très content*; qu'il a accompagné le Roi jusqu'à l'Hôtel-de-Ville, et, à son retour, depuis l'Hôtel-de-Ville jusqu'au Point-du-Jour, comme il s'en était chargé; qu'arrivé en cet endroit, Sa Majesté n'a jamais voulu permettre aux citoyens de Paris d'aller plus loin, et qu'ils en ont reçu en se séparant les plus douces marques de sensibilité et d'amour.

M. le marquis de La Fayette, de retour à l'Hôtel-de-Ville, a dit qu'après avoir accompagné le Roi presqu'au lieu où le Roi lui-même a exigé de la garde nationale qu'elle n'allât pas plus loin, il est venu se réunir dans la salle des gouverneurs, aux députés que les districts avaient dû envoyer pour former le comité militaire; qu'il a fait part à ceux qu'il a trouvés dans cette salle, de l'objet pour lequel il avait désiré leur présence et leur concours; mais que le nombre de ces députés n'étant pas encore assez considérable pour commencer la vérification des pouvoirs, il a remis cette première opération, indispensable pour la formation du comité militaire, à dimanche 19 de ce mois : annonçant qu'il réitérerait encore son invitation, tant par la lettre qu'il comptait écrire à chacun des districts sur sa nomination au commandement général, qu'en donnant l'ordre de demain.

Plusieurs Électeurs, pour le travail de la nuit, se sont réunis au bureau, présidés par M. Garran de Coulon ayant déjà prêté serment en qualité de vice-président.

Les fonctions de secrétaire ont été confiées à M. Liesse, qui a prêté serment en cette qualité, et qui déjà en avait fait les fonctions.

Et pendant cette nuit du plus beau jour qui jamais ait éclairé l'Empire français, toutes les fenêtres de la capitale ont été illuminées, sans aucun ordre publié à cet égard.

Cette fête n'a point interrompu les travaux du comité des subsistances; ces travaux étaient indispensables, puisque les approvisionnements de la ville étaient presque entièrement consommés, la Halle déserte, et toutes les relations de commerce troublées et suspendues.

Les membres de ce comité ont été surtout occupés à donner des commissions aux personnes les plus sûres, pour faire des achats de blé et de farine, dans tous les lieux indiqués par M. de Montaran; et entr'autres, M. Brillantais Marion, Électeur, a été envoyé à Amiens, pour traiter des farines offertes à M. de Montaran, par M. Jourdain de La Loge, et à Dunkerque, pour examiner 600 barils de farine offerts par la ville de Valenciennes.

Du Samedi 18 juillet 1789.

A neuf heures du matin, M. Moreau de Saint-Méry ayant ouvert la Séance, M. Garran de Coulon a rendu compte de ce qui s'était passé pendant la nuit, et il a dit :

Que sur la nouvelle parvenue à l'Hôtel-de-Ville de plusieurs accidents occasionnés par des armes à feu imprudemment tirées, ils avaient rendu une Ordonnance portant défense de décharger aucuns fusils, ni autres armes à feu, de tirer ni pétards, ni fusées; que cette ordonnance a été envoyée sur-le-champ dans tous les districts, publiée par les trompettes de la ville, imprimée et affichée dans toutes les rues. Que sur la réclamation de quelques personnes attachées aux maisons des Ambassadeurs, il a été pareillement ordonné de laisser passer, aller et venir avec une entière liberté tout ce qui appartient à la famille et au service des ministres étrangers. Que le commandant d'une patrouille du district de l'Oratoire a mis sur le bureau un procès-verbal portant que, sur les cinq heures de l'après-midi, cette patrouille commise au maintien de l'ordre dans la place prise et abandonnée de la Bastille, et faisant exécuter les ordres de M. le marquis de La Fayette, s'est emparée de la grille de la Bastille, pour empêcher la foule qui pourrait se porter dans un lieu où l'on n'avait jamais pénétré; que le sieur Grammont, comédien français de cette capitale, a forcé les sentinelles posées par le commandant de la patrouille, a blessé d'un coup de sabre le nommé Mauguet, a dit ne connaître aucun commandant dans la ville de Paris, et que, si l'on voulait s'opposer à son entrée dans la Bastille, il était prêt à y livrer l'assaut avec les cinquante ou soixante hommes du district des Cordeliers qu'il commandait; que le bureau militaire du district de l'Oratoire a estimé qu'il en serait sur-le-champ fait rapport à Messieurs composant le comité permanent à la ville, pour être statué ce que de raison.

M. Garran de Coulon a ajouté que, sur ce procès-verbal, ses collègues et lui avaient cru devoir renvoyer cette affaire, comme délit militaire, au jugement du bureau militaire;

Que le district de Saint-Nicolas-des-Champs a

adressé à l'Assemblée le procès-verbal de capture faite par ses patrouilles, de deux hommes sans aveu, sans domicile, et suspects même par leur réponse, que le district a envoyés à l'hôtel de la Force;

Que plusieurs districts ont pareillement dénoncé une fausse patrouille de cinq hommes habillés de vert, avec parements rouges, de laquelle ils n'ont pu s'assurer;

Que le reste de la nuit a été employé à donner divers ordres pour la sûreté publique, à expédier des passe-ports, et à d'autres détails de cette espèce.

(MM. Bailly et La Fayette, élus par acclamation et confirmés par le Roi, soumettent leur nomination aux districts et veulent être nommés légalement. Pour prévoir toutes rixes on décide que la Bastille sera désormais gardée par 60 hommes pris dans les 60 districts, et par 10 Gardes Françaises. Le comité permanent délibère d'assembler les districts pour qu'ils nomment un corps municipal...)

La délibération a été interrompue par un membre de l'assemblée, qui a réclamé la plus prompte décision sur un objet qu'il a dit être d'une très grande importance.

Il a observé que les armes enlevées aux Invalides dans la matinée du mardi 14, au Garde-Meuble, et à l'Hôtel-de-Ville, dans la matinée du lundi 13, étaient répandues, pour la plus grande partie, dans des mains suspectes et dangereuses; qu'on avait senti l'inconvénient de laisser dans l'intérieur de la capitale, à ces hommes sans aveu et sans domicile, le moyen de nuire comme ils en avaient sans doute l'intention; que toutes les patrouilles exécutaient, avec exactitude et sévérité, l'ordre qu'elles avaient reçu de désarmer tous ceux qui ne seraient pas inscrits dans la garde nationale d'un district. Mais que cette précaution si sage produisait un autre inconvénient : que ces brigands sortaient en foule des barrières, emportant avec eux les armes qu'ils ne pouvaient conserver dans la ville; qu'on devait craindre qu'ils ne portassent le trouble et la désolation dans les campagnes voisines; que la sûreté des villages circonvoisins influait trop visiblement sur la tranquillité intérieure de la capitale, pour que l'assemblée, par intérêt et par politique, si ce n'était par humanité, ne prît pas des mesures rapides pour prévenir un si grand danger:

L'assemblée, considérant que le succès des mesures à prendre dépendait spécialement de l'emploi sagement dirigé des forces militaires, a arrêté que M. le marquis de La Fayette donnera et fera exécuter les ordres convenables pour arrêter et désarmer aux barrières les personnes inconnues qui ne sont pas autorisées à porter des armes par leur inscription dans la garde nationale, et qui voudront sortir de Paris et emporter ces armes qu'elles n'ont pas le droit de conserver.

(18 juillet.) M. CLOUET A L'HÔTEL-DE-VILLE.

M. Bailly est entré et a dit qu'on devait être tranquille sur l'existence de M. Clouet, régisseur des poudres et salpêtres, ce citoyen pris par le peuple, dans la journée du 14, pour le gouverneur de la Bastille, exposé long-temps à tous les excès de sa fureur, et dont la vie n'avait été sauvée que par une espèce de prodige; Que M. Clouet vient de se présenter lui-même pour offrir sa reconnaissance et ses services à la commune; Qu'il paraît assez bien remis des contusions et des blessures dont il était couvert; que son premier soin a été de demander l'officier qui a été blessé sur l'escalier de l'Hôtel-de-Ville en le défendant *; qu'il a donné, au surplus, les marques de la plus vive sensibilité pour tous les bons citoyens qui, dans ce moment terrible, peuvent avoir contribué à sa conservation.

Sur l'observation faite par un membre de l'Assemblée, que les commissaires nommés pour l'établissement du comité provisoire avaient un plan à proposer, l'Assemblée a pensé qu'il était important, en tout état de cause, de composer provisoirement et d'une manière plus légale, un comité qui serait chargé de toutes les opérations journalières, parce que l'établissement du comité permanent était assez généralement improuvé, non pas relativement à la plus grande partie des membres qui le composent, mais

---

* M. le chevalier de Saudray.

eu égard à la précipitation même qui l'avait établi.

En conséquence, et sur le plan proposé par les Commissaires, l'Assemblée a arrêté : Qu'il sera formé un comité provisoire pour remplacer le comité permanent. Que le comité provisoire sera composé de soixante membres. Qu'il sera divisé en quatre bureaux, composés chacun de quinze membres : 1° Un bureau de distribution; 2° un bureau de police; 3° un bureau de subsistances; 4° un bureau militaire, dans lequel entreront MM. les officiers de l'état-major de la garde nationale. Que MM. les officiers du bureau de la ville auront séance avec voix délibérative dans les quatre bureaux, et se distribueront eux-mêmes dans chaque bureau. Que MM. les membres du comité provisoire seront choisis par liste, et qu'à cet effet l'Assemblée générale des Électeurs sera convoquée pour cinq heures à l'Hôtel-de-Ville.

M. de Castillon, avocat et électeur, a dit qu'il venait de recevoir, à l'instant même, une lettre de son frère, médecin à Bolbecq, en date du 16 de ce mois, par lequel il lui mande que 7 à 800 bandits ont ravagé plusieurs marchés, se sont portés sur la route de Rouen, aux environs de Barentin, et ont pillé, dimanche passé, vingt voitures de farine destinées à l'approvisionnement de la capitale; que mardi dernier quatre autres voitures déja arrivées à Bolbecq, sont retournées vers le Havre, parce qu'il n'y avait pas de sûreté par la route de Rouen; que mercredi matin les citoyens du Havre ayant eu avis que 400 hussards avaient été embarqués à Honfleur pour venir renforcer la garnison de leur ville, ont attaqué l'arsenal de la marine, en ont forcé les portes, se sont armés, ont pointé le canon de la jetée contre les vaisseaux qui portaient les hussards, et les ont forcés de retourner à Honfleur; que cependant le bon ordre règne dans la ville, mais que les citoyens n'en veulent laisser partir aucun grain ni farine, dans la crainte de fournir des vivres aux troupes qu'ils croient encore campées aux environs de Paris. Je me suis empressé, a ajouté M. de Castillon, de vous apprendre ces évènements importants pour vos subsistances, afin que vous preniez, dans votre sagesse, les mesures les plus convenables pour assurer les approvisionnements.

L'Assemblée a cru convenable de renvoyer cette instruction au comité des subsistances.

L'Assemblée n'étant plus assez nombreuse pour délibérer sur des objets importants, on a fait lecture de diverses délibérations envoyées par les districts.

Du même jour, séance du soir.

(Quelques difficultés s'élèvent sur la participation des officiers du bureau de Ville aux délibérations du comité. L'Assemblée leur maintient voix délibérative.

L'Assemblée reconnaît qu'elle ne tient ses fonctions que de la nécessité des circonstances, qu'elle ne peut légitimement nommer les membres du comité provisoire ; elle arrête en conséquence que les bureaux existants seront conservés, et qu'après demain, 20, les soixante districts nommeront soixante citoyens qui composeront le comité provisoire.)

M. Castillon, Électeur, a dit que, sur les nouvelles envoyées par l'Assemblée, et données par lui au bureau des subsistances, ce bureau s'était déterminé à l'envoyer au Havre avec M. Fortin, autre Électeur, pour faire arriver à Paris les farines qui y sont déposées, et pour veiller à toutes les opérations de cette partie de l'approvisionnement.

M. Gavet, Électeur, a de même instruit l'Assemblée que MM. Rameau, Patris, Simonnet et lui, étaient chargés d'une commission à-peu-près semblable pour Pontoise; qu'ils y étaient envoyés par le bureau des subsistances, pour savoir si cette communauté était en état d'aider la capitale, et, dans ce cas, pour faire arriver sur-le-champ les blés et farines qu'elle pourrait fournir.

M. Soulès, Électeur, a fait le rapport de la commission dont il avait été chargé, de veiller à la garde de la Bastille, depuis le moment de la prise, en qualité de commandant de la forteresse; commission qui lui avait été donnée par M. le marquis de La Salle, et il a dit : « Que, conformément à la teneur de sa commission, il s'était présenté au district de Saint-Paul, où les habitants du district des Minimes s'étaient rassemblés dans la matinée; mais que M. Thuriot de La Rosière, commissaire de ce district, n'avait pu lui donner les cent hommes dont il avait besoin, et lui avait dit qu'il n'en avait pas même assez pour la garde de sa paroisse; qu'il avait trouvé dans la salle du comité de ce district, M. Desfontaines d'Estourneaux, chargé d'approvisionner la Bastille, qui s'était sur-le-champ mis à ses ordres, et l'avait informé qu'il n'y avait dans la place aucun bourgeois, mais à peu près 150 Gardes Françaises commandés par M. de Laizert, officier aux gardes, et habillé en simple soldat. Que sur le rapport de ces circonstances et de l'approche des troupes, M. Soulès avait craint quelque trahison; qu'il avait témoigné ses appréhensions à M. Desfontaines; et qu'après avoir pris chez les boulangers de la rue Saint-Antoine tous les pains qui s'y sont trouvés, ils s'étaient hâtés de se rendre à la Bastille; qu'ils y étaient entrés à une heure du matin, 15 juillet, et que lui, M. Soulès, après avoir montré sa commission au chevalier de Laizert, lui avait demandé le commandement de la forteresse, mais que le chevalier le lui avait refusé, en disant qu'il en était en possession avec un détachement de la compagnie de Thomé, et qu'il ne voulait pas en être dépossédé. Qu'interrogé par lui, Soulès, de qui il tenait sa commission, et pour qui il tenait la place, il avait répondu qu'il n'avait pas de commission, qu'il tenait la place pour lui et pour le bien public, et qu'il la défendrait jusqu'à la dernière extrémité; que là-dessus il était sorti du fort avec M. Desfontaines, pour délibérer sur le parti qu'il y avait à prendre dans des circonstances si critiques, les troupes étant supposées s'avancer, et le sieur de Laizert paraissant un homme très suspect, puisqu'il n'avait aucune commission. Que le résultat d'une courte délibération avait été d'envoyer à la Ville et à la découverte vers les barrières Saint-Antoine et Saint-Martin. Que les personnes envoyées à la découverte, leur avaient appris que l'alarme au sujet de l'approche des troupes était fausse. Que lui, Soulès, alors plus tranquille sur la sûreté du fort, avait jugé à propos d'attendre jusqu'au jour, pour en déposséder le sieur Laizert; qu'il avait chargé M. Desfontaines de faire rester le plus de bourgeois qu'il pourrait, de toutes les patrouilles qui passaient, en les engageant à garder l'extérieur de la forteresse. Qu'à trois heures du matin il avait sommé M. de Laizert, en présence de M. Desfontaines, de lui rendre le commandement de la place, et que, sur le refus de M. de Laizert, il avait assemblé la garnison sur la place de l'intérieur, en faisant battre la générale. Qu'alors il avait lu sa commission à haute voix, et demandé aux gardes s'ils voulaient obéir à la commune de Paris, ou au chevalier de Laizert; et que les Gardes Françaises avaient unanimement répondu qu'ils étaient aux ordres de la Ville, et le reconnaissaient, lui, M. Soulès, pour commandant du fort; que là-dessus M. de Laizert avait fait des reproches aux soldats. Que comme le chevalier de Laizert paraissait aimé des soldats, et qu'il pouvait être fort utile en embrassant la bonne cause, lui, Soulès, l'avait prié de rester, en lui disant que si le comité permanent voulait accorder le commandement de la forteresse à M. de Laizert, il le lui céderait avec plaisir, son dessein n'étant que d'être utile; que pour lui prouver sa sincérité, M. le comte de Piquod Sainte-Honorine, Électeur, avait à l'instant été envoyé à la Ville pour demander des instructions; mais qu'il était revenu sur les neuf heures sans aucune réponse positive, le comité étant surchargé d'une multitude d'affaires pressantes. Que sur ce rapport M. de Soulès était monté sur les tours pour examiner l'état des lieux, et qu'à son grand étonnement il avait trouvé tous les canons déchargés et à peine quarante livres de poudre dans le fort, quoique l'on eût été pendant la nuit dans des alarmes continuelles; qu'il en avait témoigné sa surprise à M. Piquod Sainte-Honorine qui l'accompagnait, en lui demandant s'il voulait se charger du commandement de cette artillerie, et faire placer des sentinelles à tous les postes; ce que ce brave Électeur a exécuté avec le plus grand zèle et la plus grande activité; que lui, Soulès, était alors descendu dans la forteresse, où, à son grand étonnement, il avait trouvé le sieur de Beaumarchais avec le sieur de Laizert, sortant d'un des souterrains; que surpris de ce qu'on avait manqué à ses ordres, qui étaient de ne laisser entrer personne jusqu'à ce que tout fût réglé, il avait demandé au sieur de Beaumarchais comment il se trouvait là, et que celui-ci avait répondu qu'il était avec le commandant du fort; mais qu'étant informé que M. Soulès était commandant, M. de Beaumarchais avait fait des excuses, et dit qu'il avait quelque chose à lui communiquer. Que là-dessus le chevalier de Laizert avait soutenu que c'était lui qui était commandant du fort. Qu'il avait été obligé de faire battre de nouveau la générale pour se faire confirmer dans son commandement, et qu'il avait ensuite prié M. de Laizert de sortir de la forteresse, ne pouvant plus l'y laisser après une pareille inconséquence; que celui-ci, loin d'être sensible à la douceur avec laquelle il était traité, avait sauté sur le drapeau en disant qu'il voulait l'emporter, mais que les Gardes Françaises l'en avaient arraché; et que lui, Soulès, avait bien recommandé qu'on ne fît aucun mal ni aucune insulte au chevalier; en quoi il avait eu le bonheur d'être bien obéi. Qu'à peine le sieur de Laizert avait été mis en liberté, qu'il avait dit à lui, Soulès, qu'il fallait décider du commandement à la pointe de l'épée, et que ce dernier lui avait répondu que, dans toute autre occasion, il répondrait à son appel; mais que commandant un fort important à la ville de Paris, il ne devait exposer sa vie que pour la sûreté de la ville. Qu'il conseillait à M. de Laizert de se retirer, de crainte que sa conduite ne fût connue du peuple, qui pourrait fort bien le traiter avec moins de douceur, sans qu'il fût au pouvoir de lui, Soulès, de le sauver ; que les officiers présents ont donné le même avis au chevalier, qui prit alors un ton plus honnête, et pria M. Soulès de le faire accompagner chez lui par un détachement, ce que celui-ci a accordé, croyant cette mesure nécessaire à sa sûreté; qu'après le départ de M. de Laizert, il avait interrogé M. de Beaumarchais sur sa mission, et que ce dernier lui avait dit que le motif de sa démarche était l'humanité; que sachant que la place allait être démolie, et que les effets de madame Delaunay allaient conséquemment être laissés au pillage, il était venu prier le commandant de permettre à cette femme malheureuse de retirer ses effets. Que lui, Soulès, avait insisté sur la nécessité d'un ordre émané du comité permanent, et que le sieur de Beaumarchais s'était retiré avec la garde dont il était accompagné. Que tout commençait à rentrer dans l'ordre, lorsqu'un évènement imprévu avait tout dérangé, et pensé causer de grands malheurs; que M. de Bouttidoux, suppléant de Bretagne à l'Assemblée nationale, et se disant aide-de-camp du marquis de La Salle, s'était présenté vers les deux heures à la porte de la Bastille, à la tête de 200 hommes de la

Basoche, et avait demandé à parler au commandant; que le sieur de Bouttidoux lui avait présenté une commission signée de M. le marquis de La Salle, par laquelle le sieur de Bouttidoux était autorisé à s'emparer de la Bastille; que lui, Soulès, surpris d'un ordre aussi extraordinaire, avait montré sa commission au sieur de Bouttidoux, qui s'était comporté avec beaucoup de politesse; que sur le résultat d'une délibération des officiers de la garnison, et de ceux de la Basoche, les sieurs Soulès et de Bouttidoux s'étaient transportés à l'Hôtel-de-Ville pour demander l'explication d'ordres si contradictoires, et que M. le marquis de La Salle, après avoir fait des excuses à M. Soulès sur une méprise dont la confusion seule était cause, l'avait confirmé dans son commandement. Que pendant son absence, la populace s'était portée vers la forteresse, y avait été introduite, et qu'à son arrivée il y avait trouvé plus de 10,000 ames, pillant et saccageant tout; qu'il avait tâché de remédier au désordre, en faisant fermer la première barrière, et lever le pont; mais que la multitude enfermée était si considérable, qu'il avait ordonné qu'on le rebaissât; qu'il avait placé des sentinelles pour empêcher qu'on n'emportât les papiers, et que la place s'est évacuée petit-à-petit. Qu'à trois heures du matin, 16 juillet, il était sorti hors du fort, sur le premier pont, pour examiner l'extérieur, et qu'il écrivait au comité permanent, pour l'informer de sa faiblesse, et lui de-

mander des ordres, lorsqu'il fut accosté par une patrouille dont le commandant, connu depuis pour
être M....., du district des Cordeliers, demanda à faire
patrouille dans la Bastille ; que lui, Soulès, ne connaissant point M....., et ne voulant pas laisser entrer
dans la forteresse une patrouille plus forte que la garnison, lui avait répondu qu'on n'entrait pas, et que
le commandant d'un fort pouvait seul en ordonner
les patrouilles ; que M....., après lui avoir demandé
sa commission, avait traité cette commission de *chif-
fon*, et l'avait conduit de force au district des Cordeliers, quoique lui, Soulès, demandât à être conduit devant le comité des Électeurs, dont il tenait sa
commission; qu'arrivé au district des Cordeliers, on
avait fait sonner le tocsin comme si l'ennemi eût été
aux portes de la ville, et que le district étant assemblé, on avait dressé procès-verbal de tout ce qui s'était
passé ; que quelques énergumènes du district voulaient absolument que lui, Soulès, fût coupable,
quoiqu'il n'y eût contre lui aucune charge; et que
malgré les réclamations des Électeurs de ce district,
il a été conduit dans un fiacre, comme criminel de
lèse-Nation, à travers une multitude innombrable
que le son du tocsin avait rassemblée, trois fusiliers
étant dans le fiacre, accompagné d'ailleurs d'une
garde nombreuse ; que, de temps en temps, il entendait crier autour de lui, *c'est le second gouverneur de la Bastille;* et qu'arrivé à la place de l'Hô-

tel-de-Ville, on parlait de le pendre ou de lui couper la tête, et que deux personnes lui ont même présenté l'épée sur l'estomac. Que MM. les marquis de La Fayette et de La Salle, informés de sa situation, avaient volé à son secours; que le premier l'avait pris par la main, et avait dit au peuple assemblé, que si les comités qu'il avait lui-même nommés ne méritaient point sa confiance, il devait en nommer d'autres; mais que s'ils en étaient dignes, il devait leur obéir; qu'autrement il donnerait sa démission; qu'il venait d'empêcher un malheur en sauvant l'abbé Cordier; mais que la méprise était encore plus grande par rapport au sieur Soulès, qu'il connaissait, et qu'il avait toujours connu pour un véritable ami de la liberté; que sur ce discours de M. le marquis de La Fayette, il avait été relâché sur-le-champ; que le marquis de La Salle était venu lui rendre son épée au bas de l'escalier de l'Hôtel-de-Ville, en présence de la multitude innombrable dont la place était couverte; mais qu'il avait cru devoir remettre sa commission, en disant qu'il ne voulait plus de commandement, puisqu'il n'y avait pas de subordination, et puisqu'une patrouille de district avait la présomption d'enlever un commandant à son poste, quoique muni d'une commission de la commune.

M. Soulès a fini en demandant justice de l'insulte publique qui lui avait été faite; mais d'autres affaires ont retardé la délibération relative à cette demande.

M. Picard a fait lecture d'un mémoire présenté par les Gardes Françaises, dans lequel « ils accusent les officiers qui les ont commandés jusqu'au moment de la révolution, d'être leurs ennemis les plus perfides et ceux de la nation; d'avoir employé les caresses les plus insidieuses et les mensonges les plus hardis pour les empêcher de suivre le mouvement de leur cœur, qui les portait à remplir tous les devoirs de citoyens pour la défense de la patrie; d'avoir refusé de marcher à leur tête dans un temps où il ne s'agissait de rien moins que du salut de la capitale et de la nation entière; d'avoir provoqué de la part des fauteurs de la tyrannie aristocratique, dont ils sont les adhérents et les complices, l'ordre insidieux de les éloigner de la capitale, et l'ordre barbare de livrer un grand nombre d'entre eux aux supplices que méritent les déserteurs de la cause nationale; d'avoir porté la trahison envers la patrie jusqu'à faire enclouer les canons du régiment, et jeter dans les fosses d'aisance la poudre et les munitions des défenseurs des citoyens; d'avoir eu même la lâcheté de placer de la poudre sous quelques unes de leurs salles d'exercice, dans le noble dessein de les faire sauter en l'air; de n'avoir enfin que trop justifié par tant de perfidies les craintes de poison qu'ils ont à redouter de leur part. Par toutes ces considérations les Gardes Françaises supplient l'Assemblée des Électeurs de faire auprès du roi, *qu'ils chérissent, qu'ils respectent, et pour lequel ils sont toujours prêts à verser jusqu'à la dernière goutte de leur sang*, les demandes que la sagesse suggérera, pour que leur régiment ne soit plus asservi au commandement des officiers qui leur ont été préposés jusqu'ici. Ils désirent que la nation fasse dans leur corps un essai honorable, qui montre à l'univers entier, qu'un régiment Français, uniquement composé des membres de la classe productive, peut trouver dans son propre sein des officiers et des commandants capables de soutenir avec dignité l'honneur des armes françaises. En parlant de M. le marquis de La Fayette, ils déclarent qu'ils verraient avec transport à leur tête ce valeureux guerrier. »

M. le président a répondu aux Gardes Françaises présents à la lecture de ce mémoire, que l'Assemblée, de concert avec M. le marquis de La Fayette lui-même, prendrait très promptement en considération tout ce qui pouvait satisfaire le désir dont la commune était animée; de leur prouver l'estime qu'elle faisait de leurs services patriotiques, et le prix qu'elle attachait à leur conservation.

A l'instant même, un de leurs sergents-majors a observé que le lendemain dimanche était le jour accoutumé où la garde de Versailles devait être relevée; que dans l'ordre ordinaire, quatre compagnies devaient partir de Paris pour remplacer les quatre compagnies qui revenaient de Versailles; qu'ils désiraient tous partager la garde de la ville et la garde du roi, et qu'ils suppliaient la commune de prendre les arrangements convenables à cet égard.

L'Assemblée a arrêté que ces arrangements seraient concertés avec M. le marquis de La Fayette.

On a dénoncé des maladies graves dont plusieurs Gardes Françaises étaient atteints, et le soupçon déja répandu parmi le peuple qu'ils avaient été empoisonnés.

L'Assemblée a nommé MM. Sallin, docteur en médecine, et Électeur; Philip, docteur en médecine, et Électeur; Lafosse, docteur en médecine, et Électeur; Boyer, chirurgien et Électeur; Bayen, Électeur; Bataille, maître en pharmacie, et Électeur; Quinquet, maître en pharmacie, pour vérifier le nombre et l'état des malades, et dresser de tout procès-verbal qui sera rapporté à l'Assemblée.

On a annoncé quatre membres de l'Assemblée nationale; plusieurs Électeurs se sont détachés pour les aller recevoir, et ils les ont introduits dans l'Assemblée.

Ces quatre membres de l'Assemblée nationale sont MM. Gros, curé de Saint-Nicolas-du-Chardonnet; Démeunier, Du Port et Guillotin, tous députés de la ville de Paris.

M. Démeunier a dit qu'un citoyen de Paris, M. Bessin, procureur au Châtelet, était venu à l'Assemblée nationale faire le tableau le plus touchant de la misère à laquelle tous les ouvriers de la capitale étaient réduits; qu'il avait peint surtout des plus affligeantes couleurs, la détresse du faubourg Saint-Antoine; que l'Assemblée nationale les avait, à l'instant même, députés vers l'Assemblée des Électeurs, pour l'inviter à répandre dans tous les esprits charitables de la capitale, la nécessité de subvenir aux besoins pressants de la classe indigente. Que la députation de Paris n'avait pas cru pouvoir, sur cet objet, s'en tenir à des vœux stériles; que tous les membres de cette députation s'étaient réunis dans une salle particulière, et avaient fait entre eux une contribution de 45,000 l. en faveur des pauvres ouvriers, dans laquelle somme de 45,000 liv. M. l'archevêque de Paris avait fourni seul une somme de 20,000 liv.

Et sur-le-champ, M. Démeunier a déposé sur le bureau une déclaration conçue en ces termes : « MM. les « députés de la ville de Paris à l'Assemblée nationale, « ont autorisé M. le curé de Saint-Nicolas-du-Char- « donnet, M. Du Port, M. Guillotin et M. Démeunier, « à proposer à l'Assemblée générale de MM. les Élec- « teurs 45,000 fr., qui seront, dans peu de jours, « entre les mains de M. l'archevêque de Paris. Cette « somme de 45,000 l. est le produit d'une contribu- « tion volontaire de MM. les députés de la commune « de Paris à l'Assemblée nationale. Ils désirent qu'elle « soit employée au soulagement des pauvres ouvriers « de la capitale, et notamment de ceux du faubourg

« St-Antoine. Fait à Paris le 18 juillet 1789. *Signé*,
« Gros, *curé de Saint-Nicolas-du-Chardonnet;* Guil-
« lotin, Démeunier, Du Port. »

Ce don a été reçu par l'Assemblée avec les marques les plus vives de sensibilité et de reconnaissance.

Avant de se retirer, MM. les députés de l'Assemblée nationale ont désiré que M. Démeunier, l'un d'eux, communiquât à l'Assemblée toutes les nouvelles parvenues à l'Assemblée nationale sur l'état actuel des affaires.

Et M. Démeunier a rendu compte du concert général avec lequel toutes les provinces avaient suivi l'exemple de la capitale; des citoyens armés pour la constitution sur toutes les surfaces du royaume, et principalement à Lyon et en Dauphiné; d'une émeute excitée à Poissy et à Saint-Germain, par la rareté des subsistances, apaisée par une députation de l'Assemblée nationale, à la tête de laquelle était M. l'évêque de Chartres; de l'éloignement total des troupes, et du départ de l'abbé de Vermont, considéré, dans l'opinion publique, comme le dernier soutien de l'*aristocratie*.

M. Démeunier a terminé son discours par l'invitation la plus touchante à la paix, à l'union et à la confraternité de sentiments. Il a insisté sur la nécessité de calmer promptement les discussions qui se préparent, et qui se sont déja manifestées dans quelques districts de Paris. Un citoyen a apporté sur-le-

MOYEN DE DÉSARMER LES OUVRIERS. (18 juillet.)

champ un billet de caisse de la somme de 300 liv.

On a proposé différents moyens pour désarmer les ouvriers, et les faire retirer paisiblement dans leurs ateliers.

L'examen de ces moyens a conduit à différentes questions sur l'avantage et la possibilité actuelle d'une libre circulation.

Au milieu de ces opinions diverses, un membre de l'Assemblée a proposé de faire une souscription volontaire en faveur des ouvriers, et de verser tous les fonds de cette souscription entre les mains de M. le caissier de la Ville, pour être destinés aux besoins publics, et non pas au besoin particulier des districts.

Un autre membre a proposé de faire servir le montant de la souscription à payer aux ouvriers les journées pendant lesquelles ils n'avaient travaillé qu'à la défense commune, à condition qu'ils rapporteraient leurs armes.

M. Popelin, Électeur et président du district de Saint-Germain-des-Prés, a cru devoir proposer la manière dont il s'était servi avec succès, pour renvoyer les ouvriers à leurs ateliers, et pour obtenir leurs armes.

Il a fait publier dans son district un avis qu'un *tel*, arquebusier, était chargé d'acheter toutes les armes que les ouvriers lui apporteraient, avec un certificat de leur maître, constatant qu'ils avaient repris le travail ; et, dans la matinée seulement, plus de 80 fusils ont été rapportés.

M. Massiette, premier Électeur du district de l'Oratoire, a offert d'avancer une somme de 1,000 liv. M. de Saint-Cristau, Électeur du district de Saint-Jean, a fait l'offre de la même somme. M. Bessin, procureur au Châtelet, ce même citoyen qui a été vers l'Assemblée nationale, appeler sa bienfaisance sur les pauvres ouvriers, a déclaré avoir remis à M. Bailly la somme de 600 livres, offerte à l'Assemblée nationale.

Après plusieurs motions, qui tendaient toutes au même objet, et qui ont été très vivement discutées, l'Assemblée a fait l'arrêté suivant :

« Les ouvriers sont invités à reprendre leurs travaux, et l'Assemblée a déclaré qu'en rapportant par eux un certificat de leurs maîtres ou chefs d'ateliers, portant qu'ils ont repris leurs travaux, et un certificat du président du district, portant qu'ils ont déposé leurs armes dans le dépôt indiqué par le district, il leur sera payé une somme de 9 livres ; savoir, dans trois jours, à compter du présent arrêté, 6 livres à ceux qui auront rapporté une arme à feu, et 3 liv. à ceux qui n'auront pas rapporté une arme à feu, et, huitaine après, les 3 liv. restantes à chaque ouvrier, sans distinction. L'Assemblée déclare s'en rapporter à la prudence des districts à l'égard des ouvriers journaliers et autres qui, n'ayant aucun maître, aucun chef d'atelier, seront dans l'impossibilité de rapporter un certificat de reprise de travail. Et, de plus, il est arrêté que la présente proclamation sera imprimée, publiée, affichée partout où besoin sera. »

M. Santerre, brasseur du faubourg Saint-Antoine, est venu donner sur ce faubourg des détails satisfaisants, assurant que la tranquillité y régnait; qu'il était certain de 4 à 5,000 ouvriers qui s'étaient volontairement mis sous sa dépendance. Il a ajouté qu'il avait cru devoir, au nom de l'Hôtel-de-Ville, donner permission de travailler sur le port de la Rapée, et il a prié l'Assemblée de ne point le désavouer.

L'Assemblée, bien loin de désavouer M. Santerre, l'a remercié de ses soins infatigables pour la sûreté publique.

La patrouille du district de Saint-Honoré a conduit au milieu de l'Assemblée un particulier qu'elle venait d'arrêter au Palais-Royal, comme coupable de sédition.

Le commandant de la patrouille a dit que ce particulier, monté sur une chaise, au milieu du Palais-Royal, et environné de la foule, que son action et ses discours avaient rassemblée, disait à haute voix qu'il venait de se présenter à l'Hôtel-de-Ville; qu'il l'avait trouvé fermé, entouré de voitures de nobles; qu'on avait, en sa présence, refusé l'entrée aux Électeurs eux-mêmes; que cette conduite était suspecte; qu'il fallait marcher à l'Hôtel-de-Ville. Le commandant de la patrouille a ajouté que tous ces propos tendaient à soulever le Palais-Royal contre l'Hôtel-de-Ville; qu'ils avaient même excité une espèce d'émeute, dont la terreur subite avait fait fermer les boutiques dans une grande partie de la rue Saint-Honoré.

Ce particulier, interrogé, a dit se nommer Duhamel, demeurant rue de la Mortellerie, maison de M. Bongard, n° 34.

Examen fait des papiers qu'il avait dans ses poches, et qui n'ont fourni aucune preuve contre lui, l'Assemblée a arrêté qu'il serait conduit par-devant un commissaire de police, pour être fait ensuite ce que par justice il serait ordonné.

MM. Salin, Philip, Lafisse, Boyer, Bayen, Bataille, Gallien et Quinquet, commissaires nommés dans la même séance, pour constater le nombre et l'état des Gardes Françaises soupçonnés d'avoir été empoisonnés, sont revenus, et l'un d'eux a dit qu'il n'avait trouvé qu'un seul Garde Française malade, et seul objet des bruits de poison qui s'étaient si facilement et si promptement répandus; qu'ils avaient dressé, de son état, un procès-verbal dont il a fait lecture ainsi qu'il suit : « Nous soussignés, députés de l'As-
« semblée générale de la commune de Paris, séante
« à l'Hôtel-de-Ville, à l'effet d'examiner l'état du
« nommé Lecomte, soldat au régiment des Gardes
« Françaises, qu'on soupçonnait d'avoir été empoi-

« sonné; après nous être informés très scrupuleuse-
« ment de tout ce qui a précédé; après avoir observé
« séparément, et avec la plus grande attention, les
« accidents qu'éprouve le malade, ainsi que les ma-
« tières qu'il a rendues, avons unanimement reconnu
« que son indisposition ne présente aucun symptôme
« de poison quelconque. En foi de quoi nous avons
« rédigé le présent procès-verbal dans la maison de
« Charité, en présence de M. le curé de Saint-Eus-
« tache, qui a signé avec nous, ce 18 juillet 1789,
« huit heures et demie du soir. *Signé*, Poupart, Sal-
« lin, Philip, Lafisse, Boyer, Bayen, Bataille, Gallien
« et Quinquet. »

Après avoir entendu la lecture du rapport, l'Assemblée en a ordonné sur-le-Champ l'impression et
l'affiche.

MM. Deleutre et Boucher, membres du comité
permanent et du bureau des subsistances, sont entrés,
et l'un d'eux a dit : « Que M. Delapoize, Électeur,
ayant rapporté ce matin au comité permanent qu'il
croyait avoir notion certaine d'une très grande quantité de papiers et registres transportés pendant la
nuit de l'hôtel de l'intendant chez un de ses secrétaires, demeurant rue Sainte-Anne, n° 1, le comité
permanent les avait chargés d'aller, avec M. Delapoize, faire la recherche de ces registres et papiers,
les saisir, s'ils existaient, et dresser procès-verbal de
la perquisition et de la saisie. Qu'ils se sont transpor-

tés chez ce secrétaire de l'intendant avec un officier et deux cavaliers de la garde de Paris; mais qu'après avoir fait la recherche la plus scrupuleuse, après avoir interrogé la portière de sa maison et le secrétaire lui-même, ils ont reconnu que M. Delapoize avait été trompé; et qu'ils viennent de déposer au comité permanent le procès-verbal de cette opération, utile seulement par les conséquences qu'elle peut avoir. »

M. le marquis de La Fayette est venu rendre compte à l'Assemblée de ce qu'il avait cru devoir faire relativement aux soldats qui avaient quitté leur régiment pour venir à Paris servir dans la garde nationale, relativement aux bagages abandonnés par les troupes campées ces jours derniers au Champ-de-Mars, et saisis par plusieurs détachements de la garde nationale. A l'égard des soldats, il a dit qu'il les avait autorisés à rester à Paris, en leur donnant espérance de les incorporer dans la garde nationale, s'ils le méritaient par leur conduite, et si Sa Majesté daignait y consentir. A l'égard des bagages, il a distingué les bagages généraux appartenant aux différents corps qui composent l'armée du maréchal de Broglie, comme les canons, les tentes, etc., et les bagages particuliers qui appartiennent à chacun des officiers et soldats. Il a dit qu'il avait exécuté, relativement aux uns et aux autres, les lois de la guerre, en conservant, comme bonne prise, les bagages généraux, en renvoyant les bagages particuliers à leurs propriétaires.

On a discuté devant lui la question pour laquelle on attendait sa présence, et les moyens de concilier, suivant le vœu des Gardes Françaises, le service du Roi avec le service de la commune.

M. le marquis de La Fayette, avant de donner son avis, a demandé aux Gardes Françaises présents si leurs camarades qui étaient à Versailles consentiraient à continuer encore leur service auprès du Roi pendant toute la semaine prochaine.

Les Gardes Françaises ont répondu avec vivacité, que les ordres du général étaient sacrés pour tout le régiment, et que leurs camarades resteraient volontiers à Versailles, si un aide-de-camp de M. de La Fayette allait leur en porter l'ordre; mais que, s'il n'y avait pas un ordre exprès de lui, rien ne pourrait retenir les quatre compagnies.

(L'assemblée, sur l'avis de M. de La Fayette, arrête qu'un de ses aides-de-camp ira leur porter cet ordre pendant la nuit).

Du Dimanche 19 juillet 1789.

M. Duveyrier, en rendant compte des travaux de la nuit, a dit: que l'évènement le plus remarquable, avait été la présence à l'Hôtel-de-Ville du sieur Tavernier, prisonnier à la Bastille depuis plus de trente ans, délivré le jour de la prise de cette forteresse, recueilli dans la rue, sur les deux heures du matin, par M. Taurès, commandant du poste de la bibliothèque du Roi, et amené à l'Hôtel-de-Ville. M. Taurès a mis sur le bureau une grande feuille de papier, dont une page entière est écrite mot à mot sous la dictée du sieur Tavernier, et certifiée par les officiers du poste. Cette page contient quelques phrases bizarres et sans liaison, sur la naissance et les infortunes du sieur Tavernier. On y lit entre autres choses : Que *le secret de son origine du côté paternel et maternel a été révélé par sa mère, à ce qu'on appelle le tribunal de la confession, et porté dans le cabinet du général des Jésuites, à Rome.* Tout le reste est du même genre, et décèle une tête égarée par le fanatisme. M. Duveyrier a interrogé le sieur Tavernier, sans aucune forme qui pût l'effrayer : il a simplement conversé avec lui. Le sieur Tavernier a dit qu'il était connu par toute la terre; qu'il avait mis le couteau à la main de Damiens; que les conjurés voulaient le conduire à force de tourments à percer la victime qu'on lui présenterait; qu'il a sauvé la France, et décidé la révolution; qu'il y a encore des scélérats que la vengeance divine lui a livrés. Il a dit qu'il demeurait près le Palais-Royal, pavillon d'un garde du Garde-Meuble; que le gendre de M. Poultier, notaire, qui était notaire de la Bastille, recevait ses rentes; qu'il lui doit deux années, et qu'il lui a remis hier 6 à 700 livres. Le sieur Tavernier n'a pas paru curieux de savoir le lieu où il était conduit. Il a reconnu le tableau de la Chapelle de la Bastille, qui avait été transporté à l'Hôtel-de-Ville, et placé sur la cheminée; il a dit à cette occasion, qu'il avait sauvé la France, et décidé la révolution, et que toutes les femmes, en le voyant passer dans la rue Saint-Antoine, s'écriaient : *ah! le bon citoyen!* M. Duveyrier a ajouté, que bien convaincus que la raison du sieur Tavernier était entièrement égarée, les membres du comité de nuit ont chargé M. Taurès et les soldats-citoyens étant à ses ordres, de le conduire à Charenton, pour y être traité le plus honnêtement possible, et M. Taurès a bien voulu se charger de cette commission.

On a fait lecture d'une lettre de M. Ameilhon, bibliothécaire et historiographe de la ville, qui représente que les manuscrits et ouvrages imprimés, saisis à la Bastille, considérés comme une conquête faite par les habitants de Paris, ne peuvent et ne doivent être placés ailleurs que dans un dépôt qui appartienne à la commune, c'est-à-dire dans la bibliothèque de la ville, dont l'administration lui est confiée.

Sur cette représentation, qui a paru juste et raisonnable, l'Assemblée a arrêté qu'elle en délibérerait lorsque tous les manuscrits et ouvrages imprimés trouvés à la Bastille seraient rassemblés dans les dépôts provisoires qu'elle avait indiqués.

Un membre du comité des subsistances est venu communiquer à l'Assemblée un arrêté dont les motifs les plus légitimes ont démontré la nécessité, et dont il est important que l'Assemblée prenne connaissance, pour prévenir dans sa sagesse les fausses impressions qu'il pourrait produire, s'il était exécuté dans le mystère et le silence.

Cet arrêté est ainsi conçu : « Le comité provisoi-
« rement établi pour la sûreté publique et la subsis-
« tance de la ville de Paris, a prié et autorisé
« MM. Guesnon et Langlois, tous deux Électeurs de
« la ville de Paris, de vouloir bien se transporter, soit
« conjointement, soit séparément, dans les couvents
« d'hommes et de femmes de la ville, Banlieue et fau-
« bourgs de Paris, et aux environs, à l'effet d'y faire
« la perquisition de tous les grains, blés et farines qui
« peuvent y être, en constater la quantité, en dresser
« procès-verbal, recevoir toutes déclarations, et faire
« tout ce qui sera nécessaire à cet égard. »

Sur les dix heures du matin, M. de La Chaise, garde de M. le duc d'Orléans, est venu réclamer le sieur Tavernier, promettant d'en répondre et de s'en charger. L'Assemblée a arrêté que M. de La Chaise serait autorisé à retirer le sieur Tavernier de Charenton, à la charge d'en répondre.

(D'après une nouvelle lettre de M. Bailly, l'Assemblée arrête que tous les districts seraient à l'instant même invités à délibérer sur sa nomination comme maire de Paris, et à faire passer, le plus tôt possible, leurs délibérations à l'Hôtel-de-Ville.)

Sur la réclamation de M. Desmoulins, se disant auteur d'un ouvrage intitulé : *la France libre*, l'Assemblée a arrêté que son vœu est que tout citoyen soit libre d'imprimer et de publier quelque ouvrage que ce soit, à la charge par lui de le signer et d'en répondre; en conséquence, déclare que le sieur Momoro, libraire, demeure autorisé à remettre à M. Desmoulins les exemplaires de l'ouvrage signé de lui, intitulé *la France libre*.

Sur le différend élevé entre le district de Saint-Roch et les habitants du Palais-Royal, dont l'objet était de savoir si le district de Saint-Roch peut seul établir des corps-de-garde et patrouilles dans le Palais-Royal,

L'Assemblée des Électeurs a déclaré, en ce qui la concerne, que la division des districts est la seule qu'elle puisse adopter; et pour les détails militaires, elle a renvoyé à M. le marquis de La Fayette, auquel sera communiqué l'arrêté pris par les habitants du Palais-Royal.

Les députés de la communauté de Meudon ont présenté à l'Assemblée un mémoire par lequel cette communauté demande à être autorisée à établir une garde Bourgeoise, et les instructions nécessaires pour la marche et les règles à suivre dans cette opération.

L'Assemblée a autorisé M. le président à répondre

à MM. les députés de Meudon, qu'elle ne pouvait exercer aucune autorité sur les communautés voisines, et qu'elle se bornait à les inviter à prendre toutes les mesures que leur zèle et leur patriotisme pourraient leur inspirer pour le maintien de l'ordre et la défense de la liberté.

L'auteur d'un écrit intitulé : *A mes concitoyens, et hommage à M. le duc d'Orléans*, s'est présenté pour demander la permission de vendre et de distribuer cet ouvrage. M. le président a répondu que l'Assemblée le permettait, autant toutefois que la permission pouvait être nécessaire, pourvu que l'ouvrage fût signé de l'auteur, et garanti par lui...

Séance du soir.

Au commencement de la séance, M. Le Roy, de l'Académie des sciences, a fait remettre à l'Assemblée un don de 300 liv.

MM. Boucher, Dusaulx, Chatriat et Thomas, Électeurs, en rendant aux sentiments de M. de Crosne l'hommage le plus flatteur, ont remis de sa part, pour le soulagement des pauvres ouvriers, une somme de 1,200 liv.

L'Assemblée, en joignant à ces deux sommes celle de 300 liv. qu'elle avait reçue la veille, a remis ces 1,800 liv. à M. Santerre, pour être par lui portées au caissier de la ville.

Et M. Santerre est rentré un instant après, et il a déclaré qu'il venait de remettre ces 1,800 liv. à M. Camet de la Bonardière, caissier de la ville.

Des députés du district des Blancs-Manteaux ont exposé que le sieur de Beaumarchais, mécontent des élections auxquelles il n'avait point eu part, avait menacé son district de le quitter, et de se transporter dans sa maison neuve, située sur le district de Sainte-Marguerite.

Les députés demandaient si leur district devait s'opposer à cette émigration.

L'Assemblée a décidé que le district des Blancs-Manteaux n'avait ni raison ni droit de retenir le sieur de Beaumarchais.

M. de La Chaise est venu déclarer qu'il avait retiré le sieur Tavernier de Charenton, et il a déposé sur le bureau une reconnaissance conçue en ces termes :

« Je reconnais qu'en conséquence de l'ordre de li-
« berté qui m'a été donné par MM. les Électeurs, le
« sieur Tavernier m'a été remis par le prieur de Cha-
« renton. A l'Hôtel-de-Ville, ce 19 juillet 1789.
« *Signé*, de La Chaise. »

M. Soulès, Électeur, a rappelé à l'Assemblée la plainte rendue par lui contre M....., citoyen du district des Cordeliers, des violences exercées sur sa personne par ce particulier et la patrouille qu'il commandait : ces faits sont consignés dans le rapport qu'il en a fait hier à l'Assemblée. En conséquence,

M. Soulès a demandé qu'il fût fait mention de sa plainte dans le procès-verbal, et que l'Assemblée, en lui donnant quelques marques de satisfaction, voulût bien réparer l'insulte dont il avait été l'objet.

Sur quoi l'Assemblée a pris l'arrêté suivant : « Sur « le récit fait par M. Soulès, des procédés injustes « et vexatoires qu'il a éprouvés publiquement de la part « d'un citoyen dont il n'a pas voulu que le nom fût « transcrit dans le présent procès-verbal, il a été arrêté que l'Assemblée rend à M. Soulès témoignage « de sa conduite; qu'elle le reconnaît pour un ci« toyen aussi zélé qu'ami de la liberté, et qu'elle im« prouve hautement la conduite tenue à son égard « par celui dont sa délicatesse a voulu que le nom ne « fût pas publiquement proclamé; qu'il sera donné, « au surplus, à M. Soulès l'expédition de cet extrait « du procès-verbal. »

M. de Vauvilliers ayant exposé à l'Assemblée qu'elle doit des sentiments de reconnaissance à M. Groizard, Électeur et officier d'infanterie, lequel, depuis le 13, n'a pas cessé jour et nuit d'être employé aux opérations les plus utiles et les plus difficiles; l'Assemblée a arrêté d'inviter M. le marquis de La Fayette à prendre en considération, pour une préférence honorable dans la composition de la milice parisienne, MM. les officiers militaires qui ont rendu à la ville des services signalés dans ces jours de victoire et de liberté, et notamment M. Groizard, Électeur, auquel l'Assemblée doit un témoignage particulier pour le zèle, l'activité et le courage dont il a donné des preuves signalées depuis le premier instant de la révolution.

Sur le récit fait à l'Assemblée par MM. de Granville, bailli, lieutenant-général civil et criminel de la ville de Brie-Comte-Robert, et Petit de La Motte, Maire de la même ville, que le sieur Cousin, prétendant avoir une commission de capitaine-général de la milice bourgeoise de Brie-Comte-Robert, qu'il disait tenir de l'Assemblée des Électeurs de la ville de Paris, semait le trouble et le désordre dans la ville de Brie, en empêchant les Assemblées convoquées par M. le maire et autres officiers qui en ont le droit, il a été arrêté que l'Assemblée désavouait la qualité de commandant-général de la milice bourgeoise de Brie-Comte-Robert, que le sieur Cousin s'arroge, sous prétexte d'en avoir une commission émanée de l'Assemblée des Électeurs de la ville de Paris.

L'Assemblée a de plus arrêté que MM. les habitants de la ville de Brie-Comte-Robert seraient invités à se conformer provisoirement aux réglements en usage pour la convocation des citoyens; en conséquence, à se réunir et s'assembler en la manière accoutumée, à la Maison-de-Ville, sous la présidence des officiers municipaux, à ne rien oublier pour donner toute la protection nécessaire à la sûreté publique, et maintenir l'ordre et la tranquillité dans la ville de Brie et dans ses environs.

Les comédiens français, les comédiens italiens, les directeurs de l'Opéra et des Variétés, ont offert d'ouvrir leurs spectacles, et de donner la première représentation au profit des pauvres.

MM. de La Conot et Lemoine, l'un membre du district de Saint-Nicolas-des-Champs, et l'autre second président du district des Minimes, ont mis sur le bureau un procès-verbal qui constate que les sieurs Audinot et Nicolet, et la directrice des Associés, en l'absence de son mari, ont déclaré la même résolution.

L'Assemblée a arrêté que ces offres seraient acceptées; et en conséquence, que demain lundi 20, tous les spectacles seraient ouverts, pour être le produit de leur première représentation, versé dans la caisse de la Ville, et servir au soulagement des pauvres ouvriers;

Arrête en même temps que la garde des spectacles serait composée, moitié de Gardes Françaises, et moitié de Gardes Nationales, la rétribution toute entière affectée aux Gardes Françaises seulement.

Et cet arrêté a été sur-le-champ communiqué au bureau militaire, avec invitation à M. le marquis de La Fayette de donner tous les ordres nécessaires à la tranquillité publique.

On a fait rapport de l'affaire relative au cocher de

AFFAIRE DU COCHER DE M. DE SAINT-PRIEST.

M. de Saint-Priest, et lecture : 1° D'un procès-verbal du district des Feuillants du 16 de ce mois, qui constate que la garde au poste du bas de Chaillot ayant voulu arrêter une voiture conduite par un homme qui s'est dit être à M. de Saint-Priest, loin de céder à une précaution que les circonstances ont rendue nécessaire, cet homme a cherché à s'évader, au point qu'il a fallu, pour en jouir, faire feu sur ses chevaux, et que le district des Feuillants a cru devoir renvoyer cet homme à l'Hôtel-de-Ville. 2° D'un arrêté du comité permanent du même jour, qui autorise la milice bourgeoise qui a conduit le nommé *Vérité* à l'Hôtel-de-Ville, à le ramener à l'instant à l'hôtel de Saint-Priest; à le présenter à M. le comte de Saint-Priest; à lui demander s'il l'avoue pour son cocher, et, dans le cas où il l'avouerait, à lui rendre compte des faits dont son cocher s'est rendu coupable, et à lui dire que c'est par égard pour un ministre citoyen qu'on n'a pas fait justice de son cocher; s'en rapportant, à cet égard, à la prudence de M. le comte de Saint-Priest, et, dans le cas où M. le comte de Saint-Priest ne serait pas à son hôtel, la milice bourgeoise autorisée à mener le nommé *Vérité* chez un commissaire, avec injonction de le faire mettre en prison, jusqu'à ce que M. le comte de Saint-Priest l'ait avoué. 3° D'une lettre du commissaire Chénon à M. le comte de Saint-Priest, par laquelle cet officier mande au ministre que son cocher s'est révolté contre la garde bourgeoise de la barrière de la Conférence; qu'il a donné des coups de fouet aux commis; qu'on a tiré trois coups en l'air pour l'arrêter, et un quatrième qui a tué un des chevaux; que le cocher a été conduit à l'Hôtel-de-Ville, et de là chez lui commissaire Chénon, qui, sur l'injonction du comité permanent, a été obligé de l'envoyer à l'hôtel de la Force. 4° Et enfin, d'une lettre adressée à M. Bailly par M. le comte de Saint-Priest, ainsi conçue :

« A la Briqueterie près Ris. ce 18 juillet 1789.

« J'ai été informé, monsieur, que mon cocher
« nommé *Vérité*, conduisant un chariot à moi avec
« quatre chevaux noirs, et ayant avec lui un petit
« garçon, a été arrêté à la barrière de la Conférence,
« et un de ses chevaux tués; que le chariot a été ra-
« mené chez moi, et le cocher mis à l'hôtel de la
« Force. S'il n'a point fait de faute qui mérite de l'y
« retenir, je vous serai bien obligé de vouloir bien
« lui faire obtenir sa délivrance.

« Je saisis avec empressement cette occasion de
« vous féliciter de la marque de confiance que vous
« donnent la ville de Paris et Sa Majesté, qui vient
« de me rappeler à ses conseils.

« J'ai l'honneur d'être, etc.

« *P. S.* Je reçois dans le moment, monsieur, une
« lettre d'un commissaire du quartier, qui se signe
« *Chénon*, à ce qu'il me paraît, à laquelle il joint

« un procès-verbal duquel il conste que mon cocher
« a de grands torts. Je vous prie cependant, mon-
« sieur, de vouloir bien les lui pardonner. »

La matière mise en délibération, l'Assemblée désirant donner à M. de Saint-Priest un témoignage de ses sentimens, a arrêté que le nommé *Vérité* sera élargi des prisons de l'hôtel de la Force, et que M. Groizard, membre de l'Assemblée, est chargé de faire mettre le présent arrêté à exécution sur-le-champ.

On a repris la question relative aux moyens de rendre légales l'existence et les fonctions de l'Assemblée; mais comme l'heure était déja très avancée, et qu'un grand nombre d'Électeurs se sont retirés, l'Assemblée a décidé que MM. les Électeurs seraient tous convoqués par M. le Président, mardi 21 du présent mois, 9 heures du matin, pour statuer définitivement sur cet important objet. Et avant de lever la séance, on a demandé qu'il fût fait lecture des arrêtés qui pouvaient avoir été envoyés dans la journée par les districts relativement à la confirmation demandée de MM. Bailly et marquis de La Fayette.

(On fait cette lecture et M. le marquis de La Fayette vient annoncer que le comité militaire est enfin constitué.)

NOUVELLES DE M. DE NECKER.

Du Lundi 20 juillet 1789.

M. Moreau de Saint-Méry fait la lecture de la lettre suivante :

« M. le duc de Liancourt a l'honneur d'instruire
« MM. du comité permanent de la ville de Paris, que
« le sieur Dufresne de Saint-Léon, chargé d'apporter
« à M. Necker les lettres du Roi et de l'Assemblée
« nationale, ne l'a plus trouvé à Bruxelles, dont il
« était parti dès mercredi, et qu'il court sur ses
« traces vers Francfort. M. le duc de Liancourt, qui
« n'a pu rendre aucun compte à l'Assemblée natio-
« nale de la lettre qui l'instruit ainsi de la marche de
« M. Necker, a l'honneur d'en prévenir, en son
« propre nom, MM. du comité permanent, pensant
« que, si Paris l'ignorait, il pourrait être inquiet de
« ne point voir arriver ce ministre, qui fait aujour-
« d'hui le regret et l'espoir de la nation. *Signé*, le duc
« DE LIANCOURT. »

L'Assemblée, pénétrée des mêmes sentiments, et pour calmer l'inquiétude de tous les citoyens empressés d'apprendre tout ce qui est relatif au retour prochain de M. Necker, a arrêté que la lettre de M. le duc de Liancourt, président de l'Assemblée nationale, serait, à l'instant même, imprimée et affichée.

On a fait une motion tendant à fixer les moyens de former la garde nationale parisienne de manière que chaque citoyen en état de porter les armes ne pût se soustraire à cette obligation patriotique. Les avis, d'abord différents, se sont réunis sur la nécessité de former un rôle exact des habitants de chaque district; et l'Assemblée a arrêté que M. Mabille, directeur des vingtièmes et de la capitation, sera tenu de délivrer à chaque district de la ville de Paris le rôle de la capitation des habitants de chaque district, et qu'expédition du présent arrêté sera délivrée à M. le marquis de La Fayette, pour le faire exécuter.

On a annoncé que la multitude s'agitait encore autour de l'Hôtel des Invalides, prétendant que cette maison contenait encore des armes cachées, et que l'effervescence populaire, si prompte à s'enflammer sur cet article, faisait craindre une invasion. L'Assemblée a arrêté que quatre Électeurs, avec les forces militaires données par M. le marquis de La Fayette, seront chargés de se transporter à l'Hôtel des Invalides, pour vérifier s'il existe encore des armes dans cette maison, et pour assurer sa tranquillité.

Sur la représentation faite par un membre de l'Assemblée, que le pavé de la chaussée d'Antin est dans un état de délabrement complet, l'Assemblée a arrêté que MM. Cheradame et de Lécluse, entrepreneurs du pavé, seront tenus de veiller avec soin aux réparations et à l'entretien du pavé dans toute la ville de Paris et ses faubourgs.

MM. les députés des agents-de-change sont venus

prévenir l'Assemblée que, sous son bon plaisir et ses auspices, la bourse serait ouverte demain pour reprendre toutes les opérations publiques de commerce et de finance, et qu'elle serait gardée par la garde nationale du district des Filles-Saint-Thomas.

M. Moreau de Saint-Méry les a félicités, au nom de l'Assemblée, d'un zèle si nécessaire au rétablissement du commerce et de la confiance publique.

On a fait lecture d'une lettre adressée à l'Assemblée par la municipalité de Châteauroux, en date du 17 de ce mois, et contenant les plus agréables félicitations sur la conduite de l'Assemblée. Elle a décidé que cette lettre serait imprimée à la suite de son procès-verbal.

Le chevalier de la Corée, commandant par *interim* du district de Saint-Lazare, a mis sur le bureau une demande conçue en ces termes :

« Messieurs du comité-général de l'Hôtel-de-Ville,
« le district de Saint-Lazare vous prie de vouloir bien
« décider, 1° si le commandant militaire du district
« doit recevoir les ordres directement de l'Hôtel-de-
« Ville, ou s'il doit les tenir par l'intermédiaire des
« Électeurs devenus présidents ? 2° Si c'est le com-
« mandant ou les présidents qui doivent donner
« l'ordre du jour, ordonner les gardes, et faire toutes
« les dispositions militaires qu'un des présidents con-
« teste au commandant ? »

Sur ces deux questions, l'Assemblée a desiré avoir

l'avis de M. le marquis de La Fayette; et M. le marquis de La Fayette ayant donné son avis à deux Électeurs chargés de lui présenter les questions, la matière mise en délibération, l'Assemblée a fait l'arrêté suivant : « Sur la difficulté élevée entre M. le prési-
« dent et M. le commandant de la garde nationale du
« district de Saint-Lazare, il est provisoirement ar-
« rêté que le commandant de chaque district recevra
« directement l'ordre et le mot de l'ordre de M. le
« commandant-général, et qu'il le communiquera à
« M. le président du district, afin que celui-ci, dans
« les cas imprévus, et pour la police et la sûreté par-
« ticulières de son district, ne puisse pas contredire
« les ordres de M. le commandant-général par ceux
« qu'il donnerait alors au commandant du district.
« Il est arrêté, en outre, que les patrouilles et le ser-
« vice militaire ordinaire doivent être réglés par le
« commandant du district. »

Les paroisses de Viry, Savigny, Morsan-sur-Orges, Épinay, Sainte-Geneviève et Grigny, ont envoyé des députés pour consulter l'Assemblée sur la forme à établir dans leur administration civile et militaire. Il a été arrêté que l'Assemblée elle-même n'ayant aucun plan définitif, ces villages sont invités à pourvoir provisoirement eux-mêmes à la sûreté et au bon ordre de leurs communautés, dans les formes que leur zèle, leur amour patriotique et leur sagesse ne manqueront pas de leur suggérer.

(20 juillet.) DÉSORDRE A LA BARRIÈRE SAINT-LOUIS.

M. Grandin, président du district des Récollets, a envoyé un procès-verbal sur lequel il a fait demander les ordres de l'Assemblée. Ce procès-verbal, daté du jour même, à six heures du matin, constate que Jean Mortier, receveur des droits du Roi dans la banlieue, s'étant transporté à l'endroit où est situé son bureau de perception, pour y continuer ses fonctions, conformément aux arrêtés de l'Assemblée, un particulier à lui inconnu a ameuté les ouvriers de l'atelier de charité établi près la nouvelle barrière de Saint-Louis, en disant qu'il fallait achever la destruction de ce bureau, et ne plus permettre aucune perception; que l'effervescence est devenue en un instant si violente, que lui, Jean Mortier, a été forcé de s'évader. L'Assemblée a arrêté que ce procès-verbal serait porté, à l'instant même, à M. le marquis de La Fayette, avec invitation expresse d'envoyer à cette barrière des forces suffisantes pour protéger efficacement la perception des droits.

L'Assemblée a de même envoyé au bureau militaire la réclamation des districts de Saint-Germain-l'Auxerrois et de Saint-Séverin, sur le ton impérieux des expressions d'un placard affiché, et ainsi conçu : *Il est défendu, sous les plus grièves peines, aux patrouilles d'entrer dans la Bastille.* Signé, *le Marquis* DE LA SALLE.

Les syndics, officiers municipaux et députés du Bourg-la-Reine, ont été introduits, et, l'un d'eux

portant la parole, ils ont dit « qu'ils se sont transportés à l'Hôtel-de-Ville de Paris, en exécution de leur délibération, qu'ils ont remise sur le bureau, et par laquelle, après avoir nommé pour commandant-général M. Régnier de Rohaut, ancien garde du Roi, *ils ont cru de leur prudence, et comme citoyens fidèles à la patrie, de se transporter avec un détachement de leur garde bourgeoise, pour rendre hommage à la Ville, et lui demander sa sanction et l'affiliation au district qu'il lui plaira.* » L'Assemblée a arrêté que la paroisse du Bourg-la-Reine sera remerciée de ses efforts patriotiques pour la défense de la liberté publique, et qu'il sera établi, sous le bon plaisir du district du Val-de-Grace, affiliation et correspondance entre ce district et cette paroisse voisine, sans aucune confusion, ni pour le civil ni pour le militaire.

Et attendu qu'il est deux heures passées, M. le président a renvoyé la séance à cinq heures.

Séance du soir.

La séance a commencé à quatre heures ou environ, par le compte que MM. Gavet, Rameau, Patris et Simonet de Maison-Neuve, ont rendu de la mission dont ils avaient été chargés avant hier 18, d'aller chercher des subsistances à Pontoise.

Et l'un d'eux, M. Gavet, a dit « que le comité permanent leur ayant adjoint un de ses préposés, domicilié à Pontoise, et alors à Paris, ce préposé ne s'était trouvé hier au rendez-vous du départ, que pour annoncer qu'il lui était impossible de partir; qu'un courrier dépêché de Pontoise pendant la nuit, lui avait apporté une lettre, par laquelle on lui annonçait que sa tête était à prix; que sa maison et ses magasins étaient menacés du pillage et de l'incendie; que les portes de Pontoise étaient fermées; qu'un soulèvement général s'était déclaré; qu'il serait extrêmement dangereux dans un moment aussi critique, de réclamer des subsistances dont la ville de Pontoise avait elle-même le plus pressant besoin; que la prudence commandait de différer la députation; que quant à lui il ne partirait pas. Qu'ils sont partis seuls; qu'ils ont effectivement remarqué de l'agitation à Pontoise; qu'à leur arrivée, une foule de personnes les ont environnés pour connaître le sujet de leur voyage; qu'ils ont appris que le régiment de Salis-Samade, suisse, qui avait couché la veille à Pontoise, et en était parti à trois heures du matin, y avait été rappelé et ramené à sept heures pour le maintien de l'ordre; que la commune de Pontoise, sur une réquisition du lieutenant-général, a été assemblée; qu'ils y ont annoncé l'objet de leur mission; que leur proposition avait inspiré d'abord de la méfiance et de l'inquiétude; mais qu'ayant observé qu'ils ne venaient point enlever les subsistances de Pontoise, mais demander qu'on traitât avec eux, pour la ville de Paris, de ce qui excéderait les fournitures des marchés et les besoins de la ville, différentes personnes de l'Assemblée ont porté plainte d'emmagasinements clandestins; elles ont demandé qu'à l'instant des commissaires fussent nommés pour faire la recherche dans toutes les maisons de Pontoise; que ces commissaires ont été nommés aussitôt, et que l'on s'est ajourné à sept heures du soir, à l'Hôtel-de-Ville, pour entendre le résultat des recherches, et faire droit sur la proposition des Électeurs députés de Paris. Que ceux-ci ont profité de cet intervalle pour visiter les magasins du gouvernement pour l'approvisionnement de Paris, et qu'ils ont reconnu qu'ils étaient très peu pourvus; que les commis du préposé que le comité leur avait adjoint, s'étaient refusés à la justification de leurs registres, et que quelques pressantes qu'aient été leurs sollicitations, ils n'ont pu obtenir que des déclarations vagues, incertaines, quoique le préposé leur eût promis avant de partir, que tous les éclaircissements leur seraient donnés. Qu'à sept heures, ils se sont réunis à la commune, assemblée à l'Hôtel-de-Ville; que les commissaires ont rendu compte de leurs recherches, qui n'avaient rien fait découvrir sur les farines et les grains prétendus cachés. Que dans cet état, quelques membres de l'Assemblée ont alors proposé que chaque habitant de Pontoise déclarât, sous le sceau de l'honneur, la quantité de grains et de farines qu'il avait et dont il pouvait disposer; que sur cette quantité on prélevât la quantité nécessaire pour attendre le moment de la récolte, et qu'on donnât à l'instant l'assurance à la ville de Paris, dans la personne de ses députés, de lui vendre le surplus; que cet avis généreux a été unanimement adopté; qu'un élan de patriotisme a saisi tous les membres de l'Assemblée; que chacun s'est offert de multiplier les espérances des Électeurs; et qu'à l'envi, chacun a réduit au plus étroit nécessaire les subsistances qu'il s'est réservées; que de toutes ces déclarations il a été formé un total inséré dans le procès-verbal dont ils viennent de remettre expédition au comité des subsistances. Que sur le rapport de quelques membres, que l'on avait trouvé dans un ruisseau qui coule à Pontoise, des farines qui y avaient été jetées, ils ont proposé de créer une garde nationale, pour prévenir des délits d'une nature aussi grave, et veiller à la tranquillité publique; qu'à l'instant même on a nommé une garde pour la nuit, et indiqué au lendemain une Assemblée générale de la commune, pour la formation d'une garde nationale. »

Une patrouille a conduit devant l'Assemblée le nommé Pierre-Louis Levaux, peintre, accusé d'avoir tenu des propos séditieux : le nommé Pierre-Louis Levaux, de son côté, se plaignait de ce que, dans un temps de liberté, on conduisait un citoyen comme lui, sans égards et en le tenant par le collet. L'Assemblée a arrêté que ce particulier serait conduit par-devant un commissaire, sans être tenu au collet.

M. de la Marnière, secrétaire des commandements de M. le duc de Penthièvre, est venu instruire l'Assemblée d'une émeute très dangereuse qui agite Brie-Comte-Robert; il a dit que le sieur Cousin, qui avait pris la qualité de commandant de la garde bourgeoise, désavoué publiquement par l'Assemblée dans sa séance d'hier, abusait du crédit que son ton et ses manières lui donnent sur la multitude, pour mettre à prix la tête de M. de Granville, lieutenant-général, et celle de M. de La Motte, maire de Brie-Comte-Robert.

A l'instant même sont entrés MM. de Granville et de La Motte, qui ont fait la peinture la plus touchante de la situation dangereuse dans laquelle ils se trouvaient, et de la proscription lancée contre eux, contre leurs femmes et leurs enfants. Ils ont supplié l'Assemblée de prendre les moyens les plus prompts et les plus sûrs pour mettre leur personne et leur famille à l'abri des fureurs du sieur Cousin, et de tous ceux dont il paraissait commander les excès et les emportements.

La matière mise en délibération sur le choix de ces moyens, et après les débats les plus vifs et les plus longs, il a été arrêté que MM. le maire et le lieutenant-général de Brie-Comte-Robert, accompagnés de deux Électeurs, et sous les auspices de l'Assemblée générale des Électeurs, se retireront vers l'Assemblée nationale, pour lui exposer le danger imminent qui menace leur vie, celle de leurs femmes et de leurs enfants, et pour implorer son secours et sa sauve-garde.

Un député de Montfermeil a été introduit, et il a dit qu'il était envoyé par sa communauté pour présenter à l'Assemblée le juste tribut d'éloges et de reconnaissance dû à son zèle et à son courage, pour lui demander la liberté que les habitants de Montfermeil prennent à Paris leur provision de pain; pour la consulter sur la nécessité ou l'inutilité d'une garde bourgeoise toujours subsistante, et enfin pour lui offrir l'établissement d'un courrier toujours prêt pour entretenir avec l'Assemblée une correspondance toujours facile et certaine.

L'assemblée a arrêté que M. le député de la paroisse de Montfermeil se retirerait au bureau des subsistances pour savoir si les habitants de cette paroisse peuvent être fournis de pain par les boulangers de Paris, et qu'au surplus il voudrait bien rapporter à sa communauté de la part de l'Assemblée, qu'il est prudent de conserver toujours les mêmes forces militaires, en les dirigeant pour le maintien du bon ordre et de la tranquillité publique, et que la précaution d'avoir toujours un courrier prêt pour entretenir avec l'Hôtel-de-Ville de Paris une correspondance sans doute nécessaire, mérite des éloges, et est très agréable à l'Assemblée.

On a fait lecture d'une délibération du district des Blancs-Manteaux, qui vote la division par districts comme la seule possible et convenable.

M. Hay, colonel des gardes de la Ville, s'est présenté, et il a offert à l'Assemblée de mettre à poste fixe un garde à cheval au Point-du-Jour, un autre à Sèvres, un autre à Viroflée, et un quatrième à Versailles, pour établir une correspondance prompte, commode et sûre, entre l'Assemblée nationale et l'Assemblée des Électeurs.

Cette offre a été acceptée avec empressement, et M. Moreau de Saint-Méry a témoigné à M. Hay combien l'Assemblée était sensible à cette nouvelle marque de son zèle et de ses sentiments patriotiques.

Un député du district de Saint-André-des-Arcs a apporté, de la part de son district, une lettre adressée à M. de Crosne, ancien lieutenant-général de police, et qu'on avait saisie dans les mains du porteur.

L'Assemblée a décidé qu'elle lui serait remise sans être décachetée, par deux Électeurs, en présence du député du district de Saint-André qui l'avait apportée.

Les dames Poissardes, députées du marché Saint-Paul, ont été introduites ; l'une d'elles a prononcé le discours suivant :

« Messieurs, l'amour d'un peuple qui adore son

Roi, vous conduit ici pour la consommation du plus grand de tous les ouvrages, qui est la réunion réelle des trois Ordres; et le divin zèle qui nous anime, nous fait espérer la fin de nos misères, en nous faisant dire d'avance que votre auguste Assemblée représente à l'humanité du meilleur des Rois, la protection du plus grand des princes, et que vous êtes tous des Necker. »

Ensuite elles ont chanté des couplets sur la réunion des trois Ordres, et le voyage du Roi à Paris. M. Moreau de Saint-Méry les a félicitées des bons sentiments qu'elles fesaient paraître; et sur leur demande, il a été arrêté que leur discours et leur chanson seraient insérés dans le Journal de Paris.

Un membre de l'Assemblée a représenté que, malgré l'arrêté pris la veille par l'Assemblée, les spectacles n'avaient pas osé ouvrir aujourd'hui, parce que quelques districts avaient hautement déclaré qu'ils ne souffriraient pas l'ouverture des spectacles avant l'arrivée de M. Necker, et cependant qu'il était intéressant de ne plus tarder à donner aux bons citoyens cette preuve du rétablissement de l'ordre, et aux pauvres ouvriers ce soulagement, puisque la première représentation de tous les théâtres devait être donnée à leur profit. L'Assemblée, avant de prendre une dernière résolution, a désiré connaître les moyens que M. le marquis de La Fayette pouvait avoir pour assurer la tranquillité des spectacles, s'ils donnaient demain leur première représentation, et le général a été invité à se rendre à l'Assemblée. M. le marquis de La Fayette s'est rendu sur-le-champ à cette invitation, et il a dit qu'il avait pris pour la garde et la sûreté des spectacles, des mesures dont l'efficacité lui paraissait certaine, et qu'il était désirable qu'ils reprissent leurs travaux le plus promptement possible. En conséquence, et attendu l'urgente nécessité des pauvres ouvriers auxquels appartient le produit des premières représentations de tous les théâtres de la capitale, l'Assemblée a arrêté qu'ils seront ouverts demain mardi 21.

(M. Bailly donne communication d'une lettre qui lui annonce que M. de Saint-Priest succède à M. de Villedeuil. Des passe-ports sont donnés aux commis de la commission intermédiaire de l'Ile-de-France. L'Assemblée fait afficher un avis au public pour l'avertir qu'il sera prévenu le jour où il pourra visiter la Bastille.)

Des députés de la municipalité de Compiègne ont présenté à l'Assemblée une lettre des officiers municipaux et citoyens de cette ville, ainsi conçue : « Messieurs, les habitants de Compiègne ayant été informés que M. Berthier de Sauvigny, intendant de « Paris, était ici, l'ont arrêté sur le bruit que la capitale le faisait chercher ; en conséquence, Messieurs, les citoyens vous dépêchent la présente, et « vous prient de les éclairer sur la conduite qu'ils

« ont à tenir. Nous sommes avec un très profond res-
« pect, etc. » Suivent les signatures de plusieurs officiers municipaux et citoyens.

M. Bailly a été invité à se rendre à l'Assemblée pour délibérer sur cet objet important. Il s'y est rendu sur-le-champ; et après mûre délibération en présence des députés de Compiègne, il a été arrêté que la ville de Paris ne faisant point chercher M. Berthier de Sauvigny, et cet ancien intendant n'étant ni accusé, ni décrété par justice, il serait répondu aux habitants de Compiègne, qu'il n'existait aucune raison légitime de le retenir prisonnier.

Les députés de cette ville ont observé que le peuple de Compiègne était extrêmement animé contre M. Berthier; qu'il était impossible de répondre de sa vie, à laquelle, peut-être, on avait attenté depuis leur départ, et qu'il n'existait qu'un moyen de la lui conserver, celui de le faire conduire dans les prisons de Paris.

Cette observation, le ton même des députés, qui peignait l'agitation de leur ville, ont jeté dans l'Assemblée un autre esprit et d'autres sentiments. Quelques Électeurs et plusieurs citoyens présents ont rappelé que M. Berthier était, depuis plusieurs jours, l'objet des clameurs publiques; qu'il était intendant de l'armée rassemblée contre Paris; qu'il s'était rendu de Paris à Versailles le jour même de la prise de la Bastille, et qu'il convenait, soit à la justice publique, s'il était coupable, soit à son intérêt particulier, s'il était innocent, que sa personne fût mise sous la garde des tribunaux. Tous les avis se sont réunis, et il a été arrêté qu'il serait envoyé à Compiègne une troupe de 240 hommes à cheval, pour mettre en sûreté la personne de M. Berthier de Sauvigny, et pour le conduire à Paris; qu'il serait demandé à chaque district quatre hommes à cheval pour former cette troupe de 240 cavaliers; que cette troupe serait dirigée, dans ses mouvements, par deux Électeurs, qui seraient chargés de prier, au nom de l'Assemblée, MM. les officiers municipaux de Compiègne de leur remettre M. Berthier de Sauvigny.

MM. Étienne de la Rivière, Électeur, et André de la Presle, citoyen, ont été nommés à cet effet, et ils ont bien voulu se charger de cette commission. M. d'Ermigny a été nommé pour commander le détachement.

En conséquence, l'Assemblée a donné à MM. Étienne de la Rivière, et André de la Presle, l'ordre suivant:
« L'Assemblée a arrêté que MM. Étienne de la Ri-
« vière, et André de la Presle [*], Électeurs et mem-
« bres de l'Assemblée de Paris, se transporteront à
« Compiègne avec 240 hommes à cheval, de la garde
« nationale Parisienne, pour demander à MM. les
« officiers municipaux de la ville de Compiègne, la

---

[*] M. de la Presle n'était point Électeur.

« personne de M. Berthier de Sauvigny, intendant
« de Paris, et le ramener à Paris dans les prisons ci-
« viles, de l'ordre de l'Assemblée. »

L'Assemblée a arrêté en même temps, que M. son Président donnerait un ordre pour faire apposer les scellés sur tous les papiers de M. Berthier de Sauvigny; et en conséquence de cet arrêté, M. Moreau de Saint-Méry a donné l'ordre, qui a été sur-le-champ exécuté par M. le commissaire Carré, Électeur, accompagné de deux Électeurs, MM. des Roches et Parguès.

M. Péléat, capitaine de la division de Belle-Ville, et M. Camus, du district de Saint-Gervais, sont venus déclarer que le détachement du régiment du Roi, au nombre de 106 hommes, en garnison à Saint-Denis, en était parti samedi dernier pour aller à Meaux, sous le commandement de M. Foucault, capitaine, M. Dupuis, lieutenant, et M. Payen, sous-lieutenant; mais qu'inquiète sur sa destination, cette troupe est revenue à Saint-Denis, aujourd'hui sept heures du soir; qu'ils ont appris du sieur Madroux, fils, caporal, qu'elle a laissé son commandant à la Cour-Neuve, près Saint-Denis; que le maréchal de Broglie est parti sans qu'on sache où il a dessein d'aller; que sa suite est composée de soixante voitures, tant chaises que berlines, dont deux voitures couvertes; enfin, que M. Berthier de Sauvigny a couché à Meaux la nuit du vendredi au samedi.

Du Mardi 21 juillet 1789.

(M. Santerre annonce l'arrivée de plusieurs voitures de farine pour aujourd'hui et les jours suivants. On s'occupe encore des moyens d'appeler à l'Hôtel-de-Ville de véritables représentants de la commune.

On lit une foule de délibérations de districts, relatives à la nomination de Bailly.)

Un Électeur du faubourg Saint-Antoine ayant demandé à être entendu sur un objet de la plus urgente nécessité, et dont le plus léger retard pouvait, suivant lui, précipiter la ville dans un danger imminent, il a dit «que les ouvriers du faubourg Saint-Antoine, instruits du soulagement ou de l'indemnité déterminés pour tous les ouvriers en général, dans la séance de samedi dernier, se plaignaient hautement de ce que cette indemnité ne leur était point encore délivrée; que les esprits s'échauffaient et se portaient à la révolte avec une rapidité effrayante; que dans vingt-quatre heures, peut-être, il ne serait plus temps d'y apporter remède et d'arrêter les suites de cette insurrection dangereuse. » Le même Électeur a demandé qu'on lui donnât pouvoir d'emprunter en son nom, mais sous la garantie de l'Assemblée des Électeurs, une somme de 60,000 liv., qui pourrait être distribuée aux ouvriers du faubourg Saint-Antoine avant la fin du jour.

Avant de prendre cette détermination, l'Assemblée a désiré connaître le montant des sommes versées entre les mains de M. Camet de la Bonardière, caissier de la Ville; mais les différentes motions qui se sont rapidement succédé ont fait oublier le compte à demander à ce caissier.

Un Électeur a proposé de percevoir sur-le-champ l'impôt connu sous le nom de gens-de-guerre.

M. de Laroche, notaire, a remis sur le bureau 120 liv. MM. les notaires Électeurs, présents à l'Assemblée, ont offert d'apporter sur-le-champ 45,000 liv., et leurs offres patriotiques ont été acceptées, sauf à prendre, pour les rembourser, les 45,000 liv. données par MM. les députés de Paris à l'Assemblée nationale.

Il a été annoncé qu'un citoyen proposait de fournir sur-le-champ la somme que l'Assemblée voterait, et pour laquelle elle donnerait sa garantie. Un membre de l'Assemblée a donné un billet de 200 liv. M. le curé de Chaillot a aussi remis sur le bureau un billet de 220 liv. M. le curé de Saint-Nicolas-des-Champs a promis d'apporter à l'Assemblée 1,000 liv. M. le curé de Saint-Roch a remis 1,000 liv. en un billet noir. M. Dubertrand, principal de Navarre, a remis un billet de 200 liv. M. le trésorier de la Sainte-Chapelle a promis pour ce soir 300 liv. M. Rive a donné 72 liv., et promis de compléter 300 livres. M. Levasseur d'Hattingue a remis 60 liv. M. Couvert,

Électeur, a remis 48 liv. M. Girardin, un des notaires ci-dessus, a remis, pour la contribution de son prêt, en billets, 4,500 liv. M. Chignard, Électeur, a remis 48 liv. M. Charpentier, maçon, 48 livres. M. Trutat, un des notaires ci-dessus, en billets, 6,000 liv. pour sa contribution dans le prêt de MM. les notaires. M. Lenormant a donné 300 liv. M. Liesse a promis 200 liv. M. Quatremère, un des notaires ci-dessus, 6,000 liv., pour sa contribution dans le prêt de MM. les notaires. M. de La Roche, *idem*. M. Girard, *idem*. M. Chaudot, *idem*. M. Provot, *idem*. M. Girard, *idem*, en billets. M. Massieu, premier Électeur du district de l'Oratoire, a remis 3,000 liv. en billets de caisse, de la part du district, à compte de sa contribution.

MM. Legrand de Saint-René et Bancal des Issarts, membres du bureau des subsistances, sont venus proposer une diminution du prix du pain, et un arrêté de ce bureau, qui le taxait à 12 sous les quatre livres; et pour faire connaître à l'Assemblée les raisons puissantes qui avaient déterminé cet arrêté, M. Legrand de Saint-René a lu le mémoire qui suit : « Messieurs, plusieurs Électeurs, et notamment quelques uns de ceux qui composent votre comité des subsistances (je puis nommer MM. Bancal Desissarts, Gibert et moi), ont été arrêtés hier au soir et ce matin par une foule de personnes réclamant avec de vives instances une diminution dans le prix des denrées de première nécessité : nous avons promis qu'on s'en occuperait incessamment. Résister, dans un moment où la puissance est sans activité, aux volontés d'un peuple qui croit que ce qu'il veut est juste, ce serait donner aux ennemis d'une révolution si soudaine le spectacle funeste d'éteindre, dès son principe, ce feu sacré qui enflamme tous les esprits amis de la liberté, conquise peut-être par la classe la plus indigente, celle qui demande avec plus d'instance et de justice une diminution dans le prix du pain. D'un côté la foule qui se presse dans la Place, et qui se grossit dans cet instant où vous vous occupez, Messieurs, de solliciter des secours de la bienfaisance de chacun de vous en particulier, pour les distribuer aux citoyens indigents, aux artisans sans travail, aux ouvriers malheureux, aux étrangers sans asile; de l'autre, une députation nombreuse qu'on annonce venir à l'Hôtel-de-Ville, de la part des habitants des Faubourgs Saint-Antoine et Saint-Marceau : Tous ces mouvements subits, qui peuvent amener des demandes inconsidérées, précipitent les observations que nous devons proposer à l'Assemblée, à l'occasion du prix du pain, etc., etc. »

(Il résulte de ce mémoire qu'il existe au Havre, à Rouen et aux environs, un approvisionnement du gouvernement pour plus de deux mois en blés et farines; une délibération assez vive s'engage après sa lecture.)

La délibération a été suspendue par l'arrivée de M. le marquis de La Fayette, qui a présenté à l'Assemblée une lettre écrite de Rouen, et contenant nouvelle de l'arrivée de plusieurs bâtiments et voitures chargés de blé, de farine et de seigle; ces heureuses nouvelles ont répandu quelque joie dans l'Assemblée, et augmenté son courage et sa constance.

La lettre écrite de Rouen a été redemandée par les membres du bureau des subsistances, présents à sa lecture, et l'Assemblée a consenti que cette lettre lui fût remise.

Un membre de l'Assemblée a observé que plusieurs rues de la capitale avaient été dépavées dans les nuits du 13 au 14, et du 14 au 15, et que le pavé des autres rues qui n'avait pas été enlevé, se trouvait singulièrement détérioré par tous les préparatifs de défense auxquels toutes les parties de la capitale s'étaient livrées avec un accord et une ardeur dont l'histoire n'avait pas encore offert l'exemple; qu'il était d'une nécessité urgente de rétablir cet objet important d'utilité et de commodité publique. Sur ce, l'Assemblée a donné l'ordre suivant : « Les ar-
« chitectes du comité, MM. Jallier de Savault, Dela-
« poise, Montizon et Poyet, se transporteront, deux
« au moins d'entr'eux, pour vérifier et ordonner les
« réparations à faire aux pavés dans tous les lieux où
« les travaux faits pour la défense de Paris en ont oc-
« casionné la dégradation. »

(21 juillet.) FOULE A L'ABBAYE MONTMARTRE.

Ensuite, on est revenu sur les moyens à prendre pour calmer les ouvriers du Faubourg Saint-Antoine, en attendant que l'indemnité promise puisse leur être délivrée. Après quelques débats, il a été arrêté que la proclamation suivante serait sur-le-champ imprimée et affichée : « L'Assemblée générale des Élec« teurs s'occupe des moyens les plus prompts de réa« liser l'indemnité arrêtée en faveur des ouvriers qui « ont combattu pour la liberté : les lieux et le mo« ment où la distribution commencera seront indi« qués très incessamment. L'Assemblée renouvelle « l'invitation qu'elle leur a déja faite de reprendre « leurs travaux. »

M. le curé de Saint-Eustache s'est présenté, et il a peint avec énergie le malheur qui menaçait l'abbaye de Montmartre, entourée de plus de 20,000 ames qui menaçaient de saccager ce monastère, pour obtenir les armes et les munitions qu'on prétendait y être cachées, et pour punir l'abbesse qu'on accusait de trahison et de complots contre la liberté publique; il a remis sur le bureau un écrit signé par l'abbesse et scellé de ses armes, ainsi conçu : « Je certifie que « tout ce que l'on m'impute est faux : je suis citoyenne « zélée pour la conservation de mes compatriotes. « Fait à Montmartre, ce 21 juillet 1789. *Signé* J. « Montmorency Laval, *abbesse de l'abbaye de* « *Montmartre.* »

Quelques membres de l'Assemblée ont exposé que

les bruits les plus funestes s'étaient répandus pendant la matinée sur cette abbaye et sur son abbesse. Tout se réunissait enfin pour remontrer à l'Assemblée la nécessité et l'urgence des secours demandés par M. le curé de Saint-Eustache.

Il a été arrêté que M. Deleutre, Électeur et membre du comité permanent, voudrait bien se transporter sur-le-champ à l'abbaye de Montmartre, précédé de deux gardes de la Ville, et user de tous les moyens que sa prudence pourrait lui suggérer, pour mettre en sûreté cet établissement religieux et les personnes qui l'habitent.

Séance du soir.

(Le comité reçoit plusieurs dons d'argent successifs. On vient déposer sur le bureau le testament de M. Delaunay. La foule de prisonniers arrêtés par la garde nationale, force le comité de prier le lieutenant-criminel de rendre la liberté à ceux qui ne sont pas prévenus de quelques délits graves.)

L'Assemblée, libre enfin de tous ces détails indispensables, a repris la délibération relative à la diminution du prix du pain, proposée par le comité des subsistances.

Cette délibération commencée et déja connue dans le public, avait rassemblé sur la place de l'Hôtel-de-Ville une multitude considérable. La partie de la grande salle destinée au public ne suffisait point aux spectateurs qui se pressaient, et qui manifestaient leur désir d'une manière assez bruyante.

Cette effervescence n'a point troublé la délibération. Plusieurs membres de l'Assemblée ont exposé, avec beaucoup de fermeté, tous les inconvénients politiques d'une diminution trop prompte et trop sensible dans le prix du pain.

Après les débats les plus longs, et éclairés par les observations les plus sages, l'Assemblée, rassurée par toutes les nouvelles qui lui ont été transmises de convois considérables arrivés au Havre, et d'une provision certaine pour atteindre les fruits de la récolte prochaine, persuadée qu'une diminution actuelle dans le prix du pain n'entraîne qu'un sacrifice d'argent, et qu'un tel sacrifice sera toujours léger lorsqu'il s'agira d'augmenter les ressources ou d'alléger les besoins de cette classe pauvre, mais généreuse, et qui a tout fait pour la liberté, l'Assemblée a pris l'arrêté suivant : « L'Assemblée des Électeurs de la ville
« de Paris, continuellement occupée du soulagement
« des citoyens, et affligée de ne pouvoir leur procurer
« tout celui qu'elle désirerait, a arrêté qu'à compter
« de demain mercredi, 22 du présent mois, le pain
« de quatre livres sera fixé à treize sous six deniers, au
« lieu de quatorze sous six deniers, prix actuel, jus-
« qu'à ce que des circonstances plus heureuses puis-
« sent permettre une diminution plus considérable;
« sauf l'indemnité qui pourra être due aux boulan-

« gers, tant intérieurs que forains. Et le présent ar-
« rêté sera imprimé, lu, publié et affiché partout où
« besoin sera. »

Et comme il était minuit passé, M. Moreau de
Saint-Méry a levé la séance, après avoir chargé quelques Électeurs qui se sont offerts, de veiller aux
opérations qui pourraient se présenter pendant la
nuit.

Du Mercredi 22 juillet 1789.

Sur les cinq heures du matin, et pardevant le comité de l'Assemblée choisi pour passer la nuit à l'Hôtel-de-Ville, M. Carrette, commandant de la milice
du district de Saint-Marcel, s'est présenté, et a déclaré
que, sur la réquisition de M. Rappe, syndic du village de Viry, il amenait à l'Hôtel-de-Ville M. Foulon,
conseiller d'état, arrêté par le sieur Rappe, à Viry,
à la porte d'une maison de campagne de ce village,
et conduit à pied par les mêmes habitants jusqu'au
premier district de la capitale. Qu'en arrivant,
M. Foulon a été déposé chez M. Acloque, Électeur
président du district de Saint-Marcel, qui conjointement avec un autre Électeur, a bien voulu se charger
de sa personne, jusqu'à ce qu'il ait pu le remetttre à
la garde qui vient de le conduire à l'Hôtel-de-Ville.

M. Carrette a remis en même temps sur le bureau
un paquet qu'il avait reçu de M. Rappe, et lequel
contenait plusieurs lettres à l'adresse de M. Foulon,

et saisies entre les mains d'une femme chargée de les lui remettre.

Depuis, un autre particulier a remis sur le bureau un petit paquet contenant des morceaux de papier déchiré, et qu'il a déclaré être des lambeaux d'une lettre que M. Foulon a déchirée entre ses dents, au moment même où il a été arrêté.

A l'égard des lettres et du petit paquet contenant des morceaux de papier déchiré, ils ont été scellés des armes de la ville pour être déposés au greffe. A l'égard de la personne de M. Foulon, le comité n'a pas cru devoir décider, et il a engagé MM. Foulon et Rappe à attendre dans une chambre de l'Hôtel-de-Ville la réunion de l'Assemblée générale.

Et sur les neuf heures du matin, l'Assemblée s'étant réunie, et présidée par M. Moreau de St-Méry, on a mis en délibération ce qu'il convenait de statuer sur M. Foulon, et sur toutes les autres personnes déjà accusées et saisies, ou qui pourraient être par la suite accusées et saisies à la clameur publique. Et après plusieurs débats interrompus par quelques faits pressants de police, l'Assemblée a arrêté, « que toutes les personnes soupçonnées de crime de lèse-nation, accusées et saisies à la clameur publique, ou qui pourront l'être par la suite, seront conduites et renfermées dans les prisons de l'Abbaye Saint-Germain, et que MM. Carra et Duport du Tertre, Électeurs, seront chargés de porter le présent arrêté à l'Assemblée nationale, pour être par elle prononcé sur la nature ou l'espèce de tribunal qu'elle voudra bien constituer pour juger ces personnes déjà arrêtées ou qui pourraient l'être. Que les scellés seront apposés sur leurs papiers, et que ceux saisis sur elles seront déposés au greffe de la ville. Arrête en outre qu'il sera mis sur la porte de la prison de l'Abbaye Saint-Germain une inscription portant ces mots : *Prisonniers mis sous la main de la nation.* Que M. le commandant général de la garde nationale de Paris donnera les ordres nécessaires pour la conservation des prisonniers; et que le présent arrêté sera lu, publié et affiché partout où besoin sera. En conséquence de cet arrêté, M. Carré, commissaire, MM. Gorneau et Levacher de La Térinière, tous trois Électeurs, ont été chargés d'aller apposer les scellés sur les papiers de M. Foulon.

On a mis en délibération si M. Foulon serait conduit sur-le-champ à cette prison nationale. A cet égard il a été dit que M. Foulon avait été nommé le 12 du présent mois, adjoint au ministère de la guerre; que le 14, on avait généralement répandu qu'il venait de mourir d'apoplexie; que d'ailleurs sa présence actuelle à l'Hôtel-de-Ville était maintenant répandue parmi le peuple, soit par les hommes de Viry, qui l'ont conduit à pied à Paris, et qui même l'ont fort maltraité dans la route, soit par les citoyens qui l'ont vu chez M. Acloque, ou dans son trajet jusqu'à l'Hôtel-de-Ville; qu'en conséquence, il y aurait danger évident pour sa personne à lui faire traverser Paris dans le moment d'une effervescence dont il était l'objet.

Ainsi pour éviter un éclat funeste, et éloigner tout danger de la personne de M. Foulon, il a été arrêté qu'il serait conduit à l'Abbaye Saint-Germain le plus secrètement possible, à l'entrée de la nuit.

On a observé que M. Berthier de Sauvigny était attendu ce soir, et que la prudence exigeait encore la précaution de ne pas faire arriver M. Berthier dans un moment où l'arrestation de M. Foulon son beau-père pouvait rassembler et animer le peuple. Sur cette observation, dont la sagesse a été généralement sentie, l'Assemblée a décidé qu'un ordre serait envoyé sur-le-champ à MM. Étienne de la Rivière et la Presle, d'arrêter au lieu même où cet ordre les rencontrerait, et d'y attendre un ordre ultérieur.

Les supérieurs et communauté de Saint-Martin-des-Champs ont remis sur le bureau une somme de 1000 liv. M. Levasseur d'Hattingue, Électeur, a donné 240 liv. pour compléter les 300 liv. qu'il avait promises la veille. M. le curé de Saint-Laurent a réalisé la promesse qu'il avait faite la veille, et a remis sur le bureau 300 liv. dont 200 liv. en un billet de caisse, et 100 liv. en argent. MM. Blacque et Mallet, ancien procureur au Châtelet, ont envoyé une note relative à un enlèvement de fusils ordonné par M. Berthier de Sauvigny.

RAPPORT SUR L'ABBAYE MONTMARTRE. (22 juillet.)

Sur la représentation faite, que la Bastille renfermait encore plusieurs vases sacrés, et des ornements d'église laissés à l'abandon, l'Assemblée a arrêté que M. le curé de Saint-Paul serait prié de se transporter à la Bastille pour en transférer les vases sacrés et autres ornements de la chapelle, et les déposer dans son église.

Les commissaires nommés pour assister chez M. le lieutenant-civil au dépôt du testament de M. Delaunay, ont rapporté que ce magistrat avait voulu expressément faire ouverture et lecture en leur présence, et qu'il renvoyait ce testament à l'Assemblée. Il a été arrêté que ce testament, sans être lu, serait rendu au dépôt judiciaire.

M. Deleutre, rendant compte de la mission qui lui a été donnée la veille, de prendre toutes les mesures nécessaires pour écarter le danger imminent auquel l'Abbaye de Montmartre était exposée, a dit : qu'il est parti de l'Hôtel-de-Ville avec M. le curé de Saint-Eustache, précédé de deux gardes de la ville à cheval. Qu'arrivé dans la rue des Martyrs il a trouvé cette rue remplie d'une foule de gens dont l'aspect et le maintien n'annonçaient, il faut le dire, que le pillage et la destruction. Qu'à la porte de l'Abbaye, ils ont trouvé plusieurs députés du district Saint-Honoré, envoyés par ce district pour le même objet. Que deux sentinelles de la patrouille établie à ce poste, les ont conduits au comité du district de Montmartre. Que

(22 juillet.) RAPPORT SUR L'ABBAYE MONTMARTRE.

M. Peyroux, Électeur et président de ce district, MM. Demir Donday, commandant, et Vachon, major du même district, ont bien voulu les accompagner. Qu'avant d'entrer dans l'Abbaye, ils ont invité le peuple rassemblé devant la porte, à choisir dans son sein ceux dont, pour sa plus grande sûreté, il pouvait désirer la présence dans la visite qui allait être faite. Qu'ils sont entrés dans l'Abbaye avec les personnes choisies par le peuple. Que madame l'abbesse a fait ouvrir toutes les portes, et qu'ils ont fait les visites et les perquisitions les plus exactes dans les bâtiments, caves, souterrains, galeries, caveaux, granges, celliers, jardins, clos, greniers, garde-meuble, voûte de l'église, cellules, salle d'assemblée, réfectoire, cuisines, lavoirs, fours, cabinets de toute espèce, comme aussi dans tous les coffres et armoires, sans en rien excepter; visite à laquelle ils ont employé plus de six heures. Qu'ils n'ont trouvé dans tous ces lieux qu'un fusil de jardinier, qui même était en mauvais état, sans parler de quelques fusils et autres armes apppartenant au district de Montmartre, dont quelques soldats sont postés dans la cour extérieure de l'Abbaye. Qu'à l'égard des grains et farines, ils n'en ont trouvé qu'une petite quantité à peine suffisante aux besoins de l'Abbaye, composée de cent dix personnes, et chargée en outre, comme il a été déclaré par plusieurs personnes, de la nourriture de soixante militaires pour la garde du district. Qu'après avoir dressé procès-verbal de tous ces faits, ils sont venus lire ce procès-verbal à la multitude qui s'agitait et se pressait devant la porte. Que les personnes choisies par le peuple lui-même pour assister à la visite, ont attesté la vérité des faits, et que le peuple s'est retiré plus tranquillement que ses dispositions ne semblaient l'annoncer. Que lui Deleutre est venu à une heure du matin ou environ faire rapport de sa commission au comité permanent, qui a ordonné sur-le-champ l'impression et l'affiche du procès-verbal. Qu'il a appris que le comité permanent, dans l'ignorance de tout ce qui se passait, et vivement pressé par la Basoche, venait de l'autoriser à faire la visite de l'Abbaye de Montmartre. Que sur les craintes manifestées par tous les membres du comité permanent des nouveaux troubles qu'une nouvelle visite pouvait produire, il a bien voulu se charger de retourner sur-le-champ à l'Abbaye, où il a passé la nuit entière pour veiller à sa tranquillité.

Au moment où M. Deleutre finissait son récit, M. de La Fayette est entré, et il a dit qu'il venait de recevoir une lettre du roi, dont il était nécessaire que l'Assemblée voulût bien entendre la lecture. Cettre lettre est ainsi conçue :

Versailles, le 21 juillet 1789.

« Je suis informé, Monsieur, qu'un nombre considérable de soldats de divers de mes régiments en a quitté les drapeaux pour se joindre aux troupes de Paris. Je vous autorise à garder tous ceux qui s'y sont rendus avant que vous receviez la présente lettre seulement, à moins qu'ils ne préfèrent retourner à leurs corps respectifs avec un billet de vous, au moyen duquel ils n'y éprouveront aucun désagrément. Quant aux Gardes Françaises, je les autorise à entrer dans les milices bourgeoises de ma capitale, et leur prêt et nourriture sera continué jusqu'à ce que ma ville de Paris ait pris des arrangements relatifs à leur subsistance. Les quatre compagnies qui sont ici pour ma garde, continueront cependant ce service, et j'en aurai soin. *Signé*, Louis. »

La bonté du Roi et sa prévoyance paternelle ont excité les plus vifs et les plus sincères applaudissements, et l'Assemblée a arrêté que sa lettre serait sur-le-champ imprimée et affichée.

L'Assemblée a fait part à M. de La Fayette de l'arrivée de M. Foulon et des arrêtés qu'elle venait de prendre à son égard, en observant à M. le commandant-général que la prudence la plus sévère exigeait pendant le jour qu'aucun mouvement extraordinaire autour de l'Hôtel-de-Ville n'indiquât la présence d'un prisonnier important; mais qu'à l'entrée de la nuit, il voudrait bien donner des ordres pour qu'une escorte sûre pût accompagner M. Foulon jusqu'à l'abbaye Saint-Germain. M. le commandant-général a promis de se conformer aux intentions de l'Assemblée.

Sur la demande de M. Soulès, Électeur, l'Assemblée lui a permis d'imprimer, de publier et d'afficher l'attestation de bonne conduite qu'elle avait cru devoir lui donner précédemment.

On a remis en délibération la grande question si souvent interrompue, et relative à la conduite que l'Assemblée devait tenir sur son existence, contestée par quelques districts.

Et, pendant la discussion, on a dénoncé M. Caron de Beaumarchais comme ayant chez lui une grande quantité de papiers enlevés à la Bastille. Il a été arrêté qu'une députation du district de Saint-Roch se transportera chez M. Caron de Beaumarchais avec une patrouille du même district, pour l'inviter à remettre tous les papiers de la Bastille qu'il pourrait avoir en sa possession; et cette députation ayant rempli sa mission, a rapporté les papiers qui se sont trouvés chez M. Caron de Beaumarchais, appartenant à la Bastille. Il a été arrêté qu'ils seraient remis à MM. les commissaires, quoiqu'ils fussent en très petite quantité, et qu'ils ne parussent d'aucune importance.

Sur une observation relative à la prison de Saint-Germain, l'Assemblée a donné ordre au concierge de cette prison de la laisser visiter par M. de Rhulières, commandant du guet, ou par telle autre personne qu'il lui plaira commettre à cet effet.

M. le curé de Saint-Étienne-du-Mont, l'un des

commissaires nommés pour exécuter l'arrêté de la veille, relatif à la nécessité d'évacuer les prisons, en rendant compte de sa mission, a dit que M. le lieutenant-criminel avait fait instruire les prisonniers qu'ils pouvaient se faire réclamer par leurs parents, et que sur des ordres émanés des districts, il leur rendrait la liberté.

Qu'au surplus, l'Hôtel de la Force n'étant pas sous sa juridiction, il allait prévenir M. le lieutenant civil, pour qu'il pût suivre la même marche à l'égard de l'Hôtel de la Force.

(M. le marquis de Périgny promet 500 liv.; M. Barré Saint-Venant offre de prêter 10,000 liv.; et le district Saint-Opportun dépose une somme de 1500 liv. pour les pauvres ouvriers.)

Le commandant de patrouille du district de Saint-Jacques-du-Haut-Pas est venu porter plainte contre la femme du sieur Chevalier, boulanger, qui s'était révoltée contre la patrouille, et qui même avait maltraité le sergent, sur la nécessité à elle démontrée d'exécuter l'arrêté de l'Assemblée, relatif à la diminution du prix du pain. L'Assemblée, persuadée qu'il était, dans ces circonstances surtout, très important d'environner le pouvoir exécutif de tout le respect dont il a besoin pour se développer avec succès, allait délibérer sur la peine qu'il convenait d'infliger à la femme du sieur Chevalier : mais la délibération a été suspendue par l'évènement dont on va lire les détails;

et l'Assemblée n'a pu qu'inviter le commandant de la patrouille à représenter sa plainte le lendemain.

Les opérations se succédaient ainsi, lorsqu'à midi ou environ, des cris tumultueux se sont élevés dans la place de l'Hôtel-de-Ville : l'on est venu apprendre que la multitude s'était attroupée et qu'elle demandait avec fureur la mort de M. Foulon. M. le marquis de La Fayette visitait quelques districts; on a avisé de l'envoyer chercher, et sur-le-champ on a dépêché vers lui.

Chaque minute augmentait l'attroupement et l'emportement; il a été bientôt certain que l'Hôtel-de-Ville et sa garde étaient menacés.

L'Assemblée a arrêté qu'un grand nombre d'Électeurs, les plus vénérables par leur habit et leur état, MM. les curés surtout, descendraient avec M. Bailly, maire de la ville, et porteraient à la foule des paroles de modération et de justice. M. Bailly et quinze ou vingt Électeurs se sont présentés sur le perron de l'Hôtel-de-Ville; M. Bailly a fait lecture de l'arrêté pris le matin dans l'Assemblée, et relatif à la poursuite légitime de toutes les personnes accusées de délits contre la liberté publique. Il a parlé ensuite avec son onction ordinaire. Les Électeurs ont secondé ses efforts; ils sont parvenus à calmer ceux qui pouvaient les entendre. Mais les Électeurs ont rapporté dans la salle la certitude que le calme serait de très peu de durée, attendu la foule innombrable et la grande effervescence des esprits. En effet, quelques minutes après, les cris sont devenus plus effrayants, et les efforts contre la garde de l'Hôtel-de-Ville plus sensibles.

L'Assemblée a décidé que les Électeurs, en plus grand nombre, descendraient encore, se disperseraient, s'il était possible, sur la place de l'Hôtel-de-Ville, et tâcheraient de répandre dans les différents pelotons formés par la multitude, la nécessité de juger M. Foulon avant de le punir, s'il était coupable. Cette décision a été exécutée sur-le-champ, et MM. les Électeurs ont rapporté presque tous, que la multitude s'animait davantage, par l'idée qu'on avait favorisé l'évasion de M. Foulon; qu'elle demandait à le voir; qu'elle serait peut-être plus tranquille après l'avoir vu; que cette précaution d'ailleurs était d'autant plus indispensable, que ce soupçon de l'évasion de M. Foulon, déja répandu dans la place, fesait éclater partout la menace de mettre le feu à l'Hôtel-de-Ville, et d'immoler les Électeurs eux-mêmes.

Dans ce moment, l'effroi a saisi tous les membres de l'Assemblée. On savait que M. Foulon avait été conduit à l'Hôtel-de-Ville entre cinq et six heures du matin; mais les membres du bureau de nuit, qui l'avaient reçu, s'étaient retirés. On ne savait pas dans quel endroit de l'Hôtel-de-Ville il avait été déposé. Il était même possible que son évasion eût été favorisée à l'insu de l'Assemblée. Quelques Électeurs s'étaient dispersés pour le chercher; on est venu apprendre qu'il était dans la salle de la Reine avec quatre gardes de la ville.

Alors l'Assemblée a voulu tenter, s'il était possible, de calmer le peuple, en lui donnant, comme il le demandait avec des cris effroyables, l'assurance que M. Foulon était dans l'Hôtel-de-Ville. Elle a chargé MM. Beaudouin, Charton, et deux autres Électeurs, de passer avec lui dans la salle de la Reine, de ne plus le quitter, et de l'engager à se montrer à l'une des fenêtres de cette salle qui donnent sur la place de l'Hôtel-de-Ville.

Les Électeurs nommés ont exécuté cette commission. Le domestique de M. Foulon, saisi et amené avec lui, s'est jeté à leurs pieds, en leur exposant que si son maître était coupable, il était lui très innocent. Il les a conjurés de le séparer le plus tôt possible de son maître, et il leur a remis pour être envoyé à sa femme, dans le cas où il n'échapperait pas à ce danger, quatre louis d'or, un écu de six livres, et sa montre d'or. L'Assemblée a décidé que le domestique serait, à l'instant même, séparé du maître; et M. Duveyrier, l'un des secrétaires de l'Assemblée, s'est chargé des quatre louis d'or, de l'écu de six livres et de la montre d'or du domestique, pour les lui remettre à lui-même, lorsqu'il se ferait connaître.

Cependant la vue de M. Foulon avait excité dans la place plusieurs cris de joie; on a cru avoir gagné quelque chose : mais, presque au même instant, les barrières ont été brisées, les gardes enfoncés, et la multitude a inondé les escaliers, la cour et la grande salle de l'Hôtel-de-Ville. Quelques Électeurs se sont portés vers la porte, et sont parvenus à faire asseoir ceux qui se présentaient les premiers. La salle remplie, ils ont demandé M. Foulon à grands cris ; M. Moreau de Saint-Méry les a engagés à écouter avec attention ; et c'est avec beaucoup de peine qu'il a obtenu un instant de silence.

M. Delapoize, Électeur, en a profité pour dire, en deux mots, que tout coupable devait être jugé et puni par la justice ; que parmi les Français dont il était environné, il se flattait de ne pas voir un seul bourreau. Cette idée a paru faire quelque impression. M. Osselin, autre Électeur, est monté sur le bureau, et il a exposé, avec bien plus d'étendue et d'une manière très propre à se faire entendre de ceux qui l'écoutaient, la nécessité d'une instruction et d'un jugement, avant toute exécution. Il a fait assez d'impression pour assurer quelque délai ; et c'était beaucoup, parce qu'on espérait davantage de la présence de M. le marquis de La Fayette, qui n'était pas encore arrivé. Un cri universel s'est fait aussitôt entendre : *oui, jugé tout de suite et pendu.*

M. Osselin a observé que pour juger, il fallait des juges, et il a proposé de remettre le prisonnier entre les mains des juges ordinaires, en attendant que l'Assemblée nationale, comme elle l'annonçait, eût constitué un tribunal spécialement destiné à la poursuite des délits dont M. Foulon était accusé. Toutes les voix ont répondu : *non, non : jugé tout de suite et pendu.*

M. Osselin a continué, et dit que puisqu'on ne voulait pas des juges ordinaires, il était indispensable d'en nommer d'autres.

Dans la confusion des voix qui s'élevaient ensemble, on a cru comprendre que la multitude chargeait les Électeurs du soin de les nommer eux-mêmes. M. Osselin a observé que les Électeurs n'avaient aucun droit de créer des juges, et il a proposé à la multitude de les nommer elle-même. Cette proposition a été acceptée, et plusieurs voix ont nommé d'abord M. le curé de Saint-Étienne-du-Mont, M. le curé de Saint-André-des-Arcs. Ces nominations étaient interrompues par des cris furieux, *jugez donc.*

M. Osselin, toujours debout sur le bureau, a observé que deux ou trois juges n'étaient pas suffisants, et qu'il en fallait sept pour juger un criminel. Plusieurs voix ont nommé M. Varangue, maître de pension; ensuite M. Vergne, échevin; ensuite M. Picard, juge auditeur; ensuite M. Magimel, ancien échevin.

M. Osselin a observé encore qu'il fallait un greffier pour écrire le jugement, et toutes les voix ont crié : *vous, vous-même.* Il a observé qu'il fallait un procureur du Roi pour dénoncer le crime. Quelques voix ont crié : *M. Duveyrier est-il là ?* D'autres ont répondu : *oui, oui ;* et toutes ensemble : *c'est lui, procureur du Roi.*

M. Duveyrier a demandé de quel crime on accusait M. Foulon ; et ceux qui étaient auprès de lui ont répondu qu'*il avait voulu vexer le peuple* ; qu'*il avait dit qu'il lui ferait manger de l'herbe* ; qu'*il avait voulu faire faire la banqueroute* ; qu'*il était dans le projet* ; qu'*il avait accaparé les blés.*

Ces nominations faites, et comme la multitude précipitait toujours le jugement, MM. les curés nommés pour juger, ont hasardé l'observation, que puisqu'il s'agissait de crimes, ils étaient forcés de s'abstenir, parce que les lois de l'église leur défendaient de juger à mort. Cette observation a été assez bien prise par quelques uns, et mal par les autres. L'impatience s'est manifestée, le tumulte est devenu excessif. Des bras nus s'élevaient, et faisaient signe de couper une tête. On s'est précipité vers le bureau, et les plus voisins portaient le poing sous le nez des Électeurs, en criant : *Vous nous amusez, et le prisonnier s'échappe. Nous voulons le voir* ; et en même temps la foule se pressait vers la salle de la Reine, et se disposait à en briser les portes. On a été contraint, pour apaiser ce mouvement de rage, de proposer que quatre personnes de la multitude fussent commises à la garde de M. Foulon, en prêtant serment qu'il ne lui serait fait aucun mal. Tous voulaient cet emploi. Quatre des plus voisins se sont montrés aux autres, ont prêté le serment demandé, et ont été introduits dans la salle où était M. Foulon.

La multitude étant un peu plus calme, il a été possible de proposer le changement de MM. les curés; et à la place du premier, le peuple a nommé M. Bailly, maire de la ville, et M. de La Fayette à la place du second. On a remarqué que M. Bailly n'était point présent, et qu'il fallait l'aller chercher dans le bureau des subsistances, où il était occupé. La multitude n'a voulu souffrir aucun retard; elle a nommé sur-le-champ, à sa place, M. Moreau de Saint-Méry.

Toutes ces lenteurs redoublaient l'impatience et l'agitation; de sorte que, sur l'observation nécessaire que M. de La Fayette et M. Quatremère étaient absents, et qu'il fallait les attendre, ou nommer à leur place, toute la salle s'est émue d'une manière affreuse, et qu'on a crié de toutes parts : *Nommez vite, nommez vous-mêmes.* On a été obligé de nommer à la place de M. Quatremère, M. Duport du Tertre, qui était présent.

La fureur était parvenue au dernier degré; tous demandaient à grands cris qu'on amenât le prisonnier, pour qu'il fût jugé sur-le-champ en présence de l'Assemblée.

Après quelques lenteurs, dangereuses même pour les Électeurs présents, on a exigé la promesse que le prisonnier, lorsqu'il serait dans l'Assemblée, ne serait exposé à aucun mauvais traitement. La multitude l'a promis; et même plusieurs faisant la chaîne, et repoussant les autres, ont débarrassé la place destinée au prisonnier, devant le bureau de l'Assemblée. M. Foulon a été amené par les quatre gardes qui venaient de lui être donnés, et accompagné des Électeurs qui lui avaient été envoyés. La multitude elle-même a placé une chaise sur une petite table devant le bureau de l'Assemblée, et a contraint M. Foulon à s'y asseoir.

Il était encore question de remplacer M. le marquis de La Fayette; et cette nécessité, jointe à la présence de la victime, livrait l'Assemblée à des mouvements convulsifs. MM. Baudouin, Charton, et les autres Électeurs commis par l'Assemblée pour rester auprès de M. Foulon, avaient bien vainement proposé de se livrer en ôtage et de répondre sur leur personne, de celle de M. Foulon; il ne restait plus aucun moyen de suspendre la colère impatiente et frénétique de la multitude, lorsque des cris redoublés ont annoncé M. le marquis de La Fayette.

On lui a fait place; il est entré sans difficulté; il est venu se mettre à côté de M. Moreau de Saint-Méry, président de l'Assemblée. A son aspect, le silence le plus profond a succédé au tumulte : M. le marquis de La Fayette a parlé pendant une demi-heure ou environ, et il est bien difficile de peindre la force,

l'adresse, et tous les traits de la plus simple et de la plus énergique éloquence, dont son discours a été semé. « Je suis connu de vous tous, leur disait-il;
« vous m'avez nommé pour votre général; et ce
« choix, qui m'honore, m'impose le devoir de vous
« parler avec la liberté et la franchise qui font la base
« de mon caractère. Vous voulez faire périr sans ju-
« gement cet homme qui est devant vous : c'est une
« injustice qui vous déshonorerait, qui me flétrirait
« moi-même, qui flétrirait tous les efforts que j'ai faits
« en faveur de la liberté, si j'étais assez faible pour
« la permettre : je ne la permettrai pas, cette injus-
« tice. Mais je suis bien loin de prétendre le sauver,
« s'il est coupable; je veux seulement que l'arrêté de
« l'Assemblée soit exécuté, et que cet homme soit con-
« duit en prison pour être jugé par le tribunal que
« la Nation indiquera. Je veux que la loi soit respec-
« tée, la loi sans laquelle il n'est point de liberté, la
« loi sans le secours de laquelle je n'aurais point con-
« tribué à la révolution du Nouveau-Monde, et sans
« laquelle je ne contribuerai pas à la révolution qui
« se prépare. Ce que je dis en faveur des formes et
« de la loi, ne doit pas être interprété en faveur de
« M. Foulon. Je ne suis pas suspect à son égard; et
« peut-être même la manière dont je me suis exprimé
« sur son compte dans plusieurs occasions, suffirait
« seule pour m'interdire le droit de le juger. Mais
« plus il est présumé coupable, plus il est important

« que les formes s'observent à son égard, soit pour
« rendre sa punition plus éclatante, soit pour l'inter-
« roger légalement, et avoir de sa bouche la révéla-
« tion de ses complices. Ainsi, je vais ordonner qu'il
« soit conduit dans les prisons de l'abbaye Saint-Ger-
« main. »

Ce discours de M. de La Fayette avait fait une grande impression, et principalement sur ceux qui, dans cette salle très vaste, avaient été à portée de le bien entendre. Les plus voisins étaient d'avis qu'il fût sur-le-champ conduit en prison; et même deux d'entre la multitude, du nombre de ceux qui avaient été donnés pour gardes à M. Foulon, sont montés sur le bureau, et ont dit qu'il fallait le conduire en prison; mais à l'extrémité de la salle, les esprits n'étaient pas si bien disposés; des voix furieuses ont crié, *à bas, à bas!* et les deux hommes ont été obligés de descendre et de se taire.

M. Foulon lui-même a voulu parler. On a fait un peu silence, mais on n'a pu entendre que ces mots: *Assemblée respectable, peuple juste et généreux: au surplus, je suis au milieu de mes concitoyens; je ne crains rien.* Ces paroles ont fait peut-être un tout autre effet que celui qu'on pouvait en attendre. L'effervescence a repris tous ses accès; des clameurs se sont fait entendre dans la place de l'Hôtel-de-Ville; quelques personnes d'un extérieur décent, mêlées parmi la foule, même dans la salle, l'excitaient à la sévérité. Un particulier bien vêtu, s'adressant au bureau, s'écriait avec colère : *Qu'est-il besoin de jugement pour un homme jugé depuis trente ans?*

Par trois fois différentes, M. le marquis de La Fayette a repris la parole; toujours il a produit quelque effet favorable, et il est impossible de savoir ce qui serait arrivé, lorsque des cris, beaucoup plus effrayants, sont partis de la place de l'Hôtel-de-Ville. Plusieurs voix à l'extrémité de la salle ont annoncé que le Palais-Royal et le faubourg Saint-Antoine venaient enlever le prisonnier. Les escaliers et tous les passages de l'Hôtel-de-Ville ont retenti de cris épouvantables; une foule nouvelle est venue presser la foule qui remplissait déja la grande salle; tous se sont ébranlés à la fois; tous se sont portés avec impétuosité vers le bureau et vers la table qui soutenait la chaise sur laquelle M. Foulon était assis. La chaise s'ébranlait; elle était renversée, lorsque M. le marquis de La Fayette a prononcé à haute voix, *qu'on le conduise en prison.*

M. Foulon était déja dans les mains du peuple, qui lui a fait traverser la salle sans mauvais traitement; et l'instant d'après, on est venu apprendre que le peuple l'avait pendu à la lanterne placée en face de l'Hôtel-de-Ville.

Au même instant, le sieur Louis-Pierre-Jean-Baptiste Breton, compagnon menuisier, a apporté sur le bureau un soulier avec une boucle d'argent et une tabatière d'or qu'il a dit appartenir à M. Foulon, et dont il a demandé un reçu.

Son chapeau a été aussi rapporté, ainsi que ses deux montres d'or, dont une à chaîne d'or, et l'autre à cordon de soie et glands d'or, un flacon garni de son bouchon de vermeil, et de son étui de maroquin vert; un autre flacon de même, dont le bouchon à perle d'or de couleur; une bourse avec deux coulants d'or, vide; une autre bourse dans laquelle étaient onze louis en or, deux pièces de six sous, et une médaille d'argent; un mouchoir de toile blanche et une paire de gants : tous ces effets remis par le sieur André Besson, maître limonadier, rue Neuve-Saint-Martin, qui en a demandé un reçu, ont été mis dans deux feuilles de papier, scellées de deux cachets aux armes de la ville, et déposés au greffe.

Sur ce qui a été annoncé à l'Assemblée, que vraisemblablement l'ordre envoyé ce matin à MM. Étienne de la Rivière et La Presle, ne leur était pas parvenu, puisqu'ils poursuivaient leur route avec M. Berthier de Sauvigny, et qu'on les avait vus arrêtés au Bourget pour y dîner, l'Assemblée, plus pénétrée encore de la nécessité de ne pas laisser arriver M. Berthier de Sauvigny à Paris, au milieu des horreurs dont il était agité, a décidé qu'un exprès serait sur-le-champ envoyé vers MM. Étienne de la Rivière, et la Presle, pour les engager à faire coucher M. Berthier au Bourget.

M. La Presle, un des députés envoyés par l'Assemblée pour conduire M. Berthier à Paris, est arrivé, et il a dit que M. Étienne de la Rivière, et lui, avaient bien reçu l'ordre de l'Assemblée pour faire coucher M. Berthier au Bourget, mais qu'ils avaient été dans l'impossibilité de l'exécuter. Qu'aux 240 cavaliers envoyés par l'Assemblée pour garder cet intendant, plus de 600 autres cavaliers s'étaient joints, soit à Senlis, soit sur la route. Que cette troupe n'a jamais voulu souffrir que la voiture fût arrêtée au Bourget; que le chemin, depuis ce village jusqu'à Paris, est couvert d'une multitude innombrable, extrêmement animée; qu'ils ont eu la plus grande peine, dans plusieurs occasions, à garantir M. Berthier des coups que voulaient lui porter même les cavaliers qui s'étaient joints à sa garde, et que tous les efforts seront évidemment inutiles pour l'empêcher d'arriver à Paris.

Alors l'Assemblée, usant de la dernière ressource qui lui restait pour écarter ou du moins affaiblir le danger, a décidé qu'au moment même, il serait envoyé au devant de M. Étienne de la Rivière un courrier, porteur d'un ordre en vertu duquel M. Berthier de Sauvigny devait être, en entrant à Paris, conduit directement aux prisons de l'abbaye Saint-Germain.

MM. Guilhard fils, Gilbert et Gaignart la Madeleine fils aîné, se sont présentés comme envoyés par les jeunes gens des villes de Saint-Malo et Saint-

Servan en Bretagne, pour présenter au respectable corps de milice et garde bourgeoise de Paris, une adresse de félicitations et d'assurance de confraternité. *Un seul regret*, disent-ils, *nous occupait : c'est que la distance qui nous sépare, ne nous permit pas de voler au secours de nos frères.*

L'Assemblée a arrêté que MM. les députés de Saint-Malo et de Saint-Servan en Bretagne, seraient chargés de porter dans ces deux villes son vœu de conserver toujours l'alliance patriotique et fraternelle que les sentiments mutuels avaient formée, et que la circonstance consacre à jamais.

A huit heures trois quarts, des clameurs semblables à celles du matin, ont annoncé un évènement dans la place de l'Hôtel-de-Ville : le peuple, malgré les gardes multipliés, et les dispositions les mieux ordonnées, s'est porté encore sur l'escalier, dans tous les passages de l'Hôtel-de-Ville, et surtout dans la salle de l'Assemblée, et mille voix ont annoncé M. Berthier de Sauvigny.

A la première nouvelle, M. Bailly et M. le marquis de La Fayette s'étaient rendus dans la salle. Ce dernier avait fait mettre sous les armes une garde très nombreuse. La cour et les escaliers de l'Hôtel-de-Ville étaient garnis de Gardes Françaises et de citoyens armés, la baïonnette au bout du fusil.

Dans ce moment, le courrier envoyé au devant de M. Berthier de Sauvigny pour notifier aux Électeurs qui l'accompagnaient, l'ordre de le conduire sur-le-champ à l'abbaye Saint-Germain, est revenu, et il a dit qu'il avait rencontré la voiture à la porte Saint-Martin; mais que la foule effroyable dont elle était environnée, l'avait empêché de pénétrer, et de remettre l'ordre dont il était porteur.

L'instant d'après, M. Étienne de la Rivière, l'un des Électeurs-commissaires envoyés à Compiègne pour recevoir M. Berthier de Sauvigny des mains des officiers municipaux et citoyens de la même ville, est entré, et il a dit qu'il avait rempli sa mission avec des peines impossibles à exprimer, malgré la garde nombreuse dont il était escorté; qu'il venait d'amener M. Berthier de Sauvigny jusqu'à l'Hôtel-de-Ville de Paris, au milieu d'un peuple immense et agité des mouvements les plus effrayants; qu'il l'avait déposé avec sa garde dans une chambre voisine, et il a demandé si l'Assemblée désirait qu'il fût introduit. Et l'Assemblée a arrêté que M. Berthier de Sauvigny serait introduit sur-le-champ.

M. Étienne de la Rivière est sorti, et dans cet intervalle M. le commandant-général a fait entrer dans la salle plusieurs soldats, qui se sont introduits avec peine, et auxquels il a commandé de veiller sur la personne de M. Berthier.

Quelques minutes après, M. Étienne de la Rivière est rentré au milieu d'une garde nombreuse, et accompagné de M. Berthier de Sauvigny.

M. Bailly a demandé au prisonnier s'il avait quelque chose à dire. M. Berthier a dit qu'il se justifierait lorsqu'il connaîtrait les accusations portées contre lui.

M. Bailly lui a demandé ce qu'il avait fait depuis le 12 de ce mois. Il a répondu qu'au commencement des troubles, il a cru devoir se retirer à Versailles, d'où il est parti mercredi 15, à minuit; que des affaires d'administration l'appelaient à Mantes et à Meulan; qu'il s'y est rendu; que de là il a été à Meaux liquider les frais de passage pour la retraite des troupes; qu'il en est parti vendredi dernier pour se rendre à Soissons, où il a soupé et couché chez sa fille. Qu'il en est parti samedi matin pour Compiègne, où en arrivant il a été arrêté par deux hommes qui lui ont dit avoir l'ordre de le saisir partout où ils le rencontreraient.

M. Bailly lui a demandé ce qu'étaient devenus ses papiers; il a répondu qu'il n'avait sur lui qu'une espèce d'adresse, qu'au même instant il a tirée de sa poche; que ses papiers relatifs à l'administration devaient être dans ses bureaux; qu'il n'avait emporté avec lui que son porte-feuille, resté entre les mains de son domestique, qui avait dû le remettre à M. l'intendant de Soissons; qu'il ne savait pas au surplus ce que le domestique était devenu. Il a ajouté qu'il avait déja passé ou quatre trois nuits sans dormir, ayant été gardé à Compiègne par douze hommes qui veillaient dans sa chambre, et il a demandé les moyens de prendre quelque repos.

On a demandé lecture du procès-verbal de remise de la personne de M. de Berthier de Sauvigny par la municipalité de Compiègne. M. Étienne de La Rivière a fait lecture du procès-verbal, et il l'a déposé sur le bureau.

Pendant cette lecture, le tumulte toujours subsistant dans la place, a pris le caractère le plus décidé de l'emportement et de la révolte; des clameurs terribles se sont fait entendre; mille voix criaient dans l'intérieur de l'Hôtel-de-Ville: *Finissez, finissez donc; on vient, on force l'Hôtel-de-Ville; le faubourg Saint-Antoine....., le Palais-Royal....!* toute la salle s'est trouvée inondée d'une foule nouvelle. La garde a été repoussée avec son prisonnier jusque sur le bureau de l'Assemblée.

M. Bailly a demandé si l'Assemblée, suivant son arrêté du matin, voulait que M. Berthier de Sauvigny fût conduit à la prison désignée. L'Assemblée a décidé que M. Berthier de Sauvigny serait conduit et renfermé sur-le-champ dans la prison de l'abbaye-Saint-Germain.

M. Bailly en a donné l'ordre. La garde, ayant au milieu d'elle son prisonnier, a traversé la salle sans résistance; mais, l'instant d'après, on est venu annoncer à l'Assemblée qu'à peine descendu de l'Hôtel-de-Ville, M. Berthier avait été arraché aux gardes qui l'environnaient, et massacré par la multitude.

En effet, presque au moment où cette nouvelle était annoncée, un homme vêtu d'un uniforme de dragon, et suivi d'une grande foule, s'est avancé jusqu'auprès du bureau, et, portant à la main un morceau de chair ensanglantée, a dit : *Voilà le cœur de Berthier.* Ce spectacle a répandu un sentiment d'horreur dans l'Assemblée ; quelques Électeurs ont fait signe à cet homme de sortir, et il s'est retiré, toujours accompagné de la multitude qui poussait des cris de joie.

D'autres sont venus dire qu'on apportait aussi la tête de M. Berthier, et qu'elle était déjà sur l'escalier de l'Hôtel-de-Ville. M. le marquis de La Fayette et M. Moreau de Saint-Méry ont engagé les mêmes personnes d'observer au peuple que l'Assemblée était occupée d'affaires très importantes, et de tâcher d'obtenir que la tête ne fût point apportée dans la salle ; ce qui a eu le succès désiré.

Les députés des paroisses de Chevilly et Lay ont présenté à l'Assemblée une adresse portant qu'ils avaient établi parmi eux une garde bourgeoise, pour maintenir la tranquillité publique, et qu'ils avaient cru de leur devoir, et comme bons patriotes, de se transporter à l'Hôtel-de-Ville pour rendre compte à la capitale, et demander à l'Assemblée générale des Électeurs de vouloir bien sanctionner leur garde ou milice bourgeoise, et les affilier à tel district qu'il leur plaira.

L'Assemblée a arrêté que les habitants des deux paroisses de Chevilly et Lay seront invités à maintenir et conserver leur garde bourgeoise, et à correspondre avec le district du Val-de-Grace, le plus voisin de ces deux paroisses.

M. Fortin, commandant de patrouille du district de Sain-Jean en Grève, a apporté un paquet renfermé dans une serviette, et il a déclaré que ce paquet avait été déposé à son district par un particulier, lequel avait dit l'avoir trouvé dans le cabriolet de M. Berthier de Sauvigny.

Les scellés aux armes de la Ville et de M. Moreau de Saint-Méry ont été apposés sur ce paquet, et il a été déposé au greffe de la Ville, ainsi que deux coussins du même cabriolet.

Et les six Électeurs destinés à composer, pendant la nuit, le comité de police, ayant été nommés par M. le président, l'Assemblée s'est ajournée au lendemain huit heures du matin.

La séance a été levée à minuit moins un quart.

Du Jeudi 23 juillet 1789.

MM. les Électeurs choisis pour former, pendant la nuit, le comité de police, ont dit que la nuit avait été très tranquille, et que quelques personnes suspectes, arrêtées par les patrouilles, et renvoyées devant le commissaire de police, avaient seulement occupé leur attention.

L'Assemblée, frappée des évènements affreux de la veille, a mis au nombre des moyens propres à prévenir désormais des événements semblables, l'érection du tribunal déja promis par l'Assemblée nationale, et spécialement destiné à juger les crimes *anti-nationaux*; et quoiqu'elle eût déja envoyé, pour cet effet, vers l'Assemblée nationale, MM. Duport, Dutertre et Carra, qui n'étaient pas encore revenus, elle a pensé que, dans ce moment terrible, les instances les plus pressantes étaient nécessaires.

En conséquence, elle a arrêté « que MM. Duvey-
« rier et Bertholio, ses secrétaires, MM. Dosmond,
« Étienne de La Rivière, Guibout et Bancal Desissarts
« seront députés, demain vendredi, 24 du présent
« mois, vers l'Assemblée nationale, pour la conjurer
« de faire établir le plus tôt possible dans la capitale
« un tribunal national spécialement destiné à juger
« tous ceux qui sont et seront prévenus et accusés de
« crimes de lèse-nation. »

M. Étienne de La Rivière a observé qu'il lui avait été impossible hier de rendre un compte exact à l'Assemblée de la triste mission que M. de La Presle et lui avaient remplie; que l'événement tragique qui l'avait terminée leur imposait le devoir plus rigoureux encore de publier les moindres détails de leur conduite envers M. Berthier. Et l'Assemblée ayant décidé que M. Étienne de La Rivière serait entendu, il a dit :

« Pour exécuter le mandat dont vous avez chargé M. de La Presle et moi, nous sommes partis de Paris la nuit du lundi au mardi, à deux heures du matin, après nous être entendus avec M. le chevalier d'Ermigny, chargé par M. le marquis de La Fayette de commander les 240 hommes qui devaient nous accompagner. Cette troupe est arrivée à Senlis à dix heures du matin.

« Nous venions de nous remettre en marche lorsque les principaux habitants de Senlis, précédés d'une garde nombreuse, sont venus au-devant de nous; M. de La Presle et moi sommes descendus de voiture, environnés d'une multitude de citoyens dont nous vous rapportons les vœux et les hommages. Nous avons été conduits à l'Hôtel-de-Ville, où MM. les officiers municipaux nous ont accueillis de la manière la plus fraternelle. M. le chevalier d'Ermigny a fait rester une partie de la troupe dans la ville de Senlis, et s'est mis à la tête du détachement destiné à nous suivre; il l'a conduit à Verberie, bourg considérable, distant de trois lieues de Compiègne.

« Nous sommes partis sans escorte, M. de La Presle, M. d'Ermigny et moi; à l'entrée de la forêt de Compiègne, nous avons trouvé un détachement nombreux de la milice bourgeoise de Compiègne. Cette milice nous a entourés et conduits à l'Hôtel-de-Ville de Compiègne, où vos représentants ont été reçus comme ils l'avaient été à Senlis. Après avoir fait part de l'objet de notre mission et présenté nos pouvoirs, il a été rédigé procès-verbal de notre arrivée, et de la remise qui allait nous être faite de la personne de M. Berthier. J'ai eu l'honneur hier de vous en faire lecture. MM. les officiers municipaux nous ont conduits dans la chambre habitée par M. Berthier de Sauvigny; il était couché et entouré de 24 hommes de garde. Je lui ai fait part de la mission dont vous m'avez chargé. Il a entendu la lecture du Procès-verbal qui venait d'être rédigé. M. Berthier nous a dit qu'il allait se disposer à partir avec nous. Il était alors deux heures du matin.

« A trois heures il est monté dans son cabriolet avec M. le chevalier d'Ermigny. La garde de Compiègne a entouré sa voiture, et l'a conduit jusqu'à la première poste. Là, nous avons rencontré un détachement du district du Val-de-Grâce, qui se rendait à Compiègne. La milice de Compiègne, excédée de fatigue, a été invitée à s'en retourner. J'ai cru devoir lui faire de nouveaux remercîments, et la prier d'ajouter aux bontés dont vos représentants avaient été personnellement comblés, de rendre la liberté au lieutenant-général et au procureur du roi, qui avaient été mis en prison au moment où M. Berthier avait été conduit dans une maison de la ville. Les citoyens de Compiègne m'ont promis qu'en arrivant, ils feraient sortir les deux prisonniers; nous nous sommes séparés.

« Le détachement que nous avions laissé à Verberie, prévenu par moi que M. Berthier allait arriver, est monté à cheval et s'est tenu prêt, pour ne pas retarder la marche.

« Nous devions arrêter à Senlis pour y faire rafraîchir les hommes et les chevaux; mais la fermentation que nous avons cru remarquer, nous a engagés à suivre la route jusqu'à Louvres. Cependant M. de La Presle et moi, nous vous avons dépêché un courrier de Senlis, chargé de vous remettre, avec la lettre que nous avions l'honneur de vous adresser, une copie du procès-verbal rédigé à Compiègne.

« M. Berthier est arrivé à Louvres vers midi. Nous l'avons placé dans une chambre. M. le chevalier d'Ermigny a pris les précautions les plus sages pour le mettre à l'abri de toute insulte. La garde que vous nous aviez donnée s'était accrue depuis Senlis; beaucoup d'hommes à cheval s'étaient réunis à la troupe; mais la foule est devenue considérable pendant que nous étions à Louvres. Nous attendions le retour du courrier que nous vous avions dépêché de Senlis. M. d'Ermigny attendait également le retour d'un courrier qu'il avait envoyé à M. le marquis de La Fayette.

« A deux heures après midi, des cris horribles se sont fait entendre dans la cour de l'auberge où nous étions; des gens armés ont dit qu'il fallait arriver de jour à Paris. Plusieurs sont montés dans la chambre de M. Berthier, et l'ont forcé de descendre. L'on a brisé les auvents qui étaient au cabriolet dans lequel M. Berthier a été obligé de monter. La vie de M. Berthier n'était pas en sûreté; les dangers qu'il courait devenaient imminents : M. de La Presle et moi avons pensé devoir partager ces dangers; je dois à l'amitié de mon collègue l'avantage d'avoir été préposé seul à la garde du dépôt sur lequel vous, Messieurs, et la commune de Compiègne, nous aviez chargés de veiller. Je suis entré dans la voiture de M. Berthier, qui s'est cru parfaitement en sûreté auprès de moi. M. d'Ermigny a placé autour de la voiture, des hommes sûrs, au zèle et au courage desquels je dois le plus juste tribut d'éloge. Leurs soins et leur vigilance active ne pouvaient garantir M. Berthier des clameurs d'un peuple nombreux. Beaucoup de personnes me faisaient porter du pain de mauvaise qualité, et attribuaient à M. Berthier les maux et les malheurs dont ils se plaignaient. A une demi-lieue de Louvres, un particulier armé d'un sabre a cherché à pénétrer jusqu'à nous : ses yeux étaient étincelants; il paraissait vouloir diriger des coups contre M. Berthier : j'ai couvert M. Berthier de tout mon corps, et j'ai dit à cet homme que ses coups ne frapperaient M. Berthier qu'après qu'ils m'auraient frappé moi-même; il a été éloigné.

« La troupe des gens à cheval allait toujours en grossissant. M. d'Ermigny donnait des ordres; il ne pouvait plus être obéi. Il s'est réuni au centre, et s'est borné à commander les cavaliers qui entouraient la voiture, et à veiller à ce que personne ne pût approcher.

Nous étions en marche depuis plus d'une heure, à compter de notre départ de Louvres, lorsque le courrier que j'avais dépêché le matin, m'a rapporté une lettre de M. Bailly, dans laquelle M. le maire me disait que M. de La Fayette et lui étaient d'avis que M. Berthier arrivât pendant le jour, pour ôter au peuple tout sujet de méfiance; qu'en conséquence il fallait le faire coucher au Bourget, pour arriver à Paris le lendemain sur les neuf heures du matin; et que M. de La Fayette allait donner les ordres nécessaires pour la sûreté du prisonnier, et pour qu'il fût conduit à l'Abbaye Saint-Germain, prison choisie par l'Assemblée.

« J'ai mis la lettre dans ma poche. M. Berthier, auquel j'avais parlé jusqu'alors avec confiance, m'a fait plusieurs questions. Je craignais de l'affliger : mes réponses ne le satisfesaient pas; il a paru affecté. Pour l'arracher aux angoisses dans lesquelles je le voyais plongé, je lui ai remis la lettre de M. Bailly; en la lisant il a repris la tranquillité dont il avait paru jouir jusqu'alors. « Je vous prie, me dit-il, de remercier M. Bailly et l'Assemblée, des moyens employés pour me mettre à même de me justifier, et pour me soustraire à la fureur aveugle d'un peuple qui m'accuse. » Beaucoup de voix se sont fait entendre, et demandaient que je descendisse de la voiture. M. Berthier ayant remarqué plusieurs personnes armées de fusils qui faisaient le mouvement de tirer sur nous, m'a engagé à le laisser seul livré au danger : occupé de moi seul, et s'oubliant lui-même, il m'a prié de céder à la fureur armée contre lui ; mais plus les dangers étaient pressants, plus les devoirs que j'avais à remplir étaient impérieux : je suis resté auprès de M. Berthier.

« Nous sommes arrivés au Bourget à six heures. Je voulais exécuter les ordres que j'avais reçus, et faire descendre M. Berthier. Quelques personnes, prévenues peut-être de ces ordres, ont empêché que nous n'approchassions de la poste, et ont forcé le postillon de Louvres de venir jusqu'à Paris, sans vouloir lui permettre de relayer.

« Le concours du peuple de Paris était alors prodigieux ; les deux côtés de la route étaient garnis d'une foule immense. A une demi-lieue du Bourget, une troupe ayant à sa tête un homme vêtu d'un uniforme qui m'a paru être celui de l'Arquebuse, a voulu éloigner les gardes à cheval et entourer la voiture ; mais les personnes qui avaient été jusqu'alors à ces postes, ont refusé de les abandonner, et ont forcé cette troupe de s'éloigner.

« Pour désarmer la fureur du peuple, M. Berthier m'a prié de lui prêter la cocarde que j'avais à mon chapeau, et l'a mise au sien ; mais bientôt cette cocarde a été arrachée et mise en pièces : une personne que je ne connais pas, est venue à la gauche de la voiture, m'a offert une autre cocarde, et m'a prié de ne pas en disposer.

« A une lieue de la Villette, les cris du peuple, qui étaient toujours considérables, sont devenus excessifs. L'on a voulu exiger que M. Berthier montât dans une charrette, aux barreaux de laquelle on avait attaché plusieurs écriteaux. J'ai résisté à cette demande; la troupe qui m'environnait, m'a aidé encore dans cette circonstance, de son courage et de son zèle.

« Cependant le peuple a demandé que le cabriolet fût découvert; après m'y être refusé long-temps, j'ai cru devoir céder, surtout lorsque j'ai appris que la barrière Saint-Martin était fermée, qu'on avait mis à l'extérieur une autre charrette, dans laquelle on voulait forcer M. Berthier de monter : je suis descendu du cabriolet avec M. Berthier, et bientôt le dessus du cabriolet a été brisé. Au moment où M. Berthier descendait, deux gardes à cheval l'ont saisi au collet; j'ai désapprouvé cette violence; ils ont été forcés de se retirer.

« Une pluie assez considérable qui est tombée peu de moments après, a donné lieu à de nouveaux cris. L'on voulait me forcer de mettre mon chapeau. Les raisons qui m'en avaient jusqu'alors empêché étant encore les mêmes, j'ai refusé de satisfaire le public sur cet article.

« Plus nous approchions de Paris, plus le concours devenait prodigieux. Des cris de mort, de supplice, se confondaient avec les accusations d'accaparements de blés, etc. M. Berthier a adressé la parole à un dragon qui était près du brancard de la voiture : *Je vous jure*, dit-il, *que jamais je n'ai acheté ni vendu un seul grain de blé*. Au moment où ces paroles ont été proférées, le peuple s'est écrié, *le scélérat ose encore rire!*

« Parvenus dans la rue Saint-Martin, à la hauteur de la rue Maubuée, j'ai vu au bout d'une pique une tête que l'on voulait approcher de la voiture : c'était la tête de M. Foulon. Pour empêcher M. Berthier de l'apercevoir, j'ai tourné brusquement ses regards à la droite de la rue : il m'a demandé ce qui avait occasioné de ma part ce mouvement subit, et si j'avais vu ce qu'on voulait lui présenter; j'ai répondu que c'était la tête de M. Delaunay.

« A la hauteur de l'église Saint-Méry, M. Berthier m'a dit : Je croirais l'avanie dont je suis actuellement l'objet, sans exemple, si Jésus-Christ n'en avait éprouvé de plus sanglantes; il était Dieu, et je ne suis qu'un homme.

« Nous sommes arrivés au bas de l'escalier de l'Hôtel-de-Ville à huit heures. »

L'Assemblée ayant entendu ce rapport de M. Étienne de la Rivière, a ordonné qu'il serait inséré dans son procès-verbal, et que le procès-verbal dressé à Compiègne serait annexé aux pièces justificatives.

(Le comité reçoit une députation de la chambre

DÉMISSION DE M. DE LA FAYETTE. (25 juillet.)

des comptes. On cachète aux armes de la ville deux lettres à l'adresse de M. Foulon, et deux lettres à l'adresse de M. Berthier.)

M. Moreau de Saint-Méry, président, étant sorti un instant pour communiquer avec M. Bailly et M. de La Fayette, alors occupés au bureau des subsistances, est rentré, et il a dit à l'Assemblée, que M. le marquis de La Fayette, sensiblement affligé des scènes horribles qui s'étaient passées la veille sous ses yeux, et malgré lui, voulait abandonner le commandement militaire, et qu'il avait écrit à M. Bailly et aux 60 districts les lettres suivantes :

A M. Bailly, maire de la ville de Paris. « Monsieur, appelé par la confiance des citoyens au commandement militaire de la capitale, je n'ai cessé de déclarer que, dans la circonstance actuelle, il fallait que cette confiance, pour être utile, fût entière et universelle. Je n'ai cessé de dire au peuple, qu'autant j'étais dévoué à ses intérêts jusqu'au dernier soupir, autant j'étais incapable d'acheter sa faveur par une injuste complaisance. Vous savez, Monsieur, que de deux hommes qui ont péri hier, l'un était placé sous ma garde, l'autre avait été amené par nos troupes, et tous les deux étaient destinés par le pouvoir civil à subir un procès régulier. C'était le moyen de satisfaire à la justice, de connaître les complices, et de remplir les engagements solennels pris par tous les citoyens envers l'Assemblée nationale et le Roi.

« Le peuple n'a pas écouté mes avis ; et le jour où il manque à la confiance qu'il m'avait promise, je dois, comme je l'ai dit d'avance, quitter un poste où je ne peux plus être utile. Je suis avec respect, etc. »

Aux différents districts : « Messieurs, J'ai l'honneur de vous envoyer copie d'une lettre que ma conscience et ma délicatesse m'ont forcé d'écrire à M. le maire de la ville. J'ai pris aujourd'hui toutes les précautions qui dépendent de moi, et vous supplie de veiller avec la plus grande attention à celles qui assurent la tranquillité de votre district.

« Permettez-moi de vous offrir l'hommage d'une reconnaissance pour vos bontés, et d'un zèle pour vos intérêts, qui me dévoûraient aux fonctions dont vous m'avez chargé, si je n'avais perdu les moyens de les exercer utilement. J'ai l'honneur d'être, etc.

« *P. S.* Je vous supplie, Messieurs, de ne point tarder à me rendre à moi-même, en vous occupant immédiatement d'un nouveau choix. »

L'Assemblée, effrayée et consternée, a été, à l'instant même, entraînée par un mouvement général ; tous les membres se sont levés ensemble ; et, ayant M. Moreau de Saint-Méry, président, à leur tête, ils se sont portés en foule au bureau des subsistances, où M. le marquis de La Fayette était encore avec M. Bailly. Ils l'ont environné, et, dans ce désordre que les grandes sensations produisent et justifient, tous s'empressaient de dire à M. le marquis de La

Fayette la même chose, que le salut de la ville était attaché à la conservation de son général. M. de La Fayette a répondu que l'utilité publique elle-même semblait exiger sa retraite; que les exécutions sanglantes et illégales de la veille, et l'impossibilité dans laquelle il s'était trouvé de les empêcher, l'avaient trop convaincu qu'il n'était pas l'objet d'une confiance universelle; qu'il n'avait pas cette autorité qui seule peut prévenir ou réprimer les plus grands désordres, et que la confiance seule peut donner; que la démarche touchante de l'Assemblée des Électeurs était bien faite pour suspendre sa résolution; qu'il promettait de se rendre à six heures du soir à l'Assemblée, pour y concerter avec MM. les Électeurs ce qui conviendrait à la situation des affaires et à l'avantage commun, dont il ferait toujours sa première loi. »

(On délibère encore sur l'organisation municipale. MM. Duport, Dutertre et Carra annoncent que l'Assemblée nationale va s'occuper de la création d'un tribunal pour juger les crimes de lèze-nation.)

MM. les syndics de la compagnie des agents-de-change ont mis sur le bureau une somme de 6,000 liv. pour les pauvres ouvriers, en faisant d'ailleurs les offres les plus patriotiques; ils ont été priés de porter cette somme au comité des subsistances.

On a représenté l'abus étrange que faisaient certains particuliers, libraires et colporteurs, des permissions données par les membres du comité permanent, dans les premiers jours de trouble, pour laisser entrer dans Paris les papiers-nouvelles. On a représenté que ces permissions et les signatures de ceux qui les avaient données se trouvaient au bas de tous les mensonges et de tous les libelles que les haines particulières ou les systêmes contraires à la tranquillité publique se plaisaient à répandre parmi le peuple.

Pour réprimer cet abus, l'Assemblée a arrêté que « tous les imprimeurs, libraires et colporteurs se« raient invités à n'imprimer, vendre et distribuer « que des nouvelles authentiques, et elle a déclaré « au surplus que les laissez-passer qui ont été donnés « dans les premiers moments de trouble, pour laisser « entrer les papiers-nouvelles dans Paris, sont ac« tuellement sans objet;

« Et que le présent arrêté serait imprimé, publié « et affiché partout où besoin serait. »

(On proclame et on affiche deux arrêtés du comité permanent; l'un relatif à la libre circulation, l'autre à la suppression du privilége des entrées. Une lettre annonce la bonne réception que Rouen et le Havre ont faite aux députés pour les subsistances).

M. de La Fayette s'est rendu à l'Assemblée comme il l'avait promis, et il a dit « que déja quelques districts s'étaient rendus en députation auprès de lui, pour apporter la réponse à la lettre qu'il avait eu l'honneur de leur écrire le matin; que les districts de Bonne-Nouvelle, de Saint-Gervais, des Filles-Saint-Thomas, des PP. Nazareth, de Saint-Philippe-du-Roule, du Sépulcre, des Enfants-Rouges; le corps-de-garde de la rue Saint-Sauveur, les districts des Feuillants, des Théatins, de Sainte-Élisabeth, des Jacobins-Saint-Honoré, des Prémontrés de la Croix-Rouge, des Minimes, de l'Oratoire, de Notre-Dame, des Filles-Saint-Thomas, des Jacobins-Saint-Dominique, la Basoche du Châtelet, étaient venus lui témoigner la douleur qu'ils ressentaient de sa perte, et l'inviter à ne pas abdiquer le poste honorable auquel le vœu de ses concitoyens l'avait élevé; que la confiance et l'amitié dont une partie des districts daignait lui donner des marques, pouvaient bien augmenter ses regrets, mais non pas justifier dans ses mains la conservation d'un pouvoir qui ne pouvait être utile et respecté qu'autant qu'il serait protégé et secondé par la volonté générale. »

M. le marquis de La Fayette a été interrompu par tous les membres de l'Assemblée, qui, d'une voix unanime, l'ont assuré que la volonté générale l'avait proclamé chef militaire, et qu'elle se réunissait encore pour lui donner, en cette qualité, toute la puissance dont il avait besoin pour rétablir le calme et faire respecter les lois. Il se retirait lorsque plusieurs Électeurs lui ont fermé le passage. Un d'eux, emporté par un mouvement vraiment patriotique, s'est opposé à son passage, et s'est jeté à ses pieds.

(25 juillet.) ADRESSE DES DISTRICS A M. DE LA FAYETTE.

M. de La Fayette l'a relevé aussitôt, l'a embrassé, et s'est laissé reconduire à son siége.

Alors plusieurs députations des différents districts qui arrivaient successivement, ont présenté à M. le marquis de La Fayette les adresses dont ils étaient chargés*.

(Suivent les noms de 23 districts.)

Toutes ces adresses exprimaient de la manière la plus énergique la consternation dans laquelle tous les citoyens avaient été plongés à la lecture de la lettre de M. le marquis de La Fayette, et à la nouvelle de sa démission proposée; le danger imminent qui menaçait la capitale, s'il ne daignait pas abandonner ce fatal projet; le besoin extrême que le peuple français avait, dans ce moment précieux, de l'appui, du courage et des vertus d'un guerrier citoyen qui, après avoir assuré la liberté du Nouveau-Monde, paraissait envoyé à ses compatriotes comme le seul capable de les instruire aux talents militaires et aux vertus civiles.

Ces adresses présentaient au commandant-général les instances les plus tendres et les plus vives de reprendre le commandement qui lui avait été décerné par une proclamation générale et par le vœu particulier de chaque district. Elles étaient terminées par le serment solennel d'exécuter à la rigueur tous les ordres que la prudence et le patriotisme de M. de La Fayette lui dicteraient pour le salut public, et d'employer tous les moyens possibles pour seconder ses intentions.

La lecture de ces différentes adresses et la présence du jeune héros qui en était l'objet, entretenaient dans l'Assemblée les applaudissements et les transports d'allégresse auxquels elle s'était livrée, en recouvrant l'espérance de conserver son premier défenseur. M. le marquis de La Fayette lui-même ne pouvait retenir ses larmes. Après avoir entendu la lecture de toutes ces adresses, il a répondu que des preuves si signalées de l'estime et de l'attachement de ses concitoyens exigeaient le sacrifice de sa vie, et qu'il la consacrait toute entière au service de la commune.

A l'instant la salle a retenti des cris de *vive la Nation, vive la Liberté, vive La Fayette!* Tous les Électeurs qui entouraient le commandant-général l'ont pressé dans leurs bras, en confondant leurs larmes dans les siennes, et l'Assemblée a arrêté qu'il serait prié de recevoir la déclaration suivante, signée de tous les Électeurs et députés des districts présents :

« Nous, Électeurs et Députés des districts de la
« ville de Paris, en nous conformant au vœu et à l'ac-
« clamation unanime de tous les citoyens de cette ca-
« pitale, et par suite de notre confiance entière dans
« les vertus, les talents et le patriotisme de M. le
« marquis de La Fayette, l'avons de nouveau proclamé
« général de la garde nationale de Paris, et lui pro-

« mettons, tant en notre nom qu'en celui de nos frè-
« res armés dans nos districts et dans les autres cor-
« porations militaires, subordination et obéissance à
« tous ses ordres, pour que son zèle, secondé de tous
« les efforts de tous les citoyens patriotes, conduise à
« sa perfection le grand œuvre de la liberté publi-
« que. » Et l'Assemblée a arrêté que cette déclaration serait imprimée, publiée et affichée.

Cette déclaration, signée de tous les Électeurs et de tous les députés des districts présents, a été remise, dans le moment même, à M. le marquis de La Fayette, qui s'est retiré au milieu des plus sincères applaudissements, et reconduit, par les Électeurs en foule, au bureau militaire.

Du 24 juillet 1789.

M. de la Borde père a fait un don de 10,000 livres en faveur des artisans dont les besoins sont les plus urgents. Il lui a été adressé des remercîments au nom de l'Assemblée, qui en a témoigné sa satisfaction par de vifs applaudissements.

L'Assemblée, en approuvant les mesures prises par les habitants de Vincennes pour veiller à la sûreté publique et au maintien du bon ordre, a chargé son président de leur en témoigner sa reconnaissance par écrit.

Le comité provisoire a fait communiquer à l'Assemblée un arrêté conçu en ces termes :

« Sur la représentation faite au comité provisoire, qu'il se vendait publiquement par les colporteurs et autres, dans les rues de Paris, des imprimés calomnieux, propres à produire une fermentation dangereuse, sans aucun nom d'auteur ni d'imprimeur; et que même on avait porté l'indécence et l'infidélité dans un de ces écrits, ayant pour titre : LA BONNE NOUVELLE, jusqu'à supposer, contre toute vérité, une approbation donnée à cet écrit, aussi faux que scandaleux, par quatre membres du comité, MM. Chignard, Ducloz-Dufresnoy, Duveyrier et Buffaut : a arrêté que (et en attendant le règlement qui doit être fait par l'Assemblée nationale, sur *la liberté de la Presse*) tous colporteurs ou distributeurs de pareils imprimés, sans nom d'imprimeur, seront conduits en prison par les patrouilles; et que les imprimeurs qui donneront cours à de pareils écrits, sans pouvoir d'auteurs ayant une existence connue, en seront rendus garants et responsables; et sera le présent arrêté imprimé, affiché et envoyé à tous les imprimeurs. »

L'Assemblée a reconnu l'indispensable nécessité de ce règlement, et elle a désiré qu'il fût signé par ceux de ses membres qui, en leur qualité de membres du comité permanent, pouvaient avoir signé la permission générale d'imprimer les papiers-nouvelles, dont on faisait un abus si criminel.

MM. les fermiers-généraux ayant envoyé une

somme de 20,000 livres pour être distribuée à la classe des citoyens la plus indigente, l'Assemblée a été très sensible à cet acte de patriotisme, et a chargé son président d'assurer MM. les fermiers-généraux de sa reconnaissance.

Sa séance a été levée, et remise à quatre heures de relevée.

Séance du soir.

(Le district de Notre-Dame témoigne sa reconnaissance à MM. les Électeurs par une députation.)

M. Minier, Électeur, a demandé à être entendu; et portant la parole au nom du district des Barnabites, il a dit : « Messieurs, Messieurs du district
« des Barnabites nous ont députés vers vous, pour
« vous prier de nous aider de vos conseils et vous
« engager à leur donner votre décision sur le
« fait dont nous allons avoir l'honneur de vous faire
« part.

« Dimanche dernier, 19 courant, à trois heures
« après midi, nos patrouilles bourgeoises, concurrem-
« ment avec les Gardes Françaises, ont arrêté, sur
« le quai des Morfondus, une berline attelée de six
« chevaux, ils ont aussi arrêté trois autres chevaux
« de main qui suivaient cette même voiture. Un des
« postillons a été reconnu pour être celui que nos pa-
« trouilles avaient arrêté la nuit du 14, portant sept
« lettres dans sa botte, et contre-signées *du Châtelet*.

« Ces chevaux et voiture, conduits dans la place Dau-
« phine, ont été visités très exactement. Il a été con-
« firmé que le tout appartenait au duc du Châtelet.
« Les chevaux ont été mis en fourrière, et deux Gardes
« Françaises les gardent.

« Je dois aussi vous prévenir, Messieurs, qu'il y
« avait une femme de chambre de madame de Si-
« mianne, ainsi qu'elle nous l'a déclaré, laquelle nous
« a dit que les chevaux et voiture étaient à sa maî-
« tresse, ce que nous n'avons pas cru ; nous avons
« conduit cette femme à l'Hôtel-de-Ville, et il a été
« donné ordre de la laisser aller, ce que nous avons
« exécuté avec beaucoup de difficulté ; différents or-
« dres, même contradictoires, donnés à quelques uns
« de nos officiers, soit par M. le marquis de La Fayette,
« soit par M. Bailly, nous ont toujours tenus dans la
« plus grande incertitude. Depuis ce moment, nous
« sommes très pressés par nos amis les Gardes Fran-
« çaises, qui sollicitent une décision, et qui ajoutent
« que c'est une prise de guerre, qui, étant faite sur
« les ennemis, et n'ayant point été réclamée dans les
« vingt-quatre heures, doit leur appartenir. Pour nous
« confirmer encore davantage dans la certitude que
« cette prise est faite sur le duc du Châtelet, nous
« avons fait inventorier tous les effets qu'elle contient,
« et nous n'y avons trouvé que des effets à usage
« d'homme et marqués au nom du duc du Châtelet.
« Cette circonstance prouve encore que madame de

« Simianne, belle-fille du duc du Châtelet, n'est que
« son prête-nom.

« Sur la demande des Gardes Françaises, notre
« mission nous engage encore à être leur organe au-
« près de vous. Ils ont des répétitions à faire contre
« leur ancien chef, qui, depuis qu'il est à leur tête,
« n'a cessé de les concussionner. D'après ces plaintes,
« devions-nous relâcher cette prise? devions-nous leur
« faire soupçonner nos intentions amicales, dans un
« moment où ils avaient réuni leurs forces à celles de
« tous les citoyens pour la défense commune? »

La présente motion mise par écrit et signée de
M. Minier, a été déposée sur le bureau, et il a été
arrêté que l'Assemblée prononcerait incessamment
sur la question de savoir si les effets arrêtés devaient
être rendus aux propriétaires, ou confisqués au profit
des réclamants.

Les papiers qui se sont trouvés à la Bastille, étant
dispersés, et plusieurs personnes s'en étant emparées
sans mission, M. Desroches, Électeur, a observé
qu'il serait de la sagesse de l'Assemblée d'inviter
les citoyens qui ont dans leurs mains des titres et
papiers de la Bastille, de les envoyer à l'Hôtel-de-
Ville.

Sur quoi, il a été pris l'arrêté suivant :

« L'Assemblée-générale des Électeurs de Paris in-
« vite tous les citoyens qui ont dans leurs mains des
« papiers de la Bastille, à les remettre à l'Hôtel-de-

« Ville, pour être réunis à ceux qui ont déja été dé-
« posés. C'est le seul moyen d'assurer à la génération
« présente, et aux générations futures, des connais-
« sances précieuses, et de former une collection na-
« tionale qui fournira à l'histoire des matériaux au-
« thentiques. »

L'Assemblée générale des Électeurs ayant reçu de
l'Assemblée nationale l'arrêté suivant, en a ordonné
l'impression, la publication et l'affiche.

« L'Assemblée nationale, considérant :

« Que depuis l'instant où elle s'est formée, elle
« n'a pris aucune résolution qui n'ait dû obtenir la
« confiance des peuples. Qu'elle a déja établi les pre-
« mières bases sur lesquelles doivent reposer la liberté
« et la félicité publiques. Que le roi vient d'acquérir
« plus de droit que jamais à la confiance de ses fidèles
« sujets. Que non seulement il les a invités lui-même
« à réclamer leur liberté et leurs droits ; mais que,
« sur le vœu de l'Assemblée, il a encore écarté tous
« les sujets de méfiance qui pourraient porter l'alarme
« dans les esprits. Qu'il a éloigné de sa capitale les
« troupes dont l'aspect ou l'approche y avaient ré-
« pandu l'effroi. Qu'il a éloigné de sa personne les
« conseillers qui étaient un objet d'inquiétude pour
« la Nation. Qu'il a rappelé ceux dont elle désirait le
« retour. Qu'il est venu dans l'Assemblée nationale,
« avec l'abandon d'un père au milieu de ses enfants, lui
« demander à sauver l'État. Que conduit par les mêmes

« sentiments, il est allé dans la capitale se confondre
« avec son peuple, et dissiper par sa présence toutes
« les craintes qu'on avait pu concevoir. Que dans ce
« concert parfait entre le chef et les représentants de
« la Nation, après la réunion consommée de tous les
« ordres, l'Assemblée s'occupe, et ne cessera de s'oc-
« cuper du grand objet de la constitution. Que toute
« méfiance qui viendrait actuellement altérer une si
« précieuse harmonie, ralentirait les travaux de
« l'Assemblée, serait un obstacle aux intérêts du Roi,
« et porterait en même temps une funeste atteinte à
« l'intérêt général de la Nation, et aux intérêts par-
« ticuliers de tous ceux qui la composent. Qu'enfin,
« il n'est pas de citoyen qui ne doive frémir à la seule
« idée des troubles dont les suites déplorables seraient
« la dispersion des familles, l'interruption du com-
« merce; pour les pauvres, la privation des secours;
« pour les ouvriers, la cessation du travail; pour
« tous, le renversement de l'ordre social.

« Invite tous les Français à la paix, au maintien de
« l'ordre et de la tranquillité publique, à la confiance
« qu'ils doivent à leur Roi et à leurs représentants, et
« à ce respect pour les lois, sans lequel il n'est point de
« liberté. Déclare, quant aux dépositaires du pouvoir
« qui auraient causé, ou causeraient par leurs crimes,
« les malheurs du peuple, qu'ils doivent être accusés,
« convaincus et punis; mais qu'ils ne doivent l'être
« que par la Loi, et qu'elle doit les tenir sous sa

« sauve-garde, jusqu'à ce qu'elle ait prononcé sur
« leur sort ; que la poursuite des crimes de lèse-Na-
« tion appartient aux représentants de la Nation ;
« que l'Assemblée, dans la constitution dont elle s'oc-
« cupera sans relâche, indiquera le tribunal devant
« lequel sera traduite toute personne accusée de ces
« sortes de crimes. Et sera la présente délibération
« imprimée et envoyée par tous les députés à leurs
« commettants respectifs. Fait dans l'Assemblée natio-
« nale, le 23 juillet 1789. *Signé* le DUC DE LIANCOURT,
« président de l'Assemblée nationale, et le COMTE DE
« LALLY-TOLLENDAL, secrétaire. »

M. Deleutre est revenu de Saint-Denis ; et il a présenté une délibération de la municipalité de cette
ville, par laquelle elle se charge de faire surveiller
les moulins, et assurer les transports des farines,
moyennant la remise de vingt sacs de farine par jour,
qui lui sont absolument nécessaires pour la subsistance de ses habitants. L'Assemblée a renvoyé cette
délibération au bureau des subsistances.

MM. Castillon et Fortin, Électeurs, sont entrés,
et ils ont dit :

« Nous venons vous rendre compte de la mission
importante dont nous étions chargés : vous appren-
drez sans doute avec intérêt l'accueil que les citoyens
de Rouen et du Havre ont fait à vos députés, et le
zèle empressé avec lequel ils ont promis de fournir
à votre subsistance.

« Nous sommes arrivés à Rouen dimanche matin, et nous nous sommes rendus à l'Hôtel-de-Ville où nous avons trouvé MM. les officiers municipaux et les Électeurs réunis. M. Castillon a exposé le sujet de notre mission dans un discours qui rappelait les efforts et les sacrifices de la capitale pour la conquête de la liberté française.

« M. le comte de Radepont, maire de la ville, nous a répondu en ces termes : « Messieurs, les applau« dissements que vous venez d'entendre vous disent « assez quels sont les sentiments de l'Assemblée. Je « puis vous assurer qu'ils sont aussi ceux de tous nos « concitoyens. Nous n'avons pu apprendre sans admi« ration les grands et généreux efforts qu'a faits la ville « de Paris pour abattre le despotisme et élever sur « ses ruines la liberté française; et dans ce moment « nous recevons avec la sensibilité la plus profonde « les marques de confiance et les témoignages de fra« ternité qu'elle nous donne par votre organe : nous « y répondrons avec toute l'ardeur que nous inspirent « et l'attachement que nous avons pour des frères, et « la reconnaissance que nous devons aux sauveurs de « la patrie! »

« L'Assemblée a témoigné, par de nouveaux applaudissements, combien elle était pénétrée des sentiments exprimés en son nom par M. le maire. Après avoir été chez le directeur des vivres prendre connaissance de la quantité de grains et de farines arrivés à Rouen, afin d'en instruire votre comité des subsistances, nous sommes retourrnés à l'Hôtel-de-Ville, où l'Assemblée avait fait préparer un festin. Dans les doux transports d'une allégresse patriotique, on a porté les santés de la nation et du roi. MM. les officiers municipaux et les Électeurs de Rouen ont porté la santé des citoyens de Paris et des Électeurs, et nous avons en votre nom porté la santé des citoyens de Rouen et de leurs représentants. On nous a ensuite conduits à la comédie pour satisfaire à l'empressement des citoyens qui voulaient nous voir. M. Midi, échevin, et M. Bourtheronde, conseiller au parlement et commandant de la garde bourgeoise, nous accompagnaient, deux haies de soldats-citoyens nous escortaient; les tambours et la musique marchaient à la tête, et tous ceux qui se trouvaient sur notre passage faisaient retentir les airs de leurs cris d'allégresse. Lorsque nous sommes entrés dans la salle, tous les spectateurs se sont tournés vers nous, et ont interrompu le spectacle par des applaudissements et par des cris de *vive la nation, vive le roi, vivent les Parisiens, vivent les Électeurs de Paris!* Nous sommes sortis après le premier acte, au bruit des mêmes applaudissements et des mêmes acclamations. MM. les volontaires patriotes nous ont invités à nous rendre à leur Assemblée; nous y avons été conduits avec le même cortége. La foule des citoyens qui remplissait l'église des Cordeliers nous a reçus avec de grands applaudissements. Un de MM. les volontaires est monté en chaire, et nous a fait le discours suivant :

« Parisiens valeureux, héros-citoyens, jouissez de
« l'allégresse que votre présence inattendue inspire à
« nos concitoyens. Regardés par eux comme les sau-
« veurs de la nation française, les miracles que vous
« avez faits pour elle seront l'étonnement de la pos-
« térité. Dites à vos braves compatriotes qu'ils trou-
« veront ici toute la fraternité qui naît du vrai cou-
« rage ; dites-leur que le service à jamais mémorable
« qu'ils ont rendu à tout véritable Français, est gravé
« dans tous les cœurs; dites-leur qu'ils peuvent comp-
« ter sur tous les secours qu'ils ont droit d'attendre
« de notre reconnaissance; dites-leur que n'ayant pu
« coopérer avec eux à la révolution, nous emploie-
« rons notre courage à protéger et à escorter les con-
« vois de vivres et de munitions dont ils pourraient
« avoir besoin; dites-leur enfin, qu'animés du même
« esprit, nous nous réunissons à eux pour rendre
« impuissants la rage et le désespoir des ennemis de
« la liberté.

« Tous les citoyens-patriotes ici présents, braves
« Parisiens, vont vous convaincre de ces sentiments,
« par une acclamation générale : *vivent les Parisiens,*
« *vive la nation, vive le roi, vive M. Necker!* »

« Toute l'Assemblée a répété cette acclamation.

« Nous nous sommes efforcés de rendre vos sentiments dans notre réponse. Et à l'instant on nous a donné, au milieu des applaudissements universels, des couronnes ornées de rubans aux couleurs de la ville. MM. les volontaires-patriotes se sont joints à MM. de la milice bourgeoise, et nous ont conduits, comme en triomphe, jusqu'aux portes de la ville. Les tambours et la musique militaire annonçaient notre marche : une foule innombrable de citoyens se précipitait sur notre passage, et faisait retentir les airs des cris de *vive la nation, vive le roi, vivent les braves Parisiens, vivent les Électeurs de Paris, vivent les sauveurs de la patrie, les restaurateurs de la liberté.* Tous les navires avaient un convoi de pavillons, et une corvette qui escortait déployé leurs grains, a fait plusieurs décharges de canon.

« Arrivés lundi à Bolbec, M. Castillon, dont cette ville est la patrie, s'est rendu à l'Hôtel-de-ville, et a prié ses compatriotes d'accorder toute sûreté et toute protection aux convois de farines destinés pour leurs frères les citoyens de Paris. L'Assemblée nous a montré par ses applaudissements combien elle était disposée à se rendre utile à la capitale.

« Nous nous sommes rendus de suite au Havre. Les chefs des volontaires et gardes nationales, et les commandants pour le roi, se sont réunis à l'Hôtel-de-Ville, où MM. les officiers municipaux étaient déja assemblés. Nous avons rendu compte de l'objet de notre mission. M. Duval, premier échevin, faisant les fonctions de maire, a répondu en ces termes : « Après « les alarmes que nous ont causées vos périls, il est « bien doux pour nous de pouvoir vous féliciter de « vos triomphes. A la première nouvelle des malheurs « dont vous étiez menacés, et après vous la France « entière, nous avons à l'instant arrêté les vivres des- « tinés à vos ennemis : heureux si nous avions pu les « aller combattre avec vous! Votre courage n'a pas « eu besoin de secours, et la rapidité de vos succès ne « nous a pas laissé le temps de vous l'offrir. Braves « Parisiens, généreux conquérants de la liberté natio- « nale, tous les Français vous doivent une éternelle « reconnaissance. Pour vous témoigner celle dont « nous sommes pénétrés, nous allons à l'instant faire « partir vos convois par terre et par mer; nos soldats- « citoyens s'empresseront de les escorter. Vous allez « être vous-mêmes témoins de notre zèle et de notre « ardeur, et vous direz à vos concitoyens que dans « tous les temps et dans toutes les circonstances, ils « trouveront en nous des amis et des frères. » Tous ces discours nous ont été remis pour vous être présentés.

« En finissant son discours, M. le maire nous a présenté, au bruit des applaudissements de toute l'Assemblée, des couronnes ornées de rubans aux couleurs de la ville.

« Nous avions besoin de parler au sieur Cellery, di- recteur des vivres; mais les menaces du peuple, qui le regardait comme un accapareur, l'avaient obligé de chercher sa sûreté dans la citadelle. Nous y avons été conduits en grande pompe; deux échevins nous accompagnaient, une garde nombreuse de citoyens nous escortait, les tambours et la musique nous précédaient; on se précipitait en foule sur nos pas, et toute la ville retentissait d'applaudissements et de cris d'allégresse. Les mêmes cris retentissaient de toutes parts: *vive la nation, vive le roi, vivent les braves Parisiens, vivent les Électeurs de Paris!* Tous les navires avaient déployé leurs pavillons et faisaient sonner leurs cloches; la garnison de la citadelle, composée de portions des régiments de Bourbon et de Béarn, et commandée par M. de Lézier, major, était rangée en bataille, les officiers à la tête; elle nous a présenté les armes. Après avoir reçu du sieur Cellery toutes les instructions nécessaires sur la quantité des subsistances arrivées et attendues au Havre, nous l'avons amené à la porte de la citadelle, et nous l'avons embrassé publiquement, afin de faire connaître au peuple combien était utile à la ville de Paris ce citoyen contre lequel il avait conçu d'injustes soupçons.

« Rentrés à l'Hôtel-de-Ville, nous y avons trouvé le dîner que MM. les officiers municipaux nous avaient fait préparer. D'un concert unanime on a porté la santé de la nation et du roi, celle de la ville de Paris et la vôtre, Messieurs; et nous avons, en votre nom, porté la santé à MM. les citoyens du Havre. Le clergé, en corps, est venu nous complimenter. Nous avons été saluer M. le comte de Villeneuve, commandant de la ville, et M. Mistral, intendant de la marine; toujours conduits avec les mêmes honneurs, et au bruit des mêmes acclamations. La joie du peuple semblait croître à chaque pas que nous faisions : cette joie n'a point été stérile; elle a produit le calme dans tous les esprits, et dès le lendemain MM. les officiers municipaux ont remis le pain à son taux ordinaire, sans que le peuple, qui les avait forcés à en baisser le prix d'un tiers, ait fait entendre le moindre murmure.

« A l'occasion de l'escorte à donner à vos convois, il s'est élevé un combat d'honneur entre MM. de la Garde nationale et MM. les Volontaires. Ceux-ci n'avaient pris les armes que pour vous amener des vivres à travers le camp ennemi, sans être effrayés du péril d'une telle entreprise ; et ce n'est qu'avec beaucoup de peine que nous les avons engagés à partager les fatigues de l'escorte avec MM. de la Garde nationale. Ces Messieurs nous ont offert une garde d'honneur, que nous avons refusée, et nous nous sommes retirés; savoir, M. Fortin chez M. Delahaye, échevin; et M. Castillon, chez MM. Leseigneur et Alexandre, négociants, qui nous avaient offert leur maisons les premiers. Qu'il nous soit permis, Messieurs, de rendre devant vous un témoignage authentique à la politesse, à l'honnêteté, aux soins et attentions dont ils nous ont comblés.

« Le lendemain nous avons reçu la visite de MM. les commandant et intendant de la marine, et d'un grand nombre d'officiers. Nous avons été dîner chez M. le comte de Villeneuve, qui nous a fait l'accueil le plus flatteur et le plus distingué. Tous les convives s'entretenaient avec admiration des évènements auxquels votre sagesse a eu une si grande part.

« Nous sommes partis ensuite, et nous avons rejoint le convoi de farines qui nous précédait. Il est composé de 70 voitures de farines, couvertes de bannes aux armes du Havre, avec cette inscription : *pour la bonne ville de Paris*. A Yvetot, nous avons trouvé un détachement de MM. les volontaires-patriotes de Rouen, qui venaient au-devant de votre convoi, et qui témoignaient une ardeur incroyable à braver la fatigue et le danger. A Rouen, nous avons été prendre part à la fête que les volontaires-patriotes nous avaient préparée, et nous avons assisté, dans leur Assemblée, à la lecture de leurs réglements, dont un des principaux articles était l'obligation d'escorter vos convois. Nous n'aurions jamais fini, Messieurs, si nous voulions vous rapporter toutes les marques de zèle et de fraternité que nous avons reçues à Rouen et au Havre; et les détails dans lesquels nous sommes entrés vous paraîtraient déja trop longs, s'ils ne servaient à vous faire connaître l'esprit qui anime les provinces, combien elles sont reconnaissantes envers la capitale, et combien elles sont disposées à la défendre et à la secourir.

« Voici, Messieurs, les couronnes que nous avons reçues comme vos représentants, et dont l'hommage vous appartient. »

Ce rapport de MM. Castillon et Fortin a excité dans l'Assemblée les sentiments les plus doux et les plus agréables. Tous les cœurs ont projeté à l'instant et toutes les voix ont prononcé le serment, qu'à quelque péril que fussent jamais exposées les villes de Rouen et du Havre, la ville de Paris volerait à leur secours. Et l'Assemblée a arrêté que le rapport de MM. Castillon et Fortin serait en entier inséré dans son procès-verbal.

Sur le bruit que des malintentionnés s'étaient retirés dans l'intérieur des carrières, il avait été ordonné qu'elles seraient visitées par les districts, et notamment par ceux dans l'arrondissement desquels elles sont situées; et sur le rapport fait par le sieur Lebossu, inspecteur des carrières, que, conjointement avec le sieur Vandermacq, autre inspecteur, et le sieur Saint-Usset, ingénieur, il avait fait fermer l'entrée de plusieurs de ces carrières, et qu'il offrait de faire conduire nuit et jour, avec les plans à la main, toutes les patrouilles qui pourraient le requérir, à cet effet il a été arrêté que ce rapport serait annexé à la minute du présent procès-verbal.

RÉCLAMATION D'ÉLECTEURS NOBLES.

Plusieurs Électeurs nobles et ecclésiastiques ont réclamé la preuve de leur réunion à l'Assemblée dans les premiers jours de la révolution, en déclarant qu'ils n'avaient pas cru nécessaire de faire insérer leur nom dans le procès-verbal.

L'Assemblée a reconnu que ces Électeurs nobles et ecclésiastiques avaient réellement partagé ses travaux, dès les premiers jours du mois de juillet; et elle a arrêté que leurs noms seraient inscrits dans le procès-verbal de ce jour *.

Du Samedi 25 juillet 1789.

(Les travaux des Électeurs portant toujours sur les mêmes objets, nous passons sous silence une foule de détails insignifiants ; nous ne conserverons que ceux qui sont la conséquence de mesures déja prises. Ainsi, plusieurs Électeurs se déclarent dans l'impossibilité de continuer à faire partie du comité, faute d'avoir été réélus par leurs districts. — Les Gardes Françaises se justifient et déclarent ne prétendre à aucun droit sur la voiture et les chevaux de M. le duc du Châtelet. — Une dame de Châtillon-sur-Seine, qui ne veut pas se nommer, envoie dix louis pour contribuer aux frais de la milice, ou pour être donnés *à deux des braves qui ont pris la Bastille.*)

---

* Voyez la liste générale à la fin du volume.

(25 juillet.) PROROGATION DE L'ASSEMBLÉE DES ÉLECT.

Les cent vingt députés assemblés à l'Hôtel-de-Ville, en conséquence de la lettre de M. le maire, à l'effet de dresser un plan d'administration municipale, ayant arrêté dans leur première séance, tenue ce jourd'hui, « qu'il serait fait un remercîment à MM. les Électeurs, dont le zèle et le patriotisme se sont développés avec tant d'énergie et de succès, dans les circonstances les plus périlleuses et les plus mémorables, et qu'à ce témoignage de sa reconnaissance et de celle de tous les districts, se mêlerait une mention particulière de M. Moreau de Saint-Méry, président de l'Assemblée des Électeurs, ont député dans leur séance du soir six d'entre eux, pour porter à l'Assemblée des Électeurs les témoignages de la reconnaissance publique; et les six députés ont en même temps prié MM. les Électeurs de continuer leurs séances jusqu'à ce qu'il eût été pris des mesures pour suppléer au service dont la force des circonstances leur avait fait un devoir de se charger pour le bonheur public.

L'Assemblée générale des Électeurs a témoigné sa satisfaction de la proposition faite par l'Assemblée des 120 députés, et elle a prorogé la tenue de ses séances jusqu'à nouvel ordre.

On a fait lecture des deux adresses de félicitation envoyées à l'Assemblée, l'une par la ville de Tarascon, et l'autre par la ville de Cussec; et l'Assemblée, toujours plus sensible aux preuves du patriotisme qui embrase toutes les parties du royaume, a arrêté que ces adresses seraient imprimées à la suite de ses procès-verbaux.

M. Bailly est venu communiquer à l'Assemblée une lettre écrite à MM. les Électeurs de Paris, par MM. les volontaires-patriotes de la commune de Rouen, ainsi qu'il suit : « Le comité des volontaires-
« patriotes de la commune de Rouen, désirant ré-
« pondre au zèle patriotique de la milice de Paris, à
« laquelle elle doit tant de reconnaissance, a formé
« un vœu solennel d'employer toutes ses forces et
« tout son courage, pour convoyer les subsistances
« destinées à l'approvisionnement de la capitale ; mal-
« heureusement le corps des volontaires-patriotes de
« la commune de Rouen n'étant pas encore assez
« nombreux pour veiller sur les ports, sur les che-
« mins, escorter les convois, et détruire le plan, qui
« paraît formé, de détourner ou livrer au pillage les
« vivres de la capitale, nous avons engagé M. le com-
« missaire-général de la route de Paris à Rouen, de
« faire filer la milice de nos chers frères de Paris jus-
« qu'au Pont-de-l'Arche, pour établir une force irré-
« sistible contre les ennemis de la Nation. En consé-
« quence de la bénédiction de nos drapeaux, et de
« la prise du Vieux-Palais, où M. de Bonneville, dé-
« puté de notre bonne ville de Paris, a bien voulu
« nous accompagner, et recevoir des mains de notre
« colonel-général, et du vœu des compagnies assem-

LETTRE DES VOLONTAIRES DE ROUEN.

« blées, l'épée des volontaires, qu'il est si digne de
« porter, l'avons invité par le présent de faire avancer
« nos frères de Paris jusqu'au Pont-de-l'Arche, seul
« endroit où nous puissions convoyer leurs vivres, en
« ces moments de crise. Fait et arrêté, le comité as-
« semblé, au Vieux-Palais de Rouen, à onze heures
« et demie du soir, ce 24 juillet 1789. *Signé* D'HER-
« BOUVILLE, colonel-général; VIEL l'aîné, Président;
« LE CARBONIER, major; DE FONTENAY, capitaine et
« commissaire; MARTINE DUPUY, commissaire et se-
« crétaire; DELAMARE. Et plus bas, PAR LE COMITÉ,
« PORLIER, secrétaire, et scellé du sceau des volon-
« taires. »

Après la lecture de cette lettre, M. Bailly a dit qu'il avait cru devoir charger M. de Bonneville de la réponse à faire à MM. les volontaires-patriotes de Rouen, si dignes de tout l'attachement des citoyens de Paris.

Séance du 26 juillet 1789.

(Les Électeurs prennent diverses mesures relatives aux subsistances, à la garde nationale, et reçoivent des adresses de félicitation de plusieurs villes. L'Assemblée des 120 députés des districts formant l'administration municipale, décide que le comité provisoire, conjointement avec plusieurs députés incorporés dans les quatre bureaux, continuera ses opérations.)

DÉPUTATION DE ROUEN.

Séance du 27 juillet 1789.

(On envoie au dépôt de l'Hôtel-de-Ville une liasse de gravures provenant de la Bastille. l'Assemblée des Électeurs reçoit une députation de Rouen et une autre de la ville de Saumur. Nous conservons les discours prononcés en cette occasion pour montrer que l'amour de l'ordre et 'e respect au Roi font le caractère distinctif de cette époque, et combien on sentait alors le service rendu par les Électeurs de Paris pendant toute cette grande émeute du mois de juillet.)

La députation de Rouen était composée de MM. Débonne, Duval d'Emberville, échevins en exercice; Ribard, Midi de La Grainières, échevins anciens; Durand, procureur du Roi et de la Ville; Tarbé, Hardy, Barrois, Femme, Électeurs.

M. de Bonne, portant la parole, a dit : « Messieurs, la France s'anéantissait sous l'oppression du pouvoir ministériel ; ses gémissements, les cris du désespoir, ont provoqué la convocation des états-généraux : ils allaient tout réparer ; mais les manœuvres sourdes et perfides des ennemis de l'État traversaient leurs opérations, suspendaient leurs travaux. Des trahisons, la discorde, ont armé les citoyens contre leurs frères ; la guerre était déclarée, on combattait, le sang coulait au sein de la capitale ; le reste des bons Français attendait, dans le silence de la mort, le dénouement de cette scène déchirante. Mais, quel prodige! jour heureux, à jamais mémorable! la France est sauvée! Nous devons, Messieurs, cette étonnante révolution à la sagesse de vos délibérations, à votre prudente activité et à l'héroïsme de votre dévouement : le calme succède à l'agitation la plus violente. Ils sont confondus, ces lâches détracteurs qui éloignaient de son peuple le meilleur des rois, qui nous accusaient d'attaquer son autorité légitime, de renverser son trône. C'est pour le relever, pour l'affermir sur des bases inébranlables, que vous avez pris les armes. Tous les vrais Français, et bientôt (que cet espoir est consolant!) nous dirons tous les Français, vont rétablir le monarque dans la plénitude de ses droits augustes. Une constitution immuable doit régénérer la nation, immortaliser son souverain, un roi citoyen et le plus grand des rois. Il est revenu au milieu de vous ce Roi chéri, et il n'y a trouvé que des sujets fidèles, prêts à verser leur sang pour sa personne sacrée et pour la défense de la patrie.

« Tandis qu'au dedans tout allait au-delà des espérances, vous craigniez, Messieurs, qu'au dehors votre approvisionnement ne fût intercepté. Les officiers municipaux et le corps électoral de la ville de Rouen ont heureusement prévenu les inquiétudes de leurs frères et de leurs bons amis. Au milieu des ravages, d'un pillage universel, ils n'ont point oublié les magnanimes défenseurs de la liberté et des droits du citoyen. Les vaisseaux chargés de votre subsistance ont été et seront soigneusement protégés. Un convoi par nous armé éloigne des bords de la Seine les ennemis de la tranquillité publique, amène dans notre port et remet dans nos mains le dépôt précieux et sacré de votre subsistance : nous l'escortons et défendons jusqu'à ce qu'il soit en sûreté, sous la sauvegarde de ceux qui doivent le conduire jusqu'à vous.

« Recevez par nous, Messieurs, l'hommage de l'admiration d'une grande ville et le tribut de sa reconnaissance. C'est au récit de cette action qui vous couvre de gloire et qui étonnera l'univers entier, que le trouble et le pillage se sont calmés parmi nous. Sous un chef qui, par ses vertus et ses connaissances profondes, a mérité de présider l'Assemblée nationale, et qui ne donne que les conseils du sage; sous le commandement d'un général qui, au printemps de ses jours, est un héros, la sûreté, la paix, si heureusement rétablies, seront inaltérables. »

Ce discours de M. de Bonne, interrompu par des applaudissements réitérés, l'a été avec transport à ces mots : *sous un chef... qui ne donne que les conseils d'un sage;* et à ceux-ci : *sous le commandement d'un général qui, au printemps de ses jours, est un héros,* tous les yeux se sont portés sur M. le marquis de La Fayette, qui était présent, et mille acclamations de joie et de reconnaissance se sont aussitôt fait entendre. M. le marquis de La Fayette, modeste comme tous les héros-citoyens, s'est borné à témoigner à MM. les députés combien il était sensible aux sentiments qu'ils avaient bien voulu lui exprimer.

M. Delavigne, président, a répondu à MM. les députés de Rouen en ces termes : « Messieurs, quel bonheur pour moi d'être, dans cet instant, l'organe de l'Assemblée des Électeurs de la ville de Paris, pour vous annoncer combien nous sommes reconnaissants de tout ce que vous avez bien voulu faire pour la ville de Paris ! Que ne vous devons-nous pas pour les sages mesures que vous a suggérées le patriotisme, à l'effet d'assurer notre subsistance dans le temps où nous faisions ce qui était en nous pour fonder les bases de la liberté publique ! Nous regrettons de ne pas voir pour le moment au milieu de nous le citoyen vertueux que l'Assemblée nationale avait choisi pour son chef dans les temps les plus difficiles. Le vœu unanime et régulier de tous ses concitoyens l'a mis à la tête de la cité ; mais c'est avec une espèce d'orgueil que nous vous présentons ce héros-citoyen qui, après avoir posé les fondements de la liberté américaine, est venu, fort de ses vertus, de ses principes et de son expérience, assurer à jamais la liberté de la capitale. Vous aurez donc la bonté, Messieurs, de reporter vers nos frères et bons amis qui vous ont députés vers nous, que, sensibles au tendre intérêt dont ils nous ont donné tant de preuves, nous ne nous croyons d'autre mérite que celui d'avoir été assez heureusement placés pour manifester les premiers les sentiments patriotiques qui, au même instant, animaient tous les citoyens dans toute l'étendue de l'empire français. Votre démarche, Messieurs, est celle de la liberté et de l'amour du bien public : je crois interpréter les sentiments de l'Assemblée, en vous priant d'être persuadés de tout le désir que nous avons de correspondre entièrement avec la ville qui vous a envoyés. Notre force résultera toujours de notre union. »

Un applaudissement général a témoigné que M. le président venait de développer le sentiment de l'Assemblée envers MM. les députés de Rouen.

M. Blondel de Bagneux, maire, et M. Merlet, tous deux députés de la ville de Saumur, ayant été introduits par quatre Électeurs, M. Blondel de Bagneux portant la parole, a dit : « Messieurs, la province, un instant frappée d'effroi des dangers dont la capitale a été un instant menacée, a vu avec admiration les mesures que votre sagesse vous a suggérées pour la préserver. L'Assemblée générale de la Ville de Saumur charge ses députés de vous féliciter sur le retour du calme, auquel vous avez si efficacement coopéré.

« La nation vous doit, Messieurs, une vive reconnaissance pour avoir étouffé, dans sa naissance, un incendie dont la communication eût embrasé le royaume. Agréez les vœux que forme, avec toute la France, le pays dont nous sommes l'organe, pour que la tranquillité due à votre vigilance se perpétue sans altération. »

(M. Delavigne répond aux députés de Saumur. Une députation de l'université est introduite.)

Cette députation était composée de MM. Bérardier, ex-syndic de théologie; Gouillard, Doyen de droit; Camier, syndic de l'université; Girault de Krodon, Greffier; Delneuf, ex-recteur de l'université.

M. Bérardier, ex-syndic de théologie, portant la parole, a exprimé, avec autant de sensibilité que d'énergie, les sentiments de reconnaissance de tous les citoyens pour MM. les Électeurs, et en particulier pour M. Moreau de Saint-Méry, leur président; il a remis sur le bureau l'extrait d'une délibération de l'université, et une somme de 6,000 liv. pour les besoins de la capitale.

L'Assemblée a manifesté par des acclamations sa vive reconnaissance à MM. les députés de l'université; et M. le président leur a témoigné, au nom de l'Assemblée, les sentiments de respect et de vénération qu'inspirent les hommes vertueux et instruits que l'université compte parmi ses membres; et il a été arrêté que la délibération de l'université serait inscrite à la suite du procès-verbal.

Extractum è commentariis universitatis. Anno

Domini 1789, *die mercurii vigesimâ secundâ mensis julii, habita sunt, extra ordinem, in collegio Ludovici magni, comitia tribunalis academici. Præstereà placuit maximas haberi et agi gratias clarissimis comitiorum urbanorum præsidibus, quorum constantiâ et studio factum est ut civibus restitueretur securitas. Atque itâ conclusit ex-rector. Signatum* Delneuf. *Extractum et collatum cum autographo à me universitatis scribâ iisdem anno et die.* Signé *Girault de Krodon.*

L'Assemblée a reçu une députation des différents villages des environs de Paris, qui ont annoncé les plus vives alarmes, à l'occasion des brigands qu'on disait s'être répandus dans tous les environs de la capitale; mais, après avoir pris des renseignements plus positifs, ces craintes, ces inquiétudes, que les ennemis du bien public ne manquent pas de propager, sont devenues moins alarmantes, et des mesures ultérieures prises par M. le marquis de La Fayette, de concert avec l'Assemblée, feront bientôt disparaître tout ce qui peut porter atteinte à la tranquillité qu'un nouvel ordre de choses a déja établie dans l'intérieur de la capitale.

Séance du soir.

(L'Assemblée rend un arrêté pour délivrer M. le marquis de Castries des mains d'hommes armés qui l'ont arrêté malgré son passeport délivré à la ville.—

M. de Liancourt envoie une lettre de M. le duc de Dorset, qui justifie l'Angleterre des soupçons que l'on faisait courir sur sa participation aux derniers troubles de la capitale.)

Mardi 28 juillet 1789.

(On reçoit une adresse de félicitation des Électeurs de la ville de Bordeaux. — La caisse de Poissy offre 1,200 liv. pour subvenir aux besoins les plus pressants de la commune. — M. de Dalmate, en sa qualité de gentilhomme patriote, demande à servir sous les ordres du marquis de La Fayette. — On reçoit une adresse de félicitation des Électeurs de la ville de Lyon.)

Séance du soir.

(On apprend la prochaine arrivée de M. Necker. Cette nouvelle est reçue avec des acclamations et des applaudissements réitérés.)

Du Mercredi 29 juillet 1789.

(Plusieurs Électeurs ont dénoncé à l'Assemblée un discours prononcé par M. le comte de Mirabeau, le 23 de ce mois, à l'Assemblée nationale, duquel il paraît résulter que, suivant M. de Mirabeau, MM. les Électeurs cherchent à se perpétuer dans des fonctions qui ne leur appartiennent point.

La dénonciation ayant été agitée, et, après quelques

ACCUSATION DU SIEUR CRELLÉ. (30 juillet.)

débats, plusieurs arrêtés ayant été proposés, on est convenu que, sans attendre la rédaction parfaite de ses procès-verbaux, l'Assemblée ferait imprimer et publier dès à présent un extrait de ces arrêtés relatifs aux efforts qu'elle n'avait cessé de faire, d'abdiquer, sans compromettre la chose publique, des fonctions qu'elle n'avait exercées au péril des jours de chaque Électeur individuellement, que pour le salut de la capitale.

(Suit la teneur de la délibération prise en conséquence.)

Du Jeudi 30 juillet 1789.

Sur un ordre du comité de police, décerné pour faire arrêter le sieur Crellé, fermier à Lagny, qui était prévenu d'avoir coupé des orges avant leur maturité, M. Santerre, Électeur, chargé de l'exécution de cet ordre, a amené le sieur Crellé à l'Hôtel-de-Ville; et après avoir interrogé le sieur Crellé, porteur d'un certificat par lequel, et sur sa réquisition, il lui avait été permis de faire scier une pièce d'orge, d'environ vingt-quatre arpents, parvenue à une grosseur ordinaire, mais qui n'était pas encore en pleine maturité, il a été pris, conjointement avec le comité de police, l'arrêté suivant, lequel a été imprimé au nom de l'Assemblée des Électeurs.

« L'Assemblée, informée que le sieur Charles Crellé, fermier à Bussy-Saint-Georges, a été accusé d'avoir coupé des orges avant leur maturité, et qu'il a été maltraité par des gens malintentionnés : vu le certificat dont le sieur Crellé est muni, et d'après les différents témoignages de probité qui ont été rendus en sa faveur, elle a reconnu ledit sieur Crellé comme homme d'honneur et de probité, et invite les habitants de Bussy-Saint-Georges, Lagny, et autres, à ne point se porter à aucun acte de violence, tant vis-à-vis le sieur Crellé, que vis-à-vis aucun citoyen; et, dans le cas où il y aurait eu quelques sujets de plainte à former contre aucuns particuliers, de s'adresser aux juges ordinaires; et elle a ordonné que le présent arrêté sera imprimé et affiché dans le jour tant à Lagny que dans les villages circonvoisins. »

MM. les Électeurs ont rendu compte de quelques autres faits trop indifférents pour être mentionnés au présent procès-verbal.

Ce rapport fait, M. Moreau de Saint-Méry, président, a annoncé à l'Assemblée que M. Necker viendrait ce matin à l'Hôtel-de-Ville, avec madame Necker et madame de Staël.

On a mis à l'opinion la question de savoir s'il serait envoyé une députation à MM. les 120 députés des districts, pour les inviter, dans ce moment de joie universelle, à venir se mêler parmi l'Assemblée des Électeurs, à l'effet de recevoir le ministre.

Il a été pris, à l'unanimité, un arrêté conforme, et plusieurs Électeurs réunis à ceux de MM. les Électeurs qui étaient dans l'Assemblée, et qui sont du nombre des 120 députés, ont été nommés à cette députation.

Et sur-le-champ MM. les Électeurs de retour, M. Dusaulx, l'un d'eux, portant la parole, a dit : « Messieurs, M. le maire présidant l'Assemblée des 120 nous a répondu que les représentants de la commune ne pouvaient accepter la réunion, parce que M. Necker ayant deux visites à rendre, il avait des choses bien différentes à dire à chacune des Assemblées ; puisqu'il n'avait que des félicitations et compliments à faire à l'Assemblée des Électeurs ; et au contraire des encouragements à donner, et des modèles à présenter à l'Assemblée des représentants qui ne fait que de naître. » M. le maire a ajouté que l'Assemblée des représentants accompagnerait M. Necker dans la salle des Électeurs, et qu'il invitait partie de Messieurs les Électeurs à venir assister à la réception de M. Necker, dans la salle des représentants. »

(Plusieurs motions sont interrompues par l'annonce de l'arrivée de M. Necker à l'Hôtel-de-Ville.)

Douze Électeurs ont été nommés pour aller recevoir ce ministre à la porte de l'Assemblée.

Tout était disposé par les 120 députés, pour que M. Necker fût introduit dans leur salle, avant toute autre visite ; et ce n'est qu'après avoir vu les 120 députés, qu'il est venu dans la salle des Électeurs. Madame la marquise de La Fayette, madame Necker, madame la baronne de Staël, mesdames les princesses Lubomiska, Ezewiska et Portoska, MM. de Lusignan, de Rochechouart, de Bouttidoux, députés de Bretagne; le baron de Staël, Germani, et plusieurs députés de l'Assemblée nationale, étaient déja introduits et placés dans l'Assemblée.

M. Necker est entré, précédé des 12 députés que l'Assemblée avait nommés pour le recevoir. Il était accompagné de M. le comte de Saint-Priest, ministre de Paris, de M. le marquis de La Fayette, et de M. de Clermont-Tonnerre.

Des applaudissements universels ont manifesté la plus vive allégresse.

M. Moreau de Saint-Méry a présenté à M. Necker et à madame Necker, à madame de Staël et madame la marquise de La Fayette, les cocardes aux couleurs de la ville. En présentant celle de M. Necker, il lui a dit : *Ces couleurs vous sont chères, ce sont les couleurs de la liberté.* De nouveaux applaudissements ont éclaté de toutes parts.

M. Delavigne adressant la parole à M. Necker pour lui exprimer les sentiments de tous les Électeurs et de tous les Français en général, a dit, au nom de l'Assemblée : « Monsieur, un peuple nombreux se presse sur vos pas; il ne pourra jamais oublier que c'est par vous qu'il existe. Tel a été, Monsieur, l'heureux empire de vos vertus, que lors même que vous n'étiez plus au milieu de nous, votre nom, le nom de

Necker, béni par la Nation assemblée, servait de mot de ralliement pour les bons citoyens.

« C'est à votre génie, Monsieur, c'est à vos vastes plans de bienfaisance que la cité que nous habitons doit l'heureuse distribution * qui a été le premier point d'appui de sa liberté. C'est cette distribution qui nous a procuré l'avantage de réunir en un instant, de tous les points de cette ville immense, des forces capables d'intimider les traîtres, et d'en imposer à la scélératesse des ministres pervers qui avaient trompé le Roi.

« Ces mêmes moyens, Monsieur, serviront d'appui à la tranquillité publique; tout nous garantit qu'elle va se consolider à jamais : votre présence nous fait tout espérer.

« Qui pourrait donc encore douter que, sous le règne du meilleur des princes, sous les auspices et par les travaux d'un ministre tel que vous, sous l'influence heureuse de la liberté que nous avons conquise au prix de notre sang, la France n'atteigne désormais le faîte de la prospérité?

« Elle en a les moyens dans l'immensité des ressources de ses provinces; elle en est digne, par l'énergie du grand caractère que viennent de développer tous les habitants de la capitale; elle en est digne surtout parce que, même au milieu des plus grands

---

* La division de la ville en 60 districts est de l'invention de M. Necker.

troubles, et dans la situation la plus désespérée, elle n'a cessé de demander à la justice du Roi de rappeler auprès de lui *l'homme vertueux* dont le dévoûment à la cause publique ne peut être égalé que par la reconnaissance sans bornes qui est dans l'ame de tous les Électeurs, comme elle est dans le cœur de tous les Français. »

M. Moreau de Saint-Méry, portant aussi la parole au nom de l'Assemblée, a dit à M. Necker : « Monsieur, la destinée de ce vaste empire est visiblement unie à la vôtre. Les ennemis de son bonheur l'avaient si bien senti, qu'ils ont voulu que le premier malheur qui frappât le royaume, et qui lui présageât tous les autres, fût votre éloignement. Le vœu de tous les Français et leur courage, le désir d'un Roi qu'on a vainement cherché à égarer, vous ramènent aujourd'hui avec la compagne de vos vertus et de vos illustres revers. Vous le voyez, Monsieur, votre retour est un triomphe national. Notre satisfaction s'accroît encore par la présence de ce ministre citoyen, qui, après avoir partagé la disgrace de son ami, vient en quelque sorte s'associer à sa gloire, et recevoir les témoignages de notre joie de le voir spécialement chargé du soin de la capitale. Notre amour et notre confiance égalent, Monsieur, les ressources de votre génie, et nous vous jurons que tous les efforts seront réunis pour seconder l'ange tutélaire de la France. »

Les discours des deux présidents de l'Assemblée

ont excité beaucoup d'applaudissements. M. Necker a répondu en ces termes :

« Je manque d'expressions, Messieurs, pour vous témoigner, et, en votre personne, à tous les citoyens de Paris, la reconnaissance dont je suis pénétré. Les marques d'intérêt et de bonté que j'ai reçues de leur part, sont un bienfait hors de toute proportion avec mes faibles services, et je ne puis m'acquitter que par un sentiment ineffaçable. Je vous promets, Messieurs, d'être fidèle à cette dernière obligation, et jamais devoir ne sera plus doux ni plus facile à remplir.

« Le roi, Messieurs, a daigné me recevoir avec la plus grande bonté, et a daigné m'assurer du retour de sa confiance la plus entière. Mais aujourd'hui, Messieurs, c'est entre les mains de l'Assemblée nationale, c'est dans les vôtres que repose le salut de l'état; car en ce moment il ne reste presque plus aucune action au Gouvernement. Vous donc, Messieurs, qui pouvez tant, et par la grandeur et l'importance de la ville dont vous êtes les notables citoyens, et par l'influence de votre exemple dans tout le royaume, je viens vous conjurer de donner tous vos soins à l'établissement de l'ordre le plus parfait et le plus durable. Rien ne peut fleurir, rien ne peut prospérer sans cet ordre; et ce que vous avez déjà fait, Messieurs, en si peu de temps, annonce et devient un garant de ce que vous saurez achever; mais jusqu'à ce dernier terme, la confiance sera incertaine, et une inquiétude générale troublera le bonheur public, éloignera de Paris un grand nombre de riches consommateurs, et détournera les étrangers de venir y verser leurs richesses. Enfin, Paris, célèbre cité, Paris cette première ville de l'Europe, ne reprendra son lustre et sa prospérité qu'à l'époque où l'on y verra régner cette paix et cette subordination qui calment les esprits, et qui donnent à tous les hommes l'assurance de vivre tranquilles et sans défiance sous l'empire des lois et de leur conscience. Vous jugerez, Messieurs, dans votre sagesse, s'il n'est pas temps bientôt de faire cesser ces perquisitions multipliées auxquelles on est soumis avant d'arriver à Paris, et que l'on commence à éprouver à une très grande distance de la capitale. Il est juste de s'en rapporter à cet égard à votre prudence et à vos lumières; mais les amis de la prospérité publique doivent désirer que les abords de Paris rappellent bientôt au commerce et à tous les voyageurs, que cette ville est comme autrefois le séjour de la paix, et qu'on peut de tous les bouts du monde y venir jouir, avec confiance et liberté, du génie industriel de ses habitants, et du spectacle de tous les monuments que cette superbe ville renferme dans son sein, et que de nouveaux talents augmentent chaque jour.

« Mais, Messieurs, c'est au nom d'un plus grand intérêt que je dois vous entretenir un moment, d'un intérêt qui remplit mon cœur et qui l'oppresse. Au nom de Dieu, Messieurs, plus de jugements de proscription, plus de scènes sanglantes. Généreux Français, qui êtes sur le point de réunir à tous les avantages dont vous jouissez depuis long-temps, le bien inestimable d'une liberté sage, ne permettez pas que de si grands bienfaits puissent être mêlés à la possibilité d'aucun reproche. Ah! que votre bonheur, pour devenir encore plus grand, soit pur et sans tache; surtout conservez, respectez, même dans vos moments de crise et de calamité, ce caractère de bonté, de justice et de douceur qui distingue la nation française; et faites arriver le plus tôt possible le jour de l'indulgence et de l'oubli : croyez, Messieurs, en ne consultant que votre cœur, que la bonté est la première de toutes les vertus. Hélas! nous ne connaissons qu'imparfaitement cette action, cette force invisible, qui dirige et détermine les actions des hommes, Dieu seul peut lire au fond des cœurs et juger avec sûreté, juger en un moment de ce qu'ils méritent de peine ou de récompense; mais les hommes ne peuvent rendre un jugement, les hommes surtout ne peuvent ordonner la mort de celui à qui le ciel a donné la vie, sans l'examen le plus attentif et le plus régulier. Je vous présente cette observation, cette demande, cette requête, au nom de tous les motifs capables d'agir sur les esprits et sur les ames; et j'espère de votre bonté que vous me permettrez d'appliquer ces réflexions générales, ou plutôt l'expression de ces sentiments si vifs et si profonds, à une circonstance particulière et du moment. Je dois le faire d'autant plus, que si vous aviez une autre opinion que la mienne, j'aurais à m'excuser d'un tort auprès de vous dont je dois vous rendre compte. Mardi, jour de mon arrivée à Paris, j'appris à Nogent que M. le baron de Besenval avait été arrêté à Villenaux, et cette nouvelle me fut confirmée par un gentilhomme, seigneur du lieu, qui, sans connaître particulièrement M. de Besenval, mais animé par un sentiment de bonté, fit arrêter ma voiture pour m'entretenir de son inquiétude, et me demander si je ne pouvais pas être en secours à M. de Besenval, qui était parti pour la Suisse avec la permission du Roi. J'avais appris la veille les malheureux évènements de Paris, et le sort infortuné de deux magistrats accusés et exécutés rapidement : mon ame s'émut, et je n'hésitai point à écrire de mon carrosse ces mots-ci à MM. les officiers municipaux de Villenaux.

« Je sais positivement, Messieurs, que M. le baron de Besenval, arrêté par la milice de Villenaux, a eu la permission du Roi de se rendre en Suisse, dans sa patrie; je vous demande instamment, Messieurs, de respecter cette permission dont je vous suis garant, et je vous en aurai une particulière obligation : tous les motifs qui affectent une ame sensible m'intéressent à cette demande. M. de . . . . . veut bien se charger de ce billet que je vous écris dans ma voiture sur le grand chemin de Nogent à Versailles. J'ai l'honneur d'être, etc. »

« J'ai appris, Messieurs, que ma demande n'a point été accueillie par MM. les officiers municipaux de Villenaux, parce qu'ils vous avaient écrit pour recevoir vos ordres. Éloigné de Paris, pendant les malheureux évènements qui ont excité vos plaintes, je n'ai aucune connaissance particulière des torts qui peuvent être reprochés à M. de Besenval, je n'ai jamais eu de relation de société avec lui ; mais la justice m'ordonne de lui rendre dans une affaire importante un témoignage favorable. Il était commandant pour le Roi dans la généralité de Paris, où depuis deux à trois mois il a fallu continuellement assurer la tranquillité des marchés, protéger des convois de grains ; et il était donc nécessaire d'avoir continuellement recours au commandant détenu maintenant à Villenaux ; et quoique dans l'ordre ministériel j'aurais dû m'adresser au secrétaire d'état de la guerre, qui aurait transmis les demandes du ministre des finances au commandant des troupes, M. de Besenval m'écrivit fort honnêtement que cette marche indirecte pouvant occasionner de la lenteur dans le service public, il m'invitait à lui donner des instructions directes, et qu'il les exécuterait ponctuellement. J'adoptai cette disposition, et je ne puis rendre trop de justice au zèle et à l'activité avec lesquels M. de Besenval a répondu à mes desirs, et j'ai remarqué constamment qu'il réunissait de la modération et de la prudence à l'activité militaire, en sorte que j'ai eu souvent occasion de le remercier de ses soins et de son attention soutenus. Voilà, Messieurs, ce qui m'est connu de ce général, en ma qualité d'homme public. Je dois vous dire ensuite, de la part du Roi, que Sa Majesté honore depuis long-temps cet officier de ses bontés. Je ne sais de quoi il peut être accusé auprès de vous; mais soumis aux lois de la discipline militaire, il faudrait peut-être des titres d'accusation bien formels pour l'empêcher de retourner dans sa patrie; et comme étranger, comme membre distingué d'un pays avec lequel la France a depuis si long-temps des relations d'alliance et d'amitié, vous aurez sûrement pour M. de Besenval tous les égards qu'on peut espérer d'une nation hospitalière et généreuse; et puisque ce serait déja une grande punition que d'amener à Paris, comme criminel ou suspect, un officier-général étranger qui retourne dans son pays, avec la permission du Roi, j'ose vous prier de considérer si vous ne pourriez pas vous borner à lui demander à Villenaux les éclaircissements dont vous croiriez avoir besoin, et la communication de ses papiers, s'il en avait. C'est à vous, Messieurs, à considérer si vous devez exposer ce général étranger aux effets d'aucun mouvement dont vous ne pourriez pas répondre; car, distingués comme vous êtes, Messieurs, par le choix de vos concitoyens, vous voulez sûrement être, avant tout, les défenseurs des lois et de la justice; vous ne voulez pas qu'aucun citoyen soit condamné, soit puni, sans avoir eu le temps de se faire entendre, sans avoir eu le temps d'être examiné par des juges intègres et impartiaux; c'est le premier droit de l'homme; c'est le plus saint devoir des puissants; c'est l'obligation la plus constamment respectée par toutes les nations. Ah! Messieurs, non pas devant vous qui, distingués par une éducation généreuse, n'avez besoin que de suivre les lumières de votre esprit et de votre cœur, mais devant le plus inconnu, le plus obscur des citoyens de Paris, je me prosterne, je me jette à genoux pour demander que l'on n'exerce ni envers M. de Besenval, ni envers personne, aucune rigueur semblable en aucune manière à celles qu'on m'a récitées. La justice doit être éclairée, et un sentiment de bonté doit encore être sans cesse autour d'elle; ces principes, ces mouvements dominent tellement mon ame, que si j'étais témoin d'aucun acte contraire, dans un moment où je serais rapproché par ma place, des choses publiques, j'en mourrais de douleur, et toutes mes forces au moins seraient épuisées. J'ose donc m'appuyer auprès de vous, Messieurs, de la bienveillance dont vous m'honorez; vous avez daigné mettre quelque intérêt à mes services, et dans un moment où je vais vous en demander un haut prix, je me permettrai, pour la première, pour la seule fois, de dire qu'en effet mon zèle n'a pas été inutile à la France. Ce haut prix que je vous demande, ce sont des égards pour un général étranger, s'il ne lui faut que cela ; c'est de l'indulgence et de la bonté, s'il a besoin de plus ; je serai heureux par cette insigne faveur, en ne fixant mon attention que sur M. de Besenval, sur un simple particulier ; je le serais bien davantage, si cet exemple devenait le signal d'une amnistie qui rendrait le calme à la France, et qui permettrait à tous les citoyens, à tous les habitants de ce royaume, de fixer uniquement leur attention sur l'avenir, afin de jouir de tous les biens que peuvent nous promettre l'union du peuple et du souverain, et l'accord de toutes les forces propres à fonder le bonheur sur la liberté, et la durée de cette liberté sur le bonheur général. Ah! Messieurs, que tous les citoyens, que tous les habitants de la France rentrent pour toujours sous la garde des lois. Cédez, je vous en supplie, à mes vives instances, et que, par votre bienfait, ce jour devienne le plus heureux de ma vie, et l'un des plus glorieux qui puissent vous être réservés. »

Il n'est pas facile de peindre l'impression que ce discours a faite sur l'esprit de tous les citoyens contenus dans la salle de l'Hôtel-de-Ville. La présence de M. Necker, ses paroles douces et pénétrantes, ont entraîné tous les cœurs par un mouvement, pour ainsi dire, involontaire ; tous les yeux étaient baignés de larmes ; le souvenir des périls passés n'était plus un souvenir de terreur et d'alarmes ; une douce sécurité succédait à l'agitation ; la colère et la vengeance faisaient place à la clémence et à la générosité. Tout-à-coup mille cris se sont élevés dans la grande salle : *Grace, pardon, amnistie.* M. Necker a témoigné par les signes les plus expressifs la reconnaissance dont il était pénétré.

Une foule innombrable de personnes qui se trouvaient dans la place de l'Hôtel-de-Ville manifestant le désir de voir M. Necker, ce ministre a passé dans la salle de la Reine, pour donner au peuple le plaisir de sa présence, et pour se procurer à lui-même l'aspect de l'allégresse générale. Et tandis que M. Necker jouissait de la satisfaction de voir combien sa présence était agréable au public, M. de Clermont-Tonnerre a saisi ce moment d'absence pour proposer à l'Assemblée de rédiger sur-le-champ un arrêté relatif à l'amnistie qui venait d'être proclamée. En conséquence, il a été arrêté à l'unanimité ce qui suit : « Sur le discours si vrai, si sublime et si attendrissant de M. Necker, l'Assemblée, pénétrée des sentiments de justice et d'humanité qu'il respire, a arrêté que le jour où ce ministre, si cher et si nécessaire, a été rendu à la France, devait être un jour de fête ; en conséquence, elle déclare, au nom de tous les habitants de cette capitale, certaine de n'être pas désavouée, qu'elle pardonne à tous ses ennemis ; qu'elle proscrit tout acte de violence contraire au présent arrêté, et qu'elle regarde désor-

mais comme les seuls ennemis de la nation ceux qui troubleront par aucuns excès la tranquillité publique;
« Et en outre, que le présent arrêté sera lu aux prônes de toutes les paroisses, publié à son de trompe dans toutes les rues, envoyé à toutes les municipalités, et les applaudissements qu'il obtiendra distingueront les bons Français. » M. Necker étant rentré dans la grande salle, on a fait une seconde lecture de l'arrêté ci-dessus écrit, et le ministre a témoigné de nouveau le sentiment de la plus douce reconnaissance. Et M. Necker s'étant retiré avec M. le comte de Saint-Priest, M. le comte de Clermont-Tonnerre, madame Necker, madame la marquise de La Fayette et madame la baronne de Staël, M. Duveyrier, secrétaire de l'Assemblée, a demandé la parole, etc.

(M. Duveyrier propose, et l'Assemblée décide de placer dans la salle de l'Hôtel-de-Ville les bustes de MM. Bailly et Necker près de celui de M. le marquis de La Fayette. Les Électeurs votent ce double monument à leurs propres frais. Il est de même décidé qu'il sera frappé une médaille à l'effigie de M. Moreau de Saint-Méry.)

M. Delavigne, en qualité de président de l'Assemblée des 120 députés, est entré, et a dit que l'Assemblée des représentants de la commune de Paris ayant établi ses pouvoirs, il était chargé de communiquer à l'Assemblée de MM. les Électeurs deux arrêtés pris en conséquence hier 29, et dont la lecture a été à l'instant faite par le secrétaire des 120 députés. Suit la teneur de ces arrêtés.

Extrait du procès-verbal des représentants de la commune de Paris, du 29 juillet 1789.

Il est constaté que les cinq sixièmes des membres de l'Assemblée réunissent le pouvoir d'administrer dès à présent et par provision, et de concourir à la formation d'un plan d'administration municipale, sauf toutefois à MM. les députés qui ne réunissent pas ce double pouvoir à se retirer, s'ils le jugent à propos, auprès de leurs districts, afin de l'obtenir. *Signé*, DELAVIGNE, *président*, et BROUSSE DES FAUCHERETS, *secrétaire*. « L'Assemblée a arrêté que demain l'Assemblée entière se présentera dans la salle de MM. les Électeurs, pour leur exprimer *les sentiments d'admiration et de reconnaissance dus à la conduite sage et courageuse qui a sauvé la chose publique, et qui, au sein des malheurs qui menacent la capitale, a su faire naître cette tranquillité qui frappe encore d'étonnement ceux qui en ont joui;* qu'on leur fera part de l'arrêté pris ce matin, par lequel l'Assemblée a établi ses pouvoirs; en conséquence, que l'Assemblée vient se charger des fonctions qu'elle avait prié MM. les Électeurs de continuer. L'Assemblée a arrêté de plus que pour donner à MM. les Électeurs un gage d'union et de fraternité, ils seront invités à délibérer avec les membres de l'Assemblée sur tous les objets qui se présenteront dans cette première séance. *Signé*, Delavigne, *président*, Brousse des Facherets, *secrétaire*. »

Ces deux arrêtés ayant été mis sur le bureau, M. Moreau de Saint-Méry, président, a dit : « Messieurs, l'Assemblée des Électeurs s'empresse de remettre dans vos mains le dépôt précieux d'une autorité que les seules circonstances lui avaient imposé le devoir de prendre pour le salut public. Nous osons dire que ce dépôt n'a rien perdu d'avoir été confié à notre zèle, à notre patriotisme; et nous vous l'abandonnons avec la certitude qu'il ne sera pas moins cher aux représentants de la commune. »

MM. les cent vingt représentants ont prié MM. les Électeurs de permettre que pendant le reste de la journée, ils délibérassent ensemble, et à l'instant même ils se sont confondus dans les rangs de MM. les Électeurs.

Plusieurs districts ayant manifesté l'intention de réclamer contre l'arrêté pris ce matin par l'Assemblée, à l'occasion du discours prononcé par M. Necker, en ce qu'on regardait dans le public cet arrêté comme une lettre de grâce, un vœu pour une amnistie générale, quoiqu'il ne contienne que l'expression des sentiments qu'un ministre chéri a fait partager à l'Assemblée et à la multitude de citoyens qui remplissait la salle, sentiments qu'eussent partagés avec le même enthousiasme les soixante districts de la capitale, si tous eussent eu la satisfaction d'entendre M. Necker;

ARRÊTÉ EXPLICATIF DE CELUI D'AMNISTIE. (30 juillet.)

L'Assemblée, interprétant en tant que de besoin cet arrêté, croit devoir exprimer son vœu d'une manière plus précise. En conséquence, il a été pris à l'unanimité des suffrages l'arrêté qui suit : « L'Assem-
« blée, sur la réclamation de quelques districts, ex-
« pliquant en tant que de besoin l'arrêté qu'elle a
« pris ce matin sur le discours et la demande de
« M. Necker, déclare qu'en exprimant un sentiment
« de pardon et d'indulgence envers ses ennemis,
« elle n'a point entendu prononcer la grâce de ceux
« qui seraient prévenus, accusés ou convaincus de
« crime de lèse-nation, mais annoncer seulement
« que les citoyens ne voulaient désormais agir et
« punir que par les lois, et qu'elle proscrivait en
« conséquence, comme le porte l'arrêté, *tout acte de
« violence et d'excès qui troublerait la tranquil-
« lité publique*; et cet arrêté peut d'autant moins
« recevoir une interprétation, que l'Assemblée dont
« il est émané n'a jamais cru ni pu croire avoir le
« droit de rémision. »

Et l'Assemblée des Électeurs de Paris s'est séparée, en s'ajournant pour la lecture de ses procès-verbaux, au jour qui sera demandé par M. Duveyrier, qui, en sa qualité de secrétaire plus ancien, est chargé de leur rédaction.

Signé, Delavigne, *président*; Moreau de Saint-Méry, *président*; Duveyrier, *secrétaire-rédacteur*; Garnier, Bertholio, Liesse, *secrétaires*.

414 (30 juillet.) L'ASSEMBLÉE DES ÉLECTEURS SE SÉPARE.

(Rédigé sur des notes prises au milieu des évènements ou sur les souvenirs et renseignements donnés par ceux qui en avaient été les principaux acteurs, le procès-verbal, après avoir été corrigé et amendé dans des réunions préparatoires, fut soumis à l'Assemblée générale des Électeurs. Les séances qui furent tenues à cette effet à l'archevêché, depuis le 30 décembre 1789 jusqu'au 8 avril 1790, auxquelles MM. La Fayette, commandant-général, et Bailly, maire, voulurent bien assister, prouvent le soin que les Électeurs apportèrent à laisser un monument historique d'une exactitude scrupuleuse.

Dans les séances consacrées à la lecture et à l'examen du procès-verbal, l'Assemblée témoigne par deux arrêtés sa reconnaissance des services rendus par MM. de La Salle et de Saudray ; elle fait hommage d'une épée ornée d'une inscription patriotique au brave Élie, qui avait brisé la sienne dans le siége de la Bastille. Elle fait frapper une médaille à l'effigie de ses deux présidents, et graver le portrait de son secrétaire rédacteur, pour être placé en tête des exemplaires du procès-verbal. La dernière séance est consacrée à l'installation, à l'Hôtel-de-Ville, du buste de Bailly, donné par l'Assemblée à la commune de Paris.)

FIN DE L'HISTOIRE DES ÉLECTEURS.

ÉCLAIRCISSEMENTS.

NOTE A.

Page 334, après « *a refusé d'entendre notre députation.* »

Voici comment le Moniteur raconte ce qui se passa à la Bastille, après le départ de MM. Delavigne, Chignard, l'abbé Fauchet et Boutidoux.

« Les assaillants furieux amènent trois voitures de paille, mettent le feu au corps-de-garde avancé, au gouvernement et aux cuisines. Les assiégés tirent en ce moment un coup de canon à mitraille, le seul, à les en croire, qui soit parti de la Bastille pendant cinq heures de combat. La plate-forme et les créneaux retentissaient du bruit de la mousqueterie, et les officiers de l'État-major eux-mêmes firent le coup de fusil.

« Les Suisses qui étaient demeurés dans la cour avaient pratiqué un trou dans le tablier du grand pont-levis, d'où ils faisaient sur les assiégeants des décharges continuelles d'un fusil de rempart, qui tua à lui seul plus de combattants que toutes les pièces d'artillerie et de mousqueterie ensemble.

« L'incendie durait encore lorsqu'on vit arriver dans la cour un détachement de Gardes Françaises... Ils marchent à la forteresse avec trois pièces de canon; ils les renforcent de deux autres qu'ils rencontrent près de l'Arsenal. Quelques Invalides qui avaient rendu les armes le matin, se joignent à eux et ils arrivent dans la cour de l'Orme. Deux pièces de quatre, un canon plaqué en argent venant du garde-meuble et un mortier, sont dressés en batterie et dirigés sur les embrasures du fort pour empêcher ses manœuvres. On en place deux autres près de la pompe et du passage de Lesdignières. Bientôt on les amène à la porte qui communique au jardin de l'Arsenal, et l'on entre dans la dernière cour, malgré le feu continuel des assiégés.

L'épaisse fumée de l'incendie des bâtiments et celle qui s'élevait de la paille enflammée avait été quelque temps favorable aux Parisiens qu'elle dérobait à la vue des ennemis. Mais les charrettes dont nous venons de parler se trouvant à l'entrée de la seconde cour, en face du pont Dormant, fermaient l'entrée du fort, et coupaient le passage aux assiégeants. M. Elie, officier au régiment de la Reine, infanterie, suivi de trois ou quatre autres citoyens, s'avance hardiment au milieu du feu, et parvient à en écarter une : la seconde résiste à leurs efforts. Mais le nerveux et intrépide Reole, marchand mercier près St-Paul, retire lui seul cette voiture brûlante, après avoir vu tomber morts à ses côtés deux de ses braves camarades. deux canons sont aussitôt braqués en face du grand pont, et l'attaque recommence avec une nouvelle fureur. Pendant ce temps une foule de peuple forçait l'Hôtel de la régie des poudres et salpêtres, brisait des caisses de munitions et en portait aux combattants. Tandis que les uns croient le gouverneur entre leurs mains, d'autres s'emparent, dans l'une des cours de la Bastille, d'une jeune personne également intéressante par sa grace et par sa candeur. L'ayant amenée près du premier pont : C'est la fille de M. Delaunay, s'écrient ces furieux; qu'il rende la place, ou qu'il voie sa fille expirer dans les flammes. Une paillasse va lui servir de bûcher; on y met le feu : l'infortunée s'évanouit. Le père de mademoiselle de Monsigny, c'est le nom de la jeune personne, voit du haut des tours sa fille près d'être brûlée vivante. Il allait se précipiter lorsqu'il fut atteint de deux coups de feu. Le généreux Aubin Bonnemère, indigné d'un pareil attentat, quitte son poste, écarte la foule homicide, enlève la victime, la remet en mains sûres, et revole au combat. C'est ainsi que des actes de violence qui auraient souillé la gloire de ce jour, si grand dans la révolution, fournissaient le plus souvent des traits d'héroïsme.

« Une scène plus terrible allait se passer à l'Arsenal. Un perruquier, ivre ou forcené, muni de deux tisons enflammés, s'occupait à mettre le feu aux magasins des salpêtres. Le brave J. B. Humbert, qui eut la gloire de monter le premier sur les tours de la Bastille, et qui arrivait alors de l'Hôtel des Invalides, accourt aux cris d'une femme, frappe le forcené d'un coup de crosse de fusil dans l'estomac et le terrasse; puis saisissant avec intrépidité un tonneau de salpêtre déjà enflammé, le renverse réussit à l'éteindre, et après avoir chassé quelques brigands qui avaient forcé les archives et brisé les armoires, sous prétexte de chercher de la poudre, il court rejoindre les courageux patriotes qui attaquaient la Bastille.

« Jamais on ne vit plus de prodiges de bravoure dans l'armée la plus aguerrie, que n'en fit en ce jour cette multitude sans chef, d'individus de toutes les classes, d'ouvriers de toute espèce, qui mal armés pour la plupart, et n'ayant jamais manié d'armes, affrontaient le feu des remparts, et semblaient insulter aux foudres que lançaient leurs ennemis. Bourgeois, artisans, soldats, animés du même courage, remplissaient les cours de la Bastille sous le feu de la garnison, et s'approchaient si près des tours que Delaunay lui-même fit souvent usage des pavés et autres débris qu'il avait fait monter sur la plate-forme.

« Au milieu du désordre et de la confusion inséparables d'une action si tumultueuse, leur mousqueterie était si bien dirigée et tellement secondée par les bourgeois de la rue et du faubourg St-Antoine, qui, des étages les plus élevés de leurs maisons faisaient des décharges continuelles sur le haut de la Bastille, que les assiégés n'osaient plus mettre la tête au dehors du parapet des tours. Leur artillerie fut également bien servie : M. Cholat, marchand de vin, qui commandait une pièce de canon placée dans le jardin de l'Arsenal, mérita les plus grands éloges ainsi que M. Georget, canonnier de la marine, arrivé de Brest dans la matinée du 14, et qui fut blessé à la cuisse.

« Le découragement était général dans la forteresse. Les Suisses exhortaient cependant le gouverneur à la résistance ; mais l'état-major et les bas-officiers le sollicitaient vivement de rendre la place, et il sentait lui-même qu'il lui était impossible de la défendre, la disette absolue de vivres ne lui permettant pas même de soutenir plus long-temps le siège. Les assaillants ayant abattu le premier pont, et amené leurs canons en face du second, ne pouvaient manquer de s'emparer du fort. Delaunay, au moment où un porte-clef distribuait du vin aux soldats, saisit la mèche d'une des pièces de canon de la cour intérieure, et va droit à la Sainte-Barbe pour y mettre le feu. Un bas-officier, M. Ferraud, lui présente sa baïonnette et le repousse. Il descend alors à la tour de la Liberté, où l'on avait mis en dépôt une partie des poudres qu'il avait fait venir dans la nuit du 12 au 13 ; mais M. Bequard, autre bas-officier, l'oblige de se retirer, et prévient un acte de démence qui aurait coûté la vie à des milliers de citoyens, fait sauter la Bastille, les maisons voisines et une partie du faubourg St-Antoine.

« Le gouverneur hors de lui-même demande alors par grâce un seul baril de poudre. Enfin il s'adresse à la garnison, et lui demande s'il ne vaut pas mieux se faire sauter, que de s'exposer à être égorgés par le peuple à la fureur duquel on ne pouvait plus se promettre d'échapper. « Remontons, dit-il, sur les tours ; et s'il faut mourir, rendons notre mort funeste à nos ennemis ; écrasons-les sous les débris de la Bastille. »

« Mais les soldats lui répondent qu'ils aiment mieux mourir que de faire périr un si grand nombre de leurs concitoyens, et qu'une plus longue résistance étant désormais impossible, il faut faire monter le tambour sur la plate-forme pour rappeler, arborer un drapeau blanc et capituler. On bat donc la chamade, et on arbore le drapeau blanc sur la tour de la Barinière. C'était trop tard. Le peuple, irrité de la lâche trahison du gouverneur qui avait fait tirer sur ses députés, ne voit qu'un nouveau piège dans les démonstrations de paix, et s'avance toujours, faisant des décharges jusqu'au pont de l'intérieur.

« L'officier suisse, adressant la parole aux assaillants à travers une espèce de créneau qui se trouvait auprès du pont-levis, leur demande à sortir avec les honneurs de la guerre. — *Non*, *non*, lui crie-t-on. Il fait passer alors par la même ouverture un papier que l'éloignement empêchait de lire, en criant que l'on voulait bien se rendre, si on promettait de ne pas massacrer la troupe. Un particulier court chercher une planche, on la pose sur le parapet, plusieurs personnes se mettent dessus pour faire le contre-poids; le brave inconnu s'avance; il est prêt à saisir le papier, mais il tombe dans le fossé, frappé, selon quelques uns, d'un coup de fusil, et meurt victime de son zèle. M. Maillard, fils d'un huissier au Châtelet, sans s'effrayer de la mort du premier, s'avance courageusement sur cette planche longue et étroite, prend le papier et le remet entre les mains de M. Hullin, qui le lit à haute voix. En voici le contenu : *Nous avons vingt milliers de poudre, nous ferons sauter la garnison et tout le quartier, si vous n'acceptez pas la capitulation.* — *Foi d'officier, nous l'acceptons,* dit M. Hullin ; *baissez vos ponts.* Mais le peuple furieux se récrie au seul nom de capitulation, et fait avancer trois pièces de canon.

« On allait tirer, déjà les rangs s'ouvraient pour laisser passer les boulets, lorsque l'ennemi voyant que l'on voulait abattre le grand pont, fait baisser le petit pont-levis de passage qui est sur la gauche de l'entrée de la forteresse. Malgré le nouveau danger qui naissait de cette manœuvre, MM. Elie, Hullin Maillard, Réole, Humbert, Tournay, François, Louis Morin et plusieurs autres le remplissent à l'instant, après l'avoir fixé en fermant les verroux. Les Gardes Françaises conservant leur sang-froid au sein du péril, forment une barrière de l'autre côté du pont, pour empêcher que la foule des assiégeants ne s'y porte ; acte de prudence qui sauva la vie à des milliers de personnes qui se seraient précipitées dans les fossés.

« Environ deux minutes après, un invalide vint ouvrir la porte située derrière le pont-levis, et demanda ce qu'on voulait. Qu'on rende la Bastille, lui répondit-on. Alors il laisse entrer. Les vainqueurs font à l'instant baisser le grand pont; il n'était point encore sur son repos, que le brave Arné s'y élance au risque de se briser les jambes, pour faire contrepoids et empêcher qu'on ne le relevât.

« Les Invalides étaient rangés à la droite, et les Suisses à la gauche; leurs armes étaient déposées le long du mur. Ils ôtèrent leurs chapeaux, battirent des mains et crièrent *bravo* aux assiégeants qui accouraient en foule dans le fort. Les premiers entrés abordent les vaincus avec humanité, sautent au cou des officiers de l'état-major en signe de paix et de réconciliation, et prennent possession de la place comme rendue par capitulation. Mais ceux qui les suivent, ne respirant que carnage et vengeance, la traitent comme prise d'assaut. Quelques soldats placés sur les plates-formes, ignorant leur défaite, ayant en ce moment fait quelques décharges, le peuple transporté de fureur se jette sur les invalides et les accable de mauvais traitements. Un d'entre eux est massacré; le malheureux Béquart, ce brave officier qui avait si bien mérité de la ville de Paris en arrêtant le bras du gouverneur lorsqu'il voulait faire sauter la Bastille, et qui n'avait pas tiré une seule fois dans cette journée, est percé de deux coups d'épée et frappé d'un coup de sabre qui lui abat le poignet.

« On porte en triomphe dans toutes les rues de la ville cette même main à qui tant de citoyens doivent leur salut; lui-même est arraché du fort et traîné à la grève. La multitude aveuglée, qui le prend pour un canonnier, l'attache à un gibet, où il expire avec le nommé Asselin, victime comme lui de cette fatale méprise.

« On fait prisonniers tous les officiers de l'état-major, on se jette en foule dans leur logement, on en brise les meubles, les portes, les croisées. Dans ce désordre général ceux qui étaient dans la cour tirent sur ceux qui sont dans les appartements et sur les plates-formes; plusieurs même sont tués. Le vaillant Humbert reçoit un coup de fusil sur la plate-forme: un de ses amis est tué dans ses bras. Alors le brave Arné, élevant sur sa baïonnette son bonnet de grenadier, se présente au bord du parapet et s'expose lui-même à recevoir la mort pour faire cesser le feu.

« Les assiégeants restés dans la place, après avoir exhalé leur premier feu, partagent les sentiments d'humanité de leurs frères d'armes, et se dispersent dans les flancs de la forteresse. Avides de juger par leurs yeux de tout ce que la renommée publiait sur les mystères de ces tours affreuses, ils se jettent comme des vautours sur les entrailles de leur récente proie, ils en sondent les profondeurs et en parcourent toutes les sinuosités. Les uns remplissent les sombres escaliers, montent sur les plates-formes, lèvent les mains au ciel, insultent aux canons qui recelaient encore les foudres dirigés contre eux et les tournent contre les ennemis qui oseraient approcher du faubourg; enfin ils ébranlent et renversent d'énormes pierres dont le roulement retentit et donne au loin le signal de la victoire.

« D'autres forçaient la chambre du conseil, de ce conseil impie où des esclaves de la faveur, gagés par la haine, jugeaient sans lois, faisaient exécuter sans remords. Plusieurs étant entrés dans la chapelle, un prêtre s'écrie : « C'est ici le lieu saint, la maison du Seigneur. » Les vases sacrés sont respectés, et ils n'emportent qu'un tableau représentant S. Pierre *aux liens*, où tous les attributs de l'esclavage étaient, par un raffinement de cruauté, mis sous les yeux des malheureux qui, ne trouvant plus de pitié sur la terre, venaient implorer la compassion du ciel. En sortant ils détruisent à coups de pierre le cadran de l'horloge placée dans la cour qui servait de promenade aux prisonniers. Les supports de ce cadran représentaient deux esclaves courbés sous le poids de leurs chaînes : c'était sous le ministère de M. de Sartine qu'on avait imaginé cette décoration digne du ministre et de cet affreux séjour.

« Le plus grand nombre parcourait en tumulte les prisons, descendait dans les cachots, en ébranlait avec fracas les doubles, les triples portes ferrées, aussi épaisses que les portes extérieures des citadelles, et forçait à coups redoublés ces froides catacombes enveloppées de ténèbres et du silence de la mort; car dans l'ivresse de la victoire on avait oublié les malheureux renfermés dans la forteresse, et l'on portait en triomphe les clefs des verrous sous lesquels ils gémissaient.

« Tandis que tout était en combustion depuis le comble jusqu'au fond des cachots, l'or, l'argent, les archives étaient au pillage. Tout est ravagé, dévasté; une foule de documents, de manuscrits, de registres, sont jetés des tours dans les fossés, dans les cours, dispersés, foulés, égarés, et tombent entre les premières mains qui veulent les ramasser. On enlève d'anciennes armes effrayantes par leurs formes aussi bizarres que meurtrières, et jusqu'à des chaînes. On emporte aussi de funestes entraves dont quelques unes, usées par le frottement journalier, excitent le frémissement de l'indignation en rappelant la multitude des infortunés dont elles ont fait le tourment habituel. On découvre un vieux corselet de fer inventé pour retenir un homme par toutes les articulations et le retenir dans une immobilité éternelle. Plusieurs autres machines non moins cruellement combinées, non moins destructives, sont exposées au grand jour; mais personne n'en peut deviner ni les noms, ni l'usage direct.

« La prise de la Bastille a coûté la vie à quatre-vingt-dix-huit des assiégeants; quatre-vingt-trois restèrent sur la place, et quinze périrent de leurs blessures : soixante-treize furent blessés ou estropiés. Les assiégés ne perdirent qu'un homme pendant le combat; quatre officiers et quatre soldats furent pendus ou égorgés après l'action. »

Moniteur des 23 et 24 juillet 1789.

NOTE B.

Page 357, *la mort de M. Delaunay.*

« MM. Maillard, Cholat, le grenadier Arné et plusieurs des assaillants se disputent l'honneur d'avoir arrêté M. Delaunay. Il n'était point en uniforme, mais vêtu d'un frac gris avec un ruban ponceau; il portait à sa main une canne à épée dont il voulait se percer le sein, et que l'intrépide Arné lui arracha. MM. Hullin, Elie et quelques autres se chargèrent de sa garde, et parvinrent à le faire sortir de la Bastille, non sans éprouver les mauvais traitements du peuple, dont le cri général le condamnait à la mort. Ils prirent le chemin de l'Hôtel-de-Ville, escortés d'une troupe nombreuse. M. Elie en uniforme ouvrait la marche, portant la capitulation à la pointe de son épée : après lui venait M. Legris, garde des impositions royales, qui, ce jour-là et les suivants, se signala par des actions de valeur; ensuite M. Maillard portant le drapeau, puis le gouverneur tenu par MM. Hullin et Arné. Immédiatement après marchait M. de L'Épine, clerc de M. Morin, procureur au parlement.

« Telle était l'escorte de M. Delaunay. Presque tous ceux qui la composaient pensèrent être les victimes de l'acharnement de la multitude contre le prisonnier et de leur zèle à le défendre de la fureur générale. Les uns lui arrachaient les cheveux, d'autres lui présentaient leurs épées, et voulaient le percer.

« Le malheureux, saisi des angoisses de la mort, disait d'une voix éteinte à M. Hullin : *Ah ! monsieur, vous m'aviez promis de ne pas m'abandonner, restez avec moi jusqu'à l'Hôtel-de-Ville !* d'autres fois s'adressant à M. Elie : *Est-ce là ce que vous m'aviez promis ? ah ! monsieur, ne m'abandonnez pas !*

« Mais la fureur de la foule allait toujours croissant, et son aveugle ressentiment n'épargnait pas ceux qui escortaient M. Delaunay. M. de L'Épine reçut sur la tête un coup de crosse de fusil, et fut contraint d'abandonner l'escorte à l'Orme St-Gervais. Hullin lui-même, malgré sa vigueur et sa grande taille, ne put résister à la violence de la multitude. Epuisé par les efforts qu'il avait faits pour le défendre, accablé de mauvais traitements, il fut forcé de quitter son prisonnier à la Grève pour prendre un peu de repos. A peine était-il assis que, retournant les yeux, il aperçoit la tête de M. Delaunay suspendue au haut d'une pique. Les dernières paroles qu'il prononça furent : *Ah ! mes amis, tuez-moi, tuez-moi sur le champ, ne me faites pas languir.* Le peuple, craignant qu'on ne lui enlevât sa victime, l'avait égorgé sur les marches de l'Hôtel-de-Ville. »

(*Moniteur des* 23 *et* 24 *juillet* 1789.)

NOTE C.

PAGE 357, *le second et suivant, le port au blé.*

« M. de Losme, son major, homme plein de vertus et d'humanité, qui semblait avoir été envoyé par le ciel comme un ange consolateur, dans ces antres ténébreux, séjour de douleur et de larmes; M. de Losme, aussi chéri des prisonniers que M. Delaunay en était détesté, partagea son malheureux sort. Mais des traits d'héroïsme et de reconnaissance signalèrent les derniers instants d'une vie que mille actions vertueuses avaient honorée. L'infortuné major était déjà sur la place de Grève, et le peuple l'entraînait avec une fureur capable de glacer tous les cœurs. Tout-à-coup un jeune homme se précipite dans ses bras : *arrêtez,* s'écrie-t-il, *arrêtez, vous allez immoler le meilleur des hommes; j'ai été cinq ans à la Bastille, où il fut mon consolateur, mon ami, mon père.* C'était M. de Pelleport, qui, renfermé dans cette prison, avait trouvé dans l'humanité du sensible de Losme un adoucissement à sa captivité. Frappé des paroles et de l'action du jeune homme, le malheureux militaire lève les yeux, et lui dit avec un sang-froid héroïque dans l'affreuse position où il se trouvait :

Jeune homme, qu'allez-vous faire? Retirez-vous, vous allez vous sacrifier sans me sauver.

« La multitude rugissante n'écoutait, en effet, que sa rage, ne voyait que sa victime, ne respirait que sa mort. M. de Pelleport, oubliant qu'il est sans armes, écarte la foule avec ses mains : Oui, s'écrie-t-il, oui, je le défendrai envers et contre tous. A ces mots un forcené lui décharge un coup de hache, qui lui fait sur le cou une large blessure; il allait lui en porter un second sur la tête, lorsqu'il est renversé lui-même par le chevalier de Jean, qui avait accompagné M. de Pelleport. Mais celui-ci est aussitôt assailli de toutes parts, frappé de coups de sabre, percé de baïonnettes : il saisit enfin un fusil, et renverse tout ce qui se présente. On le lui arrache, et ce n'est que par des prodiges de force et de valeur qu'il parvient à échapper à la rage du peuple et à la mort. Il gagne avec peine l'escalier de l'Hôtel-de-Ville, où il tombe sans connaissance. Cependant M. de Losme avait été massacré en face de l'arcade St-Jean, sa tête avait été coupée et mise au haut d'une pique, comme celle du gouverneur, et ces sanglants trophées étaient portés dans tous les quartiers de la ville. » (*Moniteur des 23 et 24 juillet 1789.*)

NOTE D.

Le rassemblement d'une armée autour de Versailles et de la capitale était évidemment la suite d'un plan caché, et ce plan, selon toute apparence, avait pour but la dissolution des États-Généraux. Mais les terreurs publiques exagéraient sans doute l'hostilité des mesures qui avaient été concertées.

L'article suivant, que nous transcrivons du Moniteur, montrera, par les conjectures que l'on formait après les évènements du 14 juillet, à quel point de délire étaient portés les esprits.

« L'assemblée nationale devait être dispersée, ses arrêtés déclarés séditieux, ses membres proscrits, le palais royal et les maisons des patriotes livrés au pillage, les électeurs et les députés aux bourreaux. Tout était prêt pour consommer le crime. Des brigands armés de haches, de torches et de poignards, attendaient leur proie; la Bastille et les gibets, leurs victimes.

« La nuit du 14 au 15 juillet avait été fixée, dit-on, pour l'invasion de Paris. Les Invalides devaient faire résistance, et s'opposer à l'enlèvement des armes et du canon, en faisant feu sur le peuple. Au même instant les brigades campées au champ de Mars, composées des régiments de Salis-Samade, Château-vieux, et Diesbach, Suisses; des hussards de Bercheny, Estherhazy et Royal-Dragons devaient courir au secours des Invalides avec de l'artillerie, tandis qu'un autre corps de troupes légères aurait fondu sur l'Hôtel-de-Ville et enlevé les magistrats et les échevins.

« Au premier coup de canon, le prince de Lambesc se serait porté dans la rue Saint-Honoré avec le régiment Royal-Allemand, et les autres régiments de cavalerie, le sabre à la main, avec ordre de charger tout ce qui se présenterait, et de « s'emparer de la place de Grève. Ce coup de canon étant le « signal pour toutes les troupes qui investissaient Paris, Provence et Ventimille auraient accouru de Neuilly; Royal-Cravate, Helmstadt, et Royal-Pologne, de Sèvres et de Meudon, et auraient été suivis de quatre régiments destinés pour la porte Saint-Antoine; trois régiments allemands avec leurs canons se seraient rendus à la Porte d'Enfer; six mille brigands auraient parcouru la ville, forçant et bouleversant les maisons des bons citoyens, et le pillage du Palais-Royal aurait été la récompense des hussards, l'incendie de l'hôtel de Bretonvilliers et de quelques maisons de la Ferme aurait augmenté le désordre. Dans le même temps les régiments de Besançon et de la Fère auraient foudroyé Paris des hauteurs de Montmartre avec cinquante pièces d'artillerie.

« Cette abominable exécution faite, les troupes se seraient retirées à toutes les barrières pour s'en emparer, et des batteries y auraient été dressées pour intercepter toute communication avec les provinces.

« Le lendemain matin, le roi se serait transporté à l'assemblée nationale pour la dissoudre, et les satellites de la tyrannie auraient chargé de fers les défenseurs de la liberté. »

(*Moniteur des 17 et 20 juillet* 1789.)

CAHIER DU TIERS-ÉTAT

DE LA VILLE DE PARIS.

L'ASSEMBLÉE générale des Électeurs du Tiers-État de la ville de Paris, avant de procéder au choix de ses représentants, et de les revêtir de ses pouvoirs, doit exprimer ses regrets sur une convocation trop tardive, qui l'a tant forcée de précipiter ses opérations. Comme Français, les Électeurs s'occuperont d'abord des droits et des intérêts de la nation; comme citoyens de Paris, ils présenteront ensuite leurs demandes particulières. L'instruction qu'ils vont confier au patriotisme et au zèle de leurs représentants, se divise naturellement en six parties. La première portera sur la constitution. La seconde, sur les finances. La troisième, sur l'agriculture, le commerce et la juridiction consulaire. La quatrième, sur la religion, le clergé, l'éducation, les hôpitaux et les mœurs. La cinquième, sur la législation. La sixième, sur les objets particuliers à la ville de Paris.

OBSERVATIONS PRÉLIMINAIRES. Nous prescrivons à nos représentants de se refuser invinciblement à tout ce qui pourrait offenser la dignité de citoyens libres, qui viennent exercer les droits souverains de la nation. L'opinion publique paraît avoir reconnu la nécessité de la délibération par tête, pour corriger les inconvénients de la distinction des ordres, pour faire prédominer l'esprit public, pour rendre plus facile l'adoption des bonnes lois. Les représentants de la ville de Paris se souviendront de la fermeté qu'ils doivent apporter sur ce point; ils la regarderont comme un droit rigoureux, comme l'objet d'un mandat spécial. Il leur est enjoint expressément de ne consentir à aucun subside, à aucun emprunt, que la déclaration des droits de la nation ne soit passée en loi, et que les bases premières de la constitution ne soient convenues et assurées. Ce premier devoir rempli, ils procéderont à la vérification de la dette publique, et à sa consolidation. Ils demanderont que tout objet d'un intérêt majeur soit mis deux fois en délibération, à des intervalles proportionnés à l'importance des questions, et ne puisse être décidé que par la pluralité absolue des voix, c'est-à-dire par plus de la moitié des suffrages.

DÉCLARATION DES DROITS. I. Dans toute société politique, tous les hommes sont égaux en droits. II. Les droits de la nation seront établis et déclarés d'après les principes qui suivent. III. Tout pouvoir émane de la nation, et ne peut être exercé que pour son bonheur. IV. La volonté générale fait la loi; la force publique en assure l'exécution. V. La nation peut seule concéder le subside; elle a le droit d'en déterminer la quotité, d'en limiter la durée, d'en faire la répartition, d'en assigner l'emploi, d'en demander le compte, d'en exiger la publication. VI. Les lois n'existent que pour garantir à chaque citoyen la propriété de ses biens et la sûreté de sa personne. VII. Toute propriété est inviolable. Nul citoyen ne peut être arrêté ni puni que par un jugement légal. VIII. Nul citoyen, même militaire, ne peut être destitué sans un jugement. IX. Tout citoyen a le droit d'être admis à tous les emplois, professions et dignités. X. La liberté naturelle, civile, religieuse, de chaque homme; sa sûreté personnelle, son indépendance absolue de toute autre autorité que celle de la loi, excluent toute recherche sur ses opinions, ses discours, ses écrits, ses actions, en tant qu'ils ne troublent pas l'ordre public et ne blessent pas les droits d'autrui. XI. En conséquence de la déclaration des droits de la nation, nos représentans demanderont expressément l'abolition de la servitude personnelle, sans aucune indemnité; de la servitude réelle, en indemnisant les propriétaires; de la milice forcée; de toutes commissions extraordinaires; de la violation de la foi publique dans les lettres confiées à la poste; et de tous priviléges exclusifs, si ce n'est pour les inventeurs, à qui ils ne seront accordés que pour un temps déterminé. XII. Par une suite de ces principes, la liberté de la presse doit être accordée, sous la condition que les auteurs signeront leurs manuscrits; que l'imprimeur en répondra, et que l'un ou l'autre seront responsables des suites de la publication. XIII. La déclaration de ces droits naturels, civils et politiques, telle qu'elle sera arrêtée dans les États-Généraux, deviendra la charte nationale et la base du gouvernement français.

CONSTITUTION. I. Dans la monarchie française, la puissance législative appartient à la nation conjointement avec le roi; au roi seul appartient la puissance exécutrice. II. Nul impôt ne peut être établi que par la nation. III. Les États-Généraux seront périodiques de trois ans en trois ans, sans préjudice des tenues extraordinaires. IV. Ils ne se sépareront jamais sans avoir indiqué le jour, le lieu de leur prochaine tenue, et l'époque de leurs Assemblées élémentaires qui doivent procéder à de nouvelles élections. V. Au jour fixé, ces Assemblées se formeront sans autre convocation. VI. Toute personne qui sera convaincue d'avoir fait quelqu'acte tendant à empêcher la tenue des États-Généraux, sera déclarée traître à la patrie, coupable du crime de lèse-nation, et punie comme telle par le tribunal qu'établiront les États-Généraux actuels. VII. L'ordre et la forme de la convocation et de la représentation nationale seront fixés par une loi. VIII. En attendant l'union si désirable des citoyens de toutes les classes en une représentation et délibération commune et générale, les citoyens du Tiers-état auront au moins la moitié des représentants. IX. Il ne sera nommé, dans l'intervalle des États-Généraux, aucune commission revêtue de pouvoirs quelconques, mais seulement des bureaux de recherche et d'instruction, sans autorité, même provisoire, pour se procurer des renseignements utiles, et préparer le travail des États-Généraux subséquents. Nos représentants appuieront la demande de la colonie de Saint-Domingue, d'être admise aux États-Généraux : ils demanderont que les députés des autres colonies soient également admis, comme étant composées de nos frères, et comme devant participer à tous les avantages de la constitution française. X. Dans l'intervalle des tenues d'États-Généraux, il ne pourra être fait que des réglements provisoires pour l'exécution de ce qui aura été arrêté dans les précédents États-Généraux, et ces réglements ne pourront être érigés en lois que dans les États-Généraux subséquents. XI. La personne du monarque est sacrée et inviolable. La succession au trône est héréditaire dans la race régnante, de mâle en mâle, par ordre de primogéniture, à l'exclusion des femmes ou de leurs descendants, tant mâles que femelles, et ne peut échoir qu'à un prince né français en légitime mariage, et regnicole. XII. A chaque renouvellement de règne, les députés aux derniers États-Généraux se rassembleront de droit, et sans autre convocation. La régence, dans tous les cas, ne pourra être conférée que par eux. XIII. Les États-Généraux actuels décideront à qui appartiendra par provision, et jusqu'à la tenue des États-Généraux, l'exercice de la régence, dans tous les cas où il pourra y avoir lieu de la conférer. XIV. A chaque renouvellement de règne, le roi prêtera à la nation, et la nation au roi; un serment, dont la formule sera fixée par les États-Généraux actuels. XV. Aucun citoyen ne pourra être arrêté, ni son domicile violé, en vertu de lettres-de-cachet, ou de tout ordre émané du pouvoir exécutif, àpeine, contre toutes personnes qui les auraient sollicités, contre-signés, exécutés, d'être poursuivies extraordinairement, et punies de peines corporelles, sans préjudice des dommages et intérets, pour lesquels elles seront solidaires envers les parties. XVI. Les mêmes peines auront lieu contre quiconque aura sollicité, accordé ou exécuté des arrêts du propre mouvement. XVII. Les ministres, ordonnateurs, administrateurs en chef de tous les départements, seront responsables, envers la nation assemblée en États-Généraux, de toute malversation, abus de pouvoir, et mauvais emploi de fonds. XVIII. Tout le royaume sera divisé en Assemblées provinciales, formées de membres de la province librement élus dans toutes les classes et d'après la proportion qui sera réglée. XIX. L'administration publique, en tout ce qui concerne la répartition, la perception des impôts, l'agriculture, le commerce, les manufactures, les communications, les divers genres d'améliorations, l'instruction, les mœurs, sera confiée aux assemblées provinciales. XX. Les villes, les bourgs et villages auront des municipalités électives auxquelles appartiendra pareillement l'administration de leurs intérêts locaux. XXI. Les assemblées provinciales et les municipalités ne pourront ni accorder des subsides, ni faire des emprunts. Tous les membres qui les composeront seront pareillement responsables de toute délibération qu'ils auront prise à cet égard. XXII. Le pouvoir judiciaire doit être exercé en France, au nom du roi, par des tribunaux composés de membres absolument indépendants de tout acte du pouvoir exécutif. XXIII. Tout changement dans l'ordre et l'organisation des tribunaux ne peut appartenir qu'à la puissance législative. XXIV. Les nobles pourront, sans dérogeance, faire le commerce, et embrasser toutes les professions utiles. XXV. Il n'y aura plus aucun anoblissement, soit par charge, soit autrement. XXVI. Il sera établi, par les états-généraux, une récompense honorifique et civique, purement personnelle, non héréditaire, laquelle, sur leur présentation, sera déférée, sans distinction, par le roi, aux citoyens de toutes les classes qui l'auront méritée par l'éminence de leurs vertus patriotiques, et par l'importance de leurs services. XXVII. Les lois formées dans les États-Généraux seront, sans délai, inscrites sur les registres des cours supérieures, et de tous les autres tribunaux du royaume, comme aussi sur les registres des assemblées provinciales et municipales, et elles seront publiées et exécutées dans tout le royaume. XXVIII. La constitution qui sera faite dans les États-Généraux actuels, d'après les principes que nous venons d'exposer, sera la propriété de la nation, et ne pourra être changée ou modifiée que par le pouvoir constitutif, c'est-à-dire par la nation elle-même, ou par ses représentants, qui seront nommés *ad hoc* par l'universalité des citoyens, uniquement pour travailler au complément et au perfectionnement de cette constitution. XXIX. La charte de la constitution sera gravée sur un monument public, élevé à cet effet. La lecture en sera faite en présence du roi à son avénement au trône, sera suivie de son serment, et la copie insérée dans le procès-verbal de la prestation de ce serment. Tous les dépositaires du pouvoir exécutif, soit civil, soit militaire, les magistrats des tribunaux supérieurs et inférieurs, les officiers de toutes les municipalités du royaume, avant d'entrer dans l'exercice des fonctions qui leur seront confiées, jureront l'observation de la charte nationale. Chaque année, et au jour anniversaire de sa sanction, elle sera lue et publiée dans les églises, dans les tribunaux, dans les écoles, à la tête de chaque corps militaire et sur les vaisseaux, et ce jour sera un jour de fête solennelle dans tous les pays de la domination française.

FINANCES. I. Tous les impôts qui se perçoivent actuellement, seront déclarés nuls et illégaux ; et cependant, par le même acte, ils seront provisoirement rétablis, pour ne durer que jusqu'au jour qui aura été fixé par les États-Généraux pour leur cessation, et pour le commencement de la perception des subsides qu'ils auront librement établis. II. La dette du roi sera vérifiée, et, après l'examen, consolidée et déclarée dette nationale ; et pour faciliter son acquit et en diminuer le poids il sera arrêté que la nation rentrera dans les domaines engagés, vendus ou inféodés depuis 1566. A l'égard des échanges, les États-Généraux ordonneront la révision de ceux qui ne sont pas revêtus de toutes les formalités légales, pour prendre ensuite le parti qu'ils jugeront le plus avantageux à la nation sur ces échanges. III. Les domaines seront déclarés inaliénables par le roi seul, même par la voie de l'échange, et par celle de l'engagement. IV. Les domaines seront déclarés aliénables, par la nation, avec le roi, et seront aliénés selon la forme, de la manière, et dans les temps qui seront déterminés par les États-Généraux, sans que le produit des ventes puisse être employé à autre chose qu'à la diminution de la dette nationale. V. En procédant à la rentrée dans les domaines, les États-Généraux veilleront à ce qu'on respecte le droit et l'ancienne possession relativement aux petits domaines, et qu'il ne puisse être formé aucune demande en rentrée, à l'égard des détenteurs quelconques, qu'autant qu'il sera préalablement prouvé que l'objet est véritablement domanial. VI. Les habitants de la capitale déclarent renoncer expressément à leurs priviléges, soit sur les droits d'entrée des productions de leurs terres, soit sur les terrains de leurs habitations et jardins d'agrément, et de leur exploitation. VII. Toute imposition distinctive quelconque, soit réelle ou personnelle, telle que taille, franc-fief, capitation, milice, corvée, logement des gens de guerre, et autres, sera supprimée et remplacée, suivant le besoin, en impôts généraux, supportés également par les citoyens de toutes les classes. VIII. Les traites ne seront perçues qu'à l'entrée du royaume, où les barrières seront reculées. IX. Tous les droits de contrôle, centième denier, insinuations tant ecclésiastiques que laïques sur les successions et conventions, droits de trois ou quatre deniers pour livres sur les ventes mobilières, seront supprimés le plus tôt possible : et cependant leur tarif sera modéré, éclairci, et rendu précis, de manière à éviter les contestations que ces droits occasionnent journellement. Les abus, vexations et vieilles recherches qui en résultent, seront réprimés dès-à-présent, sans préjudice des moyens de police utiles à assurer la date, l'authenticité et la publicité des actes. X. Les États-Généraux s'occuperont essentiellement de la suppression des impôts désastreux des aides et gabelles, et des moyens de les remplacer. Ils s'occuperont de la suppression de la ferme du tabac, et du remplacement en un autre impôt. XI. Les États-Généraux, dans le remplacement des impôts s'occuperont principalement d'impositions directes, qui porteront sur tous les citoyens, sur toutes les provinces, et dont la perception sera la plus simple et la moins dispendieuse. XII. Après que les États-Généraux auront déterminé la forme des subsides qu'ils voudront concéder, ils les partageront en deux classes : l'une, affectée au paiement des intérêts et des remboursements de la dette devenue nationale; l'autre, à l'acquit des dépenses des différents départements. XIII. Il sera ordonné que les subsides de la première classe suivront, et pour leur durée et pour leur quantité, le sort de la dette nationale. XIV. Il sera établi deux caisses, l'une nationale, dans laquelle tous les subsides destinés au paiement de la dette consolidée seront directement versés, et employés irrévocablement au paiement de l'arrérage et aux remboursements; et cette caisse sera sous la main et dans l'administration de la nation, de la manière qui sera réglée par les États-Généraux. Et l'autre caisse, également nationale, sera destinée à recevoir le recouvrement des subsides qui doivent être employés aux dépenses des différents départements, après qu'elles auront été fixées par les États-Généraux, et aux dépenses personnelles du roi, que sa Majesté sera suppliée de régler, et auxquelles les États-Généraux doivent, suivant le vœu des peuples, ajouter tout ce que l'amour du roi pour ses sujets aurait pu en retrancher. XV. Les administrateurs des deux caisses, nommés par la nation, compteront, tant en recette effective qu'en dépenses réelles, à la nation. XVI. Il sera avisé aux moyens de simplifier les formes et de diminuer les frais de toute comptabilité, et de rendre plus prompte la reddition et l'apurement des comptes de tous les comptables. XVII. Pour consacrer à jamais le principe fondamental qu'aucun subside ni aucun emprunt ne pourra désormais avoir lieu sans la concession libre et expresse de la nation, tout titre d'ancien emprunt comme d'ancien impôt sera totalement anéanti et remplacé par un nouveau titre d'*Emprunt consolidé de* 1789, *emprunt créé, impôt consolidé, et impôt créé*, etc. XVIII. La nation s'imposera elle-même la loi de ne faire désormais aucun emprunt, sans y destiner et hypothéquer spécialement un fonds tant pour les intérêts que pour l'amortissement; et il est à souhaiter même qu'il lui soit possible de s'occuper, dès-à-présent, de l'amortissement des dettes anciennes. XIX. Toutes les pensions qui seront reconnues n'avoir pas une juste cause, seront supprimées. Celles qui seront jugées excessives, seront modérées. Il n'en sera jamais accordé qu'à une seule époque de l'année; on en publiera l'état; et en marge on y joindra les noms de ceux qui les auront obtenues, et les motifs qui les auront fait accorder. XX. On publiera également chaque année les comptes de chaque département, ainsi que celui des finances, afin que le jugement et la censure de l'opinion publique puissent en précéder et en éclaircir l'examen.

AGRICULTURE. I. L'agriculture est le premier des arts, et le principe de toutes les richesses. Il s'agit de lui rendre tout ce dont elle a été privée, et de faire cesser les abus qui s'opposent à ses progrès. II. Les États-Généraux sont spécialement et instamment invités par l'assemblée, à prendre, le plus tôt qu'il sera possible, en considération la cherté actuelle des grains, à en rechercher attentivement la cause et les auteurs, et à s'occuper des moyens d'y remédier efficacement, et pour toujours. III. Les États-Généraux prendront en considération les moyens d'assurer la propriété des communaux, et d'en améliorer le produit. Les terres vaines et vagues, situées ou dans l'étendue des seigneuries du domaine, ou dans les seigneuries particulières, seront incessamment concédées aux conditions qui seront déterminées. A l'égard des concessions déjà faites, même sans aucune espèce de formalités de la part des gens de main-morte, en ce compris l'ordre de Malte, elles seront confirmées. IV. Les États-Généraux prendront en considération le desséchement des marais. V. Les États-Généraux prendront en considération les moyens d'opérer la destruction des pigeons, qui sont le fléau de l'agriculture. VI. Tout propriétaire, aura le droit d'enclore son héritage, d'y cultiver tous les végétaux qu'il jugera à propos, et d'y fouiller toutes les mines et carrières qui s'y trouveront. VII. Les capitaineries s'étendent sur quatre cents lieues carrées, et peut-être plus : elles sont un fléau continuel de l'agriculture. La liberté, la propriété, y sont dégradées et anéanties : les bêtes y sont préférées aux hommes, et la force y contrarie sans cesse les bienfaits de la nature. Les députés seront spécialement chargés de demander la totale abolition des capitaineries; elles sont, dans leur établissement, tellement en opposition à tout principe de morale, qu'elles ne peuvent être tolérées, sous prétexte d'adoucissement dans leur régime. VIII. Il est du droit naturel que tout propriétaire puisse détruire, sur son héritage, le gibier et les animaux qui peuvent être nuisibles. A l'égard du droit de chasse et des moyens qu'on peut employer, soit pour la suppression, soit pour la conservation de ce droit, en supprimant les abus d'une manière facile, l'Assemblée s'en rapporte à la sagesse des États-Généraux. IX. Les rentes foncières en argent seront remboursables au denier vingt-cinq. Le droit de champart et les rentes foncières en nature seront remboursables ainsi et de la manière qu'il sera avisé par les États-Généraux. Les États-Généraux seront priés de prendre en considération les banalités. X. Les États-Généraux prendront en considération s'il convient que les communautés d'habitants soient autorisées, ou non, pour plaider. XI. Les États-Généraux détermineront la largeur qu'il convient de donner aux grandes routes, pour enlever à la culture le moins de terrain possible. XII. La corvée en nature sera définitivement supprimée, ne sera jamais rétablie, et sera convertie en une prestation pécuniaire, également supportée, sans aucune distinction, par les citoyens de toutes les classes. XIII. Les règlements concernant la plantation des arbres le long des routes et grands chemins continueront d'être exécutés, à la charge néanmoins que quand le propriétaire n'aura pas planté, il pourra rentrer dans la propriété des arbres plantés, en remboursant ceux qui auront fait les frais de plantation et d'éducation de ces arbres. XIV. Les droits établis sur les échanges des héritages seront supprimés. XV. Les droits de minage seront supprimés, sauf à rembourser, s'il y a lieu, ceux qui pourraient être fondés en titres constitutifs. XVI. Les États-Généraux prendront en considération le droit de parcours et celui de vaine pâture, pour déterminer s'ils doivent être supprimés ou conservés. XVII. Le Code des eaux et forêts sera revu et réformé, et entre autres objets, sur la défense de faire écorce, défense qui intéresse si essentiellement le commerce important de la tannerie; ensemble sur l'administration et le repeuplement des forêts de gens de main-morte. XVIII. Suppression absolue des haras royaux et privilégiés; liberté et encouragement aux haras particuliers, et aux personnes qui amélioreront les différentes espèces d'animaux utiles à l'économie rurale et domestique. XIX. Tous les baux faits par les titulaires des bénéfices, même de ceux de l'ordre de Malte, seront nécessairement faits par adjudication, sur affiches, publication et enchère; et les baux, ainsi faits sans anticipation, ne pourront être résiliés par la mort ou par la démission du bénéficier. XX. Plusieurs bénéficiers mettent les revenus de leurs bénéfices en fermes générales, et les fermiers-généraux pressent et oppriment les cultivateurs. Il sera défendu de faire de semblables baux : l'humanité, l'avantage de l'agriculture, qui languit par l'épuisement qu'éprouvent les fermiers particuliers avec lesquels traitent les fermiers-généraux, exigent que cette précaution soit établie. XXI. Il sera avisé, par les États-Généraux, s'il ne serait pas nécessaire de déclarer que la loi *emptorem* ne doit point être suivie, pour que les tiers-acquéreurs ne puissent évincer ni les fermiers, ni les locataires, quels qu'ils puissent être; et que la loi ÆDE, qui fonde le droit connu sous le nom de *droit bourgeois*, doit être également abrogée. XXII. Tout propriétaire aura la liberté de faire des baux aussi longs que bon lui semblera, sans être assujetti à aucune prohibition ni à aucuns droits. XXIII. Il y aura exemption de tous droits et contributions pour les marais desséchés et pour les bois nouvellement plantés, pendant vingt ans, et pour les terres défrichées, pendant quinze ans.

COMMERCE. Le commerce n'a plus besoin d'éloges; ses avantages sont connus, et il fait aujourd'hui un des objets les plus essentiels de la politique des États : il ne demande donc que liberté et secours. I. Les différents traités de commerce, faits entre la France et les puissances étrangères, seront examinés par les État-Généraux, pour en connaître et balancer les résultats relativement à la France ; et il ne pourra en être conclu aucun à l'avenir, sans que le projet en ait été communiqué à toutes les chambres de commerce du royaume, et aux États-Généraux. II. Il sera établi dans les principales villes une chambre de commerce, composée de vingt négociants, marchands, fabricants, artistes mécaniciens, artisans des plus recommandables, au secrétariat de laquelle seront déposés toutes les lois, réglements, statuts et tarifs de France et de l'étranger, concernant le commerce, ou qui pourront l'intéresser. III. On affranchira les marchandises nationales, exportées à l'étranger, de tout droit de sortie, et on assujétira les marchandises provenant des fabriques étrangères, à un droit d'entrée dans le royaume, relatif à leur nature et à leur valeur *. IV. On défendra la sortie, hors le royaume, des matières premières propres à nos manufactures, et on exemptera de droits les matières premières, propres à nos manufactures, venans de l'étranger. V. Il sera pris les précautions les plus sages pour prévenir le prix excessif des grains, et leur exploitation sera soumise à l'examen le plus approfondi des États-Généraux et des Assemblées provinciales. VI. On demandera qu'il soit accordé des primes aux marchandises de nos fabriques, qui seront exportées chez l'étranger. VII. La disette de bois exige que l'exploitation des mines de tourbe et de charbon de terre soit encouragée. VIII. On proposera aux États-Généraux de déterminer s'il convient, pour le plus grand avantage du commerce, de se conformer rigoureusement aux réglements faits pour les manufactures, ou d'en modifier les dispositions, ou enfin, d'accorder aux fabricants une liberté indéfinie. IX. Et dans le cas où cette liberté ne serait pas accordée, les inspecteurs et sous-inspecteurs des manufactures seront choisis par les chambres de commerce, à la pluralité des voix, et ils seront tenus d'y faire le rapport de leurs visites, toutes les fois qu'ils en seront requis. X. Tous les droits de péage, pontonage, et autres de cette nature, seront, dès-à-présent, supprimés provisoirement, sauf à rembourser les propriétaires fondés en titres constitutifs. XI. Les droits d'octroi des villes, tant qu'ils subsisteront, ne pourront être perçus sur les marchandises en passe-debout, et ne pourront l'être que sur les objets de consommation des villes. XII. L'impôt appelé *droit de marque* sur les cuirs, en détruisant en France les tanneries et le commerce des cuirs, nous force d'en

* Si le Roi et son auguste Compagne ne faisaient usage que des étoffes de nos manufactures, leur exemple serait bientôt suivi par la nation, et rendrait à nos fabriques languissantes toute leur activité.

tirer de l'étranger : il est nécessaire de supprimer cet impôt ainsi que celui de la marque sur les fers. XIII. Les amidonniers et mégissiers seront affranchis de toutes visites, en s'abonnant, suivant leurs offres, pour les droits qui subsisteront encore, et dont ils pourront être tenus. XIV. Toute espèce de commerce sera interdit aux communautés religieuses. XV. Les droits excessifs de contrôle sur les ouvrages d'or et d'argent, comme essentiellement nuisibles à cette branche de commerce, seront modérés, et ceux qui auront été payés pour des marchandises de cette espèce exportées, seront restitués. XVI. Aucune refonte des monnaies, ni aucuns changements dans le titre et dans la valeur, ne pourront être faits sans le consentement des États-Généraux. XVII. On établira, dans tout le royaume, l'uniformité des poids et mesures. XVIII. On restituera aux veuves des marchands et artisans le droit qu'elles avaient avant l'édit de 1776, de continuer le commerce et la profession de leur mari, sans payer une nouvelle réception. XIX. Les marchands exclus des charges et emplois, pour n'avoir pas payé le droit de confirmation, établi par le même édit, pourront, à l'avenir, être admis auxdites charges. XX. Les apprentissages seront rétablis, comme le seul moyen de fournir au commerce des sujets doués des connaissances qu'il exige. XXI. On demandera la suppression de l'impôt sur le papier, comme très préjudiciable au commerce de librairie du royaume, et provoquant la contre-façon chez l'étranger. XXII. Les propriétés anciennes des auteurs seront conservées, et les arrêts de 1777 seront supprimés. XXIII. Si les droits sur les toiles et mousselines subsistent, ils seront diminués.

JURIDICTION CONSULAIRE, ET OBJETS Y RELATIFS.
I. L'ordonnance de 1673 sera entièrement refondue, et il sera fait un Code général pour le commerce. II. La juridiction consulaire sera, à l'avenir, composée d'un juge choisi dans les anciens consuls, et de six consuls choisis parmi les négociants, fabricants, artistes mécaniciens et artisans. III. Les causes consulaires, portées par appel au parlement, seront jugées sommairement à une audience particulière et publique, où les parties pourront être entendues par elles-mêmes. IV. Il serait aussi utile que juste de donner aux juges et consuls le droit de juger en dernier ressort jusqu'à 1,000 livres, au lieu de 500 livres, qui leur a été accordé en 1563. V. Les juges consuls connaîtront, quant au civil seulement, des faillites et banqueroutes entre marchands, négociants, banquiers et gens d'affaires. En conséquence, il sera procédé devant eux aux vérifications et affirmations des créances, homologations

des délibérations, traités et contrats des faillis. Et à la contribution des deniers mobiliaires, encore qu'il y eût des créanciers non marchands; et ce, nonobstant toutes attributions particulières. VI. Les banqueroutiers frauduleux seront poursuivis à la requête du ministère public; et après qu'ils auront été déclarés tels, ils seront inscrits sur un tableau placé à cet effet dans la salle d'audience des juridictions consulaires. VII. Pour mettre un frein aux banqueroutiers frauduleux qui s'enrichissent par des faillites réitérées, leurs créanciers pourront, nonobstant les remises qu'ils auraient faites, avoir action sur les biens acquis par les faillis, ou qui leur seraient échus postérieurement à leur faillite. VIII. Le privilège des asyles de sûreté, notamment des enclos du Temple, de Saint-Jean de Latran, et de tous autres qui servent de refuge aux débiteurs faillis et banqueroutiers, sera supprimé. IX. Les juges consuls nommeront parmi eux, ou parmi les anciens consuls, cinq commissaires pour examiner la situation active et passive des débiteurs faillis, auxquels il ne pourra être accordé aucun répit que par les tribunaux ordinaires, et seulement sur le certificat motivé desdits commissaires, sans que le dit répit puisse donner la main levée des biens qui demeureront toujours sous la main des créanciers. X. Les sentences des consuls seront affranchies des droits de scel, contrôle de dépens et autres droits bursaux, si ces droits subsistent. XI. Il ne sera accordé aucuns arrêts de défense contre les sentences des consuls, rendues au souverain, si ce n'est dans le cas où l'incompétence sera évidente. XII. A l'égard des sentences rendues, et sujettes à l'appel, l'exécution provisoire n'en pourra avoir lieu qu'à la charge de donner une bonne, valable et solvable caution. XIII. Il pourra néanmoins être accordé arrêt de défense contre l'exécution desdites sentences, mais seulement à l'audience du tribunal d'appel. XIV. Les lettres de change tirées, acceptées ou endossées par les mineurs non commerçants ou artisans, pourront être déclarées nulles, à leur égard seulement, sans qu'il soit besoin de lettres de rescision. XV. Les sentences des juges et consuls seront rédigées sur les défenses et moyens sommaires des parties, portés au plumitif, sans pouvoir y insérer aucuns plaidoyers et mémoires par écrit, et ne seront point grossoyées. XVI. Lorsqu'il aura été prononcé une sentence de séparation entre mari et femme, négociants, les meubles et effets ne pourront être vendus qu'après que le procès-verbal de saisie-exécution, fait à la requête de la femme séparée, aura été affiché à la juridiction consulaire, et y sera demeuré affiché pendant quinzaine. Le jour de la vente sera indiqué dans l'affiche. XVII. Les jours de grace pour tous les billets et lettres de change seront uniformes dans tout le royaume. XVIII. Aucun marchand ne pourra vendre son fonds de commerce que quinze jours après en avoir fait et signé sa déclaration au greffe des consuls, laquelle déclaration sera inscrite sur un tableau exposé à cet effet dans la salle d'audience. XIX. Toutes sociétés entre marchands et autres justiciables des consuls, seront enregistrées au greffe, sans qu'il soit besoin de les faire contrôler. XX. La contrainte par corps ne pourra avoir lieu au-dessous de cent livres. XXI. Si les États-Généraux croient devoir laisser subsister le mont-de-piété, dont les avantages sembleraient devoir répondre à son titre, il est au moins très important d'employer des moyens capables de détruire les abus qui en sont résultés.

RELIGION, CLERGÉ, HOPITAUX, ÉDUCATION ET MOEURS. I. La religion, nécessaire à l'homme, l'instruit dans son enfance, réprime ses passions dans tous les âges de la vie, le soutient dans l'adversité, le console dans la vieillesse. Elle doit être considérée dans ses rapports avec le gouvernement qui l'a reçue, et avec la personne qui la professe. Ses ministres, comme membres de l'Etat, sont sujets aux lois; comme possesseurs de biens, sont tenus de partager toutes les charges publiques; comme attachés spécialement au culte divin, doivent l'exemple et la leçon de toutes les vertus. II. La religion est reçue librement dans l'état, sans porter aucune atteinte à sa constitution. Elle s'établit par la persuasion, jamais par la contrainte. III. La religion chrétienne ordonne la tolérance civile. Tout citoyen doit jouir de la liberté particulière de sa conscience; l'ordre public ne souffre qu'une religion dominante. IV. La religion catholique est la religion dominante en France; elle n'y a été reçue que suivant la pureté de ses maximes primitives : c'est le fondement des libertés de l'église gallicane. V. Afin de prévenir toute altération de ces libertés, qu'il ne soit permis à aucun ecclésiastique français d'accepter des dignités et bénéfices dans des églises ou des cours étrangères; ni aux ecclésiastiqus étrangers, d'en posséder en France. VI. Que l'article 2 de l'ordonnance d'Orléans, qui défend tout transport de deniers à Rome, *sous couleur d'annate, vacants ou autrement*, soit exécuté selon sa forme et teneur. VII. Que les dispenses ne soient accordées que par les ordinaires, en connaissance de cause, et gratuitement. VIII. La juridiction ecclésiastique ne s'étend, en aucune manière, sur le temporel; son exercice extérieur est réglé par les lois de l'état. IX. Nos pères ayant toujours désiré le maintien ou le rétablissement des élections aux prélatures, comme le plus sûr moyen d'avoir des ministres savants et vertueux, il sera pris des mesures pour faire revivre cette discipline primitive de l'église. X. Que conformément à l'article premier de l'ordonnance d'Orléans, il ne soit, dès-à-présent, nommé aux archevêchés et évêchés, que des ecclésiastiques âgés de trente ans au moins, ayant exercé les fonctions du ministère au moins pendant cinq années, dans un autre état que celui de grand-vicaire. XI. Pour rendre libre l'entrée dans le ministère ecclésiastique et dans les universités, toute adhésion à des formules introduites depuis l'ordonnance d'Orléans, sera supprimée. Qu'il soit pris des précautions pour s'assurer des vocations et capacités de ceux qui seront présentés à l'état ecclésiastique. XII. Que l'article 5 de l'ordonnance d'Orléans, sur la nécessité de la résidence des Archevêques, évêques, abbés séculiers et réguliers, et curés, soit observé; et qu'ils n'en soient jamais dispensés, même pour service à la cour ou dans les conseils du roi, mais seulement pour l'assistance aux conciles. XIII. Qu'à défaut de résidence desdits prélats et curés, leurs revenus soient acquis aux hôpitaux du diocèse; et les administrateurs d'iceux tenus d'en poursuivre la délivrance, à peine d'en répondre en leur propre et privé nom. XIV. Que les chanoines soient pareillement tenus à résidence dans leurs églises, et sous les mêmes peines. XV. Que nul ecclésiastique, pourvu de bénéfices, ou jouissant de pensions sur iceux, produisant trois mille livres de revenu, ne puisse tenir aucun autre bénéfice ou pension. XVI. Ne pourront lesdits ecclésiastiques, s'occuper d'emplois ou trafics peu convenables à leur état; et seront tenus de garder, dans leurs habits et conduite, la décence nécessaire pour se concilier le respect des peuples. XVII. Les vœux de religion qui seront faits à l'avenir, ne lieront point les religieux et religieuses au monastère, et ne feront perdre aucun des droits civils. Ne pourront lesdits religieux et religieuses disposer de leurs biens mobiliers ou immobiliers en faveur desdits monastères. XVIII. Les dispositions de l'édit de 1768, sur la conventualité, seront exécutées même dans les monastères des filles. Les chefs de maisons religieuses seront tenus de rendre compte aux assemblées provinciales, des travaux utiles auxquels ils s'occupent pour le bien de l'église et de l'état. XIX. Les couvents de religieux et religieuses mendiants, jugés nécessaires, seront dotés par l'union de quelques bénéfices, et la mendicité sera généralement interdite. XX. Il sera avisé, par les Etats

Généraux, aux moyens de pourvoir à ce que les curés des campagnes aient au moins douze cents livres de revenu dans les pays les plus pauvres; les vicaires, six cents livres : que les curés des villes, ainsi que les vicaires qui leur seront nécessaires, soient suffisamment dotés; et l'article 15 de l'ordonnance d'Orléans, observé en ce qui concerne la suppression de tout casuel exigible. XXI. Que l'article 22 de l'édit de 1695 soit abrogé; en conséquence, les reconstructions et réparations des nefs d'église, presbytères, cimetières, ainsi que les fournitures et entretien d'ornements, livres et vases sacrés, soient à la charge des revenus ecclésiastiques. XXII. Qu'il soit pourvu, tant par la destination d'un certain nombre de canonicats, que par la création et établissement de pensions, à l'assurance d'une retraite pour les ecclésiastiques qui auront vieilli dans les travaux du ministère, et qui n'auront ni bénéfice simple ou pension, ni patrimoine suffisant. XXIII. Entre les moyens de pourvoir à l'exécution des articles précédents, les États-Généraux prendront en considération ceux qui suivent; que les évêques soient tenus de procéder sans aucun délai, les formes de droit gardées, d'abord à la suppression et union de bénéfices tenus en commende; ensuite, de bénéfices simples, de menses conventuelles de monastères reconnus inutiles, d'églises collégiales, même de bénéfices de nomination royale. En attendant l'effet desdites suppressions, tous les revenus des abbayes étant actuellement aux économats, seront employés auxdits objets, sans qu'ils puissent être détournés à autre destination; et en cas d'insuffisance, la moitié des revenus des abbayes de nomination royale qui deviendront vacantes, sera employée aux mêmes objets. XXIV. Qu'il soit avisé à la réformation de l'article 11 de l'édit de 1695, de manière que les curés demeurent libres de choisir leurs coopérateurs, et que les peuples ne soient pas privés arbitrairement de ministres auxquels ils auraient donné leur confiance. XXV. L'article 34 de l'édit de 1695 sera réformé, en ce qu'il attribue aux juges ecclésiastiques la connaissance des causes matrimoniales. XXVI. Que les fêtes soient réduites ou remises au dimanche; que, conformément aux réglements, il soit sévèrement défendu de travailler publiquement et extérieurement le dimanche, si ce n'est dans le temps des récoltes et dans les nécessités publiques. XXVII. Les administrateurs des hôpitaux seront renouvelés par moitié tous les trois ans, et choisis par les communes de la ville où se trouvent ces hôpitaux. Ils seront responsables envers ces communes, sous la surveillance des Assemblées municipales, et supérieurement des Assemblées provinciales. XXVIII. Que les dépôts de mendicité soient abolis, des ateliers publics ouverts, dans lesquels les personnes de tout âge, de tout sexe, valides ou invalides, puissent trouver dans tous les temps, et surtout pendant l'hiver, une occupation convenable à leur état et à leur situation. A l'égard des personnes connues et domiciliées, le chef des ateliers leur fournira des ouvrages de nature à les occuper dans leur maison : le tout sous l'inspection des assemblées provinciales et municipales. XXIX. Les États-Généraux seront priés d'aviser à la réforme et à l'amélioration des études publiques. XXX. Les écoles particulières, établies dans les séminaires, seront ouvertes au public, et soumises à la surveillance des juges des lieux : sinon elles seront interdites, et les bourses fondées dans lesdits séminaires transférées dans l'Université la plus prochaine. XXXI. Il sera étbli dans chaque paroisse ayant plus de cent feux, un maître et une maîtresse d'école, pour donner des leçons gratuites à tous les enfants de l'un et de l'autre sexe, et une sœur de charité pour soigner les malades. XXXII. Ajoutant à l'article 25 de l'édit de 1695, il sera ordonné que, lors de l'examen pour la réception ou renvoi desdits maîtres et maîtresses d'école, seront appelés le Syndic, et quatre notables de la paroisse, même deux curés voisins, au choix desdits maîtres et maîtresses, s'ils le requièrent, le tout sous l'inspection des Assemblées provinciales et municipales. XXXIII. Les fonds pour le paiement desdits maîtres et maîtresses d'écoles, et sœurs de charité, approvisionnement de livres et papiers pour l'école, fournitures gratuites de médicaments pour les pauvres, seront pris par addition sur les fonds destinés aux réparations des églises et presbytères. XXXIV. Toutes les maisons de jeux et les loteries seront supprimées comme contraires aux bonnes mœurs, et funestes à toutes les classes de la société. XXXV. Les réglements contre les banquiers des loteries étrangères seront exécutés, et les mises seront confisquées. XXXVI. Les États-Généraux prendront en considération les moyens d'opérer la réforme et la restauration des mœurs. XXXVII. Il est expressément défendu, sous la loi de l'honneur, à tout député des États-Généraux, d'accepter, soit pendant leur tenue, soit dans les trois années qui suivent, aucunes graces, gratifications et pensions pour eux, ou pour leurs enfants.

LÉGISLATION. I. L'objet des lois est d'assurer la liberté et la propriété. Leur perfection est d'être humaines et justes, claires et générales; d'être assorties aux mœurs et au caractère national, de protéger également les citoyens de toutes les classes et de tous les ordres, et de frapper, sans distinction de personnes, sur quiconque viole l'ordre public ou les droits des individus. II. Un assemblage informe de lois romaines et de coutumes barbares, de réglements et d'ordonnances sans rapport avec nos mœurs, comme sans unité de principes, conçus dans des temps d'ignorance et de trouble, pour des circonstances et un ordre de choses qui n'existent plus, ne peut former une législation digne d'une grande nation, éclairée de toutes les lumières que le génie, la raison et l'expérience ont répandues sur tous les objets. III. Il sera donc proposé aux États-Généraux d'établir un ou plusieurs comités, composés de magistrats, de jurisconsultes et de citoyens éclairés, choisis dans les différentes classes de la nation, lesquels s'occuperont de refondre les lois anciennes et nouvelles, civiles et criminelles, et de former, autant qu'il sera possible, une loi universelle, qui embrasse toutes les matières, et gouverne toutes les propriétés et toutes les personnes soumises à la domination française. Les états-généraux recommanderont surtout à ces comités de travailler d'abord à la réformation et à la simplification de la procédure civile et criminelle. IV. Les plans arrêtés par ces différents comités seraient présentés aux prochains États-Généraux, pour y être examinés, et recevoir la sanction légale. V. Et cependant, sans attendre la fin d'un travail qui sera nécessairement très long, les États-Généraux s'occuperont, dès-à-présent, de la suppression des commissions du conseil, de celle des commissaires départis, des chambres ardentes, et successivement de tous les tribunaux d'exception, dont les fonctions reviendront aux tribunaux ordinaires. VI. *En matière civile*. Il leur sera pareillement proposé de s'occuper, dès-à-présent, des articles suivants. 1° Il sera choisi par les habitants, dans des arrondissements de cinq ou six bourgs ou villages, un certain nombre de notables honorés de la confiance publique, lesquels jugeront, sur-le-champ, sans frais et sans appel, les contestations journalières qui s'élèvent dans les campagnes à l'occasion des rixes, des petits vols de fruits, des dommages faits aux arbres et aux récoltes, du glanage, des anticipations et entreprises des laboureurs sur les héritages voisins, et toutes les causes qui n'excéderaient pas vingt-cinq livres. Les notables pourront juger sans appel toutes les autres contestations où les deux parties consentiront de s'en rapporter à leur arbitrage. 2° Les rapports des instances et procès ne pourront se faire qu'en présence des parties et de leurs défenseurs. 3° Les juges, même ceux des cours supérieures, seront tenus d'opiner à voix haute, soit dans les audiences, soit au rapport, et de motiver chacune des dispositions essentielles de leurs jugements. 4° Les épices et vacations seront supprimées, sauf à pourvoir aux honoraires des juges; et l'arrêt du conseil, qui commande aux juges de se taxer des épices, à peine d'amende, sera révoqué. 5° Dans tout contrat de prêt, il sera permis aux parties de stipuler l'intérêt de l'argent, au taux fixé par la loi, même sans aucune retenue des impositions royales. 6° Les arrêts de défense ne pourront être accordés qu'à l'audience. 7° Dans les matières de cassation, le conseil du Roi ne pourra jamais prononcer sur le fond des contestations, notamment dans celles où le Roi sera intéressé; mais il sera tenu de renvoyer le jugement au tribunal le plus prochain, de la même nature que celui dont l'arrêt ou jugement aura été anéanti. 8° Il sera formé une caisse publique, où l'on versera les dépôts judiciaires, même ceux des consignations, et le produit des baux judiciaires; et on prendra les moyens convenables pour leur faire produire des intérêts au profit des ayant-droit. VII. *En matière criminelle.* 1° Aucun citoyen domicilié ne pourra être arrêté ni même obligé de comparaître devant aucun magistrat, sans un décret émané du juge compétent; excepté dans les cas où il aurait été pris en flagrant délit, ou arrêté à la clameur publique par les gardes chargés de veiller à la sûreté et à la tranquillité publique; et dans ce cas, le citoyen arrêté sera mené sur-le-champ, et dans les vingt-quatre heures au plus tard, devant le tribunal compétent, qui décernera un décret, s'il y a lieu, pour le constituer prisonnier, ou le renverra, s'il n'y a aucune preuve de délit. 2° Nul citoyen ne pourra être décrété de prise-de-corps que pour un délit qui emporte peine corporelle. 3° Tout accusé aura, même avant le premier interrogatoire, le droit de se choisir des conseils; et dans le cas où il ne serait pas en état de s'en choisir lui-même, il lui en sera donné un par le juge, avec la liberté de l'accepter ou de le refuser. 4° Le serment exigé des accusés étant évidemment contraire au sentiment naturel qui attache l'homme à sa propre conservation, n'est qu'une violence faite à la nature humaine, inutile pour découvrir la vérité et propre seulement à affaiblir l'horreur du parjure. La raison et l'intérêt des mœurs exigent donc que ce serment soit supprimé. 5° La publicité des procédures criminelles, établie autrefois en France, et en usage, dans tous les temps, chez presque toutes les nations éclairées, sera rétablie, et l'on sera désormais l'instruction, portes ouvertes, et l'audience tenant. 6° En matière criminelle, le jugement du fait sera toujours séparé du jugement du droit. L'institution des jurés, pour le jugement du fait, paraissant la plus favorable à la sûreté personnelle et à la liberté publique, les États-Généraux chercheront par quels moyens on pourrait adapter cette institution à notre législation. 7° Tous les tribunaux, sans distinction, seront tenus d'énoncer dans leurs arrêts et sentences de condamnation, sous peine de nullité, la nature du délit et les chefs de l'accusation, d'indiquer les preuves sur lesquelles ils auront prononcé leur jugement, et de citer le texte de la loi qui prononce la peine. 8° Tout accusé dont le crime n'est pas prouvé aux yeux de la loi, étant présumé innocent, la formule de *hors de cour* sera supprimée, et l'accusé sera absous des chefs d'accusation sur lesquels il n'y aura pas de preuve complète et légale. 9° La législation, en établissant des peines contre le coupable qui aura violé la loi, doit aussi établir une réparation pour l'innocence injustement accusée. Ainsi tout accusé, déchargé des accusations intentées contre lui, pourra réclamer la publication et l'affiche du jugement, et des indemnités proportionnées au dommage qu'il aura souffert dans son honneur, sa santé ou sa fortune. Cette indemnité sera prise sur les biens des dénonciateurs ou accusateurs, et subsidiairement sur des fonds publics assignés pour cet objet. 10° La confiscation n'aura plus lieu; les biens du condamné passeront aux héritiers, les frais et les dommages et intérêts préalablement pris sur iceux. 11° La modération des lois pénales caractérise la douceur des mœurs et la liberté des gouvernements. L'observation a prouvé que l'extrême sévérité des peines a des effets directement contraires au but même de la loi; qu'elle tend à endurcir les ames et à rendre les mœurs cruelles, en familiarisant l'imagination avec des spectacles atroces; qu'elle diminue l'horreur du crime, et en favorise souvent l'impunité, en excitant la compassion en faveur du criminel. Il sera donc fait une loi pour supprimer toute torture préalable à l'exécution, et tout supplice qui ajoute à la perte de la vie, des souffrances cruelles et prolongées. 12° La peine de mort sera réduite au plus petit nombre de cas possible, et réservée aux crimes les plus atroces. 13° Les coupables du même crime, de quelque classe qu'ils soient, subiront la même peine. 14° Les prisons, dans l'intention de la loi, étant destinées non à punir les prisonniers, mais à s'assurer de leur personne, on supprimera partout les cachots souterrains; on s'occupera des moyens de rendre l'intérieur des autres prisons plus salubre, et on veillera à l'exécution des réglements relatifs à la police et aux mœurs des prisonniers. Il sera établi des ateliers de travail dans les maisons de réclusion, ainsi que dans toutes les prisons où cet établissement ne nuira point à la sûreté. 15° Toute partie, en matière civile, aura, de droit, la liberté de plaider sa cause elle-même; en matière criminelle, chaque citoyen pourra se charger de plaider la cause de l'accusé. 16° L'usage de la sellette sera aboli. 17° Les États-Généraux prendront en considération le sort des esclaves noirs, ou hommes de couleur, tant dans les colonies, qu'en France.

MUNICIPALITÉ. La ville de Paris, à raison de son étendue et de sa population, de son commerce et de son industrie, des deux excès de luxe et de détresse dont elle est le mélange, de sa richesse et de ses besoins multipliés et renaissants, du soin pénible et assidu de pourvoir à sa subsistance, est, sans comparaison, celle des villes du royaume qui exige l'administration la plus active et la plus vigilante, la plus sagement organisée et la mieux concertée dans tous ses mouvements. I. En conséquence, le Tiers-État demande pour la ville de Paris une administration composée de membres librement élus par tous les citoyens, et renouvelés tous les trois ans; formée à l'instar des Assemblées provinciales, chargée des mêmes fonctions, et ayant les mêmes rapports avec les États-Généraux, laquelle administration fera, suivant le régime qu'elle établira, les fonctions du corps municipal, et aura la gestion des propriétés de la ville. II. Toutes les charges du corps de ville actuel seront supprimées et remboursées sur le pied des dernières ventes, comme l'ont été celles de la maison du Roi. III. Il ne sera plus nécessaire d'être né à Paris, pour être éligible et admis dans l'Assemblée de Paris. IV. L'Assemblée de Paris mettra au nombre de ses premiers et de ses plus importants travaux, de s'occuper des hôpitaux de Paris. V. Et en attendant, les comptes de tous les hôpitaux, tant en recette qu'en dépense, seront rendus public tous les ans, par la voie de l'impression. VI. Quand quelqu'un aura été blessé, on le transportera dans le lieu le plus prochain, où il pourra recevoir des secours, et où l'officier publics se transportera. VII. L'Assemblée de Paris s'occupera de l'administration du bureau des nourrices, et de l'éducation et de la conservation des enfants-trouvés. VIII. Il sera ouvert des asyles décents aux jeunes personnes honnêtes, mais infortunées, que presse l'indigence, et que le vice peut tenter. IX. On donnera une attention particulière aux établissements destinés à recevoir les vieillards honnêtes et indigents. X. L'Assemblée de Paris fera faire, tous les mois, la visite des prisons, pour s'assurer de l'état des prisons, du sort des prisonniers, et de l'exécution des réglements. XI. L'Assemblée du Tiers-État de Paris renonce au privilége des bourgeois, relativement à la compétence exclusive du Prévôt de Paris, ainsi qu'au privilége attribué au scel du Châtelet et au droit de suite; elle demande qu'en supprimant tous les priviléges de toute espèce existants dans le royaume, ceux-ci ne soient point exceptés. XII. Les administrations provinciales, et particulièrement l'administration de Paris, examineront avec attention s'il convient de maintenir, réformer ou supprimer les corporations et jurandes. Il sera pareillement renvoyé à l'Assemblée de Paris, l'examen de la question s'il convient de maintenir, réformer ou supprimer les priviléges des maisons du Roi et des princes, et ceux des corps et des nations. XIII. Que dans les halles on supprime le droit de plaçage, et en général tout impôt sur les marchés; et que, pour s'y établir, le marchand n'ait besoin que du consentement de l'officier public. XIV. Qu'on démolisse la prison des galériens, pour réunir le port de la Tournelle à celui de la halle aux vins. XV. Que l'on pèse avec le plus grand soin les intérêts et les droits des habitants du faubourg Saint-Marcel, relativement au projet de détourner la rivière de Bièvre pour la réunir à l'Yvette. XVI. Que tous priviléges pour les voitures publiques soient supprimés, et que les carrosses de remise et de place ne soient plus assujétis à aucune rétribution. XVII. Que les lois relatives à la falsification de vins et autres liqueurs potables, soient rigoureusement exécutées. XVIII. Que l'on ne puisse déposséder, sans paiement préalable et due estimation, aucun propriétaire des maisons et places à lui appartenantes, qui seront prises pour l'utilité et l'embellissement de la ville. XIX. Que l'île Saint-Louis soit jointe à celle de la Cité, par un terre-plein, ou par un pont sur lequel les voitures puissent passer. XX. Que les Quais soient continués d'une extrémité de Paris à l'autre, en conservant et en établissant les ports nécessaires. XXI. Qu'il soit construit une gare, si nécessaire au commerce et à la navigation, et qu'il soit appliqué à son établissement l'impôt perçu par la ville, depuis vingt ans, sous le nom de *droit de gare*. XXII. L'Assemblée de Paris examinera s'il ne serait pas avantageux que les cimetières, les tueries, les fonderies de suif, et toutes les fabriques qui réunissent un grand amas de matières combustibles, fussent éloignés et isolés hors des barrières de Paris, et qu'il en fût de même de tous les ateliers dont les émanations peuvent être pernicieuses. XXIII. Que la caisse des marchés de Sceaux et de Poissi soit supprimée. XXIV. Que l'imposition pour le logement des gens de guerre soit supprimée et que les casernes soient acquises par la ville de Paris. XXV. Que les droits d'entrée des marchandises de toutes espèces arrivant à Paris ne puissent être perçus qu'à raison de leur poids et mesure, au moment de la perception. XXVI. En supprimant à l'entrée de Paris les droits imposés par l'édit d'août 1781, sur les sucres et cafés, en substituant un droit de vingt sous seulement par quintal à l'entrée du royaume, on parviendrait à détruire la contrebande sur cet objet, et il en résulterait un grand avantage pour le produit de l'impôt. XXVII. Qu'en attendant leur suppression totale, on diminue les droits excessifs aux entrées de Paris sur les vins et eaux-de-vie, attendu qu'ils provoquent la contrebande, également onéreuse au commerce, et nuisible au produit de l'impôt. XXVIII. Que néanmoins il soit pris des mesures lors de la suppression ou modération des droits aux entrées de Paris, pour donner le temps de consommer les vins et eaux-de-vie qui y seraient alors emmagasinés. XXIX. Que jusqu'à la suppression des droits d'entrée, les vins, eaux-de-vie, et autres espèces de marchandises destinées pour l'approvisionnement de Paris, puissent être emmagasinés hors ses barrières, sans payer aucun droit; à la charge cependant de justifier de leur entrée à Paris. XXX. Que si les aides subsistent, on fasse cesser l'arbitraire du droit de gros qui se perçoit sur les vins destinés pour les environs de Paris, et qu'on en fixe la perception d'après le prix commun du lieu du crû. XXXI. Que les droits que la ville de Paris perçoit sur les vins et eaux-de-vie, sous la dénomination de *déchargeurs, rouleurs, jurés vendeurs, officiers metteurs à port*, soient supprimés, parce que la ville ne gage plus ces sortes d'ouvriers, dont les salaires sont payés à l'arrivée par les consommateurs, et que de cette perception il résulte un double emploi. XXXII. Qu'on supprime pareillement l'impôt perçu par la ville, sous le titre de *contrôleurs jaugeurs*, officiers qui ne subsistent plus. XXXIII. Que les droits d'entrée à Paris, pour la portion affectée aux hôpitaux et aux dépenses de la ville, soient convertis en une imposition plus simple, et d'une perception plus facile. XXXIV. L'Assemblée de Paris s'occupera des moyens de remettre en activité les réglements qui jusqu'ici ont été inutiles pour réprimer le scandale de la prostitution publique. XXXV. Que les colléges soient distribués également dans tous les quartiers de Paris, pour y répandre et faciliter l'instruction. XXXVI. Qu'il soit construit un pont vis-à-vis l'Arsenal, et que les murs qui enferment la ville soient abattus; que les bâtiments qui sont aux portes soient employés à des objets utiles, en supprimant les emblêmes de la fiscalité. XXXVII. Les États-Généraux prendront en considération les moyens d'étendre l'utilité de la bibliothèque du Roi, et de procurer au public la liberté d'y entrer tous les jours, matin et soir. XXXVIII. Il sera représenté aux États-Généraux l'avantage d'établir un dépôt public, où sera consigné un double du répertoire que les notaires sont obligés de tenir de tous les actes qui se passent devant eux. XXXIX. L'Assemblée de Paris s'occupera des moyens de préserver les maisons de la partie septentrionale, des eaux qui inondent les caves. XL. Que les États-Généraux s'assemblent désormais à Paris, dans un édifice public destiné à cet usage. Que sur le frontispice il soit écrit : PALAIS DES ÉTATS-GÉNÉRAUX; et que sur le sol de la Bastille détruite et rasée, on établisse une place publique, au milieu de laquelle s'élèvera une colonne d'une architecture noble et simple, avec cette inscription : à Louis XVI, *restaurateur de la liberté publique. Signé* Target, président élu librement; Camus, second président élu librement; Bailly, secrétaire élu librement; Guillotin, second secrétaire élu librement. *Suivent plusieurs signatures des commissaires.*

FIN DU CAHIER DU TIERS-ÉTAT.

LISTE GÉNÉRALE
DES ÉLECTEURS DE PARIS,

RÉUNIS A L'HÔTEL-DE-VILLE, LE 14 JUILLET 1789.

MM.

District de l'Université.
MM.
Goulliart, professeur en droit.
Gueroult, professeur d'éloquence au collége d'Harcourt.

District Saint-André-des-Arcs. (*Luxembourg.*)
Dorigny, docteur en médecine.
Cuchet, libraire.
Formé, procureur au parlement.
Depille, maître en pharmacie.
Blin de Sainmore, historiographe de l'ordre du S.-Esprit.
Joly, avocat au parlement.
Gicquel, avocat au parlement.
Mitoufflet de Beauvais, avocat au parlement.
Pons de Verdun, avocat au parlement.

District des Cordeliers. (*Id.*)
Timbergue, avocat au parlement.
De la Malle, avocat au parlement.
Gaillard, l'un des XL de l'Académie française.
Pernot, procureur au parlement.
Panckoucke, libraire.
Trutat, notaire.
Dupré, ancien négociant.
Cournol, avocat aux conseils.
Marguet, avocat au parlement.
Trochereau, conseiller au Châtelet.

District des Carmes Déchaussés. (*Id.*)
Philip, médecin, et ancien doyen de la Faculté.

Bro, notaire.
Jean Gueroult, marchand mercier.
Morel, contrôleur des rentes.
Pinel, médecin.
Bonneville, homme de lettres.
Daval, ancien échevin.
De Montyzon, ingénieur-architecte.
Delarue, notaire.
De Saint-Félix, bourgeois.

District des Prémontrés. (*Id.*)
Augier de Valdry, ancien officier de cavalerie.
Groult, bourgeois.
De Beauvais de Preau, docteur en médecine et censeur royal.
De la Bastide, de l'académie de Montauban.
Grosset, avocat.
Ortilloe, marchand boucher.
Le Cocq, marchand de vin en gros.
Convers, architecte.
Dobigny, architecte.
Bridel peintre.

District de Saint-Honoré. (*Palais-Royal.*)
Guillotin, docteur en médecine, *secrétaire et député.*
Agasse, conseiller de ville.
Ganilh, avocat au parlement.
Pitra, ancien marchand mercier.
Garnier, ancien procureur au Châtelet, et secrétaire du cabinet

MM.

de Mme Adélaïde, *secrétaire et député suppléant.*
Quatremère, notaire.
Seguin, marchand de vin.
De Silly, notaire.
Réal, ancien proc. au Châtelet.

District de Saint-Roch. (*Id.*)

Coster, premier commis des finances.
Hion, agent des troupes du roi.
Giroust, conseiller de ville.
Salin, docteur en médecine.
Maux de Saint-Marc, négociant.
Lenormand, négociant.
Lefèvre, agent de change.
Paulmier, notaire.
Carré, commissaire au Châtelet.
Lafisse, médecin.
Démeunier, *député.*
De la Roche, notaire.
Fouillette des Voyes, avocat en parlement.
Dufresne, agent de finance.
Girault, commissaire de la voirie.
Goupy, apothicaire du roi.
Rouen, échevin.
Havard, notaire.
Roussille de Chamseru, médecin oculiste.
Raulin, médecin.

District des Jacobins Saint-Honoré. (*Id.*)

Le Hoc, intendant des finances de monseigneur le duc d'Orléans.
Goussard, avocat en parlement.
Pierre, ancien directeur de la compagnie de la Guyane française.
Suard, l'un des XL de l'Académie française.
Canuel, avocat au parlement.

District de Saint-Philippe du Roule. (*Id.*)

Baignères, médecin.
Olivier Descloseaux, avocat au parlement.

Dist. de l'Abbaye S.-Germ. (*S.-G.-des-Prés.*)

Camus, avocat au parlement, et de l'Académie des sciences, *président et député.*

MM.

Hom, avocat au parlement.
Régnier, correspondant de plusieurs administrations provinciales, *commissaire.*
Lohier, marchand épicier.
Dulion, notaire.
Voisin, horloger.
Fortin, marchand drapier.
Garan de Coulon, avocat au parlement.
Leroi, avocat au parlement.
Popelin, avocat au parlement.

District des Petits-Augustins. (*Id.*)

Vignon, ancien consul, *député.*
Darcet, de l'Académie des sciences.
Osselin, avocat.
Thovenel, inspecteur des hôpitaux et des eaux minérales du royaume, membre du conseil de santé.
D'Hermand de Cléry, ancien avocat au conseil.
Denis, notaire.
Le Poitevin, avocat au parlement.
Thomas, marchand boulanger.
Bayen, apothicaire-major des camps et armées, membre du conseil de santé.
Hautefeuille, marchand épicier.

District des Jacobins. (*Id.*)

Demachy, maître en pharmacie.
Rose de l'Epinoy, médecin.
Blondel, avocat en parlement.
Dulac, horloger.
Contou, maître serrurier-mécanicien.

District des Théatins. (*Id.*)

Ruelle, père, marchand épicier.

District de Saint-Louis. (*Ile Notre-Dame.*)

Rimbert, avocat au parlement.
Fournel, avocat au parlement.
Pia, négociant.
Gandolphe, marchand de bois carré.
Le Couflet, ancien notaire.

District de Saint-Nicolas-du-Chardonnet. (*Id.*)

Thouin, de l'Académie royale des

MM.
sciences, *commissaire*, *député suppléant*.
Robin, agréé de l'Académie royale de peinture, censeur royal.
Pin, marchand de vin en gros.
Marye, premier président de l'élection.
Armet de l'Isle, marchand de bois carré.
District de Saint-Victor. (*Id.*)
Guillotte, capitaine de cavalerie, chevalier de Saint-Louis.
District des Blancs-Manteaux. (*Marais.*)
Target, ancien avocat au parlement, *président*, *député de la prévôté et de la vicomté de Paris, extrà muros.*
Martineau, ancien avocat au parlement, *député*.
Picard, avocat au parlement.
De la Bonne, procureur au Châtelet.
Charpentier de Beaumont, avocat au parlement.
De Fourcroy, docteur en médecine.
Heurvard, procureur au parlement.
Blondel, avocat au parlement.
District des Capucins. (*Id.*)
De Sèze, avocat au parlement.
Collet des Faucherets, avocat au parlement, *député suppléant*.
Audelle, notaire.
Anson, receveur général des finances, *député*.
District des Enfants-Rouges. (*Id.*)
Le Roux, secrétaire du parquet et de la chambre des comptes.
Aubert, secrétaire d'une assemblée provinciale.
Boucheron, ancien grand-garde de la Mercerie.
De Bourges, ancien directeur de l'hôpital militaire de Calais.
Gillard, maître en chirurgie.
District des Pères Nazareth. (*Id.*)
Parguez, avocat au parlement,

MM.
commissaire assesseur du bailage du Temple.
Dist. de St-Etienne-du-Mont. (*Ste-Geneviève.*)
Delavigne, avocat au parlement, *président*, *député suppléant*.
Duveyrier, avocat au parlement, *secrétaire*, *député suppléant*.
De la Lande, de l'Académie des sciences.
Bataille, maître en pharmacie.
De Vauvilliers, professeur au collége royal, *député suppléant*.
Cailleau, imprimeur-libraire.
Desprez, imprimeur-libraire.
Cormier, procureur au Châtelet.
Giard, notaire.
Rouanville, marchand boucher.
District du Val-de-Grace. (*Id.*)
Darimajou avocat.
Bosquillon, avocat au parlement.
Le Roi de l'Isle, ancien négociant.
Desbans, avocat au parlement.
Patris, maître de pension.
Dumesnil, docteur agrégé de la Faculté de droit.
Gallien, greffier en la cour.
Berthelot, docteur aggrégé de la Faculté de droit.
District de Saint-Marcel. (*Id.*)
Henry de Saint-Pierre, bourgeois.
Aclocque, marchand brasseur.
Huguet, maître tanneur.
Bourdon de la Crosnière, directeur de la Société royale d'Emulation pour l'éducation nationale.
Cozette, entrepreneur des ouvrages de la Couronne.
Rubigny de Bertheval, maître tanneur.
Dist. de St-Nicolas-des-Champs. (*Saint-Denis.*)
Delondre, père, marchand épicier.
Freuvyn, avocat.
Lefévre, négociant.
De Chantereyne, avocat,
Farcot, négociant, *député suppl.*
Léguillier, négociant.
Andry, négociant.

MM.

Garnier, négociant.
Séjourné, marchand épicier.
Dumas, marchand épicier-droguist.

District de Sainte-Elisabeth. (Id.)

Deleinte, marchand mercier.
Le Sacher, notaire.
Prévôt de Saint-Lucien, avocat au parlement.
Pluvinet, marchand épicier, *député suppléant*.
Rapeau, ancien garde-march. de vin.
Dumas-Descombes, fabriq. d'étoff.
Moinery, quartinier de la ville.
Girard, notaire.
Le Vacher de la Terrinière, avocat au parlement, *député suppléant*.

District des Filles-Dieu. (Id.)

Levasseur, marchand épicier.
De la Bergerie, de la société royale d'agriculture.
Santerre, marchand fabricant.
Lemoine, ancien maire de Dieppe.
Larrieu, avocat au parlement.
Viger de Jollival.
Le Chien, dit Raimond, architecte.

District de Saint-Laurent. (Id.)

Bourdon des Planches, entrepren. de manufacture de porcelaines.

District des Barnabites. (Cité.)

De la Frenaye, négociant.
Lemoine l'aîné, orfèvre, *député*.
De la Croix de Frainville, avocat au parlement.
Magimel jeune, orfèvre.
Minier, orfèvre.
Périer, ancien notaire.
Étienne de la Rivière, avocat au parlement.

District de Notre-Dame. (Id.)

Huteau, avocat au parlement, *député*.
Nepveu, épicier.
Oudet, ancien avocat au parlement.
Dandry, ancien marchand.
Boudaille, marchand de vin.
Dumouchet, avocat.

MM.

Vergnaux, maître maçon.

District de Saint-Severin. (Id.)

De la Saudade, avocat au parlement.
De la Fournière, avocat au parlement.
Méquignon jeune, libr., au Palais.
Grouvelle, marchand orfèvre.
Gaillard, notaire.
Desroches, procureur au parlement.
Groiyard, officier d'infanterie.

District de St Germain-l'Auxerrois. (Louvre.)

Dumangin, médecin.
Dosfant, notaire, *député*.
Legrand de Saint-René, avocat au parlement.
Brochant, négociant.
Bévière, notaire, *député*.
Formé, payeur des rentes.
Francontay l'aîné.

District de l'Oratoire. (Id.)

Massiette, ancien agent-de-change.
Trudon, ancien entrepreneur des cires établies à Antony.
Mayot, négociant.
Duport-Dutertre, avocat au parlement.
Monnot, notaire.
Cadet, apothicaire.
Lemire, notaire.

District des Feuillants. (Id.)

Bailly, membre des trois académies, *premier secrétaire*, *député*.
Moreau, bourgeois.
Marmontel, secrétaire perpétuel de l'académie française.
Bigot de Préameneu, avocat au parlement.
Cholet, conserv. des hypothèques.
Dusaulx, de l'académie des inscriptions et belles-lettres.
Moreau, notaire.
De Lavigne-Deschamps, avocat.

District des Capucins de Saint-Honoré. (Id.)

Cheron de la Bruyère, avocat au parlement.
Guyard, maître en pharmacie.

MM.

Gion, bourgeois de Chaillot.
Garin, maître boulanger.
Lubin, maître boucher.

District de Saint-Eustache. (*Saint-Eustache.*)

Bancal des Issartz, ancien notaire.
Gorrant négociant.
Chignard, procureur au châtelet.
Chaudot, notaire.
Deleutre, négociant.
Pérignon, avocat au conseil du Roi.
Moreau de St-Méry, conseiller au conseil supérieur de St-Domingue.
Gittard, notaire.
Gavet, procureur au Châtelet.
Cavelier, négociant.

District des Petits-Pères. (*Id.*)

Famin, ancien échevin et conseiller de ville.
Rameau, notaire.
Foucher, payeur des rentes.
Le Fèvre de Corbinière, procureur au Châtelet.
Dupeuty, avocat aux conseils.

District des Filles Saint-Thomas. (*Id.*)

La Cretelle, avocat au parlement, *député suppléant.*
De Sérionne, avocat.
Tassin, banquier, *député suppléant.*
Duclos du Fresnoy, notaire, *député suppléant.*
Carra, employé à la bibliothèque du roi.

Dist. des Capucins de la Chaus.-d'Antin. (*Id.*)

Perrier l'aîné, de l'académie des sciences, *député suppléant.*
Defresne, commissaire au Châtelet.
Gondoin, architecte du Roi.
Bélot du Saussoy, ayant rang d'officier d'infanterie.
Allaire, administrateur-général des domaines.

District des Mathurins. (*Sorbonne.*)

Agier, ancien avocat, *député suppléant.*
Treilhard, avocat au parlement, *député.*

MM.

Blonde, avocat au parlement.
Gaucher, dessinateur-graveur.
Caflin, chapelier.
Baudouin, imprimeur-libraire, *député suppléant.*
Montard, imprimeur-libraire.
Clousier, imprimeur-libraire.
Boullanger, marchand papetier.
Serpaud, avocat au parlement.

District de Sorbonne. (*Id.*)

Courtin, avocat au parlement, *président, député suppléant.*
Mathon, bourgeois de Paris.
Le Camus, consul en exercice.
Minier, avocat au parlement.
Lelong, marchand drapier.

District de Saint Jacques du Haut-Pas. (*Id.*)

Étienne, juge-consul en exercice.

Dist. du Petit-Saint-Antoine. (*Place-Royale.*)

Dufour, ancien avocat au parlement.
Trudon, notaire vétéran.
Michault, procureur au Châtelet.
Picard, rôtisseur-traiteur.
De la Motte, notaire à Paris.
Oudart, avocat au parlement.
Bonnaire, négociant.

District des Minimes. (*Id.*)

Gaudray, notaire.
Fauconnier, avocat au parlement.
Tiron, secrétaire-général de l'ordre de Malte.
Lormeau, ancien notaire.
Souiès, bourgeois de Paris.
Chéret, conseiller de ville.
Brosselard, avocat au parlement.
Porchon de Bonval, ancien notaire.

District de Trainel. (*Id.*)

Le Masle, marchand épicier.
Jouin, maître-ès-arts.

District de Sainte-Marguerite. (*Id.*)

Simonet de Maison-Neuve, marchand mercier.
Guibout-Midi, négociant.
De Saint-Jean, ancien juge-consul.
Desescoutes, négociant.
Réveillon, entrepreneur de manufacture de papiers peints.

LISTE GÉNÉRALE

MM.

Damoye, marchand.
District des Grands-August. (Saints-Innocents.)
Germain, négociant, *député*.
Poignot, négociant, *député*.
Gibert l'aîné, notaire.
Pion de la Roche, avocat au parlement.
Guyot, ancien échevin et doyen des quartiniers.
Brunet, avocat au parlement.
Rousseau, négociant.
Magny, procureur au Châtelet.
Delon, négociant.
Révérard, négociant.
District de Saint-Jacques-l'Hôpital. (Id.)
Montauban, négociant.
Delapoize, architecte.
Berthereau, procureur au Châtelet, *député*.
Gobin, notaire.
Charier, procureur au Châtelet.
Bourdois, avocat au parlement.
Fortin, procureur au Châtelet.
Ferry, greffier des requêtes du Palais.
Le Roi, horloger du Roi.
Bernard, maître cordonnier.
District de Bonne-Nouvelle. (Id.)
Chanorier, négociant.
Girardin, notaire.
Avrillon, huissier-commissaire-priseur.
Charpentier, maître maçon.
Tiron, notaire.
District de Saint-Lazare. (Id.)
Le Prince, marbrier.
Charlard, maître en pharmacie.
District de Saint-Jean. (Hôtel-de-Ville.)
Le Fèvre de Gineau, professeur au collège royal.
Cahours, marchand bonnetier.
D'Osmont, architecte-expert, maître-général des bâtiments.
Dameuve, avocat au parlement.
D'Osmont, avocat au parlement.
Dameuve, avocat et procureur au parlement.

MM.

Pinatel, marchand orfèvre.
District de Saint-Gervais. (Id.)
Fieffé, notaire.
Le Gras de Saint-Germain, conseiller au Châtelet.
Hureau, avocat au parlement.
Gaudefroy, procureur au parlement.
Daugy, avocat aux conseils.
Flament, procureur au parlement.
Gueullette, commissaire au Châtelet.
Polissard, marchand de vin.
Ricard, huissier à cheval au Châtelet.
De Castillon, avocat au parlement.
District de Saint-Louis-la-Culture. (Id.)
Thuriot de la Rosière, avocat au parlement.
Laborie, apothicaire.
Colinet, marchand drapier.
Langloys, procureur au parlement.
Liesse, marchand mercier.
Dist. des Enfants-Trouvés, F.-S.-Antoine. (Id.)
Santerre, maître brasseur.
Le Jeune, avocat au parlement.
Héricourt, marchand mercier.
Santerre, bourgeois.
District de Saint-Méry. (Saint-Martin.)
Sanson, bâtonnier de l'ordre des avocats.
Hochereau, ancien procureur au parlement.
Beullanger, ancien consul.
Gorneau, agréé pour porter la parole aux consuls.
Thorillon, avocat au parlement, et ancien procureur au Châtelet.
Le Comte, ancien consul.
De la Fleutrie, avocat au parlement.
Maupas, notaire.
District du Sépulcre. (Id.)
Boscary, négociant, *député suppl*.
Thilorier, avocat au parlement.
Parisot, avocat au parlement, *député suppléant*.

MM.

Vermeil, avocat au parlement.
Petit, notaire.
Boucher, avocat au parlement.
Deladreue, ancien négociant.

District de Saint-Martin-des-Champs. (Id.)

Hecquet, avocat au parlement.
Guesnon, bourgeois.
Langlois, ancien receveur-général des domaines et bois.
De Bussac, avocat au parlement.
Cellier, maître corroyeur.
Rives, bourgeois.
Jaillier de Savault, architecte.
Luciot, bourgeois.
Mermilliot, négociant.
Le Vasseur d'Hatings, avocat.

District des Récollets. (Id.)

Falconet, avocat.
Charton, fabriquant de draps.

Distr. de Saint-Jacques-la-Boucherie. (Halles.)

Gilbert, ancien juge-consul.

District de Saint-Leu. (Id.)

Le Couteulx de la Noraye, banquier.
Cavaignac, procureur au Châtelet.
Mayeux, notaire.
Jannin, bourgeois.
Le Rasle, avocat.
Le Couteux du Molay, banquier.
Gibert, quartinier.

District de Saint-Magloire. (Id.)

Brelut de la Grange, notaire.
Bonhomme de Commeyras, avocat.
Hugues, commissaire honoraire au Châtelet.
Vigée, secrétaire du cabinet de Madame.
Péregaux, banquier
Fissour, agent de change.
Soufflot de Mercy, avocat en parlement.
Poulletier, avocat en parlement.
Poulletier, avocat.

District de Saint-Joseph. (Id.)

Bélanger, premier architecte de M. le comte d'Artois.
Duret l'aîné, greffier au Châtelet.

MM.

De Villeneuve, trésorier-général de la ville.
Margantin, notaire.
Hermant, sculpteur.
Désentelles, l'un des commissaires-généraux de la marine du Roi.
De la Chenaye, premier commis des finances de monseigneur comte d'Artois.
Brillantais-Marion, négociant et armateur.
Constant, maître charpentier,
Tonnelier, peintre.
Godefert, marchand de bois carré.
De Place, maître paveur.
Duret le jeune, greffier au Châtelet.

Electeurs nobles et ecclésiastiques, réunis à l'Hôtel-de-Ville, le 14 juillet 1789.

MM.

Dupré de Saint-Maur, chevalier de Saint-Louis.
Le marquis de Luignié.
De Romainvilliers.
De Cheffontaines.
De Favannes.
L'abbé Bertolio.
L'abbé Truffer.
L'abbé Masson.
L'abbé Moreau.
L'abbé Fauchet.
Le marquis de la Salle.
L'abbé Lagrenée, prieur de Saint-Victor.
L'abbé Lanternier, chambrier de de Saint-Victor.
L'abbé Lefebvre, chapelain de Sainte-Marie-l'Egyptienne.
L'abbé de Mozière, vicaire de Sainte-Opportune.
L'abbé Asselin, chapelain de Saint-Léonard.
L'abbé Boitel, de la communauté de Saint-Eustache.

MM.

L'abbé Legros, vicaire de Saint-Louis-en-l'Isle.
L'abbé de la Rue, vicaire de la même paroisse.
L'abbé Brugière, chapelain de Saint-Mametz.
L'abbé Fausserier, vicaire de Saint-Leu.
Guillemot d'Albi, avocat au parlement.
Le vicomte Pinon.
Le duc d'Aumont.
Hugué de Sémonville.
Talon, lieutenant-civil.
De Barquier.
Boucher d'Argis, conseiller au Châtelet.
Le curé de la Madeleine.

MM.

Boulard, notaire.
L'abbé de la Leu.
Dubut de la Tagnerette.
Marchais, maître des comptes.
Le curé de Saint-Nicolas-des-Champs.
Le curé de Saint-André-des-Arcs.
Le curé de Saint-Étienne-du-Mont.
Le curé de Chaillot.
Le curé de Saint-Laurent.
L'abbé Vériot, à Saint-Eustache.
Le trésorier de la Sainte-Chapelle.
L'abbé Desfeux, à Saint-Benoît.
Bocheron, payeur des rentes.
L'Hérithier, conseiller à la cour des aides.
Le curé de Saint-Eustache.

ERRATUM.

Adresse aux Électeurs. Page iv, ligne dernière, au lieu de *les assassins de Berthier*; lisez : *les assassins de Foulon*.

PARIS. — IMPRIMERIE DE E. POCHARD,
rue du Pot-de-Fer, n. 14

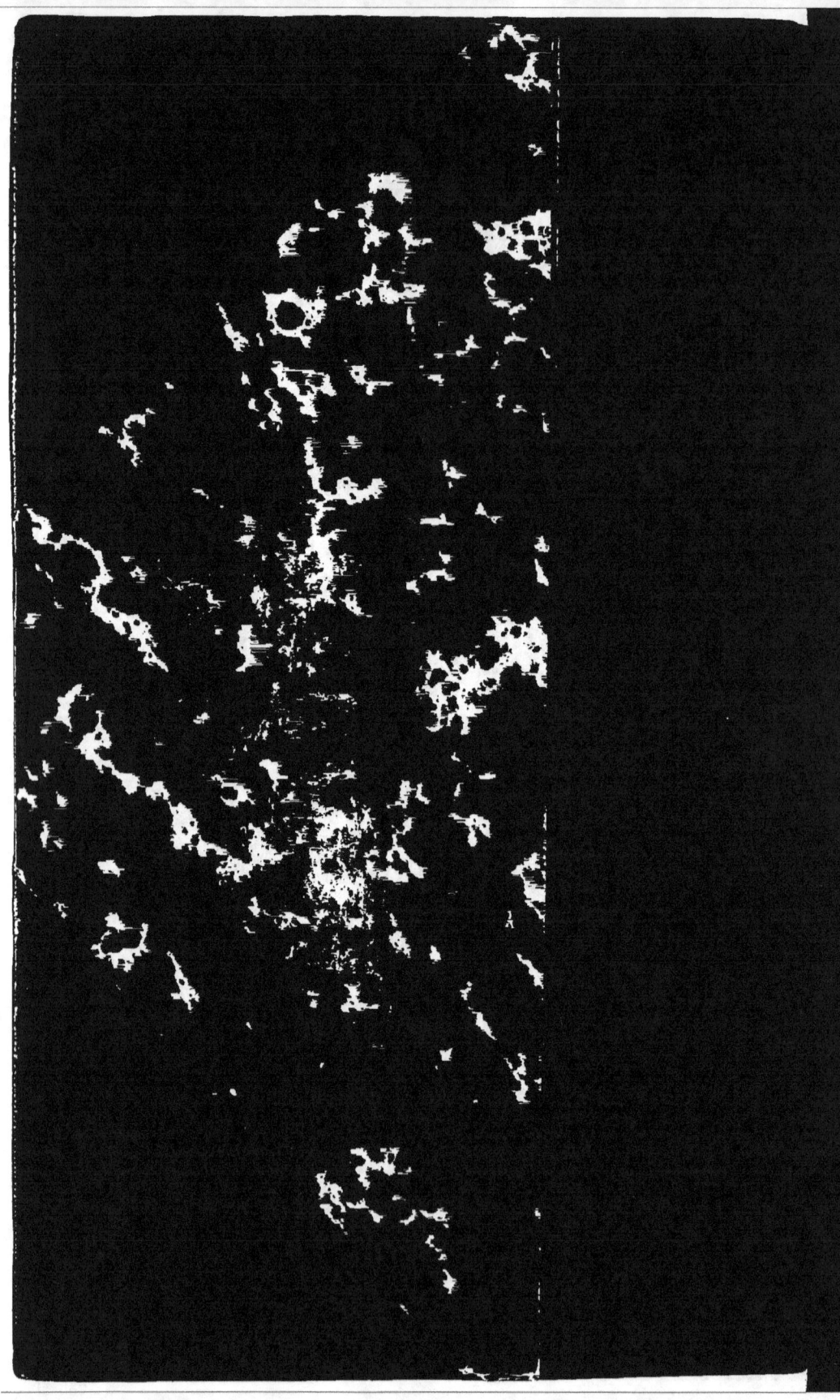

www.ingramcontent.com/pod-product-compliance
Lightning Source LLC
Chambersburg PA
CBHW071014240426
43661CB00073B/2226